土地整治 100 例

王世元 主编

地质出版社
·北京·

图书在版编目（CIP）数据

土地整治100例/王世元主编. —北京：地质出版社，2011.8
ISBN 978-7-116-07240-4

Ⅰ.①土… Ⅱ.①国… Ⅲ.①土地整理-研究-中国 Ⅳ.①F323.24

中国版本图书馆CIP数据核字（2011）第105193号

责任编辑：	蔡 莹
责任校对：	王洪强
出版发行：	地质出版社
社址邮编：	北京海淀区学院路31号，100083
咨询电话：	（010）82324508（邮购部）；（010）82324502（编辑室）
网　址：	http://www.gph.com.cn
电子邮箱：	zbs@gph.com.cn
传　真：	（010）82310759
印　刷：	北京天成印务有限责任公司
开　本：	889mm×1194mm 1/32
印　张：	14.75
字　数：	400千字
版　次：	2011年8月北京第1版
印　次：	2011年8月北京第1次印刷
定　价：	78.00元
书　号：	ISBN 978-7-116-07240-4

（如对本书有建议或意见，敬请致电本社；如本书有印装问题，本社负责调换）

《土地整治100例》编委会

主　编：王世元

副主编：吴海洋　陈国栋

编委会：郧文聚　贾文涛　黄新东　杨　磊
　　　　　李志辉　范金梅　田玉福　薛　剑
　　　　　杨晓艳　张海峰　杨华珂　杜延德
　　　　　汤怀志　杜亚敏　陈红宇　李　晨
　　　　　汪朝霞　李　响　王　彦　吴强华
　　　　　姜广辉　刘建生　赵晓波

序

党中央、国务院高度重视土地整治工作。1997年《中共中央、国务院关于进一步加强土地管理切实保护耕地的通知》就提出"积极推进土地整理，搞好土地建设。"1999年新修订的《中华人民共和国土地管理法》明确规定："国家鼓励土地整理"。2008年党的十七届三中全会提出："大规模实施土地整治，搞好规划、统筹安排、连片推进"。近期，国务院又相继出台了《关于严格规范城乡建设用地增减挂钩试点切实做好农村土地整治工作的通知》（国发〔2010〕47号）和《土地复垦条例》，对今后一个时期的土地整治工作提出了新的明确要求。

近年来，各级国土资源部门认真贯彻落实党中央、国务院的决策部署，依据土地利用总体规划和土地整治规划，大力推进农村土地整治工作，取得了显著的经济效益、社会效益和生态效益。通过土地整治，2001年以来，我国新增耕地4200多万亩，建成高产稳产基本农田2亿多亩，经整治的耕地亩均产值提高10%~20%，农业生产条件明显改善，机械化耕作水平、排灌能力和抵御自然灾害的能力显著提高，为国家粮食连年增产奠定了坚实基础。通过土地整治，农村散乱、废弃、闲置、低效利用的建设用地得到合理利用，土地利用布局得以优化，城乡发展空间得以拓展，农村基础设施和公共服务设施得以完善，农民的居住条件和生活环境显著改善。在一些老、少、边、穷地区，土地整治对推进扶贫开发、农民增收和社会和谐稳定发挥了重要作用。通过土地整治，还有效改善了土地生态环境，促进了生态文明建设。

实践证明，土地整治已经成为坚守耕地红线、促进节约集约用地的有效手段，成为推动农业现代化和新农村建设的重要平台，成为促进区域协调和城乡统筹发展的有力抓手，得到了地方各级党委、政府的高度重视和广大农民群众的真心拥护。通过多年发展，我国的土地整治工作，也已经由点到面，由小到大，逐步形成了有法律保障、有规划引导、有标准可依、有科技支撑、有监管平台、有机构推进、有稳定资金渠道的工作格局。很多地方还建立了政府主导、国土搭台、部门配合、群众参与、资金整合、各记其功的工作机制，为土地整治持续深入发展奠定了坚实基础。

为及时把各地在土地整治实践中的好经验、好做法总结好、宣传好、转化好，我们精心组织挑选了100个典型案例，形成了《土地整治100例》一书，共分为土地整治与粮食安全、土地整治与集约用地、土地整治与城乡统筹、土地整治与权益维护、土地整治与生态建设、土地整治与防灾减灾、土地整治与特色传承、土地整治科技创新、土地整治市场化探索九方面内容，供全国土地整治从业人员和从事土地管理工作的同志们以及对土地问题感兴趣的读者朋友参考和借鉴。同时，我们还将陆续推出《土地整治100问》、《土地整治纪实报道100篇》、《土地整治征文100篇》等系列图书，面向全社会普及土地整治基础知识，全方位、多角度地展示我国土地整治取得的成就，为土地整治事业的持续发展营造良好的社会舆论氛围。

"十二五"时期，是我国全面建设小康社会的关键时期，也是深化改革开放、加快转变经济发展方式的攻坚时期。我们将深刻认识工业化、城镇化和农业现代化同步快速推进以及资源环境约束加剧对土地整治工作的新要求，以贯彻落实国发〔2010〕47号文件为主线，以各级土地整治规划为依据，以保障国家粮食安全为首要目标，以推进新农村建设和统筹城乡发展为根本要求，大规模建设旱涝保收高标准基本农田，规范推进农村建设用地整治，积极开展城镇和工矿用地整治，加快土地复垦，不断增强土地资源对经济社会全面协调可持续发展的支撑和保障能力。我们将坚持农民愿意、农民参与、农民受益、农民满意，充分调动农民群众和社会各界的积极性，群策群力推进土地整治工作，全面提高土地整治工作水平，切实把土地整治这件利乡利城、利农利工、利民利国的好事办好。

是为序。

二〇一一年七月

目　录

土地整治与粮食安全

"塞外江南"赛江南
　　——新疆伊犁河谷地土地开发整理重大工程项目区见闻
　　……………………… 吴强华　陈　原　李　彬（3）
再造"塞上明珠"
　　——宁夏中北部土地开发整理重大工程项目纪略
　　……………………………………… 陈子雄（8）
昔日盐碱地　今日大粮仓
　　——吉林省实施西部土地开发整理重大项目纪实
　　………………………… 沙玛建峰　王常宇（12）
"水袋子"成"香饽饽"
　　——湖北省潜江市土地整治纪实 ……… 潘　铸　张修芬（17）
"梯田王国"的新跨越
　　——甘肃省庄浪县续谱土地整治新篇章 ……… 杨　磊（21）
东风好雨润"粮仓"
　　——河南省息县三结合开展土地综合整治纪实
　　………………………………… 张亚莉　熊广成（25）
敢向沧海要桑田
　　——福建省莆田市澄峰围垦项目调查
　　……………………………………… 杨　磊（30）
"湖广熟，天下足"
　　——湖北省通过土地整治建设高标准农田纪实 …… 孙国瑞（34）

厉家寨：农村土地整治"一个好例"
　　——山东省莒南县厉家寨土地整治纪实
　　　　·················· 黄新东　何兆展　赵晓波（39）
水甜地肥稻花香
　　——山东省临沂市土地开发整理见闻 ····· 黄新东　冯连伟（43）
闻喜农田保护传喜闻
　　——山西省闻喜县高标准基本农田建设纪略
　　　　·················· 张鸿志　吴强华　张祥民（47）
现代农业的助推器
　　——湖北省京山县土地整理工作纪略
　　　　·················· 晏　丽　翟存波　张军华（51）
雁门关外造地忙
　　——山西省大同市土地开发整理纪实
　　　　·················· 薄云山　邢云鹏　管　瑞（54）
种地更加省心了
　　——山东省安丘市吾山镇土地整理项目区见闻
　　　　······················· 项树江　鞠春彤（57）
"种粮大王"感恩土地整治
　　——湖北省大冶市农村土地整治纪略 ····· 黄新东　何兆展（61）
重整田畴拓沃野
　　——山东省济阳县土地开发整理纪实 ····· 黄新东　张万江（66）

土地整治与集约用地

"边角地"的"磁石"效应
　　——山东省潍坊市白浪河绿地广场改造纪实
　　　　························ 李现文　宋继山（73）
"内生温岭"战略
　　——浙江省温岭市土地整治促集约用地的做法 ······ 王　聪（77）
"增减挂钩"激活废弃地
　　——云南省曲靖市盘活废弃国有建设用地的探索
　　　　································· 贾文涛（81）

Ⅵ

20万亩地从何而来？
——河南省"三项整治"节约集约用地纪实
.... 袁可林　李　晨（84）

从"形势逼人"到"形势喜人"
——山东省桓台县农村土地综合整治纪略
.... 张水先　刘传明（88）

二次开发，让上海更美好
——上海世博园土地二次开发调研 .... 张　超（92）

荆楚大地的节地标杆
——湖北省十堰市万亩山地整理小记
.... 韩亚卿　胡志喜　陈　岩（96）

千年古村换新颜
——江西省吉水县石鼓村"空心村"改造纪略 ...... 龙回仁（98）

迁村腾地田野新
——湖北省钟祥市彭墩村土地整治见闻
.... 韩亚卿　熊家余（102）

示范的力量
——苏南土地整理示范中心探索土地整理新机制纪实
.... 杨应奇（106）

探路者在行动
——广东省深圳市土地二次开发的经验 .... 张　超（110）

转型发展的"发动机"
——来自广东省"三旧"改造的报告
.... 贾文涛　陈　扬　徐洪喜（114）

土地整治与城乡统筹

"两分两换"破解"二元分割"
——浙江省嘉兴市创新土地整治模式调查 .... 陈红宇（123）

"松西子"的"两型"嬗变
——湖南省株洲市土地综合整治示范项目建设小记
.... 贺燕军（127）

Ⅶ

"造血"催生新家园
　　——湖南省农村土地综合整治纪略
　　　　……………… 吴强华　王本礼　刘旭峰　卫学众（131）
"整"出新天地
　　——安徽省合肥市土地整治工作纪实 ……… 田春华（136）
变化看得见　实惠摸得着
　　——重庆市黔江区土地整治工作纪略
　　　　………………………… 谢必如　白文起　支国和（140）
打造城乡建设新天地
　　——来自山东省肥城市城乡建设用地增减挂钩试点的报告
　　　　………………………………… 周怀龙　李现文（144）
点"地"成金
　　——四川省实施"金土地工程"纪略 ………… 陈红宇（149）
合奏田园新乐章
　　——河南省邓州市创新土地综合整治的做法 …… 袁可林（153）
华明农民的城镇化之路
　　——天津市东丽区华明村土地整治纪实
　　　　………………………………… 王永红　汤小俊（157）
金坛：万顷良田从这里起步
　　——江苏省金坛市"万顷良田建设工程"纪略
　　　　………………………………………… 杨应奇（162）
经济腾飞的新引擎
　　——浙江省义乌市农村土地整治调查 ………… 周怀龙（167）
优化城乡土地利用结构的重要平台
　　——重庆市"地票"交易制度调查与分析
　　　　……………… 巴特尔　贾文涛　陈　原　杨　红（172）
统筹城乡发展的"金钥匙"
　　——山东省城乡建设用地增减挂钩试点侧记
　　　　………………………………… 刘振国　李现文（177）

为了城乡发展更协调
　　——江苏省大丰市土地综合整治纪实
　　　　　　　　　　………… 张亚莉　曲　欣　王培培（182）
幸福的永联村
　　——江苏省永联村增减挂钩成效显著 ………… 徐红燕（187）
展开农村新画卷
　　——来自福建省长泰县岩溪镇土地整治试点村的报道
　　　　　　　　　　………………………… 齐培松　陈龚清（191）
百强县的一体化之路
　　——山东省诸城市全域土地整治成效考察 ……… 杨　磊（196）

土地整治与权益维护

变样的土地　别样的生活
　　——湖南省武冈市激活土地整治综合效益的探索
　　　　　　　　　　………………… 吴强华　卫学众　周维标（203）
不走样　不跑偏
　　——四川省成都市农村土地综合整治纪略 ……… 夏　珺（208）
雕琢大地　造福于民
　　——云南省中低产田改造纪略
　　　　　　　　　　………………… 马家龙　冉玉兰　冷　杉（212）
富民造福工程
　　——江苏省昆山市千灯镇农村城镇化调查 ……… 朱洪才（216）
荒坡唱响富民歌
　　——湖北省低丘岗地改造工作纪实
　　　　　　　　　　………… 韩亚卿　胡志喜　邬晓波　徐顺华（221）
康居工程扮靓新农村
　　——浙江台州市千村土地综合整治调查 ………… 桑玲玲（225）
托起农民致富新希望
　　——云南省土地综合整治项目区见闻
　　　　　　　　　　………………………… 吴强华　冉玉兰（229）

土地整治与生态建设

"煤坑"上建起新家园
　　——黑龙江省鹤岗市采煤沉陷区土地再利用的探索
　　………………………… 王　彦　王　建　孙佳岩（237）
"秀山丽水"拓沃野
　　——浙江省丽水市综合开发低丘缓坡纪略 ……… 周怀龙（241）
敖汉旗的"绿色名片"
　　——内蒙古自治区敖汉旗生态建设成效显著 …… 岳安志（246）
生物多样性保护，土地整治不能没有你
　　——中欧土地利用规划与土地整理中的生物多样性保护项目纪略
　　……………………………………………………… 余星涤（250）
誓把沧海变桑田
　　——中煤集团大屯公司复垦纪实 ……… 吕苑鹃　王　敬（256）
从"围湖造田"到"退田还湖"
　　——鄱阳湖生态恢复土地整理模式调查 ………… 陈亚婷（261）
废弃矿山泛新绿
　　——河北省邯郸市实施"千矿万亩"综合治理工程纪事
　　……………………………………………………… 范宏喜（264）
黑土地上谱华章
　　——吉林省"表土剥离造地"模式探究
　　……………………………………… 张　晏　张　强（268）
穷山沟里再出"好文章"
　　——山西省昔阳县大寨村新时期土地整治纪实
　　………………………………………… 李　响　梁丽敏（273）
为了废弃地的新生
　　——鞍山钢铁集团公司土地复垦纪实 …… 吕苑鹃　王　敬（278）
沃土搬家再肥田
　　——重庆市三峡库区移土培肥工程纪略
　　………………………………………… 谢必如　白文起（282）

一道亮丽的风景线
　　——河南省永城市采煤沉陷区综合治理复垦纪实 …… 李孟然（286）
一剂生态良方
　　——西藏日喀则沙漠化土地整治模式探究 ……… 桑玲玲（290）
再造绿洲
　　——中国神华神东煤炭集团复垦纪实 ····· 吕苑鹃　王　敬（294）

土地整治与防灾减灾

"治理一个点，造福一方民"
　　——广西梧州市"一统筹三结合"土地整治的探索
　　…………………………………………………… 杜亚敏（301）
春旱难阻春意浓
　　——湖北省襄樊市土地开发整理工作侧记 ………
　　………………………………………… 赵　燕　汪　林（305）
从"伤心河"到"刮金板"
　　——山西省阳曲县杨兴河土地开发整理纪略
　　………………………… 薄云山　邢云鹏　王文秀（310）
日月流长河　村社暖大地
　　——三门峡库区陕西省华阴段滩地整治纪事
　　………………………………………… 吴　晔　车　娜（315）
土地整治筑起防洪墙
　　——湖北省荆州市岑河镇土地整治纪略 ………… 赵丽华（319）
抚平大地的"创伤"
　　——四川省灾后重建土地整理复垦工作纪实 …… 田玉福（324）
三峡库区新"外滩"
　　——重庆市云阳移民新城挖潜造地记 …………… 唐鹏程（327）

土地整治与特色传承

石头缝里长出的绿色奇迹
　　——宁夏回族自治区中卫市开发改造压砂地纪实
　　……………………………… 徐　峙　周　泓　李福华（333）

"绿海田园"瓜果香
　　——北京市大兴区万亩农村土地整治纪略 ……… 孙国瑞（337）
"整"出广阔新天地
　　——河南省孟州市槐树乡农村土地整治调查
　　………………………………………… 张　涛　程　龙（341）
告别"夏季长荒草，秋天收蚂蚱"
　　——天津市武清区高村乡大周庄土地整治纪略
　　…………………………………………… 吴　岗　田福永（344）
瓜菜俏　农民笑
　　——福建省沙县土地整治促农业产业化发展纪略
　　……………………………………………………… 陈永香（348）
滩地刨出"金娃娃"
　　——河南省温县黄河滩整治纪略 ……… 孙国瑞　刘爱霞（352）
土地整治撬动村庄革新
　　——来自南张楼村"中德土地整理与村庄革新"的报道
　　…………………………………………… 黄新东　何兆展（357）
拓展整治内涵　彰显地方特色
　　——北京市怀柔区满族七道梁村土地整治纪略
　　……………………………………………………… 陈红宇（363）
喜看山村新变化
　　——来自江苏省金坛市薛埠镇上阮村农地整村整治的报道
　　…………………………………………… 庄六孝　吴　群（367）
再造晋祠米仓
　　——山西省太原市王郭村土地整治拯救晋祠大米
　　………………………………… 黄新东　邢云鹏　段俊生（372）
在那梨花盛开的地方
　　——四川省苍溪县土地整治促产业发展的做法
　　……………………………………………………… 王晓云（377）
整治"空心村"建设新农村
　　——江西省赣州市村庄整治调研 ……………… 张　毅（380）

土地整治科技创新

实现直观动态监管
　　——"3S"技术在土地整治项目管理中的应用
　　　　　　　　　　　　　　　　　………………… 贾文涛（387）

低成本　高效率　便利用
　　——基于GPS和移动GIS的土地整治现场
　　　　调查技术开发与应用简介 ………… 贾文涛（391）

从明沟排灌向管道排灌
　　——山东省东营市应用暗管改碱技术开发改良荒碱地的实践
　　　　　　　　　　　　　　　………… 鞠正山　杨玉珍（395）

大幅提高田地平整精度
　　——聚焦土地开发整理中的激光平地技术
　　　　　　………………… 贾文涛　刘　刚　汪懋华（399）

建立生态型科技示范区
　　——对贵州省荔波、关岭两县土地整理项目区的调研报告
　　　　　　　　　　　　　　　………… 王　军　郭义强（403）

为土地整理插上科技翅膀
　　——新疆生产建设兵团土地整理工作纪实
　　　　　　　　　　　　　　　………… 王　军　郭义强（406）

墟落残垣尽　桃花夹麦田
　　——陕西省农村废弃宅基地综合整治集成技术及应用纪实
　　　　　　　　　　　　　　　　　………………… 李　倩（410）

土地整治市场化探索

"小土"变大田
　　——重庆市垫江县农民联合开发整理土地试点探秘
　　　　　　　　　　　　　　　………… 谢必如　白文起（419）

化零为整　节地惠民
　　——广西壮族自治区龙州县上龙乡土地整理工作纪实
　　　　………………………………………… 陶　琦　李欣松（423）
农业升级　农民增收
　　——看长沙圣毅园现代农庄如何开展土地整治
　　　　…………………………………………………… 陈红宇（426）
社会投资　农民受益
　　——广东省利用社会资金补充耕地的探索
　　　　……………………………… 张中帆　田玉福　杨　剑（431）
十年磨一剑
　　——陕西省卤泊滩盐碱地整理新模式科技成果诞生记
　　　　………………………………………… 吴　晔　张亚莉（434）
四招破解融资难题
　　——河北省廊坊市农村土地整治调查
　　　　……………………………… 贾文涛　黄新东　何兆展（439）
整合撤并　统筹发展
　　——海南省三亚市土地整治模式初探 ………… 陈红宇（445）
政府搭台　企业唱戏
　　——来自沈阳市沈北新区土地整治的报告 ……… 郧文聚（449）

土地整治与粮食安全

土地整理重大工程实施后，灌溉系统得以完善，伊犁河谷地丰富的水资源和耕地后备资源得到充分利用，既改善了项目区生产条件，又增加了农民收入，还促进了民族团结。

"塞外江南"赛江南
——新疆伊犁河谷地土地开发整理重大工程项目区见闻

吴强华　陈　原　李　彬

"不到新疆，不知中国之大；不到伊犁，不知新疆之美。"

置身伊犁河谷地土地开发整理重大工程项目区，你会觉得这句耳熟能详的赞语，应该增加一句下文——不到河谷，不知整理之功。

"规模史无前例"：投入近60亿元，可增加耕地300多万亩

伊犁素有"塞外江南"的美称，以占新疆3.4%的土地，养育了全疆近12%的人口。

伊犁河谷地北、东、南三面环山，向西呈喇叭状延伸。伊犁河干流及其三大支流特克斯河、巩乃斯河、喀什河穿流其间，形成了富饶秀丽的伊犁河谷绿洲平原。伊犁河谷地丰富的水资源和耕地后备资源，为实施大规模土地开发整理工程提供了条件。

水是生命之源。在河谷地项目区，水的作用更为直观。

伊犁河谷地项目是《全国土地开发整理规划》（2001～2010）确定的七大工程之一。2008年5月，新疆维吾尔自治区国土资源厅编制完成了《新疆伊犁河谷地土地开发整理重大工程实施方案》（以下简称《实施方案》）；同年12月，国土资源部、财政部联合下发了《关于同意新疆维吾尔自治区伊犁河谷地土地开发整理重大工程实施方案的函》；2009年，伊犁河谷地项目全面实施。

"整理规模史无前例。很多参与项目的年轻人，包括我自己，可能这辈子再也不会有机会经历这么大的项目。"谈及伊犁河谷当地项目,新疆维吾尔自治区土地开发整理建设管理局局长续效丽说。

依据《实施方案》,2008—2012年,项目总投资59.68亿元,工程涉及伊犁8个县(市)及新疆生产建设兵团农四师,建设规模476.85万亩,可新增耕地326.97万亩。

新疆特殊的自然条件决定了伊犁河谷地项目的重点在水,成败也在水。依托相关骨干水利工程,配套田间灌溉管网,改进灌溉方式,推广节水技术,是伊犁河谷地项目的主要任务。"灌溉系统完善后,伊犁河谷地丰富的水资源和耕地后备资源将得以充分利用,既能改善项目区生产条件,又能增加农民收入,促进民族团结。"续效丽表示。

"再难也要全力推进":抽调人员常驻伊犁,每个片区派驻专人负责

如此大规模的项目,在新疆乃至全国也是绝无仅有。

几十亿元的资金,几百万亩的规模,而全职负责项目实施的人员,不过十几人。对"规模史无前例"的土地开发整理项目,续效丽坦言:"一个字——难,但再难也要全力推进。"

所幸的是,作为项目法人单位,自治区土地开发整理建设管理局"不是一个人在战斗"。

对伊犁河谷地土地开发整理重大工程,自治区党委、政府高度重视。2009年1月、8月,两次召开财经领导小组会议,专题研究项目实施事宜,并成立了由自治区主席任组长的伊犁河谷地土地开发整理重大工程协调领导小组;2009年6月30日,自治区主席努尔·白克力带领自治区调研组一行,对伊犁河南岸灌区实验干管水利工程和土地开发整理重大工程建设情况进行调研。项目实施也得到了自治区国土资源厅党组的全力支持。

伊犁河谷地土地开发整理重大工程涉及面广,工程技术复杂程度各异,为确保项目顺利推进,自治区土地开发整理建设管理局在伊犁设立项目办公室,副局长喻强驻伊犁坐镇指挥。自治区土地开发整理建设管理局抽调技术骨干,技术管理处工作人员几乎全部出动。同时，聘请富有经验的工程管理人员，具体监督、指导项目实施。

喻强表示，项目的推进，得到了自治区、州党委政府和国土资源厅党组的支持，得到了项目区所在地干部群众的拥护。"村里多年来缺地、缺水，村里人都很欢迎土地整治项目，从来没这么好的政策。"察布查尔锡伯自治县爱新舍里镇纳里芒坎村党支部书记于胜说。

"项目建设在伊犁，受益实惠在伊犁，问题解决在伊犁。"谈到项目实施思路，续效丽说。作为法人单位，自治区土地开发整理建设管理局主要领导多次与项目所在地党委、政府及国土、财政、水利等部门协调，共同研究解决重大工程实施中存在的问题。

由于项目工程浩大，涉及面广，自治区土地开发整理建设管理局在确保管理规范、资金安全、制度健全的基础上，充分调动县、乡两级积极性，探索了多种切合实际的项目管理模式——对大规模实施喷滴灌的南岸干渠灌区土地开发整理项目，委托水利部门代建水利工程，其他工程由自治区土地开发整理建设管理局直接承担；对项目实施管理能力弱、经验不足、任务重的县市，由伊犁项目办直接实施；对项目实施管理能力强、经验丰富、难度小的县市，委托当地土地整理机构承担。

在项目实施计划安排上，伊犁项目办按照先易后难、稳步推进、重点突破的原则，分步实施。"这样既有利于逐步提高人员管理能力，又有利于探索建立规范化、标准化的项目管理体系。"喻强说。

为确保项目设计科学、合理，减少和避免出现大的设计变更，改变过去只编制项目初步设计方案即进行施工的现状，自治区土地开发整理建设管理局要求，项目招标前必须完成施工图设计，在确定项目设计方案阶段，听取当地农、林、牧、水利等相关部门建议，了解项目区群众意见，形成会议纪要。

由于缺乏专业队伍，施工单位的选择和监管，直接影响施工进度和质量。受气候因素限制，项目区每年施工期较短。"既要确保进度，又要照顾群众收割，压力很大。"在新源县跃进灌区哈拉布拉乡项目区，第二标段的施工人员说，"为了取得群众支持，我们先免费帮村里把路修好，渠修好，群众看到我们是实实在在办事的人，对施工都很配合。"

对工程质量的监管，更是困扰项目办工作人员的头疼事。

"这么大的项目区，靠项目办工作人员逐一监督，难度很大。"喻强坦言。为此，项目办建立了法人制、招投标制、监理制、合同制、公告制、审计制六项制度。按照责任分担、风险分摊原则，对设计、施工、测绘、监理等单位进行资信考核和备案登记，建立责任追究和业绩、信誉发布制度，对业绩不好、资信不良的单位和项目负责人，限制进入或清除出土地开发整理行业。"在工程推进过程中，我们要求边实施、边总结，形成规范的操作流程、合同范本等。"续效丽强调。

"老百姓最受益"：项目区耕地增多，收入增长，牧民安心定居

虽然项目仍在施工中，但伊犁河谷地重大工程对项目区的影响，随处可见。

在巩留县牛场项目区，来自邻县新源县的农民工说，他在工地开挖掘机，每月包吃包住能赚3000多元。"项目实施后，项目区物价上去了，材料紧张了，工资高了。"续效丽说，"项目实施，老百姓最受益。"

"老百姓最受益"，这既是项目实施的最终目标，也是项目顺利推进的关键。察布查尔锡伯自治县爱新舍里镇纳里芒坎村处于项目区，谈到土地整理项目，村委会主任吴元明说："整理后省水、省力，还配套了通村路、地下管道，老百姓一对比，一下子就接受了。"

据初步统计，2008—2009年度实施完成的土地开发整理项目，已惠及近10万人，预计新增农田灌溉面积30837公顷，改善农田灌溉面积25051公顷，新增和改善节水灌溉面积49157公顷，新增粮食产量73113吨，治理水土流失面积和盐碱化耕地面积27366公顷。

在巩留县牛场项目区，牛场负责人介绍，以前这里的土地灌排不分，土壤盐碱化严重。如今，排渠经挖掘机开挖，已加深、加宽，灌、排分离，加速了盐碱地治理和土壤改良。

牛场牛队职工吾拉扎力以前是牧民，国家实施农牧民定居工程后，他家盖了房子，过上了定居生活。但由于土壤肥力不够，种植作物单一，光靠种地难以维持生计，只能过着半农半牧、农牧结合的日子。土地整理后，排灌顺畅，土质有了改善，种植品种也开始多样化。"长远生计有了着落，特别高兴，可以安心定居了。"吾拉扎力说。

作者单位：中国国土资源报社

土地开发整理重大工程项目得以顺利实施，一是部门统筹协调，明晰权责主体；二是整合各类涉农资金，让有限资金发挥最大效用。正是基于上述两点，宁夏中北部土地开发整理重大工程项目大幅提升了当地的粮食生产能力，再造提升粮食产能的"塞上明珠"。

再造"塞上明珠"

——宁夏中北部土地开发整理重大工程项目纪略

陈子雄

雄浑的贺兰山与黄河一起造就了银川平原，在这块土地上孕育着生生不息的文明。近年来，宁夏依托区位、资源、技术、人才等优势，积极实施中北部土地开发整理重大工程项目，大幅提升了当地的粮食生产能力，再造提升粮食产能的"塞上明珠"。

"一号工程"：政府主导，部门联动，落实分工

宁夏中北部土地开发整理重大工程项目总建设规模为337.8万亩，可新增耕地78.58万亩，新增耕地率达23.3%。重大工程项目分宁夏北部、中部两个片区实施，北部片区规模100.5万亩，主要是盐渍化土地和中低产田改造；中部片区规模237.3万亩，主要是实施高效节水灌溉和补水灌溉等工程。

为确保项目的顺利实施，自治区专门成立了领导小组和建设指挥部，理顺了重大工程项目实施过程中权责主体之间的关系，加大了各级政府及部门纵向互动，同级部门横向联动力度。

自治区党委、政府对重大工程项目实施工作高度重视，成立了以自治区主席为组长的重大工程项目领导小组，领导小组办公室设在区国土资源厅。领导小组负责协调宁夏重大工程项目组织实施，定期召开有关会议，研究解决推进项目建设的有关问题，明确各相关厅局在重大工程项目组织实施的工作任务，确定各市、县政府为项目实施的

责任主体。自治区政府与各市、县政府签订《重大工程项目实施工作目标责任书》，纳入相关市县政府绩效考核体系。各市、县也分别成立了由政府主要领导负责的领导小组和项目建设指挥部，整合部门力量，把重大工程项目的实施与农田水利基本建设结合起来，统一部署。

自治区国土资源厅将这个重大工程项目作为"一号工程"放在业务工作首位，成立自治区国土开发整治管理局，负责重大工程项目的监督管理和技术指导、服务。自治区林业局为配合重大工程项目的实施，专门下发通知，指导重大工程项目建设中林业工程的实施工作。

"众人拾薪"：规划协调，聚合资金，统筹推进

在具体实施中，宁夏通过编制重大工程项目总体规划，将重大工程项目建设与新农村建设、生态移民、农业产业结构调整和区域经济发展结合，整合各类项目和资金，统筹财力和技术投入，保证了重大工程项目建设综合效益的发挥。

2010年2月，自治区召开第58次政府常务会，专题分析重大工程项目进展形势，安排部署年度工作任务，要求结合自治区重大经济发展战略，整合项目和资金，编制高质量的重大工程项目总体规划，将这项惠民工程管理好、实施好。根据自治区政府第58次常务会和第二次领导小组会议精神，自治区专门成立了由政府办公厅牵头，国土资源厅具体负责，发改、财政、农牧、水利、林业、农发等部门和设计单位参加的总体规划编制委员会，采取集中封闭办公的方式，抽调相关专家和技术骨干40余人，历时两个月，分设总体规划编制组和生态移民、水利、农业、林业4个专项规划组同步开展编制工作。

总体规划编制坚持以需求定设计的理念，根据种植结构、种植品种对用水量的需求等，有针对性地进行项目设计。自治区发改委、农发办、水利厅、林业局等总体规划编制委员会组成部门明确专门人员驻守工作现场，专门负责专项规划编制的领导协调和任务落实。农垦局、各市县政府和相关部门领导、技术人员多次专程、定期、轮流到

5个规划编制组协调，从而保证了总体规划与其他行业规划的有效衔接，与当前正在实施的新农村建设、农业"三大示范区"建设、农业产业结构调整、"黄河金岸"打造、生态移民工程的全面对接。总体规划分别与94个新农村建设、生态移民、设施农业、"黄河金岸"等项目相结合，带动农业、水利、交通等部门投资32亿多元，有利于重大工程项目综合效益的发挥，切实成为指导宁夏重大工程项目实施的纲领性技术文件。

管理创新：公众参与，多方监管，注重实效

这个项目在实施中，通过引领农民参与、引入部门协作、引进市场竞争、引导经验交流，规范了重大工程项目资金拨付流程，创新了重大工程项目监管方式，形成了多方参与、全程监督格局。

在资金管理方面，相关市县按照自治区《重大工程项目资金管理办法》的有关规定，在财政部门实行专户管理、专账核算，统一报批、划拨和使用。工程款严格执行"报账制"，对已完成合格工程，按照规定的程序，经监理单位、村民代表和现场工程技术、财务等项目建设指挥部组成人员等各方审核、市县政府领导（指挥长）审查后，直接拨付到工程施工单位，做到了预算资金下达后再支付，无拖欠、滞留等现象，保证了项目资金的安全使用。

在实施监管方面，推行业主、监理、中介、村民代表、社会舆论、动态监测系统"六位一体"的监管机制。按照统一领导、分级管理、逐层负责的原则，相关市县实行了指挥部负责制、监理考核制、项目代表制、工地例会制和责任追究制等工作制度，对重大工程项目工程质量由项目法人负责，勘测设计、施工单位自检，监理和中介检测单位控制，人大、政协及社会舆论监督、当地村民义务监督、高新技术监控。

具体做法包括：一是结合项目建设实际，挑选了一批专业素质强、经验比较丰富的技术骨干作为项目区代表，派驻到各市县指挥部，监督各项目区参建单位职责履行情况。二是由自治区政府督察室牵头，定期会同国土、水利、财政和林业等部门，对各市县重大工程项目进展情况进行专项督查，有力地促进各项工作的落实。三是由领导小组办公室通过统一招标形式，在全国范围内确定了十余家资质较高、经验丰富的监理单位，派驻到各项目区担负监理工作，并对监理单位实行"末位淘汰"制，定期考核更替。四是通过招标方式确定了40余家水泥预制件和闸门定点生产厂家，统一产品标准和规格，从源头上保证了工程建设质量。五是利用无人驾驶小型飞机，对各项目区工程建设情况进行拍摄，并绘制正射影像图作为项目备案基础资料；建立区、县两级联系人制度，对各市县项目实施情况进行"两周一上报、每月一通报"，完善信息报备制度，同时，开展动态监测和信息管理系统研发，实时掌握施工进度和质量。六是提前梳理重大工程项目实施中易发生职务犯罪和滋生腐败的环节，在工程招标中引入纪检、监察部门的"黑名单"管理制度，主动邀请纪检监察、检察部门提前介入，关口前移，对项目实施过程中的关键环节实行全程监督。七是加大业务培训力度，通过集中授课、现场示范、学习交流等形式，分批对全区约300余名从事重大工程项目管理和服务的专业技术人员进行系统培训，提高工作人员的业务能力。八是全面推广平罗县当地村民自主担任义务监督员，对施工质量进行监督的经验，积极组织项目建设指挥部、监理单位负责人进行现场观摩、经验交流。九是充分利用电视台、网络、报刊等各种媒体，大力宣传重大工程项目，营造社会各界共同支持、关注、监督的良好氛围。

作者单位：国土资源部土地整理中心

白城、松原两市，是正在实施的吉林省西部土地开发整理重大项目所在地。这个吉林省有史以来投资最多、规模最大的土地开发整理项目，连同"引嫩入白"等三项水利工程的建设，给当地带来了千载难逢的发展机遇。

昔日盐碱地　今日大粮仓
——吉林省实施西部土地开发整理重大项目纪实

沙玛建峰　王常宇

2010年夏末时节，吉林省白城、松原地区的农民，在为一两场来去匆匆的雨水欣喜不已——在常年干旱、年均降水量仅为400毫米的当地，水和金子一样珍贵。

然而，真正让当地农民"解渴"的是，通过中央和吉林省政府新近投资兴建的三项水利工程，嫩江、松花江清凌甘饴的江水，正源源不断地输送到他们脚下。更让他们意想不到的是，结合水利工程实施的吉林省西部土地开发整理重大项目，竟让一片片板结坚硬、草木难生的"碱巴拉"，变成了绿浪翻滚、生机勃勃的高产田。

挖掘产能：种粮大省增产目标锁定盐碱地

近年来，吉林省每年的粮食总产量稳定在500亿斤[1]以上，贡献的商品粮占全国的10%左右，国家粮食储备量占全国的20%，出口粮食约占全国的一半。

不过，吉林人清醒地意识到，粮食增产还有很大空间。吉林省委、省政府始终把提高粮食综合生产能力列为经济工作的重中之重。2008年，吉林省委、省政府组织编制了《吉林省增产百亿斤商品粮

---

[1] 1斤=0.5千克。

能力建设总体规划》（以下简称《规划》），决定用5年左右时间，通过兴修水利、开发整理土地、建设高标准农田等措施，优化配置水土资源，改善农业生产条件和生态环境，使全省粮食生产能力由目前的500亿斤提高到600亿斤。

《规划》一出，各部门积极响应。吉林省水利部门决定，在土地大面积沙化、盐碱化，粮食生产能力严重受限的白城、松原地区，组织实施引嫩入白、大安灌区、哈达山水利枢纽三大水利工程。

水利工程集中上马，为大规模开发整理吉林省西部土地提供了先决条件。恰逢这时，国家为发挥新增建设用地土地有偿使用费使用效益，计划在全国范围内启动土地开发整理重大项目。吉林省国土资源厅紧紧抓住这一机遇，提出了同步实施吉林省西部土地开发整理重大项目的计划，得到了省委、省政府领导及国土资源部领导的大力支持，项目很快被列为《规划》"十大工程"之一。

该项目横跨白城、松原两地，由镇赉项目区、大安项目区和松原项目区三部分组成，涉及3个国家重点贫困县和一个少数民族自治县。整个项目估算总投资62.66亿元，总建设规模511万亩，计划建设高标准基本农田460万亩，预计新增耕地256万亩，项目建成后预计年增产粮食33亿斤，将建成国家重要的商品粮和农牧业生产基地，项目区20.9万农民的人均年收入将至少增加5000元。

整个项目计划于2013年竣工。

兴修水利：清清江水滋润"八百里旱海"

吉林省西部的盐碱地和沙化地大多是低洼地，西部旱区一边降水极少，一边却拥有嫩江、松花江等丰富的地表水资源。然而，水利建设资金不足、缺少大型水利设施等原因，使得滔滔江水在距离盐碱地不远的地方白白流淌。

这种局面，在实施三大水利工程后得到改变。

从大安市区出发，朝东北方向行驶20多千米后，可以到达一处名叫"三道岗子"的地方。在这里，嫩江拐出了一个38度角的弯，原本湍急的江水放慢脚步，流速变得缓慢起来，非常有利于引水。总投资 11.65 亿元的"大安灌区"渠首泵站就建在这里。

　　泵站的机房是半开放式的。站在门口往里张望,可以看到 9 组巨大的水泵机组,正在有节奏地运转着。在机器的轰鸣声中,江水从机房的一侧奔腾涌进,源源不断地进入另一侧的干渠,场面十分壮观。

　　在大安境内,嫩江每年的径流量至少有 200 亿立方米,水资源丰富,但由于大安的地势普遍高出嫩江水面许多,又没有大型的控制性水利工程,因此绝大部分嫩江水成了白白流淌的"过境水"。有了渠首泵站,水往高处流,大安的土地再也不愁没水浇了!

　　嫩江水在渠首泵站"上岸"后,会沿着一条 18.4 千米长的干渠输往大安项目区。到达土地整治现场后,再经由支渠、斗渠、支沟、斗沟等农田水利设施,被一级一级地分流,灌溉已经平整好的盐碱地。

以稻治碱:"不毛之地"初现万亩高产田

　　将盐碱地改良成水田,是吉林省西部土地开发整理重大项目的"重头戏",也是吉林省西部地区改善生态环境、实现农业可持续发展的最有效途径。

　　在大安项目区的"万亩水稻试验田",阡陌纵横、沟渠交错,齐膝深的稻子像一片绿色的海洋,从脚下一直延伸到远处的村庄。蓝天和白云倒影在田里,随着微风轻轻荡漾。水渠里,清凌凌的江水哗啦啦地淌着,让人即使置身炎炎烈日之下,也能感到一丝丝的凉意。

　　靠近边缘的一块水田里,一群头戴草帽的老乡一边拔草,一边兴致勃勃地谈论着什么,不时传来爽朗的笑声。大安的同志说,那是项目指挥部就近雇用的劳动力。试验田里种的是有机稻米,为保证稻米的品质,一律采用人工除草,化肥也不施用。

　　"我们那疙瘩也在开发盐碱地,但种了两三年的水田,稻子长势也赶不上这儿。"一名从黑龙江省泰来县赶过来做工,在"万亩水稻试验田"担任管护员的农民听了专家的话,也不无羡慕地插了一句。

　　大安项目区的"万亩水稻试验田"只是一个缩影。早在 2008 年秋天，镇赉项目区的"万亩水稻实验田"就喜获丰收，取得了平均亩产482千克的好成绩。在整个吉林省西部土地开发整理重大项目中，通过改良盐碱地，白城、松原两地至少将新增水田144万亩。

创新管理：确保"超级项目"质量过硬

吉林省西部土地开发整理重大项目的建设规模，不仅堪称吉林省"最大"，在全国范围内也是少有。面对这么一个"超级项目"，吉林省并没有可资参考的成功经验和管理模式。为此，如何管理和实施好这个项目，成了吉林省相关部门面临的一个难题。

实施西部土地开发整理重大项目以来，吉林省国土资源部门摸索出了一套好的经验和做法：

一是主动下放权力，将重大项目的现场实施管理权移交给地方，大大激发了地方政府的积极性。

二是充分依靠科技，运用卫星遥感监测等手段辅助项目监督管理。重大项目采用卫星遥感监测手段辅助监督管理，并开发了项目实施监管系统，对参建单位组织机构、建设进度、工程质量等情况开展全面监督检查。

三是加强部门协作。在省级层面，国土资源与水利、财政等部门密切配合，有效解决了项目建设资金拨付、水利工程与土地开发整理工程进度协调等问题；同时，与纪检、监察、检察、审计等部门沟通联系，寻求法律支持，接受跟踪审计。

吉林省西部土地开发整理重大项目是当之无愧的惠民工程、扶贫工程。据估算，项目实施期间，每年参与建设的当地农民约有1500人。项目建成后，新增耕地具备规模化经营的条件，可承包给企业和种粮大户经营，当地农民通过入股经营或投入劳动力等形式，实现持续增收。项目建成后，当地20.9万农民的人均年收入将从现在的1000元左右提高到6000元左右。

重大项目还有非常重要的生态意义。三大水利工程的建设，极大地改善了当地的水资源条件。在此基础上，土地开发整理重大项目的实施，一方面使大量的灌溉水入渗补给地下水，使干旱得到缓解，风沙得以固定，作物和植被的生长环境向良性化发展；另一方面，通过大面积开发水田、营造防护林、发展养鱼等，可进一步促进当地的生态建设和环境保护。

作者单位：中国国土资源报社

雨天涝、旱天浇不上水，这样的农田谁也不喜欢耕种。土地整治工程的实施，使得潜江市28万亩"水袋子"、"旱包子"中低产田，变成了高产、稳产的标准化农田，成了人们心中的"香饽饽"。

"水袋子"成"香饽饽"
——湖北省潜江市土地整治纪实
潘　铸　张修芬

沃野平畴，大道通衢……走在湖北省潜江市运粮湖土地整理项目区，看到的是田成方、路相连、渠相通、设施配套的一幅新农村图景。"我们的高产农田土地整理已经初见成效。"湖北省潜江市委副书记、市长张桂华有感而发。

运粮湖土地整理项目是潜江市起步较早的项目，随着国家向粮食主产区倾斜力度加大，潜江市土地整治步伐不断加快，从点到面，范围越来越广，投入越来越大，效果越来越好。自2004年以来，全市共实施国家级和省级基本农田整理项目14个，建设规模33.3万亩，投资4.74亿元，20余万群众从中受益。

土地整治改善水土——田好种了

土地整治前，浩口汪湖村是典型的"水袋子"、"虫窝子"，旱不能灌，涝不能排，遇到好年景，每年也只能种一季水稻，且每亩单产不过500千克。土地整治给这里带来了翻天覆地的变化：涵闸水网密布，农田土地平整，道路四通八达，村庄整齐划一，每亩单产达到800千克。村党支部书记汪后中说："2008年土地整治后，我们村真正实现了'田成方、路相通、渠相连、旱能灌、涝能排'的目标。特别是机耕路开通后，机耕机收更方便了。"

潜江市属典型的水网湖区。由于大部分排涝泵站年久失修，农田排灌工程普遍存在设施老化、沟渠淤塞、排灌不分、旱涝不保收等问题，每逢梅雨季节和汛期，全市八成以上农田发生内涝。为此，潜江市在高产农田项目建设中，兴修水利，着力提高防灾抗灾能力。目前，全市新建、改建灌渠 10.17 万千米、中小型泵站 104 座，农田排灌保障率达 90% 以上。在 2010 年百年一遇的特大暴雨袭击中，潜江市高产农田建设经受了严峻考验，项目区 1624 个农田水利单体工程无一处出现质量问题，48 小时内就排出农田积水 100 多万立方米。

孙台村农民黄启平说："过去，我们这个地方一到发大水，基本上作物全部淹死，颗粒不收，生活非常困难。好多人都不愿种地，大部分人外出打工维持生活。现在好了，新修的高产农田水利工程标准高，灌得进、排得出、降得下，旱涝保收，大家都愿意回来种地了。"

据了解，目前，潜江市共改造中低产田 28 万亩，"水袋子"、"旱包子"变成了高产、稳产的标准化农田，有效地改善了农业生产条件和生态环境，为现代农业奠定了基础。

土地整治带来希望——农民富了

在高产农田建设中，潜江市在增加耕地面积、提高耕地质量上做文章。过去，该市耕地缺乏统一规划，田块分散、高低不平，田埂占地面积大，耕地利用率很低，土地资源浪费严重。为改变这种状况，该市科学规划，集中整治土地，使田埂面积减少，田块变大，耕地面积增加。目前，全市已平整土地 3.6 万亩❶，修建生产路、田间路 1370.34 千米，修筑通村混凝土路 141.06 千米，新增耕地 1.5 万亩，为提高农业机械化水平创造了条件，为农业经济发展提供了有力保障。

浩口南湾村村民郑玉尧告诉我们："通过土地平整，新增了耕地，田块集中连片，很适合发展规模农业，现在我们村西瓜种植规模翻了一番，收入大幅度增加。"

不光在浩口，穿行于潜江市的土地整治项目区，时刻能感受到土

---

❶ 1 亩 = 0.0667 公顷。

地整治给农民带来的实惠。

在运粮湖管理区新场、南湖、魏岭、友爱成方连片的4.7万亩农田里，一个现代农业示范园已初具规模。据了解，该区充分发挥"两田制"优势，实施土地集并1.2万亩，2010年完成农业招商3500万元。引进高效种养8200亩，发展现代农业，每亩平均纯收入达3000元以上。建立优势农产品三大板块基地，即省级万亩棉花高产示范片（平均每亩单产达275千克）、部级万亩水稻高产示范片（平均每亩单产达675千克）、万亩生态高效种养示范片，据测算，项目实施后，项目区年新增产值达752万元。

土地整治为农民提供了完善的基础设施，提高粮食生产能力10%，降低粮食生产成本10%，这一升一降，促进了农业增效和农民增收。

土地整治改变村貌——农村变美了

走进熊口管理区八大垸分场，可见农户家家是新房，门前有晒场，屋后有鱼塘；笔直的渠道两旁，是整齐划一的绿化带，还有亲水休闲平台；宽阔的大道旁，是一望无际的棉田，好一派温馨和谐的农村新景。

"这里曾是'芦苇丛，茅草厚，出门没有路；黄桥、刘沟、双姜沟，十年九不收；血吸虫，大蚂蟥，人的寿命都不长'的穷乡僻壤。"八大垸分场党支部书记李炳进说。

潜江市高产农田建设紧紧围绕"高产农田建设在哪里，新农村就在哪里"的工作思路，对田、水、路、林、村进行了高标准的综合整治，并以此为突破口，改变农村面貌，改善农民生产生活条件，促进农村经济快速发展。实施以田、水为重点的建设项目，把小型农田水利建设提高到新的水平，实现抗灾农业向设施农业的转变，改善了农业生产条件，提高了农业综合生产能力；将田间道、生产路建设与"村村通"工程结合起来，改善了农村交通条件，解决了农民出门难、行路难的问题；把高产农田建设与迁村腾地、村庄集并、村庄环境整治结合起来，着力打造生态文明家园，改善了人居环境，提升了乡风文明程度。目前，该市上百个村庄得到有效整治，村庄环境得到美化，农民生活质量有很大的提高。

土地整治支持建设——项目落地了

如今的潜江市，农村，土地整治如火如荼；城市，一个个建设项目全力推进。

数据显示，自2004年以来，潜江市积极向"四废（废坑、废塘、废河、废村庄）"要耕地，实施并验收市级投资占补平衡整理项目245个，新增耕地面积2.2万亩，用于市级项目及国家省级重点项目占补平衡，在保障潜江市补充耕地需求的同时，为汉宜铁路及南水北调等国家重点项目储备了补充耕地指标。

土地整治给农村、农民、农业带来实效的同时，也给潜江市建设项目提供了用地保障。通过土地整治，充分挖掘土地利用潜力，置换用地指标，拓展城镇发展用地空间，促进了全市工业化、城镇化发展。

作者单位：湖北省潜江市国土资源局

以产业结构调整和科技推广为重点,以整山整川整流域为单元,以突出粮食生产为抓手,庄浪按照"梯田+科技+节水+产业"的方式推进土地综合开发整治,发展特色高效产业,提升梯田综合效益。

"梯田王国"的新跨越
——甘肃省庄浪县续谱土地整治新篇章

杨 磊

甘肃省庄浪县面积1553平方千米,人口43万,耕地114万亩,其中103万亩坡地分布在402国道两旁的山梁丘顶和2553条沟壑中。

从1964年到1998年,历时34年的梯田建设,庄浪付出了两代人的心血,先后有30人为此献出生命,116人负伤致残,义务投入劳力5670万个,终于建成了占全县总耕地面积90%以上的百万亩水平梯田。

如今,庄浪人在土地整治中继续谱写着新的篇章。

大规模土地整治阶段:梯田真正成了"钱袋子"

庄浪县实现梯田化后,坚持"山河面貌不变,生态环境建设不停"的原则,按照"由大规模梯田建设向梯田综合开发转变,由单纯修梯田向小流域综合治理转变,由坡面治理向沟道坝系建设和封禁治理转变"的梯田综合开发思路,形成了"山顶沙棘戴帽、山间梯田缠腰、地埂牧草锁边,沟台果树围裙、沟底坝库穿靴"的综合治理模式。

先后在榆林沟等7条重点小流域建成治沟骨干坝和淤地坝33座,各类小型拦蓄工程700多处,实行封禁治理65.27平方千米,完成重点小流域治理150平方千米,配套修建流域道路和农田道路432千米,使全县生态环境面貌明显优化。

慕名前来考察的日本、以色列农业专家情不自禁地称赞:"这是庄浪人民在黄土高原上精心描绘的一幅景色迷人的风景画,简直是世界奇迹！"

截至2005年底，庄浪县水平梯田累计达到98.6万亩，占耕地总面积的95.3%，昔日的"三跑田"变成"三保田"，实现水不出田，土不下山；大灾不减产，小灾保丰收。

如今，以产业结构调整和科技推广为重点，突出粮食生产的梯田综合开发已取得了显著成效。庄浪按照"梯田+科技+节水+产业"的综合开发模式，以整山整川整流域为单元，发展特色高效产业，不断提升梯田综合效益。先后建成了石河沟、榆林沟等10个旱作农业开发示范小区和以土豆、果品、草畜为主的三大产业基地46万亩，年增经济收入3800万元。梯田真正成了庄浪农民的粮囤子和钱袋子。

利用梯田增收：从梯田大县迈向产业大县

庄浪没有躺在功劳簿上睡大觉，如今在梯田搭建的舞台上，庄浪改变传统模式，培育特色产业，从梯田大县向产业大县迈进。"中国梯田化模范县"——庄浪县正在以崭新的姿态承接历史，走向未来。

这一"华丽转身"，带给人们很多启示。

启示之一，以增加农民收入为核心，对特色产业准确定位，由规模优势向产业优势快速推进。

"中国梯田化模范县"的桂冠，让庄浪人骄傲。头顶这顶"桂冠"，庄浪新一届县委、县政府既有强大的动力，但更多的是压力。压力来自于对县情的认识和分析。"中国梯田化模范县"桂冠的背面，标注的是"国家级贫困县"的标签。

走什么路，比如何走路更重要。百万亩梯田虽然解决了温饱，但在新的发展阶段，如何充分发挥这一独特的优势，破解为农增收的难题？

庄浪人意识到，庄浪要加快发展，必须用现代化理念提升传统农业，以产业化为指导，真正发挥出百万亩梯田的综合效益，实现农业增效和农民增收。

由梯田大县向产业大县迈进，成了庄浪全新的定位。由此，"户均6亩产业田，人均增收900元"，成了他们全新的目标。

美好蓝图如何破题开局？

庄浪充分发挥农业的特色优势，引导农民搞果业，仅苹果一项，农民人均年收入300多元。如今，庄浪县现有果树经济林26.6万亩，并以每年5万亩的速度增长。

发挥资源优势，调整产业结构，正是庄浪利用梯田增加农民收入的重要途径。"要因地制宜，别和老天拧着干。"万泉、朱店、阳川等乡镇日照充足，适合种果树；挨着关山的韩店、郑河、永宁高寒阴湿，大面积推广的是土豆；每年全县种植的20多万亩全膜玉米，拉动了全县草畜产业的蓬勃发展。

借此，果品、土豆、畜牧三大主导产业日益壮大，成了庄浪梯田的"新贵"。

启示之二，产业快速发展的同时，必须保持与加快经济发展方式转变的有机统一

一场规模空前的产业开发热潮唤醒了梯田。但是，如何破解产业发展不上不下、不温不火的尴尬局面？

以前一门心思修梯田的庄浪农民开始"走科技路、吃科技饭"，百万亩梯田成了出精品、名品、优品的生产车间。

小苹果能说明大问题。万泉镇万泉村村民万来生种了3亩半的苹果，10月底卖了10万多元。能卖这么高的价钱，在老万看来，关键是现在他的苹果成了绿色食品。在县技术人员的指导下，他家的果园有了杀虫灯、粘虫板、粘虫带，再也不用一年给果树打8次农药了。

树底下也铺上了一层砂石，不但保墒增温了，而且还增产，也有利于苹果糖分的积累。他高兴地说："好果子不愁卖。"

仅仅停留在农业领域抓农业，难以实现农业产业现代化。用工业化的理念谋划农业，才是破解难题的关键。近年来，庄浪农产品加工业突飞猛进，一批规模化、现代化程度名列全省前茅的养殖、种植、加工龙头企业崭露头角。增粗拉长的产业链条，提高了农产品附加值。庄浪从梯田大县向产业大县的跨越正在加速。

但在这一进程中，必然会碰到当前利益与长远利益的矛盾。

庄浪人有做粉条的传统。前几年，一到土豆收获季节，在国道312线的朱店、万泉、水洛乡镇一线，沿着蜿蜒盘旋的公路望去，一些庄户人办的粉条小作坊上的"秋千架",挂满了一排排雪白的粉条,宛如一道道白色的"粉条长廊"。

粉条好吃,但加工粉条的废水,却成了污染水洛河这一千百年来滋养庄浪人河流的"罪魁祸首"。

"环境是最大的资源,生态是永久的财富。"庄浪人终于意识到了这一点。为此,庄浪县关停整顿小规模精淀粉及土淀粉厂,关闭了多家小粉条加工厂。闻名四方的"粉条长廊"在人们的视野中消失了。以前遭到污染的水洛河,如今开始变得纯净清澈了。

小粉条厂关了,但淀粉加工产业却更加壮大。银海、万达等3家万吨以上规模的淀粉加工企业通过技术改造、增添环保设备等手段,企业产能迅速提升。

发展生态旅游,继续弘扬庄浪精神

梯田化县的建成,奠定了庄浪农业产业化和可持续发展战略的基础;国家西部大开发战略和把旅游业培育成西部经济支柱产业政策的实施,为庄浪生态旅游业的发展创造了良好的机遇。

为了充分发挥"中国梯田化模范县"的效应,精心打造优势旅游品牌,庄浪县根据全市旅游业发展"三步走"策略和"五区三带"布局,完成了《庄浪县旅游经济开发建设规划》和《庄浪县梯田建设标志地建设项目》的编制,决定以赵墩沟梯田生态风景区、堡子沟小流域综合治理、中国梯田化模范县纪念馆等为重点,计划利用五年时间,建成集梯田农艺园、水保示范园、旅客采果园、坝系生态园、水上游乐园、农家民俗园、休闲垂钓园为一体的功能齐全、独具特色、神奇壮观的庄浪梯田生态风景旅游区带。

目前,景区内水面已达到180万平方米,培育农艺、果艺、园艺等水保科技示范园20多处,建成景区道路90千米。2007年,庄浪县投资250万元建成了523平方米的具有现代风格的"中国梯田化模范县纪念馆",同年,又被平凉市委命名为"平凉市爱国主义教育基地"。

作者单位:国土资源部土地整理中心

与农村经济社会发展相结合,与新农村建设相结合,与"增减挂钩"相结合,息县三结合推进土地综合整治,既保障了经济社会发展的用地需求,又为农村改革发展综合试验区建设探索出一条符合本地实际的新路子。

东风好雨润"粮仓"

——河南省息县三结合开展土地综合整治纪实

张亚莉　熊广成

息县地处豫南,面积达1888平方千米,其中耕地128194公顷,占土地总面积的68%。息县连续四年跻身全国粮食百强县,是农业大省河南的一个"粮仓县"。

通过实施土地整治项目,"粮仓县"焕发了新的生机。

政府高度重视,源于"内生动力"

2008年,土地综合整治工作列入全县重要议事日程,经县领导班子联席会议和县政府常务会议专题研究,明确作出"土地万亩整治"的决策,并将其列入当年"全县十大实事"。

在县长余运德看来,息县做好土地综合整治工作,源于"内生动力",具备三大优势:境内淮河两岸有35万亩滩涂,土质肥沃,综合整治潜力大;通过连续几年的灾后重建,淮河两岸低洼涝地的数万群众搬迁出来,腾出了大量土地;息县是劳务大县,1/4人口在外打工、定居,形成很多"空心村"。

整治工程启动伊始,息县就注重强化整治责任。县政府分别与各乡镇政府签订耕地保护和土地综合整治目标责任书,纳入政府绩效目标体系,并把考核结果与新增建设用地有偿使用费分配、建设用地计划和用地指标相挂钩。同时,成立全县土地综合整治工作领导小组,县长任组长,政府相关部门和各乡镇参与,形成了"政府主导、国土搭台、部门配合、群众参与"的工作机制。

值得一提的是，2010年春，息县政府出台《关于土地综合整治资金整合的意见》，明确提出聚合各部门惠农资金，一并打捆使用，投入到综合整治项目区，充分发挥各项资金集中使用的叠加效应和规模效益。同时，按照"谁投资、谁受益"的原则，建立激励机制，积极引入社会资金参与土地综合整治，形成整体推进的合力。

与农村经济社会发展相结合

在息县国土资源局办公室，有这样一块匾额："感谢息县国土资源局心系农业，资助俺村打井架桥，兴修水利，农业发展有了保障，真是为民造福，我村人民百倍感谢。彭店乡种粮大户柳学友。"

几年前，柳学友承包了村里近7000亩土地，县国土资源局在实施土地综合整治中，帮他打了20多眼井，修了十几条水渠，单产一举提高150多千克，他也因此受到中央领导的亲切接见。

在息县，柳学友并非个例。以前，息县农村土地还是小块分布、不成规模。土地万亩整治项目实施后，村里经过一事一议，将土地流转到种粮大户手中。

为了激发群众参与土地综合整治的热情，按照"谁投资、谁受益"的原则，息县规定个人投资新整理的土地，不仅根据本村情况可以拥有若干年不等的种植权，而且还能获得每亩500元的奖金，鼓励当地农民参与工程建设。小茴店镇刘大庄村村民自筹资金45.48万元进行"空心村"整治，整理土地227.4亩，新增耕地217.8亩，获得奖金11.34万元。

正在实施的董围孜村土地万亩整治一期工程项目，设计规模2500亩，总投资800万元。旧村庄复垦土地面积500亩，净增耕地372亩。整理基本农田520亩，改造中低产田650亩。修建水泥路面5.5千米，改造坑塘5个。

村党支部书记董长科兴奋地讲起国土资源部门新修的水渠给村子带来的好处。"原来的土渠很浅，长满了野草。放水的时候，从村南头到北头，一天都难过去。新渠在原来基础上打了混凝土夯，有两三公里长,南北横穿整个村,放水只需要一个小时。"

不仅是刚竣工的水渠,让村民津津乐道的,还有新修的路。"以前村里都是泥洼路,雨水多的日子,地上个把月干不了,一踩一个坑,大型机械根本进不来。现在路修好了,俺们不用再费力气抽水,一下能节省好几百块钱哪!"村民董玉友说。

另一个试点村——项店镇李楼村党支部书记李峰最大的感受是:节约土地。

以前,农民建房占地面积大,甚至有的一户占地达到十几亩。土地综合整治后,农户搬进统一修建的新居,不仅节约了土地,通过复垦还有效增加了耕地。据他估算,如果项目全部实施完毕,至少能节约出1400多亩土地。

与新农村建设相结合

董围孜村赵丽一家搬进新居已经一年了。村里统一规划建设的新居是两排二层联排小楼,有百余米长,住着近50户人家,户均160平方米。一楼是堂屋、厨房、卫生间和小型天井,二楼是客厅和三间卧室,楼顶还有个天台。

最近,李楼村党支部书记李峰忙得不亦乐乎。村里的三期新居建设已经动工了,不时有看了样板房的村民向他打听建房的事情。

李峰说,县城建部门负责出建筑图纸,有单户的也有四户连体的,由村民自行选择。三期工程完工后,村里近一半的村民将入住新居。下一步,针对上年纪或经济实力欠缺的村民,村里考虑统一建设一幢6层小单元房,每间80平方米,风格与三期工程保持一致。全部建成后,这里将形成长600米、宽400米的新居民点,房屋周边全部绿化,给排水设施都会跟上,卫生室、公厕、幼儿园、超市也将一应俱全。

为使土地综合整治在新农村建设中发挥实效,息县政府专门下发有关资金整合的意见,划定各部门的"责任田":国土局负责土地开发复垦整理项目,交通运输局负责农村公路村村通工程,农业局负责沼气建设工程,水利局负责饮水安全工程,财政局、农办负责土地治理项目、高标准农田建设项目和农业产业化补贴项目等。

为了确保工程质量，县政府不仅组织有关部门开展不定期检查，而且邀请群众代表、基层干部、人大代表到现场提意见。在施工过程中，难免会出现与实施方案有出入的地方，这时，满足群众需要就是首要考虑因素。

在项目区，随处可见县国土资源局立的项目"明细"牌，上面清楚地记载着项目批准单位、位置、建设规模、工期、承担单位、情况简介，还有责任人和联系电话。目的是使群众了解项目内容，及时反映施工问题。

陈庆刚和息县国土资源局工会主席孙超伊的名字，在"明细"牌上频频出现。陈庆刚说，群众打电话向他反映施工情况是家常便饭，甚至半夜三更打给他也是常有的事。对此，他来者不拒："从群众反映的问题，可以看出工程设计不合理的地方，也才能为今后的整治项目积累经验。"

与"增减挂钩"相结合

近年来，息县的经济社会发展迎来了一个崭新时期。随着东部沿海部分产业向息县转移速度的加快，特别是大广高速公路、西气东输淮武段和宁西铁路二段等一批重点交通基础设施项目的开工建设以及工业经济发展、城市建设的进一步加快，越来越多地涉及用地规模扩大问题。

事实上，息县每年的用地指标只有 15 公顷，而实际需求量有 2000 亩。土地综合整治是填补用地缺口的好途径。

在实施过程中，息县坚持"建新与拆旧相挂钩，农村建设用地减少与城镇建设用地增加相挂钩"的原则，规定新村建设因地制宜、合理布局，用地规模不准超过拆旧面积的 70%，建新与拆旧的周期不准超过两年，建新拆旧与土地综合整治同步进行。复垦的耕地要保证质量不降低，面积大于新村占用的耕地面积。在集体建设用地整治中，留足农村非农建设发展用地，节余指标经核定备案后，其收益优先投入村庄整治、农村基础设施建设以及改善农民生产居住条件，以提高当地群众参与土地综合整治的积极性。

自2008年以来,息县组织实施了大广高速占补平衡项目,补充耕地4052.3亩。同时,利用耕地储备库指标170.7亩,保证了西气东输淮武段和宁西铁路二段增减工程的建设用地;利用2058亩进行有偿异地流转,支援信阳钢铁扩建项目、郑东新区、商丘、漯河郾城区等调剂新增耕地指标。在自身受益的同时,为重点项目和其他兄弟城市作出了贡献。

作者单位:中国国土资源报社

加强论证，严格审批，创新机制，多元融资，分期开发，提高效益，公司运作，规范管理……莆田市澄峰围垦项目围垦面积10184亩，新增耕地8592亩，取得了较好的社会效益、经济效益和生态效益。

敢向沧海要桑田

——福建省莆田市澄峰围垦项目调查

杨 磊

福建省山地和丘陵约占全省土地总面积的82.39%，人均耕地只有0.04公顷，远低于联合国粮农组织提出的人均0.8亩警戒线，耕地后备资源十分匮乏。如何缓解人地矛盾，一直是摆在福建人面前的一道难题。

围海造地，是解题的有效途径之一。2002年，福建省政府出台《福建省沿海滩涂围垦投资建设若干规定》后，在投融资机制上不断摸索创新，实施了莆田澄峰等四个大型省级围垦项目，取得了较好的社会、经济和生态效益。

采取综合措施进行土壤改良

澄峰围垦项目位于莆田市东南部北高镇，属浅海滩涂。项目区总面积10184亩，其中滞洪区面积1592亩，耕地开发面积8592亩。项目预算投资21077万元，财政专项资金投入6014万元，不足部分由业主自筹。围垦工程已于2009年10月20日通过省级验收，土地开发工程计划2012年上半年完工并通过验收。

在项目实施过程中，主要采取了以下做法：

加强论证，严格审批。滩涂围垦项目投资额大，牵涉面广，技术难度高，且涉及防洪安全。为保证项目顺利实施，福建省政府和发改委、水利、海洋、国土资源、环境保护、财政等部门各司其职，对澄峰围垦工程进行了详细的可行性分析和论证，并委托专业咨询机构出具评估意见。2003年7月，《莆田市荔城区澄峰围垦工程初步设计报告》通过了省发改委、水利厅、国土资源厅的联合审查。

创新机制，多元融资。澄峰围垦项目总投资21077万元，开发耕地亩均投资需要2.45万元，在财政资金有限的情况下，多元化筹集资金，是保证项目尽快实施的关键。莆田市荔城区政府于2003年5月采取BOT运作方式对外公开招商，一公司以9447万元的出资额取得30年特许经营权。政府通过出让特定期限的土地经营收益权，加快了大型项目的建设，也节省了资金的投入，实现了政府和社会投资者的双赢、互惠。

分期开发，提高效益。为合理利用土地资源，提高开发效益，福建省政府2002年出台《福建省沿海滩涂围垦投资建设若干规定》，允许垦区耕地开发规划控制面积内的土地，根据土地盐碱淡化周期和耕地分期开发的需要，由围垦项目公司申请从事一定年限淡水水产养殖，待达到养殖年限后，再按耕地开发的标准复垦为耕地。这一做法既提高了综合效益，吸引了社会投资者参与土地围垦，又在一定程度上实现了淡化洗盐的目的，可谓一举两得。

公司化运作，规范管理。项目于2003年11月依法成立项目公司，由福建省莆田市澄峰围垦开发有限公司负责项目工程建设、开发经营与管理。2005年12月2日，福建省国土资源厅下发《关于成立荔城区澄峰围垦项目监督委员会的通知》，成立了荔城区澄峰围垦项目监督委员会，并由福建省水利厅基本建设工程质量监督中心站和福建省莆田市水利工程质量监督站作为质量监督单位，莆田市荔城区安全监察局作为安全监督单位。

注重土壤改良，切实提高耕地质量。围垦后的耕地要成为高产良田，需要经历3次进化的过程。为加快土壤淡化，澄峰围垦项目在设计前进行了详细的土壤分析，根据实地踏勘及分析资料，项目区内滩涂多为淤泥质黏土，设计针对性地采取客砂土的办法改良土壤质地。

此外，为提高垦区耕地质量，澄峰围垦项目采取一系列综合措施进行土壤改良。如每一田块配套完善排灌设施及排渍沟，灌水洗碱，减少旱、盐及地下水危害、促进土壤脱盐；每亩增施有机肥 1.5~2 吨，改善土壤结构，提高储存自然降水能力，加快土体脱盐；合理轮作，采取水稻、甘薯、花生、蔬菜、田菁、蚕豆等作物轮作，增加地面覆盖、减少地表蒸发，防止土壤返盐；在施肥上注意氮、磷、钾合理平衡施肥并适当应用石膏等化学改良措施。

取得了良好的经济效益和社会效益

由于采取了这些切实有效的措施，项目取得了一些具体成效。

有效缓解耕地占补矛盾。澄峰围垦工程建成后，可开发耕地8592亩，有效缓解了日趋尖锐的人多地少矛盾，为农业、渔业、交通、旅游、建设等部门用地提供了良好条件，为实现莆田市耕地总量动态平衡，实现国民经济发展规划目标提供了强有力的支撑。

增加社会效益和经济效益。澄峰垦区土地开发项目，新增耕地8592亩，可建设成为高科技、高效益的高科技示范园区和农业创汇基地。项目建成后，还可以为莆田市的港口建设提供新的岸线资源。垦区形成之后，在澄峰垦区东南部可形成中、小型港口建设区。项目区的林网建设，将有效地减轻项目区及其周边地区的风害，大大地改善项目区及其周边地区的生态环境，防止项目区周边地区土地沙化，防止水土流失。不仅利用了资源，还保护环境。

形成滩涂围垦工程模式。根据澄峰围垦等几大围垦项目的建设经验，福建省在2008年《土地开发整理工程建设标准》修编中，将滩涂围垦盐化平原专门作为一个工程类型区，对存在的主要障碍因素进行了分析，并提出了有效的治理措施，形成滩涂围垦工程模式。例如，滨海滩涂开发整理应在围垦工程与农田工程全面配套基础上，把土壤改良作为主攻重点。

科学规划，有序开发

滩涂围垦有很好的开发前景，但有一定风险，今后的开发需要采取一系列措施。

科学规划，有序开发。福建省出台了《关于科学有序做好填海造地工作的若干意见》，制定了合理布局围填海，有序引导围填海由湾内向湾外转移的战略思路，全面启动了《福建省湾外围填海规划》的编制工作。湾外围填海规划方案可行性研究包含现状调查、围填海方案比选、水动力模型研究、生态环境影响分析、资源调查与影响评估、生态系统服务功能损失评估、环境经济损益分析7个专题的研究工作。福建省国土资源厅也启动了后备资源专项规划编制工作，将与海洋等部门共同做好资源调查，严格进行科学论证，依法按照程序报批。

加强制度创新，调动各方积极性。一是在实践中进一步健全和完善现有的投融资模式，集聚社会各方面资金特别是省外和境外资金参与滩涂围垦项目的建设。二是通过国际金融信贷，积极争取亚行、世行的政策性贷款进行滩涂资源的开发利用。三是制定更为灵活的土地政策、税收优惠政策，鼓励支持内陆占补平衡困难的县（市）筹资到沿海滩涂资源丰富的县（市）兴办围垦。

完善补偿机制，保障农民权益。沿海滩涂虽然在权属上是国有土地，但也是当地部分农民赖以生存的主要资源。滩涂虽然可再生，但重新淤积需要漫长的时间，大型项目的建设也必然会对周边地区的水产养殖造成一定的减产和损失。因此，准确评估围垦项目对项目区及周边水产养殖的影响，做好群众工作，给出合理的补偿标准是亟须探讨的一个问题。

加强监管，促进国有资产保值增值。必须在成立项目监督委员会的基础上，加强对项目立项、招标、评估、建设、资金使用、公司运营的监管，在合同中明确各方责、权、利，促进国有资产保值增值。

探索建设用地开发的新思路。滩涂围垦后转为建设用地，成为缓解建设用地紧缺、减少耕地占用的现实和可行的选择。国土资源部门如何合理引导建设用地围垦，以最小的代价提供用地保障，服务经济增长，也值得我们进一步研究和思考。

作者单位：国土资源部土地整理中心

将田间道、生产路建设与"村村通"工程结合起来，把零散村庄整治与中心村建设结合起来，对农村基础设施建设和农村居民点实行统一规划，湖北省通过土地整治实施高标准农田建设项目，改善了农村面貌，促进了农村经济发展。

"湖广熟，天下足"
——湖北省通过土地整治建设高标准农田纪实

孙国瑞

一场春雨，一片新绿，一片生机。

阳春三月，来到荆楚大地的田间地头，调查监利县、远安县、安陆市、钟祥市、天门市、嘉鱼县通过开展土地整治建设高标准农田的情况。

一路下来，多次听到村干部和农民的称赞："国土部门为我们农民做了一件大好事，让我们不进城也能致富。"

土地整治："各炒一盘菜，共办一桌席"

古有"湖广熟，天下足"的美誉，养育着6000万勤劳智慧荆楚人民的正是这片美丽富饶的土地。如今的湖北，是国家主要农产品商品粮基地之一，正伴随着全面建设小康社会的步伐，由农业大省向着农业强省奋进。湖北人深刻懂得：要想"天下足"，首先要保证一定数量和质量的农田。

湖北省土地整治搞得好，跟党委、政府重视有很大关系。省国土资源厅耕保处长张友安高兴地说："最近为了贯彻落实国务院2010年47号文件，湖北省委、省政府下发了《关于加强农村土地整治工作的意见》。省委、省政府联合专门为土地整治发文件这在全国是不多见的，今后全省土地整治的力度将会进一步加大，整治规模将越来越大，整治质量将越来越高，整治资金将更有保障，土地整治制度将更加健全，土地整治的综合效益将更加凸显。"

湖北省国土资源系统通过土地开发整治，连续10年保持了耕地占补平衡。全省用于耕地"占补平衡"项目累计投资近27亿元，补充耕地185万亩，保障了城镇社会经济发展用地和公路、铁路、电厂等大中型基础设施建设用地。

通过土地整治实施高标准农田建设项目，将田间道、生产路建设与"村村通"工程结合起来，把零散村庄整治与中心村建设结合起来，对农村基础设施建设和农村居民点实行统一规划，着力打造生态文明家园，改善了交通条件，美化了村庄环境，提高了农民生活质量，改变了农村面貌，促进了农村经济发展。

土地整治是个系统工程，不是土地部门一家的事。省委、省政府明确提出，要搞好土地整治必须相关部门共同参与，做到"各炒一盘菜，共办一桌席"。

监利县：土地整理没有措施就没有质量

监利县是一个传统的农业大县，地处长江中游江汉平原南端。近年来，省委、省政府将监利县继继纳入"全省基本农田建设20个水稻生产重点县（市）"、"全省15个血防整县推进县（市）"、"全省14个基本农田保护示范县（市）"之列，2008年又被纳入"仙洪新农村建设试验区"范围。

据监利县土地整理中心党支部书记柳连山介绍，2004年以来，监利县共争取国家和省级投资土地开发整理项目22个，总建设规模58.1万亩，新增耕地1.8万亩，总预算投资8.26亿元。其中，已实施完工的项目10个，正在施工建设的项目6个，已申报立项待建设的项目6个。

制度是保障。在高标准农田建设中，监利县以中低产田改造为重点，加大农田水利建设比重，改变排灌一体、统排统灌的传统，采取排灌分家、定点分片的新模式。以农业产业结构调整为重点，促进现代农业上台阶。县国土资源局以基本农田建设为基础，合理调整农业产业结构，全县现已基本形成了以优质稻、蔬菜、水产品、经济作物为主的四大特色农业，建成了一批高效农业示范带和一批优质农产品生产基地，发展生态种植基地20多个、上规模的农工贸企业37家。以村庄综合整治为重点,加快新农村建设步伐。在项目实施中,县国土局通过科学规划、合理配套,村庄功能得到逐步完善,农民生活环境明显改善。通过土地整理迁村腾地,不仅新增耕地 1.7 万亩,而且形成了一批新农村建设的示范点,这些地方村容村貌焕然一新,水、电、路、通信、有线电视等配套设施样样齐全,为监利县新农村建设积累了经验。

远安县:瞄准低丘岗地,独创远安模式

2008 年以来,远安县国土资源局抢抓政策机遇,累计向省国土资源厅争取到低丘岗地改造项目 10 万亩,争取省级投资 2 亿元。项目涉及全县 7 个乡镇,50 个行政村。截至 2010 年底,已累计增加有效耕地面积 2 万亩,省国土资源厅共下拨低丘岗地改造项目资金 1.1 亿元,项目全部竣工后,可新增耕地面积 3.5 万亩,新增耕地占补平衡指标 0.85 万亩,直接提供税收 1600 万元。

在土地整理现场,可见整座山冈已经变成了梯田,田里有蓄水池、排灌设备、PVC 水管。田里远远近近、高高低低都种上了柑橘,虽然秧苗还不大,但已经没有闲田,预计这些秧苗两三年就能挂果,5 年就能进入丰产期。远处还有几排房子,县国土局邱副局长介绍说,那是县畜牧部门投资盖的养猪场,产出的猪粪可以作为有机肥施到地里。

按照"依法流转、有偿经营、适度规模、整体推进"的思路,远安县采取土地流转、大户承包、散户合作、租赁经营、入股分红、公开拍卖、招商引资等多种经营方式,盘活提升低丘岗地改造项目利用价值。大力支持农村专业合作组织、农业经济能人、柑橘大户和私营业主连片开发,为农民增产增收创造了条件。

安陆市:推进土地整治必须明晰产权

土地整治前后的产权产籍问题是个不容忽视的大问题。土地整治面积越大越要注意这个问题。

在安陆市土地整理一个项目指挥部临时租用的农民房中看到,墙上挂着工程进度表、工程项目负责人名单以及各项管理规定。随行的市国土局的同志介绍,实施土地整治,必然涉及田块重整、权属重

调、管护重点到位等问题。尤其是随着土地整治后种植条件的改善，一些曾经弃田不种的农户对于耕地权属调整政策极为敏感。为了确保项目区土地产权人和承包者的切身利益，国土部门坚持把明晰权属作为土地整治项目完成后促进社会稳定的重要环节、示范工程来抓，致力念好"知、导、量、定、分、管"的六字经。

钟祥市：彭墩村迁村腾地走活一盘棋

钟祥市石牌镇彭墩村，曾经是个典型的"有粮吃，没钱用"的丘陵村。那时，村民分散、人畜混居，"脏乱差"随处可见。如今，现代化的村民小区，生机勃勃的绿色食品基地，先进的畜禽养殖小区，还有排列有序的农民别墅，依坡就势的农民广场……短短几年时间，一个现代化的新农村，在这里迅速崛起。

市国土资源局田家林副局长介绍说："彭墩村迁村腾地全省有名，连省长也来视察过。彭墩村迁村腾地的领头人张德华很不简单。年轻时当过兵，转业后进了政府机关，后来又辞职经商，脑子很活，很有思路，也愿意为村里办实事。他在城里生意做得是风生水起很不错，后来他回到村里当上村党支部书记。他回村后立志要把家乡面貌彻底改变。"看来土地整治一定要选好带头人，人有积极性土地整治才能搞好。

迁村腾地的目的就是增加耕地数量，提高耕地质量，使迁腾区的土地变成"田成方、树成行、路相通、渠相连、灌得进、排得出"的高产稳产良田，使农民收入得到提高。

天门市：土地整治看双刘口村

来到天门市杨林办事处双刘口村，市国土局的同志介绍说，通过2009年实施杨林基本农田土地整治项目，土地整治注入资金1750万元投入新农村基础建设，形成了"项目带动、资源整合、点面结合、打造精品"的社会经济效应，成为全省新农村建设的一面旗帜。

几年来通过土地整治，天门市农村发生了巨大变化。走进土地整治现场，一条条田间道路、硬化沟渠纵横交织，与绿化的硬化路相连，通向明亮的新居；一展平铺的田野，生长着绿油油的庄稼，郁郁葱葱。土地整理通过田、水、路、林、村的综合整治，达到了道路通畅、田块规整、排灌自如、林网秀美、环境优良、人居和谐的规划目标，为改善农村生产生活环境，增加农民收入，推进城乡一体化奠定了基础。

蔬菜基地：北有寿光，南有嘉鱼

嘉鱼县的土地整治更有自己的特色。在潘家湾镇蔬菜基地，平整的菜地一眼望不到头，虽是初春低温，地里蔬菜仍然长势喜人，田边拉菜的大卡车正等待装车。虽然细雨濛濛却挡不住收菜人下地收菜。嘉鱼人无不自豪地告诉记者："北有寿光，南有嘉鱼。山东省寿光是北方的蔬菜基地。我们嘉鱼是南方的蔬菜基地。这里的蔬菜大都运往了南方各省市。"

嘉鱼县国土资源局主管土地整理的领导说，要搞好土地整理就要严把六道关口，一是严把项目招标关。在项目招投标过程中，县国土资源局创造性地推出了"一次摇号中标法"，开标时一次摇号确定招标单位，有力地防范了围标、串标及腐败现象的发生，同时降低了中标方的工程建设成本。二是严把工程进度关。每个建设项目，制定工程施工计划，填报工程施工进度表严格按计划施工；没有节假日，没有休息日，坚守在一线、战斗在工地；抢抓农闲，确保施工不误农时。三是严把质量监管关。采取"一到、二查、三督"的方式，强化质量管理。四是严把资金管理关。在项目资金使用上，严格实行"四个"坚持：坚持项目资金专项资金专款专用、单独核算、建立专账；坚持按照规定的范围开支，绝不突破预算概定总额；坚持法人"一支笔"审批，严把资金管理关；坚持科目资金决算，严格资金审计。五是严把纠纷调处关。重心下移，缜密考虑，主动下访，调解权属纠纷，维护群众权益，保障社会稳定。六是严把预警防控关。创造性地推出廉政保证金制度，由嘉鱼县国土资源局纪检监察室牵头，开设项目工程廉政账户。

作者单位：中国国土资源报社

莒南人民有着吃苦耐劳、负重奋进的精神，每一处工程都是他们用心血和汗水拼出来的。他们与天斗，与地斗，年复一年，就是这样坚持不懈，锲而不舍，土地整治才取得了显著成绩。

厉家寨：农村土地整治"一个好例"
——山东省莒南县厉家寨土地整治纪实

黄新东　何兆展　赵晓波

1957年10月9日，毛泽东主席在《山东省莒南县厉家寨大山农业社千方百计争取丰收再丰收》的报告上作出批示："愚公移山，改造中国，厉家寨是一个好例。"从此，名不见经传的小山村厉家寨，一举名扬海内外，成为全国农业战线上的一面旗帜。

如今的厉家寨，俨然是一个小城镇。主街道两侧，盖起了不少沿街楼，整治后的土地上，建起了大樱桃示范基地，4栋社区居民楼建设如火如荼……厉家寨人发扬"与天斗，与地斗"的精神，抓住机遇，与时俱进，用自己的智慧和勤劳的双手，谱写了农村土地整治新篇章。

机械化整地，产量再上新台阶

永不停歇的时光之轮，将厉家寨带到了改革开放的新时代。

让厉家寨人备感高兴的是，2006年，厉家寨市级土地整治项目开工。项目区总面积2000亩，总投资195万元，主要包括新建拦水坝1处，平板桥4座，修建田间道路3千米，平整土地近2000亩。

现年73岁的厉永冻老人在参加20世纪50年代的土地整治时还是个小青年。他在亲身经历了2006年的土地整治项目后，很有感慨："现在真是先进啊！一个挖掘机干的活，抵得上全村三千多人。现在来看啊，这地还需要再整一遍。因为用上机械化整地，产量会更高。"

对此，80多岁的厉永寻老人也很认同。他说："这些年，土地都分到户了，这么割一片、那么割一片，原来修好的'隔子'都被破坏了，地力比刚整好的'三合一'梯田差了不少。"

听说上级要在厉家寨进行力度更大的土地整治时，厉永寻连说了好几个"很感激"，"用我们的老话说，真是磕头都来不及啊"！

据介绍，规划实施的厉家寨市级土地整治项目总投资600万元，将新建扬水站4座，拦水坝4处，塘坝2处，谷房5座，硬化道路3千米，平整土地近6000亩。

对即将正式动工的新一轮土地整治，杨恒华向在场的老人发出了口头邀请："到时候，老同志不用亲自干了，但可以看看规划和设计图纸，提提意见。开工后，可以多到工地去看看，帮着监督管理。"

现在，厉家寨村已经启动了旧村改造和大社区建设工程。根据村庄改造规划，厉家寨、厉家寨二村、大山河、寨子河四个村合并建设成厉家寨社区，社区建成后可腾出土地360亩。

一治一座山，一治一个流域

近年来，莒南人民进一步发扬厉家寨精神，"上山上坡搞开发，下沟下河搞治理"，在农村土地整治方面创造出了许多新经验，涌现出一批新典型。自2003年以来，这个县先后实施国家级项目3个，省级项目3个，市级项目39个，县级项目369个，总规模达23604公顷，新增耕地3591公顷。

莒南县总面积1755平方千米，境内有517座山头，山地丘陵占了79%，土壤瘠薄，地块零散，无道路，无水渠，水土流失严重，基本上是靠天吃饭。

莒南县国土资源局三届领导班子，踏遍全县的山山水水、沟沟壑壑，确立了农村土地整治的总体思路：坚持集中会战为主，分散治理为辅，统一标准，一治一座山，一治一道岭，一治一个流域，山、水、路、林、村、田、渠协调布局，农、林、牧、副、渔全面发展。

在土地利用总体规划"龙头"控制下，这个县对土地后备资源开发利用进行了科学规划：东部山区，按照"山顶松槐戴帽，山腰板栗果桃，山脚粮田可浇"的模式进行开发，保证土壤贫瘠的荒岭披绿见效益；对西部平原区，按照"田成方，林成网，路相通，渠相连"的要求严格农田保护，划出农田保护区，禁止毁田造林。

在具体实施中，突出这个县"山区开发，流域治理，旧村改造"三个重点。该县坪上镇前下寨村，过去是出了名的穷山村，全村1000多口人，只有100公顷旱田薄地，全分布在东、北、西环村绵延20余千米的扇形山岭上，十种九不收。

近些年，在国土资源管理部门的大力支持下，这个村苦战数年，硬是在西山坡上开垦出1500多亩高标准梯田，并创造出"山顶松槐戴帽，山腰板栗果桃，山脚粮田可浇，山沟谷坊水库"的模式和"上下两相平，石堰来砌边，低处增高高处低，下雨流水要盘旋"的坡改梯开发经验。如今，这个村早已实现了"家家有果园，户均2亩半"的奋斗目标，群众过上了富裕的日子。

在小流域治理上，坊前镇岔河村开创了"遇沟就闸，遇水就截，相对取直，增加耕地，节节打坝，坝坝蓄水，星罗棋布，发展喷灌"的模式。治理后的流域"从上往下看水库连水库，从下往上看瀑布连瀑布"，既防止水土流失、增加耕地面积，又改善水浇条件，提高土地产出率，还美化绿化环境。借鉴这一治理经验，前下寨、张沟子、玉泉沟等38个村先后进行了小流域治理。洙边、岔河、刘山3条小流域被水利部、财政部命名为"全国水土保持生态环境建设'十百千'小流域示范工程"。

莒南县的旧村改造，主要分为两种情况：一是对东部山区，凡村址在山下平原地的村庄，一律要求将村庄搬上山坡或岭坡，以腾出好地种庄稼；二是对西部平原区的村庄，凡居住分散或出现"空心村"现象的，就要求重新规划，集中建设新农村。目前，该县文疃镇32个村庄先后拆掉祖传的老屋，将家搬上山岭，腾出了大片沃土良田。

在国家级相邸镇项目区，道路硬化平整，大型机械可以直接开进田间地头。深翻后的庄稼地里，处处散发着泥土的芳香，不远处米黄色的扬水站格外引人注目。相邸村村民高纪河在地里忙碌着，为种花生作着精心准备，不经意间脸上荡起几丝笑容："咱不能糊弄地，政府创造了这么好耕种条件，种不好多可惜！"

国土资源部的一位领导来莒南视察工作时，对这里的土地整治给予了高度评价："莒南人民有着吃苦耐劳、负重奋进的精神，每一处工程都是他们用心血和汗水拼出来的。他们与天斗，与地斗，年复一年，就是这样坚持不懈，锲而不舍，土地整治才取得了今天这些成绩。"

村庄靓起来，腰包鼓起来

2003年以来，临沂市共实施国家、省、市和县级土地整治项目1393个，项目总规模162.45万亩，总投资13.31亿元，新增耕地35.45万亩。

在土地整治中，临沂市扎扎实实做好"三结合"文章，积极主动地服务"三农"建设。"三结合"是：与社会主义新农村建设相结合，与发展高效农业、建立高科技示范园相结合，与农民脱贫致富相结合。

在兰山区朱保镇葛疃社区，100多户村民已搬进了窗明几净、设施齐全的4栋公寓楼里。这个村有1731人，旧村占地324亩。通过对旧村进行整治，复耕土地284亩。村里规划建设160个高效农业大棚，发展花卉、蔬菜生产，既改善了生产居住条件，又可人均增收6200元。

2006年，市级投资土地整治项目，在平邑县柏林镇杨谢村建设了2000亩中药材基地，建设了金银花示范园、葛根园，栽培了黄芩、黄芪、桔梗等蒙山地道药材。土地整治与发展高效农业相结合，不仅取得了良好的社会效益，而且取得了较好的经济效益和生态效益。

临沂市还充分利用土地整治的政策，在项目立项和资金投入上向经济欠发达县和库区村倾斜。蒙阴县马家花园省级土地整治项目总面积8800余亩，总投资1289万元，项目区涉及马家花园村等8个库区村，总人口4500余人。项目实施后新增耕地2000余亩，人均增加耕地近半亩，过去的低产田变成了高产田，每年净增加收益350万元。

作者单位：中国国土资源报社

勤劳智慧的沂蒙老区人民发扬战天斗地、改造山河的优良传统。自2003年以来，相继实施1335个国家和省、市、县四级土地开发整理项目。一首影响几代人、唱红大江南北的《沂蒙山小调》，如今被赋予土地开发整理的内容后，在沂蒙大地广为传唱。

水甜地肥稻花香
——山东省临沂市土地开发整理见闻

黄新东　冯连伟

"人人那个都说哎土地整理好，沂蒙那个山上哎好风光，花生那个油绿哎稻花香，万担那个玉米哎堆满仓。"一首影响几代人、唱红大江南北的《沂蒙山小调》，如今被赋予土地开发整理的内容后，在沂蒙大地广为传唱。

六旬老农"跑"项目

2008年7月12日一大早，山东省平邑县柏林镇黄崖村党支部书记李兆民就来到了县国土资源局："土地整理政策好，感谢国土资源局帮我村奔上了致富路。今后还请局里多帮忙，在土地开发整理上继续给予支持……"

平邑县国土资源局局长方祥德说："李书记是我们的老熟人了。他们村先后实施了3个县级土地整理项目，村里的6000多亩地几乎整理了个遍。这不，他又来我们这里'跑'项目来了……""我都快60岁了，退休前就是想为大家再做点事，"李兆民打断了方祥德的话，"我想让村里通过土地整理再富裕些。"

分管土地开发整理工作的李景平副局长说，打破田界平整土地、大型机械进驻工地、基础设施后期管护等，方方面面的关系协调好，离不开村干部的大力支持。老李是在村里干了33年的村干部，威信很高，对土地开发整理工作非常热心。有一次，挖掘机进工地，要轧倒一些果树，施工方与土地承包方怎么也讲不妥，工期受到影响。老李关键时刻冲上去："整理土地为的是造福百姓，这是给咱们做好事，咋能不支持？破坏几棵果树与整理土地哪个轻哪个重，你仔细掂量掂量。损失村里赔，你看着办吧。"几句话说得那家承包户面红耳赤，他主动腾出道路让机械通过。

李兆民说："有空一定去我们村看看，今年刚完工的土地种上了花生，秧子早已罩满地，预计亩产花生仁能过 200 多千克，收入 2000 多元没问题，比整理前增加了 3 倍收入。我们这里多是丘陵地，土层只有二三十厘米厚，又浇不上水，几乎是靠天吃饭。现在土层整到了七八十厘米，灌溉也上去了，原来只能种地瓜的地方，现在也能种水稻、土豆和玉米了，老百姓那高兴劲儿就甭提了。"

"整到这样就够标准了"

在平邑县卞桥镇富源村，村民正在田间劳作，30 多度的高温也挡不住他们种地的热情。一位正在除草的老农说："土地整理让我们日子有了奔头。你看，这玉米长得多结实，有了水，跑到山顶上种玉米，以前真是做梦也想不到的事。"

这位老农的土地位于市级土地整理重点项目区。项目实施前，这里土层浅薄，耕作地块零乱，加上没有灌溉设施，往往见种不见收。久而久之，不少村民弃耕，造成大片土地荒芜。2006 年，市里投资 168 万元进行综合开发整理，建起了 3 个蓄水池、2 座扬水站。如今，6 千米长的田间路四通八达，4800 株杨树整齐排列在道路两旁。这个项目新增 232 亩优质耕地，两个自然村的近千名村民受益，年人均收入达四五千元。

平邑县国土资源局土地整理中心主任李兴玉一直很看好这个项目，原因是村干部善于动脑筋，把基础设施管护工作做得有声有色。项目完工后，这个村不是把土地全部分给村民，而是从新增加的耕地中留出部分机动地，交给村民耕种，让他们负责看护基础设施。每年一考核，看管得不好就解除合同，收回土地，通过公开竞争的方式交由其他村民看护。实践证明，这是解决基础设施损毁—修复—再损毁一再修复的好办法。

　　这里的农民多年来坚持向荒山荒坡要土地，想方设法提高农田质量。尤其是到了冬季农闲季节，这里红旗招展，采取兵团会战的方式来改造土地。不久前，临沂人大代表来平邑视察土地整理项目。看到这里发生的翻天覆地的变化，原人大常委会主任李荣强情不自禁地说："谁说丘陵土地整不好？整到这样就够标准了。"

沙土地整成了"聚宝盆"

　　沿着田间道路驱车前行，一座巨型水库映入眼帘。这是山东省第二大水库岸堤水库，蒙阴县蒙阴镇周家沟子村作为77个库区村之一，就坐落在水库附近。20世纪50年代修建水库时，淹没蒙阴县4个乡镇77个村。水库挖成后，周家沟子村人均不足一亩耕地，且多是高低不平的沙土地，一镐刨下去就是硬邦邦的大石块，土层厚度不到20厘米。每到耕种时，老百姓必须围着山沟到处找水，肩挑人抬，一天也种不了半亩地。

　　蒙阳县国土资源局抓住国家开展土地开发整理促进农民致富的有利时机，集中对库区村进行田、水、路、林、村综合整治，先后在库区村设立国家、省、市、县四级土地整理项目16个，投入资金3400余万元，整理规模2.3万余亩，净增耕地5300余亩，25288人受益。

　　周家沟子村党支部书记王本武说："过去我们用镐刨用锹挖，后来用炸药轰，一个冬季大会战用几十吨炸药都没解决问题。而现在，整过的土层达五六十厘米，通了路，通了水，过去这里三亩沙土地换不上一亩黄土地。现在可变了，沙土地整成了'聚宝盆'。"

　　蒙阴县国土资源局党组书记、局长武继银介绍："实施好土地整理项目，必须牢牢地把好工程招标关、工程质量关和资金使用关，确保国家投资的钱一分不漏地用到项目上。"

　　"整理我们村的土地时，村里选派了村干部、党员和群众代表十几人，作为质量监督代表。挖掘机只要开始施工，我们的质量监督代表就不分昼夜守在现场。工程质量实在是过硬，用钢叉随便插，哪个地方的土层都达到了五六十厘米厚,有的甚至达到了八十厘米。现在老百姓年人均纯收入达到了5000元,这在过去是想也不敢想的事啊!"王本武描述当时整地的情景时,依然十分激动。

作者单位:中国国土资源报社

2006年11月被确定为全国基本农田保护示范县以来，闻喜县坚持"以建设促保护"和"成不成在水，好不好在路，美不美在田"的方针，加大高标准农田建设力度。全县共整理基本农田5.83万亩，新增耕地近万亩，项目区群众每年增收逾千万元。

闻喜农田保护传喜闻

——山西省闻喜县高标准基本农田建设纪略

张鸿志 吴强华 张祥民

"西汉时期，汉武帝刘彻路过这里时，听说平南粤大捷，改名'闻喜'。"这就是"闻喜"的由来。

如今的闻喜，仍是喜闻频传。走进闻喜县基本农田整理项目区，当地村民乐呵呵地说："现在地平了、水通了，玉米、麦子可以轮着种，一亩地多收1000多元，有的可达2000元。"

得到项目区村民认可的同时，闻喜县基本农田建设的经验、成果，也得到了上级主管部门的肯定。2008年11月14日，山西省国土资源厅专门召开山西省土地开发整理（闻喜）现场会。2009年10月9日，省国土资源厅耕保处处长赵勤正接受采访时说："闻喜县重质量、严监管、高效益的经验，很值得推广！"

顺应民意，村民全程参与设计施工

2006年11月，闻喜县被国土资源部确定为全国基本农田保护示范县，由此开启闻喜基本农田保护事业的新篇章。

建设基本农田保护示范县，是利国利民的大实事。然而，"稍有不慎，就可能把好事办成坏事。"运城市国土资源局局长助理郭建奎直言不讳，"建设全国基本农田保护示范县，既是荣誉，更是使命，如临深渊，如履薄冰。"

为真正把好事办好，闻喜县国土资源局在项目设计施工过程中，始终坚持群众路线,"摸着民意过河",让村民全程参与设计施工。

专职负责国家投资基本农田整理项目建设的郭建奎反复强调:"国家掏了那么多钱,坚决不能让老百姓骂娘。"项目指挥部经过深入走访、调研,确立了"先易后难、先近后远、先水地后旱地、先开发后整理"的建设思路。尽可能不误生产、方便群众。

方便群众,重在深入群众、了解生产实际。工作人员介绍,按照工程原有设计,田间路宽4米,生产路宽2米。"如果照这样的标准施工,群众肯定不满意,因为生产机械进不去,不能满足生产需要,只能成摆设。"本着"尊重实际、方便生产"的原则,项目指挥部顺应民意、因地制宜,大胆突破现有规范,将田间路和生产路分别加宽至5米、3米。据了解,基于闻喜县的创新,后来的土地整理项目建设标准也作了相应调整。

"这样的决定虽然有一定风险,但只要是便民、惠民的创新做法,我就愿意也敢于承担创新风险。"郭建奎坦言。

为广泛赢得群众支持,每项工程实施前,工作人员都面对面向群众讲解有关政策,有针对性地消除群众的思想顾虑,在保障施工质量的前提下,优先安排当地农村劳力参与项目施工;在不影响工程质量和施工进度的前提下,把高差较大的地块作为重点区域优先施工,其余地块利用夏收、秋播间隙进行施工,避免与村民耕种发生冲突,有效减少了群众的经济损失,得到群众的大力支持。

项目自开工以来,不仅没有发生过一起群众干扰施工和上访的事件,而且许多群众自发组织起来,义务看护施工机械设备。"由于群众真正得到了实惠,热情都很高。从项目实施开始,附近村一小组长就一直在施工现场义务监督,风雨无阻。"现场工作人员说。

严格监管,既当督察员又做"指导员"

"成不成在水,好不好在路,美不美在田。"在项目区施工现场,郭建奎谈起了项目管理心得。这一标准贯穿项目建设始终。

水的重要性在采访后宫乡阳庄村村民时得到印证。阳庄村党支部书记、村委会主任安雨水说:"通水、通电后,今年村民普遍增产增收,这些配套设施要是能早点到位就更好了,效益会更明显。"

安雨水的愿望,让人深感"成不成在水"的分量。针对安雨水的期盼,郭建奎表示:"村民的意愿我们都尽量满足,但水、电设施建设有其必要的时间要求,必须在保障质量的前提下想方设法赶工期。"

为确保水、路、田施工质量,监理工作受到高度重视。项目指挥部聘请山西黄河水利工程咨询有限公司运城分公司作为项目监理单位,全程监控项目施工。在施工过程中,监理人员严格执行"四不准":人力、材料、机具、设备准备不足的不准开工;未经检验认可的材料不准使用;未经批准的施工工艺(包括工序)不准采用;前道工序未经验收合格,后道工序不准进行。

"监理人员多是退居二线的专家和老干部,经验丰富,责任心强,他们既是督察员,又是'指导员'。"郭建奎说。谈到责任意识,工作人员都不约而同地谈到两年多前的一件事。2007年的一天,时任省国土资源厅耕保处处长的张卯年进行暗访时,看到监理人员在办公室填写监理日志,当即提出严肃批评。但是,听了专职监理员的解释,他才恍然大悟。原来,监理员"刚从工地回来,外面下雨怕淋湿日志本,所以先用纸记录下监理情况,现在回来抄录到监理日志本上。"

做好本职监理工作的同时,监理人员还利用自身经验和技术,对工程设计方案提出改进建议。后宫乡基本农田整理项目根据监理建议,将U形渠建设由预制改为现浇,不仅提高了工程质量,而且节省资金60万元。

水到渠成,"望天收"变"大丰收"

顺应民意优化设计、施工方案,严格监管确保项目质量、进度,项目区昔日旱地如今水到渠成,"望天收"变"大丰收"。农业收成节节高,农民收入年年长。

2008年11月以来,山西持续干旱。闻喜县人大常委会主任张英生原以为"玉米非绝收不可",来到后宫乡项目区视察时,发现这里

49

不仅没有减产，反而增收，大赞基本农田整理项目功不可没。

据介绍，在河底镇项目区，南王村二组村民裴建民家共有 6 亩地，他本已做好了绝收的最坏打算，没想到现在 8000 元的收入已踏踏实实地装进了口袋。裴建民兴奋地感叹："千载难逢，千年不遇！"

2006 年 11 月被确定为全国基本农田保护示范县以来，闻喜县坚持"以建设促保护"的方针，共完成国家投资项目 1 个、地方投资项目 3 个，在建省级投资项目 2 个，总投资 8581 万元，共开发整理土地 7.5 万亩，其中整理基本农田 5.83 万亩，新增耕地 8912 亩，每年增加经济效益 1020 万元，交出了一份令人满意的"中期答卷"。

看到这样的成绩单，"如临深渊，如履薄冰"的郭建奎，看来可以如释重负了。

作者单位：中国国土资源报社

土地整理改善了农村基础条件，加速了农业结构调整，促进了农民增收致富，被京山干群胜赞为"一把钥匙开了三把锁"。

现代农业的助推器
——湖北省京山县土地整理工作纪略

晏　丽　翟存波　张军华

田大了，地平了，路宽了。看着一年前还是"羊肠式"的岭岗地，如今变成了"火柴盒"样的方正田，湖北省京山县新市镇洪泉村党支部书记易胜先高兴地笑了。

这个惠及新市镇洪泉、白骨洞和四岭3个村500多户村民的5000亩地土地整理项目，已经形成"田成方、渠成网、树成行、路相通"的土地利用格局，耕地利用率从70%提高到90%以上。

类似这样的土地整理及低丘岗地改造项目，该县近几年共申报132个，总建设规模12800多公顷，计划总投资40695万元，拟净增耕地面积3400多公顷。

项目区的农业基础设施在整理中得到不断改善，推进了农田水利标准化建设。该县负责人说，在积极实施土地整理项目中，通过对田、水、路、林的大规模综合整理，为农业生产提供完整的灌溉、排涝、机械耕作以及农产品运输等保障体系，增强了农业综合生产能力，整理出一片适合现代农业发展的新天地，助推了该县现代农业的快速崛起。

低产田成优质稻基地

在罗店镇大树农业综合开发土地治理项目现场，推土机、挖掘机机声轰鸣，大树项目区人员正利用秋冬农闲抓紧进行项目土建工程施工。据介绍，该工程目前已上机械设备26台套，平整土地1000多亩。

罗店项目区是财政部、省财政厅重点扶持的现代农业发展项目——高档优质稻建设示范区项目，面积1.5万亩，涉及该镇黄畈、大树等6个村。项目总投资5000万元，将修建拦河坝3处，泵站4座，开挖排灌渠17千米，平整土地2500亩，新建机耕路11.2千米，林网植树1.5万株。工程完工后，1.5万亩中低产田将会变成高档优质稻基地。

从2008年开始，该县以桥米产业为平台，以高档优质稻基地建设为重点，积极开展财政支农资金整合，着力打造现代农业龙头化企业。投入资金10180万元，其中中央现代农业资金770万元，整合其他财政支农资金520万元，引导银行贷款和企业自主投入8890万元，支持国宝桥米公司高档优质稻标准化生产、稻谷不落地工程建设，提高公司生产能力，延伸企业产业链条。

通过建设有机稻示范基地以及支持产业化龙头企业的发展壮大，湖北国宝桥米集团在获得优质、稳定粮源保障的同时，生产能力显著提高，市场竞争能力增强。在各种政策的强力支持下，国宝桥米先后获得绿色食品、有机食品、质量免检产品和地理标志保护产品认证，被评为"中国十大金奖大米"、"中国名牌"，2009年又被评为"中国驰名商标"，极大地提升了品牌地位。

京山粮食生产通过农业产业化龙头企业的带动，已经转化为商品优势和经济优势，优质稻生产成为京山农民致富增收，粮食企业兴业增效的重要途径。目前，国宝桥米有限公司签约的订单种植基地面积达78万亩，涉及农户6.2万户，农民从为国宝桥米公司种植桥米产业中获利2340多万元，户均增收近377元。

机械开进大田里

没有实施土地整理前，原来的项目区内，地块高低不平，田间既没有像样的灌溉水渠，也没有像样的道路。通过实施土地整理，农田基础设施齐全了，方便了机械化耕作，大车可以直接开到田头了。

京山县负责人说，土地整理改善了农村基础条件，加了速农业结构调整，促进了农民增收致富，"一把钥匙开了三把锁"。

基础设施得到加强。通过土地整理，坡耕地变为水平梯田，沟、渠、泵站等水利配套设施完善，田间道路和农田绿化布局合理，项目区内所有耕地将成为"旱能灌、涝能排"的标准梯田，提高了抗御旱涝灾害能力和综合产生率，为持续稳产、高产提供了可能性。

生产条件明显改善。通过平整土地、方格布局、完善田间灌排设施、田间林网和生产道路等工程措施，生产条件大为改善，提高了农田高产、稳产及防灾能力，推进了水稻生产全程机械化。目前机耕路延伸到了项目区的每个角落，水利设施更新和恢复率达到85%，直流灌溉面积增加80%，机械作业面达到95%，农村综合生产能力显著提高。

群众收入显著提高。通过改善优质稻生产条件，改良品种，示范推广新技术，增加优质稻生产的科技含量，土地整理项目区内亩均可增产粮食50千克，全县近8万亩高档优质稻可增产粮食400万千克。通过采用机械收获和推广轻简栽培、生物和物理灭虫、测土配方施肥等高效栽培技术，每亩节本增效200元。通过发展订单农业，高档优质稻市场收购价比普通稻高于30%左右，农民可从项目区近8万亩高档优质稻中增收240万元。总的算来，项目区农民亩均增收330元，人均增收千元以上。

作者单位：中国国土资源报社

"造地十万亩，惠泽百万人"。2004年至今，大同实施土地开发整理项目40个，新增耕地6.09万亩，建设高标准基本农田3.4万亩。

雁门关外造地忙
——山西省大同市土地开发整理纪实

薄云山　邢云鹏　管　瑞

土地开发整理，使移民新村的村民搬得出、稳得住

以往，大同市每年都要在贫困县（区）投入大量资金建设移民新村，虽然新村街道宽广、房屋整洁、牛棚羊舍等生产设施配套齐全，但由于人均耕地少，许多移民搬出来不久，就又回到原来的山沟里。

怎样使这些移民"搬得出"，又能"稳得住"呢？大同市的做法是把土地开发整理项目纳入移民搬迁的配套工程，进行规划建设。2003年，在阳高县委、县政府安排部署移民搬迁工作时，大同市国土资源局建议当地政府将移民新村建在交通便利、耕地后备资源较为充足的王官屯镇。随后，大同市投资173万元，在该移民新村共打5眼机井，埋设水管1.06万米，建设水浇地1300亩，使移民人均耕地达到1亩。2006年大同市又帮助移民筹集资金建起了118个温室大棚，年收入都在1万元以上。如今，移民新村的村民们安居在这里，不仅"搬得出、稳得住"，也实现了"能致富、不返贫"的目标。

大同煤矿集团曾经有20多万名矿工住在棚户区和沉陷区。2006年，山西省委、省政府决定搬迁治理该集团采煤沉陷区和棚户区，需要占用1万多亩土地。大同市国土资源局一方面协助大同煤矿集团选好搬迁地址，办理用地手续；另一方面聘请专家编制土地整理复垦规划，并筹集资金，分期分批进行土地复垦，保证了搬迁治理工作的顺利进行。

大同市城区范围内的三道营坊、鼓楼东街、站东区等城市棚户区居住着3万多户居民，但却占用着26万平方米的土地。为了保护古城、改善城市棚户区居民的居住条件，从2007年开始，大同市投资

35.64亿元，在城市西南角的闲置土地上建起一座"惠民新城"，有效地提高了土地利用率。

大同市还注重将土地开发整理与新农村建设、现代农业发展相结合。市南郊区西韩岭乡北村人多地少，土地贫瘠，农民种植大田作物产量低，收入少。针对这一状况，大同市积极吸纳750万元资金，大力进行土地开发整理和低产田改造，并采取"村委会+公司+农户"的经营管理模式，建设反季节新特优瓜果基地，目前已建成250个大棚、1个温室和4个无土育苗大棚，供村民种植新特优瓜果。每个大棚年收入达2.4万元，纯收入可达1.5万元，经济效益显著。

集中连片，形成规模效应

据调查显示，大同市拥有耕地后备资源72.08万亩，加上可改造的中低产田220.5万亩，可待开发整理的土地空间很大。在项目具体实施中，各地以土地开发整理规划为龙头，以土地整理和复垦为重点，统筹安排"沟、坝、固、水、路、林、村"的综合整治。从申报、立项、批准到实施，从项目管理到资金管理，都建立了完善的规章制度。在项目实施中，市国土资源局与市纪检委联手，对所有项目都实行公告制、法人制、合同制、招投标制和监理制，严禁出现假招标、假监理、假合同、串标、违标等行为，确保工程进度和质量。

为使土地集中连片，为机械化耕作和产业化发展提供良好条件，2007年，大同市在南郊区3个村实施了万亩土地开发整理工程，共投资1200万元，新打机井20眼，修建主干道10条、田间路28条，建引洪渠2600米，工程竣工后可增加水浇地5000亩，恢复改善水浇地5000亩，人均收入可增加500元。据统计，2005—2006年，全市共实施县级土地开发整理项目10个，总投资1531.28万元，新增耕地4733亩。

在土地开发复垦整理中，大同市突出抓好节水园区建设工程、保护地建设工程，做活"水"文章，使土地开发整理项目实现了建一片，成一片，受益一片。阳高县是山西省唯一的由国家确定的节水示范县。截至2007年11月底，在实施大白登土地开发整理工程中，该县共铺设地下节水管道72.3千米，新增节水面积1.5万亩。据统计，几年来，大同市共建设高标准基本农田3.4万亩。

签订管护责任状，确保新增耕地有效使用

在项目的规划设计阶段，大同市邀请土地所有权人和土地承包经营者座谈，研究确定田块合并方案、土地权属调整方案和项目后期管护形式。项目施工前，与土地所有权人签订土地权属调整协议；项目竣工后，按照协议进行地籍变更登记，并及时帮助和督促乡村所有权单位进行管护机制和产权制度的改革。对已建成的电力、机井、农田水利等设施全面管护，及时投入使用，对开发整理好的土地及时交付农民耕种，做到建成一块、耕种一块、见效一块，真正实现了土地开发整理项目的永续利用。阳高县在项目实施中，在管护队伍上形成了以群众、村管护为主，乡镇、县土地整理中心为辅的管护网络；在管护资金上形成了以租赁、承包基础设施的费用，补偿管护费和部分设施维修费。目前，全县已建立管护队伍8支，筹集管护资金35万元，已建成的电气工程无一台变电器损坏，无一档高压线丢失，水利设施和林业设施都管护完好。

在土地开发复垦中，大同市始终坚持对占用土地利用总体规划确定的城市、村庄建设范围内的耕地实行先补后占单独选址建设项目占用耕地，原则上都先补后占，不能做到先补后占的，都要制定出科学合理的补充耕地方案，由市、县（区）国土资源部门监督用地单位严格按照补充耕地方案，高标准、高质量、按时完成补充耕地任务；或者由用地单位缴纳耕地开垦费，国土资源部门组织专业队伍造地。2004年，同煤集团为了把煤炭产业做大做强，投资兴建了年产1500万吨的塔山矿井及洗煤厂，占用了南郊区口泉乡杨家窑村301亩耕地，使祖祖辈辈依靠土地为生的杨家窑村村民一时间失去了生活来源。大同市国土资源局多次与区、乡、村领导和村民代表沟通协商，最后决定市、区、村共同出资，在杨家窑村村南的荒沟进行土地开发整理，通过实施田、水、路、林综合整治，建成高标准水浇地的350亩，为失地农民提供了基本生活保障。

作者单位：中国国土资源报社

成立供水协会,"以水养水",责任到人,破解了土地整理项目后期管护难题,更为地处山区的安丘市吾山镇的经济发展注入了蓬勃生机。

种地更加省心了

——山东省安丘市吾山镇土地整理项目区见闻

项树江　鞠春彤

位于山东省安丘市吾山镇土地整理项目区内的南官庄和范家沟两村,相距仅480米,中间隔着3条深沟。土地整理前,两村村民几乎没有往来。村民戏称"南—范"两村为"犯难"。

国家投资山东省安丘市吾山镇土地整理项目实施后,填平了深沟,挖通了山脊,修通了6米宽、480米长的通村道路。"过去要走半天的路,现在不用10分钟,抽袋烟的工夫就到了。"当地村民说。

大旱之年照样大丰收

吾山镇土地整理项目于2004年12月被列为国家投资土地整理项目,批复投资2074万元。项目区位于吾山镇北部,境内山丘起伏,沟壑密布,地形复杂。该区域土地瘠薄,水源贫乏,农民靠天吃饭,区内道路不通,机械化程度极低。项目区涉及8个行政村、5523人。

土地整治一举多得,利国利民。据吾山镇镇长王加利介绍,该项目于2009年5月全面竣工,项目区共平整土地1.5万亩,新增耕地1668亩,人均增加耕地0.3亩,且所有耕地活土层厚度均达到50厘米以上。

通过对项目区山、水、林、田、路的综合治理,山区大地呈现出崭新的面貌,实现了"田成方、林成网、渠相连、路相通、旱能浇、涝能排、土肥沃、高产出"的目标。土地利用率由以前的82.07%提高到94.2%,耕地面积增加率达到14.7%,17940亩低产田得到改造，坡耕地被整修成水平梯田，水土流失得到控制。项目区建成3座年蓄水量10万立方米的塘坝，水浇地面积达90%以上，土壤水肥保持能力大大增强，耕地质量大幅提高，项目区特色经济作物生产得到很大发展，种植结构得到合理调整。

2009年项目区日本大葱种植面积达到300亩，大姜种植面积1000多亩，亩均纯收入近万元，是土地整理前的8倍。新修四纵三横田间道路17330米，生产路20745米，建成防护林网41490米，栽植速生杨76150棵，区内道路四通八达，防护林实现了网状化，极大地改善了生产条件，彻底改变了群众行路难、农副产品运输难、价格低等问题，打破了制约农村发展的瓶颈。

2009年虽然遭遇了多年未遇的大旱，但项目区喜获丰收，粮食单产也有大幅提高，实现了"旱能浇、涝能排，旱涝保收"的目标，彻底告别了靠天吃饭的历史，"种地更加省心了"。

围绕便民、惠民规划施工

吾山镇土地整理项目的顺利完成，得益于各项工作措施的落实到位。安丘市土地开发整理中心从项目选址开始就充分征求镇村广大干部群众的意见，对土地利用现状，土地适宜性评价，水资源平衡分析，新增耕地潜力以及实施可行性等方面广泛听取群众建议，进行认真研究分析，因地制宜确定了项目范围、投资规模、工程内容等，确保了项目区工程设计科学合理。

项目批复后，安丘市土地开发整理中心及时向群众进行了公布，充分尊重群众的知情权和参与权，邀请有威信的干部群众作为项目实施的监督员，从而为项目的顺利实施打下了坚实的群众基础。在项目建设过程中，安丘市政府、吾山镇政府相继成立了土地整理领导小组，严格按照土地整理工作的管理要求和技术规范，配备了国土管理、农田水利、工程监理、档案管理等多方面的技术人员，组建了结构合理、配备精良的土地整理管理队伍，协助施工企业按照工程设计组织施工，积极协调各方面关系，为土地整理工作的顺利进行提供了保障。

在项目管理过程中，安丘市土地开发整理中心坚持"三点一线两安全"管理办法，即抓重点、找缺点、树亮点，坚持按规划设计进行施工这条主线，保证了工程质量安全和资金使用管理的安全。在具体工作中，严格落实项目法人制、工程招标制、工程监理制、公告制、合同制等各项规章制度，确保了工程质量。同时，各级领导、上级主管部门技术人员多次深入施工现场检查指导，帮助解决实际问题和困难。在资金管理方面严格按照《土地开发整理项目资金管理暂行办法》的要求，实行专款专用，单独核算；对资金的使用，严格按照预算和财务制度规定的范围、标准办理，项目工程款严格按照预算、工程进度和质量进行拨付；坚持项目资金决算制度，严格资金审计，确保了项目资金按规定使用，发挥效益。

为解决供水工程电力供应，项目区内新架设高压线路4576米，低压线路7540米，增设50～80kVA变压设备17台套，新建配电室17座，不但为项目区供水设施提供了足够的电力，也带动了一批饲养、农副产品加工项目，为当地农民就业，农民增收打下了坚实的基础。如西官庄村，过去村里只有1台30kVA变压器，不用说上项目，就连村民日常生活用电都难以保证。通过土地整理项目，为该村新增设80kVA变压器1台，不仅解决了1个深井、1个大口井的提水用电问题，还带动起了一个农机维修点，一个榨油作坊，新上了一台花生剥壳机，并解决了20个农民的就业问题。

"建设过程中，施工技术人员还根据当地实际，将相邻提水工程输水管道相互串联，中间用闸阀控制，正常年份，供水设施就近低成本运行；遇特殊干旱，在供水设施扬程允许范围内，利用提水站进行远水高送，确保了农作物的灌溉用水。"安丘市国土资源局副局长季云龙介绍说。

"竞标"破解管护难

项目完成后，为了搞好工程设施，特别是农田水利设施的管护，解决重建轻管问题，吾山镇政府探索出了一条"以水养水"的路子。镇里成立了供水协会，协会会员在交纳不低于水利设施建设成本的管护保证金后，通过供水价格竞标，取得水利设施使用权，与协会签订5年期使用合同，明确权利和义务。期限内水费只能随电费浮动，收取的费用除抽取少部分作为水利建设基金外，主要用于水利设施的日常维护和管护人员的误工补助。通过这一模式运作，既调动起了协会会员管护水工设施的积极性，也使供水价格大幅降低，充分让利于农民，每亩地的水费就可降低生产成本15元。同时，又为今后水利工程建设积累了部分资金，破解了农田水利工程管护难问题。

同时，对新增耕地进行了承包，安丘市土地开发整理中心及时将项目所有设备和设施进行了移交，并与吾山镇政府签订了合同，明确了责任和义务。新增耕地按规定全部划入基本农田保护区并设立了基本农田保护牌。项目实施以来形成的各种资料，由专人负责进行了装订归档。

作者单位：山东省安丘市国土资源局

土地整理，质量为天。"谁想玩猫腻，立马走人！"就是靠着这股拼劲、这股敢于较真、视质量为生命的执著精神，大冶的国土人为当地百姓搭建起了耕种与经营农田的良好平台。

"种粮大王"感恩土地整治
——湖北省大冶市农村土地整治纪略

黄新东　何兆展

2010年2月1日，湖北省大冶市大箕铺镇的农民侯安杰坐在了中南海的会议室里，从一个农民的视角，向温家宝总理谈自己对政府工作报告的意见和建议。在这之前，他已经两次全文阅读了正在征求意见的政府工作报告。

能够受邀代表农民向温总理谈看法，很大的一个原因是侯安杰头上戴着"种粮大王"的帽子。2009年，他租种了大冶市和阳新县8个乡镇33个村1.8万户农户的流转农田1.9万亩。生产粮食10230吨，创年收入1862.1万元，成为"全国粮食生产大户标兵"。

侯安杰说，是农村土地整治为自己的规模化经营提供了便利条件。

"种粮大王"的经营平台

大冶市人多地少，丘陵山区多，土壤贫瘠，种粮效益不高，不少农民外出打工，多年弃耕。于是，侯安杰承包了周边乡镇的上万亩土地，进行规模化生产。

作为以种粮为主业的农业专业户，对土地整治的重要性，侯安杰算过一笔账。

丘陵地区的耕地，大部分是小地块，只能使用耕牛耕种，每亩需要150元的费用。而土地整治之后，道路通了，地块平了，大型机械可以直接开到地里，平均每亩的耕种成本大约为25元，其中20元是油钱，5元是机械的折旧费。这样算下来，1亩地节省的耕种成本就是125元。

土地整治之后，土质得到了改良，水渠也修到了地头。原来只能种一季水稻的地块，整治后能够种两季了。原来亩产水稻200到250千克的地块，现在能够达到亩产500千克，增产一倍多。

正是因为尝到了甜头，老侯才如此看重土地整治工作。"这是真正的富民惠民工程啊！"谈起土地整治的好处，侯安杰不住感叹。

现在，侯安杰成立了"侯安杰农业专业合作社"，并将合作社的牌子挂在了大门口。他还为自己生产的大米注册了"侯安杰"商标。在他的院子里，停放着好几台大型耕种、收割机械和两辆轿车。他说，种的地太多，即使开车看一遍，也要跑上两天，轿车也成了他必要的生产工具。

六任书记没干成的事

2005年以来，大冶市共组织实施土地整理复垦开发项目133个，实施总面积17625亩，新增耕地面积12000亩；申报实施国家及省级投资项目7个，争取国家资金20040万元，其中复垦矿山废弃地1815亩，建设高产农田10万余亩。

说起土地整治，茗山乡原党委书记李祥坤感慨万分："我们六任党委书记没干成的事，国土部门干成了。"

原来，茗山乡党委、政府早在20世纪80年代就想解决这个问题，但因为需要的资金太多，无论是乡政府还是村集体，都没有能力筹措到这笔资金，于是就搁置下来了。

直到2009年，大冶市国土整治办公室在茗山乡立项进行土地整治时，情况才有了转机。

为了不耽误群众来年的水稻生产，这条10千米的水渠被分成几个工程段，由几家公司按照同一标准同时施工。工程从2009年七八月份开工，到春节前全部结束。"这样一来，水渠两边的村民今年种稻的时候，就可以用上这整修后的水渠了，一点也不耽误农时。"

建设配套的农田水利设施后，耕地质量得到了较大提高。金牛畈、桃花港和大箕铺几个项目区实施前,由于灌排不便,很多地方只能种一季,现在不但可以种两季,而且亩产量也有较大提高。桃花港和大箕铺项目区整理后,一些地方还改变了原有种植模式,一些种粮大户纷至沓来,承包土地搞规模化经营,农田收益大大提高。

大冶市国土整治办公室主任吴安林至今还记得一次被"突然袭击"的情景。2009年,他和大冶市国土资源局党委书记、局长尹礼辉在一个基本建成的项目区检查工作,突然被一位村民拉住,硬拽到家里。他们以为出了什么事,着急得不得了。没想到,刚进家门,那位村民就放起了鞭炮,并且叫家人捧出几杯茶,连连说:"你们为我们村做了这么大的好事,无论如何你们要喝了我们敬的茶再走。"

"谁玩猫腻,立马走人"

"每年我经手的项目资金都有几千万元,很多人认为我干的是肥差,权力很大。其实,他们不了解,不知道我的感受。犯法只是一分钟的事儿,真的如履薄冰。"吴安林这么看待自己的工作。

大冶市国土整治办公室经手的土地整治项目多,每个项目的质量监管都得跟上。近几年来,大冶市共争取批准国家及省级投资高产农田建设项目7个,建设总规模10.86万亩,争取国家资金2亿多元。2009年,大冶市国土整治办公室又申报了土地整理、低丘岗地改造、新农村建设整镇推进和高产农田建设项目19个,预算国家投资总规模接近1亿元。

为了确保国土整治项目的建设质量,国土整治办公室采取多种措施对工程进行质量监管。黄石市、大冶市政府,黄石和大冶市国土资源局,项目区所在地乡镇、街道办负责人和指挥部人员采取定期和突然袭击等形式,到施工现场进行检查。项目管理人员每天都在工地上,发现问题及时纠正,确保了施工现场检查率达到100%。

大冶市国土整治办公室在签订合同时与施工单位约定,由施工单位按合同金额上缴一定比例的质量保证金,待工程验收合格后全额返还,凡工程不合格的按照合同规定扣除保证金。

与此同时，大冶市国土整治办公室对进度快、质量好的施工单位除在全市通报表扬外，适当提高工程中间结算比例，以调动施工单位的积极性。对进度慢、质量差的施工单位及时通报批评，限期整改。对屡教不改、性质较为严重的，给予一定数额的罚款处罚。进度缓慢的，降低工程中间结算的比例。

　　将各项制度不折不扣地落到实处。2009年，大冶市国土整治办公室对示范工程和茗山项目的6个施工单位下发了整改通知书和罚款通知书10余份，对1家施工单位仅按10%的比例进行工程中间结算。

　　对施工单位强化监督的同时，大冶市国土整治办公室还出台相应措施，强化对工作人员的监督。

　　对参与工程管理的整治办工作人员、监理及造价咨询单位工作人员，大冶市国土整治办公室明确了"五不准"纪律，即不准接受施工单位的吃请；不准接受施工单位的现金、有价证券、土特产等馈赠；不准到施工单位推销建筑材料；不准在施工单位参股；不准通过虚报工程量从中牟利。

　　只要违反了"五不准"中的任何一项，一经发现，严肃处理，除辞退工作人员外，属监理、造价咨询单位违规的，建议湖北省国土资源厅取消其备案资格。

　　2009年的一天，吴安林接到群众电话，得知有四名受聘的技术工作人员接受某项目公司老板的邀请，在一家宾馆吃喝、娱乐。吴安林对此事进行核实后，当即下了"逐客令"，要求这四人立马走人。这四个人求情时，吴安林的脸拉了下来："谁想玩猫腻，立马走人！"

　　吴安林说："大冶市的山山水水，我是再熟悉不过了。"事实正是如此。在2009年之前，大冶市的土地整治一直是由他所在的国土整治办公室负责组织实施，每一个项目都需要他和办公室其他工作人员到现场督察。不过，由此带来了两个问题：一是项目太多，国土整治办公室的人疲于应付；二是乡镇、街道办参与高产农田建设的积极性不高、责任不清晰。

　　为解决这一难题，大冶市国土整治办公室争取大冶市政府的大力支持，将项目实施责任主体逐步下移，实行项目建设乡镇、街道办包保责任制。

在第一次实施这个改革的时候，吴安林还遇到了一个小麻烦。按照改革办法，吴安林将一项已经立项的工程转交给某镇政府的时候，那位负责人拒绝签字接收。那位负责人说："老吴，你这活不是好活，我们不接。"因为，只要了解大冶市国土整治办公室和吴安林的，都知道国土整治项目"肥差"背后的艰辛。不过，在吴安林的解释劝说下，最后那位负责人还是签了字。

作者单位：中国国土资源报社

在项目质量上丝毫不能含糊，无论克服多大困难，都要想方设法把工程做好。为硬化防护坡，防止渗漏，济阳尹家节制闸项目在原来设计投资40万元的基础上，自费追加了30万元资金，确保了工程的质量，就是一个明证。

重整田畴拓沃野
——山东省济阳县土地开发整理纪实

黄新东　张万江

2008年小麦丰收了，亩产500多千克，正在田间地头忙活的山东省济阳县仁风镇村民王小明高兴得合不拢嘴："水就是庄稼的命，以前浇1亩地要花24块钱，自从修了扬水站和防渗渠，浇1亩地才花8块钱。"济阳县曲堤镇大奎村地质条件复杂，水源属重苦咸水。建上蓄水池后，村民终于用上了清冽的甜水。他们说，这些变化都得益于土地开发整理，感谢党和政府为他们做了一件大实事。

"无论克服多大困难，都要把工程做好"

驱车行驶在济阳大地上，一片片绿油油的良田，一块块平整的土地，一方方清澈的水塘，一条条修葺一新的防渗渠，无不彰显出土地开发整理带来的活力。

李萍说，做好土地开发整理，保证项目质量是关键。在工程管理上，济阳县始终坚持和完善五项制度：一是坚持招投标制度，邀请县纪委、检察院工作人员和有关专家组成评标委员会，从标书封存、评标办法制定到整个开标过程、评标结果公布等全程参与，吸纳真正有实力、工作质量有保证的公司参与土地开发整理。二是坚持立体监管，在每个项目区均设立土地开发整理指挥部，现场办公。探索建立了由监理机构监管工程质量、业主派出技术人员监督监理人员、项目区村委会代表参与质量检查的三位一体的质量管理模式。这是济阳县的独创。三是设立济阳县土地开发整理中心财务专户,坚持专款专用、专人管理,严格按照项目资金规定的用途和标准开支。四是签订项目基础设施监管协议,对机井、防渗渠、扬水站、桥涵闸、道路等基础设施进行全程监管。建设前,项目所在村委会按照基础设施造价比例,向土地整理指挥部缴纳保证金。如机井每眼300元,桥、闸每座200元,防渗渠、道路每500米300元等。项目竣工验收合格后,退还保证金。同时,实行竞价承包,重新落实责任人,负责维护和使用项目区内的基础设施。五是发动公众广泛参与,增强项目实施的科学性。每个项目规划设计都通过举办座谈会、给群众一封信、在新闻媒体上公告等多种形式广泛征求意见。

县土地整理中心主任李法军介绍:"局领导对项目质量要求很高,毫不含糊,无论克服多大困难,我们也要把工程做好。"为硬化防护坡,防止渗漏,尹家节制闸项目在原来设计投资40万元的基础上,追加了30万元资金,确保了工程的质量。

李萍说:"我们要的是实实在在的长期效益,表面文章一点也不能做。多年前竣工的项目,各类设施至今都完好齐全,经验就是工程质量必须一抓到底。"正因为如此,近年来,济阳县国土资源局先后被省国土资源厅授予"全省土地开发整理先进单位"等多项荣誉称号。

"天上掉下来的好事"

曲堤镇项目于2005年完工,项目区玉米、花生长势良好。在道路交叉口,一座感恩铭碑格外引人注目。

这块石碑是曲堤镇项目区竣工后,鄢渡村村民自发筹资竖立的。原来,鄢渡村有一旧村址,位于村南1千米处,面积800亩。1975年村庄整体搬迁后,村民大都住上了新居。30多年来,这里芦草丛生,坑塘污水遍布,大小不等的打谷场高高低低,几乎派不上用场,土地浪费严重。2006年,项目开工后,平整了土地,硬化了道路,清挖了沟渠,修建了桥涵,并将村里的变压器由原来的50千瓦增容到200千瓦。同时,从方便村民生产生活角度出发,县国土资源局投资20万元修建了一座大型扬水站。

感激之情无以言表,勤劳朴实的村民们每家凑了1元钱,特意刻制了这座永恒的铭碑。村党支部书记张茂清说:"几十年来想都没想到的事情,国土资源局帮我们办成了。人均增加半亩良田,这真是天上掉下来的好事!"

从曲堤镇项目区中受益的,还有大奎村、孙家村等11个村庄。这些村庄地质条件复杂,地下水水质矿化度高,超出正常生活用水值2~3倍。村里人畜用水需要到很远的坑塘、沟渠中去挑。在项目施工建设中,县国土资源局适时调整规划,结合引黄灌溉,投资200万元,修建了12座容量在1500~2000立方米的蓄水池。其中,在人口较多的大奎村修建了2座,村庄东西各1个。这些蓄水池,一次蓄水,足以保证村里人1个月的用水量。

2007年初,国土资源部耕保司的一位同志来这里考察土地开发整理工作时,感到"眼前一亮";2007年4月,山东省国土资源厅领导徐景颜来济阳调研,看到这一个个工程后赞不绝口:"这才真叫'民心工程'";同年5月10日,济南市在这个县召开全市土地整理现场会,市国土资源局丛支水副局长情不自禁地连用12个"不服不行"肯定这里的土地开发整理工作。

饮水思源,百姓心里的灯点亮了。他们自发地来到工地,帮助平整土地,为施工人员送茶送水,构成了一幅和谐致富奔小康的美好画卷。

土地开发整理,造出济阳八大新景

在2007年6月底落成的孙家村蓄水池旁,负责项目规划设计的陈宏伟高工笑言,这是济阳新八景之一的"济水潜渡"。

济阳是农业县。多年前,这里曾以济水澄波、韶台远眺、古柏苍烟、奎楼晓日、苏桥曙色、祠堂夜月、禅塔晚灯、灵泉黑雾八景闻名遐迩。遗憾的是,随着岁月的流逝,这八景已踪影难觅。

近年来,县国土资源局结合生态环境和新农村建设,轰轰烈烈地开展土地开发整理,在整出平畴万顷的同时,也造出了县域内新八景。

景观一：济水潜渡。这是孙家村蓄水池，池上口长70米，宽19米，深3.8米，可蓄水2000立方米。碧绿的池水波光粼粼，像这样的蓄水池，仅曲堤镇项目区就有12座。

景观二：魅力新桥。在新市镇项目区内的土马河上，有座钢混结构的空心平板桥，叫济欣桥。桥宽6米，长40多米，总投资60万元。自2000年以来，全县完成的100多个土地开发整理项目中，架设的桥梁就达809座。其中，有石拱桥，有平板桥，有月牙桥。在同一条沟渠上，几座甚或十几座桥遥遥相望，自成一景。

景观三：水库行吟。挖池抬田修建水库，是整理低洼地和扩展池塘河流蓄水量的一个两全之策。在曲堤镇国家项目区内的鄢渡干渠总长15千米，在施工中加宽加深河道，建成了长1.3万米、宽50米、深达5米，可蓄水90万立方米的水库。灌区内上万亩庄稼郁郁葱葱，一望无际。

景观四：齐鲁首闸。为了彻底解决用水问题，县国土资源局在鄢渡干渠建成了尹家节制闸，它与下游的节制闸形成了阶梯式存水格局。

景观五：巨龙送水。在项目区，由钢筋混凝土制作而成的U型渠随处可见。一条条斗渠如舞动的长龙，蜿蜒于田间。在曲堤镇国家项目区内，地下斗渠有40千米之长，可节约土地120亩。

景观六：井房竞艳。走进井灌项目内，映入眼帘的是一座座黄墙红瓦的机井房。每座井房上都印有"土地整理，利国利民"等国土资源宣传标语。每逢旱季，机井启用后，一股股清凉甘冽的水便从这里流向田间，滋润着久旱的禾苗。

景观七：康庄大道。行走在项目区内，平坦宽阔的道路条条相连，段段相接。几年来，全县共修筑田间路、生产路400多千米，并对不宜采用泥结碎石的路面全部柏油硬化。这是全省第一个硬化田间路的县，这一做法已在全省推广。

景观八：感恩铭碑。曲堤镇郡渡村村民为感谢县国土资源局帮他们整理土地，自发筹资竖立了这块纪念碑——"造福一方，人民齐说好;为民办事,国土情谊深"。

一位来这里参观的领导深有感触地说,济阳县土地整理,营造的绝不仅仅是土地。他们营造的是百姓的福祉,是党和人民的"鱼水情",是济阳大地上一道美丽动人的风景线。

作者单位:中国国土资源报社

土地整治与集约用地

潍坊市按照"先规划后建设、先地下后地上"的程序,大力推行立体发展节地模式,在"边角地"上创造了"一层变四层"、"一亩变四亩"、"一赢变四赢"的城市节约集约用地奇迹。

"边角地"的"磁石"效应
——山东省潍坊市白浪河绿地广场改造纪实

李现文　宋继山

"风筝之都"不乏新闻。刚来到山东省潍坊市,就听到了一个消息,过去无人问津的城市"边角地"如今成了抢手货,近半年来,几乎每周都有两三拨客商来潍坊城区考察。近日,V1购物广场即将建成,而这一购物广场所在地,就是4年前到访时看到的"边角地"。潍坊市国土资源部门的工作人员告诉记者,这正是在68亩的"边角地"上,创造了"一层变四层"、"一亩变四亩"的城市节约集约用地奇迹的项目。

一层变四层:绿地广场变脸"金三角"

白浪河被尊为潍坊的母亲河,有着"城市项链"的美称。

原白浪河绿地广场地处和平路以东、胜利西街以北和白浪河之间的三角地带,占地68亩,属城市商业中心区域的"边角地"。前些年,由于用地观念滞后,几经改造,功能单一,土地利用率低。

2007年,潍坊市政府启动了白浪河区域改造计划,三角地带作为率先启动的核心美化板块,成为市政府进行白浪河景观改造、改善城市配套和加快商业升级、提升城市品位的重点工程建设项目。项目总投资6亿元,总建筑面积近8万平方米。

V1购物广场销售总监翟永军向记者介绍了该项目向地下"借地"的商业开发模式。开发方案邀请了日本、法国等国际知名设计专家设计,打破了单一的购物消费模式,把呆板的平面商业延伸至三维一体空间。地上设计多功能广场及景观休闲绿地；地下商业综合项目共3层，规划总用地面积64661平方米，其中净用地45576平方米、道路用地19085平方米。地下容积率为1.76，地上绿化率为60.5%，总建筑面积达79368平方米。

翟永军介绍，项目的最大特点是将大部分商业和停车场建于地下，并加强地上地下的沟通，使阳光绿树进入地下商城。这一项目将大型市民休闲广场、多功能商业建筑、滨河文化景观、市中心大型地下停车场和白浪河河底隧道交通枢纽五部分有机融合。项目建成后，将与白浪河河底隧道、胜利街人防工程有机连接，构筑潍坊商业中心区地下"黄金走廊"，带动整个白浪河商业圈成为人流、车流、物流和商流的枢纽中心。

昔日低效利用的城市"边角地"变脸成为商业核心区的"金三角"。V1购物广场一期近600套地下商铺，3天便销售一空；二期2天即售罄。

一亩变四亩：黄金地段体现黄金价值

潍坊市国土资源局潍城分局局长吕伟介绍，V1购物广场地处潍坊城区，作为中心城区，经济发展与土地的关系密不可分。前些年多是通过旧城改造、退城进园等形式实现节约集约用地，现在土地利用已进入良性循环，节约集约用地需要寻找新的突破口和结合点，在细部上做文章，特别是商业区的"边角地"。

吕伟介绍，国土资源部门经过调查摸底，筛选出有利用价值的区块，然后通过招商推介会、邀请考察、外出学习等形式，主动向开发商宣传推介。通过大力宣传推介，过去无人问津的城市"边角地"如今成了抢手货。仅半年来，几乎每周都有两三拨客商来潍坊城区考察。

潍坊城区委书记张润国对土地运营有着独到的见解。他认为，土地运营不是简单的土地开发，要通过实施名牌、品牌招商战略，提升土地的商业价值，带动地方经济发展，实现从点的开发到面的扩张。他要求引进的开发商必须要有实力，必须要有前瞻性和超前意识；开发项目必须要让当地人满意,对外地人有吸引力,成为潍坊的品牌效应和地标性建筑。

在编制V1购物广场地下空间出让方案时,国土资源部门充分考虑其规划条件的可实施性,反复比较论证,召开多部门联席会议,最终形成广场地下空间使用权拍卖方案;同时,市、区两级政府大力支持项目建设,推行现场工作法,政府领导多次现场办公,通盘考虑地块的经济效益、社会效益、生态效益相结合的完整统一的多赢方案。

吕伟特别强调,"借地"发展成功的重要基础是编制科学的土地利用规划。他指出,城市核心发展地块必须加强宏观控制和管理,通过合理规划和出让方案的约束,可以因地制宜,扬长避短,发挥各区域土地资源的潜力。

他说,V1购物广场开发商的超前创意和科学设计使地下空间得到合理拓展。该地块的地下空间开发,以其全新的理念,做足了文章,使黄金地段"一亩变四亩",而且实现了绿地不减少、品质大提高,是一部画卷式的节约集约用地典型。

一赢变四赢:政府、国土、企业、百姓都满意

近年来,潍坊市不断创新节地模式,通过"优化、严控、拓展、嫁接、集聚"等方式集约挖潜,特别是按照"先规划后建设、先地下后地上"的科学开发程序,大力推行立体发展的节地模式,拓展了城市发展空间,城市功能、品质明显提升。

潍坊市国土资源局局长刘树亮指出,过去开发商关注的地块多是方方正正、坐北朝南的所谓风水宝地,城市"边角地"没人要。现在城市商业核心区的"边角地"开发已进入新的时期,V1购物广场通过商业地产运营产生了黄金效益。

据介绍,伴随着城市化进程的加快,土地资源相对紧缺,存量建设用地日趋紧张,加之以前城市土地长期粗放利用和新增土地指标的不合理配置,导致近些年城市建设容积率过高,现有的城市发展储备用地几近枯竭。

早在2004年,潍坊市政府就制定出台了《关于提高城市土地利

用率鼓励建设高层建筑的暂行意见》，要求在城区主干道黄金地段实行层高限制，除功能有特殊需要的建筑外，一律不得建设10层以下的建筑。对于高度大于35米、11层以上的高层建筑，新增高层建筑面积免收城市建设配套费及其他行政事业性收费，并按新增面积和销售营业税额从同级政府土地收益中等额返还土地价款。

刘树亮告诉记者，在政策鼓励下，潍坊市的高楼大厦如雨后春笋、鳞次栉比。林立的高楼提升了城市形象，但过于密集的高层建筑客观上也给城市环境造成了负面影响。向地下发展已成为必然趋势，也是实现土地资源集约利用和人与自然和谐共存的重要途径。

刘树亮说，节约集约用地是新形势的必然要求。通过节约集约用地，"政府得政绩，国土有指标，企业有空间，百姓得实惠"，一赢变四赢，何乐而不为？

作者单位：中国国土资源报社

面对人多地少、人地矛盾突出的形势,温岭市努力从粗放用地向集约用地转变,大力实施"内生温岭"战略,通过开拓增量、盘活存量、增加容量,有效破解了发展用地难题。

"内生温岭"战略
——浙江省温岭市土地整治促集约用地的做法

王 聪

浙江省温岭市地处浙东沿海,是一个人口大市、经济强市。全市陆域面积925平方千米,人均耕地仅有0.45亩,人地矛盾突出。一方面,人多地少,耕地锐减;另一方面,经济建设中土地使用粗放,一些土地资源闲置浪费。通过开拓增量、盘活存量、增加容量,走集约开发、内部挖潜的路子势在必行。

土地整治开拓增量

为缓解土地供需矛盾,温岭市加大土地整治力度,做足宅基地整治文章,不断拓展土地利用新空间。

在实施村庄整治工程中,温岭市采用宅基地整治与农民下山脱贫相结合的方式,全市有计划、有组织地引导农民走出山区和偏僻村落,向城区、城郊以及中心镇(村)迁移。拿松门镇松建村来说,通过实施农村宅基地整治,全村拆除126座老屋,建成小康型住宅128套,人均占用宅基地面积从原来的94平方米下降到68平方米,而人均住房面积从原来的34平方米提高到64平方米,此外,通过宅基地整治全村净增耕地390多亩。

清理闲置盘活存量

温岭市委、市政府高度重视闲置土地处置工作,在连续几年开展闲置土地专项清理工作的基础上,结合第二次全国土地调查,组织开展建设用地普查评价。健全闲置土地退出机制，通过限期开发、无偿收回、等价置换、调整项目、纳入政府储备等方式以及征收土地闲置费、征缴增值地价等手段，及时处置闲置地。

依法行政，规范操作。温岭市严格依法认定闲置土地，对每一宗闲置土地，都派人到现场踏勘确认。严格按程序处置闲置土地。对每一个闲置土地权利人，都逐一发出《责令限期开工竣工通知书》，明确对方的权利和义务，对无法直接通知的用地单位，参照诉讼的要求采取邮寄送达、公告送达的方式。

区别对待，灵活处置。针对闲置土地成因多、情况复杂，温岭市采取多种办法，因地制宜开展闲置土地处置工作。

在严格管理的同时，全市进一步拓宽收储渠道，充分发挥"蓄水池"作用。对凡是非经营性用地改变用途并重新开发为商业、旅游、娱乐和住宅等经营性项目用地的，均纳入收储范围，实行公开出让，努力实现土地价值的最大化。

想方设法增加容量

规划的节约是最大的节约，温岭市对此认识深刻，在土地整治中，强化规划的控制引导作用。按照布局集中、产业集群、人口集聚、用地集约的原则，统筹安排各业用地，增强土地承载能力，向地上要高度，向地面要密度，向地下要深度。坚持高起点规划、高标准建设、高强度投入、高效益产出，以地均产值为评价依据。通过引导工业项目向开发区和工业区集中，推行选商引资，重点引进占地少、科技含量高、能耗低、环境污染少的产业和企业。

2008年，温岭市政府出台了《温岭市人民政府关于鼓励工业企业节约集约利用土地的若干意见》，提出重点抓好500个纯装备投入项目、500个厂房改建加层项目和使"零用地"技术改造投入达到全部工业性投入比重的50%以上的"555"工程建设。对企业实施"零用地"技术改造，经依法批准通过厂房加层、老厂改造、内部整治等途径提高土地利用率和容积率，翻建和建造3层及3层以上厂房的，不再增收土地价款，涉及的城建配套费全额减免，其他有关规费市里收取的部分，减半收取。对行业无特殊要求的新建工业项目，一般应建造3层及以上多层厂房，不得建造单层厂房。生产性厂房第三层及以上建筑面积城建配套费全额减免。对利用现有厂房、土地或淘汰落后生产能力实施的"零用地"技术改造和技术创新项目，可优先安排相关的财政扶持资金。台州东音泵业有限公司在温岭市大溪镇的大洋城工业区内，占地面积仅为2.5亩，厂房建筑面积为5900平方米，另租用了2亩多土地。生产车间原来相当拥挤，但通过大力开展装备投入和技术创新，充分利用现有生产场地，做到了不浪费一寸土地，不空置一间厂房。

为强化建设用地全程管理，温岭市国土资源局制定了《建设用地全程监督管理暂行规定》，设计了建设用地批后监管登记卡。由市局监察大队、基层国土所（分局）每月定期将项目用地的选址、征用、报批、建设、竣工、验收等内容录入登记卡。对项目用地未达到合同约定要求的，及时下发整改通知书，及时督促项目投资单位限期整改，确保项目用地按合同要求使用和建设。此外，还建立了单位GDP和固定资产投资规模增长与新增建设用地消耗挂钩的区域集约用地评价体系，重点加强开发区、工业区土地节约集约利用评估，健全了企业节约集约用地激励机制。

"三量"并举结硕果

2003—2008年，温岭市共整治土地31.2544万亩，建成标准农田23.6358万亩，净增耕地3.2416万亩；完成建设用地复垦1万余亩，其中宅基地整治项目45个，新增有效耕地4893亩，为全市经济社会可持续发展提供了资源保障。

温岭市通过宅基地整治，撤并自然村、整治空心村、搬迁深山村，使许多居住在交通不便、环境恶劣深山中的农民，搬进人口集中、设施配套、环境优美的集镇、中心村，有效降低了基础设施建设成本，提高了公共设施的共享率，使农民享受到新农村建设的成果。笔者在大溪镇小溪岭头村采访得知，该村共有220多户、730多人，原来分散居住在17个山坳中，山顶、山下、山坳到处是零乱简陋的矮房。2000年以来，通过宅基地整治和高山移民，将村庄搬迁至大溪镇东侧的一块平地上。截至2005年，这个村在新址上建起196套住宅，95%以上的农户都搬进了新宅，而新村占地面积比原来的村庄还小了25%。

2007年，温岭市通过处理闲置土地，共收储各类土地20宗，面积71.61亩；出让储备地块11宗，收取出让金6.518亿元，占全年出让金总收入的20.29%。

合理规划各类用地的建设密度，引导企业节约用地，大大提高了土地利用率。在新河镇羊毛衫工业集聚点采访时，笔者发现：2002年原规划总用地562亩，2004年下半年完成一期120亩的征地工作，其中原建设规划道路及公共绿化用地41.4亩，企业实际用地面积78.6亩，土地利用率仅为65.5%。为节约用地，提高土地利用率，减少民房拆迁，通过认真分析，决定调整一期规划：一是将原规划南北走向主干道从原来的24米宽调整为18米宽；二是将原规划东西走向主干道从24米宽调整为12米宽，改为次道；三是取消原规划中心大转盘。新的规划方案已经温岭市建设规划局审核批准。据介绍，新的规划道路占地比原规划减少了25.2亩，在一期用地中，企业实际用地96.4亩，比原规划用地增加了17.8亩，实际利用率为80.4%，提高了14.9个百分点。同时新河镇羊毛衫工业集聚点还建立了集聚点准入制度，把土地规划向大项目倾斜、向好项目倾斜、向成熟度高的项目倾斜。用地面积在10亩以上的进点企业，必须是科技型、生态型、效益型的行业龙头规模企业。

作者单位：国土资源部土地整理中心

西南地区三线军工企业随着市场经济的发展纷纷搬迁,形成了大量荒废闲置的国有建设用地。曲靖市参照"城乡建设用地增减挂钩"的操作方式,大力整理复垦,唤醒了沉睡多年的土地。

"增减挂钩"激活废弃地

——云南省曲靖市盘活废弃国有建设用地的探索

贾文涛

20世纪60年代,云南省响应国家号召,在曲靖地区的偏僻山区建设了云南省机三厂、模具三厂、机器二厂、模具二厂、高峰机械厂、云水机械厂等一批三线企业。改革开放后,随着社会主义市场经济的建立,绝大部分三线企业都迁至昆明、曲靖等相对发达的中心城市。各类企业搬迁后,大量国有建设用地废弃闲置。为盘活这些废弃的国有建设用地,曲靖市作出了积极的探索。

笔者在采访中了解到,曲靖市共有各类废弃国有建设用地94宗,面积17739.67亩,其中可整理复垦为耕地的47宗,面积11582.18亩;可复垦为其他农用地的9宗,面积1710亩;可利用为其他项目建设用地的66宗,面积4447.49亩。已核发国有土地使用权证书的49宗,面积11160.10亩;未核发国有土地使用权证书的45宗,面积6579.57亩。

曲靖市正处于工业化和城市化快速发展阶段,随着工业化水平快速提高和城市化规模急剧扩张,建设用地需求越来越大。2003—2008年,全市经批准建设转征用地面积13.09万亩,平均每年2.18万亩,耕地保护压力日益增大。面临耕地后备资源不足的现状,整理复垦废弃国有建设用地,成为曲靖市坚守耕地红线的有力支撑。

2008年以来,曲靖市大量基础设施建设项目、招商引资项目、工业建设项目、公益事业项目、民生项目相继上马,建设用地需求急剧上升,但由于计划指标紧缺,部分项目用地无法得到保证。盘活使用废弃国有建设用地,置换建设用地指标,可以在一定程度上破解用地难题,也可以减少违规违法用地。

废弃国有建设用地闲置,是土地资源的浪费。曲靖市清醒地认识到,复垦废弃国有建设用地,将指标置换给新的用地项目,不但可以做到建设用地总量不增加,耕地面积不减少,还可以通过建设用地的空间置换使用地布局更加合理,达到"宜建则建、宜农则农"的效果。

针对废弃国有建设用地的实际情况,曲靖市提出参照"城乡建设用地增减挂钩"的操作方式,整理复垦废弃国有建设用地,置换建设用地指标到城镇周边使用的基本思路。具体来讲,就是通过整理复垦废弃国有建设用地得到的建设用地指标,可以在全市范围内进行空间置换流转使用,年内未使用或使用有节余的可结转使用,也可由市、县有偿转让给其他农用地转用指标不足,并需要履行耕地占补平衡义务的建设用地单位。废弃国有建设用地盘活使用可不再报省国土资源厅办理农用地转用和土地征收审批手续,由市人民政府批准直接办理供地手续,不需上缴耕地开垦费和新增建设用地土地有偿使用费,不占用年度农用地转用计划指标,节余指标可结转使用。

为加强组织领导,曲靖市成立了由分管副市长任组长,国土资源、发展改革、规划、财政、监察、审计、农业、水利等部门主要负责人为成员的实施盘活使用废弃国有建设用地工作领导小组,研究解决工作中遇到的重大问题。领导小组下设办公室,负责废弃国有建设用地盘活使用实施方案实施的日常管理工作。领导小组成员单位认真履行职责,形成合力,共同做好工作。财政部门负责经费的筹措和监管,国土资源部门负责业务指导,监察部门负责对各个环节进行监督,审计部门负责对项目资金使用情况进行审计。

在盘活使用废弃国有建设用地工作中,曲靖市充分尊重群众意愿,切实维护农民、集体经济组织和有关单位、个人的合法权益。房屋拆迁必须按照国家、省、市相关法规政策执行,对被拆迁房屋设施及地上附着物要予以足额补偿。

曲靖市废弃国有建设用地整理实施方案注重与土地利用总体规划衔接,既确保建设用地总量不增加、耕地总量不减少、质量不降低,又推动用地结构、布局更加合理。实施方案经省国土资源厅审查批准后，报国家土地督察成都局备案，由省国土资源厅下达建设用地周转指标。

此外，曲靖市对盘活使用废弃国有建设用地的项目实行台账管理，认真编制废弃国有建设用地整理项目预算，确保废弃国有建设用地整理资金的规范、合理使用，严格按照土地开发整理项目相关管理办法，建立健全项目管理制度，加强项目实施监管力度。

项目竣工后由市国土资源局组织完成后报省厅备案，检查验收程序按云南省城乡建设用地增减挂钩试点工作要求进行。验收资料作为拨付工程实施费用的依据，并接受财政部门的监督检查。

作者单位：国土资源部土地整理中心

在中原大地，所到之处，你会看到，一个个"空心村"正在紧张治理中，一宗宗闲置低效土地正在得到高效利用……通过"三项整治"，河南找到了新的发展空间，走上了集约用地之路。

20万亩地从何而来？

——河南省"三项整治"节约集约用地纪实

袁可林 李 晨

河南人的节约集约用地意识很早就有了。有个基本事实使他们不得不思考这样一个问题——全省人口9600万，居全国第一，人均耕地1.24亩，比全国平均水平低0.19亩，只有世界人均水平的1/3。另一方面，全省近年经济建设飞速发展，每年需用地10万亩以上。现有的土地不仅要为近亿人的粮食安全承担相当大的压力，而且要担当起日益增长的工业建设用地的保障责任。

为化解这一矛盾，河南省国土资源厅组织专人对全省"空心村"、砖瓦窑、工矿废弃地及低效、闲置土地进行了深入调查。调查的数字令人眼前一亮：全省农村闲置土地达250万亩，砖瓦窑和工矿废弃地数量也极为可观，城市中还有相当数量的闲置及低效利用的土地。

河南省国土资源厅党组果断作出决策，并报请河南省政府常务会议批准：自2004年开始，在全省深入开展一场规模空前的以"空心村"、砖瓦窑、工矿废弃地为主体的"三项整治"活动，充分挖掘闲置土地潜力，力争在新形势下走出一条节约集约用地新路。

让"空心村"实起来

"三项整治"的重头戏是"空心村"治理。由于坚持政府挂帅、部门联动，河南省各地"空心村"整治成效明显。

"规划先导，典型引路，循序渐进，尊重群众意愿"构成河南

"空心村"整治的基本特点。商丘市梁园区刘口乡西刘村有400余户1760人，4个自然村占地1000亩，户均住宅占地2.5亩。村委会积极响应市政府号召，在国土资源等部门的帮助下，从上海等地请来建筑专家帮助进行新村规划，将原有的4个村合并为一个规划占地150亩的新村，可以腾出850亩土地用于耕种。

济源市卫福安村有19个自然村，其中有12个自然村分散居住，全村面积23平方千米，可用于耕种的土地只有1000亩。沟岭纵横，居住分散，生活环境差，是卫福安村的真实写照。2002年底，卫福安村提出了迁户并村计划，对19个自然村中的12个零星分散居住的村进行迁户，合并为一村，剩余7个相对集中的村原地不动。这样一来，除去新村规划用地50余亩外，至少节约土地近150亩。村党支部书记周备武告诉记者："迁户并村，我们充分尊重村民意见，张榜公布，在全体村民大会上讲迁户并村、节约土地的好处，讲新村统一规划、改善居住环境的好处。老百姓最讲实际，规划方案明明白白，一比较，是好是坏，心里都清清楚楚。所以，首批迁户的43户中，没一户有意见。"

正是有西刘村、卫福安村这样的典型引路，河南省各地的"空心村"整治才向着高水平发展，并受到广大群众的热烈拥护。

让闲置土地"活"起来

郑州市是全省建设用地的大户，他们针对本区砖瓦窑和工矿废弃地有一定潜力的情况，扎扎实实地开展整治工作。截至2004年9月底，该市已治理砖瓦窑数十家，现已复垦耕地9000余亩，另从城区内清理出闲置土地105宗，面积近8000亩。随着这些土地的挖潜，在一定程度上缓解了建设用地紧张的局面。2004年9月底，河南省"三项整治"已复垦耕地20.3万亩，其中，整治砖瓦窑已复垦耕地9.7万亩，整治工矿废弃地已复垦耕地2.9万亩。

与此同时，各地走内涵挖潜道路，使原来一大批闲置地派上了用场。新乡市有85个停产小厂，占地1199亩，在整治中，已无偿收回77个，纳入全市新建项目供地范围。濮阳市从1999年以来，尚有一大批未利用土地。为此，该市区别不同情况，该罚款的罚款，该收回的收回。该市高新区原有2个工业项目用地批而未用，政府果断决定将其收回，重新调整出让给3个新上工业项目的单位，既节约了耕地118亩，又促进了经济发展。河南省一年清理出各类存量闲置土地数万亩，相当一部分派上了大用场。

让低效土地"高"起来

千方百计改变土地利用低效的状态，是河南省土地挖潜的又一途径。在充分调研的基础上，在全省推广标准厂房，并明确用地控制指标，按照布局集中、用地集约和产业集聚的原则严格考核。

巩义市有"中原县域经济榜样"之称，拥有各类企业上千家，但真正集约经营、能产生较高效益的项目却十分有限。为此，该市提出"三个集中"、"八个一百"的目标。"三个集中"，即工业向园区集中，走新型工业化路子；人口向城镇集中，提高城镇化水平；土地向规模集中，向优势产业流转。"八个一百"中，重要的一项就是坚决整治取缔土地利用低效益、高能耗、高污染企业100家。2004年上半年，已有50多家企业被关停整治。

处置低效利用土地，说起来容易，但由于政策性强，涉及方方面面的利益，处理起来难度很大。为化难为易，孟州市采取集约用地先从党政机关抓起的办法。调查结果显示，该市59个行政事业单位共占地565.98亩，机关人均占地0.1亩。在充分调研的基础上，市政府决定建1~2幢行政办公综合楼，将部分土地利用率较低的单位整体搬迁到综合楼办公。根据各单位用地情况，将机关小院分为立即搬迁、规划搬迁、维持原状不变3种情况，区分程度，逐步推进。

变低效用地为高效用地，河南省各地都在探索行之有效的方法。郑州市采取"一区多园"的方法，在国家批准的高新技术区内分别建立生物、制药、电子、通信等集中园区，坚持集约经营、规模经营，力争把每亩土地的产出效益提升到较高水平。许昌市则在从严规划、建造标准厂房上下了不少工夫。从2000年起，引导企业改变传统的建厂模式，变包括办公楼、生活区、生产用房的大厂区为标准化厂房。

让拟建项目"瘦"下来

河南省国土资源厅领导认为，盘活存量土地，发掘低效用地潜力固然重要，但要真正走集约用地之路，关键是把好用地关口。

基于这一考虑，河南省不仅把招商引资的重点转到了高科技、高附加值的项目上来，以最大限度地提高土地投入产出率，而且还主动为建设用地项目量体裁衣——凡能用差地的，尽量不用好地；凡能用存量土地的，尽量不再新征耕地。伊川县有一建设项目，原新址规划在河滩好地，国土资源管理部门通过研究，将其用地调整为山坡次地，一下子就节约优良耕地几百亩。鹤壁市淇县第一中学新址建设、中石化河南销售分公司的一个项目，原计划需要征用近百亩耕地。经过调整，这两宗用地都利用其他单位闲置多年的存量地，避免了占用耕地。

为了让建设用地项目"瘦身"，国土资源部门还请专家帮助核算，尽量把项目用地中不应有的"水分"挤去。在开封市，有关部门通过查看河南大学新址征地计划，发现绿地、生活服务用地偏多，于是依照规定挤去了数十亩的"水分"。兰考县移民迁建安置项目是国家重点工程，原规划安排用地3000余亩。市县国土资源部门通过认真核查把关，在保障建设项目用地的同时，核减了717亩耕地征用指标。河南省各地一年来在项目"瘦身"上做足了文章，使耕地得到有效保护，把节约用地的国策落到了实处。

作者单位：中国国土资源报社

"人多，地少；项目多，指标少"，面对严峻的土地供需矛盾，桓台县将挖潜的重点锁定农村。通过向农村挖掘用地潜力，2008年该县创造265亿元的生产总值，连续六年跻身全国百强县，实现了从"形势逼人"到"形势喜人"。

从"形势逼人"到"形势喜人"
——山东省桓台县农村土地综合整治纪略

张水先　刘传明

桓台县有近50万人口，500余平方千米的土地，2008年实现265亿元的生产总值，连续六年跻身全国百强县……

"人多，地少；项目多，指标少。"形势逼人！面对严峻的土地供需矛盾，山东省桓台县国土资源局局长张兴忠坚持两个字"挖潜"，并将挖潜的重点锁定农村土地综合整治。

"搞好农村土地综合整治，重在解决钱从哪里来、地从哪里出、人往哪里去三大问题。"张兴忠说。

钱从哪里来——地方财政掏"大头"

"农村土地综合整治，首先要解决的问题是钱从哪里来。"张兴忠表示。

为调动农民参与土地整治的积极性，桓台县国土资源局早在2005年就开始深入村镇调研，积极研究适合县情的激励政策。《桓台县人民政府关于加快旧村改造的实施意见》和《桓台县旧村改造用地审批办法》先后出台，明确了旧村改造的指导思想、原则和标准，对旧村改造审批程序作出了规范。

2009年，桓台县国土资源局积极向县政府建言献策，政策支持力度进一步加大：对整建制实施旧村改造，腾出土地用于复耕，达到耕地验收标准的，每亩奖金由2.5万元提高到5万元；旧村改造腾出的土地按照规划批准的用途为建设用地并依法征用的,每亩奖励村集体4万元拆迁补偿费;鼓励支持村镇建设集体性质公寓住房,入住后拆除旧宅的,按建筑面积每平方米补助50元,以解决低收入农民和老年人的住房问题。

桓台县国土资源局工作人员笑着说:"7月份徐绍史部长来桓台视察时,问一个搬进新居的村民花了多少钱,他支支吾吾没好意思说,因为他自己基本上没花钱。"

地从哪里出——科学规划是龙头

挖潜用地,地从哪里出?桓台县的答案是:科学规划。

在推进农村土地综合整治过程中,桓台县以列入全国土地利用总体规划修编试点县为契机,对全县335个农村居民点统筹实施归并,科学编制了《桓台县合村并点规划》和《桓台县城乡建设用地增减挂钩规划》,并在全国范围率先编制完成了《桓台县土地利用总体规划》,顺利通过了国土资源部和山东省国土资源厅组织的评审验收,2009年6月17日经山东省人民政府批复组织实施。

桓台县国土资源局按照促进农村居民点合理布局、适当集中的原则,深入镇村调查研究。利用4个月的时间走村入户、座谈走访,入户调查1340户,填写表格1856份,召开座谈会28次,摸清了全县农村居民点现状,了解了基层干部和群众对旧村改造的要求,掌握了农村居民点整理的潜力,为村庄规划布局、合理分区奠定了基础。

通过充分调查论证,县国土资源局确定了一户一宅、建筑容积率控制在1.0以上、人均住房面积不高于40平方米、人均公共建筑面积不高于10平方米的用地标准,并依据人均建设用地标准、规划期人口、建筑容积率、现状集约利用程度综合确定用地规模。

桓台县国土资源局引导农民向县城、城镇、中心村或农民新型社区集中居住,形成了三种模式。一是村并城。将10个城中村以及县城周边的18个农村居民点就近融入县城,实施整建制改造开发,实现村庄变社区。二是村并镇。将10个城镇驻地周边的147个农村居民点向各自所属的小城镇驻地集中,融入小城镇建设。三是村并村。

对 160 个边远农村居民点，按照规模适度、节约用地、有利生产、方便生活的原则，通过多村合一就近合并或原村新建改造提升等方式，集中整合为 41 个中心村或农民新型社区。

村庄整合后，既节省了大量农村基础设施建设资金，促进基础设施和公共服务向农村延伸，又节约了大量土地。规划实施后，全县农村居民点用地将从 8 万亩减少到 4 万亩，复耕土地 4 万亩。

人往哪里去——留地开发有奔头

为解决村民的长远生计问题，对征地较多的村实施留地开发改造模式，按政府已征用土地总额 10% 的比例，为镇村集体提供国有土地用地指标，统筹用于旧村改造和开发经营，以壮大村集体经济。

在淄博纳税第一镇，山东首批中心镇，全国重点镇马桥镇，旧村改造前，全镇 27 个村庄天女散花般分布在 45 平方千米土地上，村庄规模偏小，布局分散，人均住宅用地面积偏高，个别村高达 190 平方米，远远超过国家标准。

改造后的马桥镇，全镇 27 个村集中规划建设为金诚、北营、五庄和中心四个组团居住区，搭建起了现代化新型城镇框架。规划实施后，农村居民点用地从原来的 1.4 万亩减少到 4000 亩，复耕土地 1 万亩。

马桥镇后金村 2007 年拆迁整理出的 97 亩土地，如今已成为农业产业化基地，后金村也因此获得奖金 242.5 万元，成为全县第一个得到县政府拆迁奖励的村子。

目前，马桥镇已建成住宅楼 192 幢，总建筑面积 70 多万平方米，全镇 6500 户农民迁入新居，占总户数的 70%，已复耕土地 1300 余亩。2010 年 6 月，县政府拨款 5000 万元作为马桥镇旧村改造腾空土地奖金，大大加快了旧村拆迁进度，年底将再复耕土地 3000 亩。

在马桥镇的示范带动下，在规划的统筹和管控下，全县 11 个镇旧村改造工作已经全面展开。以县城为中心，以中心镇为次中心，带动辐射农村社区发展的大格局已初步形成。农民向城镇集中、居住向社区集中,从原有的一户一院到公寓式住房,从平房发展到楼房,从单一建筑发展为成片小区,高标准的农民住宅在桓台大地拔地而起,尽情演绎保增长、保红线的壮丽诗篇。

作者单位:山东省桓台县国土资源局

创造多个世界之最的世博会闭幕后，上海注重发挥市场机制作用，引入多元化市场主体，推动世博园区二次开发，使其成为国际化会议展览中心、旅游休闲中心、对外国际交流中心和外向型高端服务业集聚中心。

二次开发，让上海更美好
——上海世博园土地二次开发调研

张　超

　　2010年10月31日，以"城市，让生活更美好"为主题的上海世界博览会闭幕。世博园区规划用地5.28平方千米，世博会结束后将永久性保留"一轴四馆"五个标志性建筑，即世博轴、中国国家馆、世博会主题馆、世博中心和世博会文化中心，其余自建馆将在世博会结束后陆续拆除。世博园区的二次开发和再建设，成为世博会发挥后续效益的决定性因素。

　　在同年7月28日举办的首届"东方讲坛·中总香港高峰论坛"上，上海市委常委、统战部部长杨晓渡透露，世博后的上海，将高起点规划世博园区功能定位和后续开发利用，注重发挥市场机制作用，引入多元化市场主体，推动世博园区二次开发，使其成为上海国际化的会议展览中心、旅游休闲中心、对外国际交流中心和外向型高端服务业集聚中心。

通盘考虑　重点突出

　　世博园的二次开发，总体的功能定位是决定性因素。世博园区主要包括文化博览区、文化创意区、高端会展区、世博公园、国际社区五大功能片区。世博园区土地再次开发，要根据园区所在地区的功能定位，结合上海市的未来发展通盘考虑，不仅要考虑5.28平方千米园区的发展，还要兼顾整个浦东、整个上海。结合上海市对外文化交流、商务服务设施的需要，通过土地再次开发，真正把世博园区发展为上海市未来的国际文化、外事、商务和旅游休闲的综合功能区域，同时配套建设部分住宅。地区突出公共性特征，围绕顶级国际交流核心功能，形成文化博览、总部商务、高端会展、创意设计、旅游休闲和生态人居为一体的上海21世纪标志性市级公共活动中心。

在世博会围栏区内，土地二次开发区域重点集中在三块上：一块位于浦东卢浦大桥以西，作为城市发展储备用地；一块位于白莲泾与世博轴之间，作为城市的商务综合开发区；一块位于浦西世博轴线东侧，作为城市居住综合开发区。保守计算，这部分再开发用地有110~130万平方米。将世博园区以及南侧的耀华地区（黄浦江ES2单元）、环球地区（黄浦江ES4单元）整体考虑，总用地面积约10平方千米，作为上海黄浦江沿岸未来发展的重点区域。

科学规划　分类开发

世博园区5.28平方千米中，除了现状保留的绿地、道路等，后续可改造、开发的土地约298公顷，规划总建筑面积约336万平方米。主要分为保留改造、商业性开发、公益性开发、储备用地四类。

保留改造用地，主要包括"一轴四馆"、世博村和城市最佳实践区，总用地面积约86公顷，建筑面积约101万平方米。后续利用功能主要为会议展览、商业、办公、居住等。

商业性开发用地，集中布局在浦西城市最佳实践区、浦东世博轴的东西两侧、世博村周边，总用地面积约72公顷，规划性质主要为商业、办公、会展、文化等。

公益性开发用地，主要包括浦西江南造船厂的文化博览区、浦东后滩的世博公园及其他绿地，总用地面积约117公顷。

储备用地，布局在浦西江南造船厂西部、西藏路沿线，用地面积约23公顷，作为今后长期发展储备用地。近期可结合部分场馆、设施的改造利用考虑过渡方案。

市场为主　调控护航

世博会结束后引发的一系列场馆运营问题，引起政府的普遍关注。原有的行政管理体制和机制在世博会后必须调整，要加大场地设施的市场化运营，让公共机构及私人企业公平竞争，对场馆实行项目化运作。

世博会筹建和举办期间主要是发挥政府职能，世博会结束后则要发挥企业职能。在世博土地控股有限公司花费了54亿元动迁成本后，江南造船厂在园区内的地块至今仍属中船集团。世博会结束后，中船集团将自己组织开展二次开发。但是，市场化运作同样离不开政府调控措施的护航，这种经营思路的转变使场馆的后续利用和收益都有了很大变化。

二次开发　打造乐土

大量的绿地是世博园的重要特点，这些绿地在世博结束后将会继续保留。作为永久性城市公园绿地的世博公园、后滩公园等，规模较大，生态系统丰富，能够为市民提供休憩和活动的场所。世博会闭幕后，后滩公园将进行二次开发，向市民免费开放，成为市中心的永久性绿地。届时，人们可以在这座充满野趣的湿地公园沐浴江风、举行野餐、采摘果实，在城市核心区就能体验到"农家乐"，这是世博会留给上海市民的一件珍贵礼物。

笔者看到一份"浦东新区世博周边区域后世博时期（2010—2020）发展战略研究"：以三林世博功能区为代表的浦东世博园周边区域，计划建成一个"世博新城"，成为上海的第五个城市副中心。可以想象，世博园区二次开发时的土地供应，将是许多地产巨头的争夺对象。位于内环区域的"世博土地"，其未来的价值可想而知。

世博会的结束对上海房地产行业意味着一个新的开始，随着世博会一些场馆的拆除和地块的出让，在接下来的几年时间内，世博板块或将被大面积开发为住宅，据相关研究机构估算，未来世博板块可能有40%的土地推向市场。2010年11月初，上海的商品住宅成交1447套，环比前周减少13%；成交面积17.4万平方米，新政后连续4周呈下滑态势；成交均价21969元/平方米，环比下跌5%，新政以来首次价格回落。这些数据透露了一个信息：世博园土地二次开发与调控已使快速回升的楼市重新进入调整期。

世博园的主题是"城市，让生活更美好"，而通过世博园的二次开发，相信会让上海更美好。

作者单位：国土资源部土地整理中心

从"找不到一块百亩连片的土地"的山区小镇,到拥有"东方底特律"美誉的世界级汽车城,十堰市发扬愚公移山、精卫填海精神,向荒山、荒滩、荒塘、荒沟要地,实现了完美转身。

荆楚大地的节地标杆
——湖北省十堰市万亩山地整理小记

韩亚卿 胡志喜 陈 岩

从一个不足百户人家的偏僻山区小镇,变身为拥有"东方底特律"美誉的世界级汽车城,步入"不惑之年"的湖北省十堰市曾遭遇土地困局——"找不到一块百亩连片的土地"。

面对难题,十堰人向思路要出路,提出"向荒山要地"的口号,大胆探索节约集约用地的新模式。

愚公移山:削平100多座山头

2009年12月17日,记者来到位于十堰城区西部张湾区的花果片区,一马平川的土地一眼望不到边。谁会想到,这7000多亩土地是削峰填谷,平整大大小小共50多座山头得来的?

据十堰市国土资源局局长乔冰介绍,这里曾经沟壑纵横,人均耕地0.2亩,只有全国平均水平的15%。2007年11月6日,十堰首个山地整理项目在这里动工。350多台大型机械日夜轰鸣,每天开挖土石方2万多立方米,每月"搬掉"两三座山头。经过两年奋战,人造平原显现出来,愚公移山的故事真实上演。

十堰市委书记陈天会说,据初步统计,十堰市目前通过山地开发,共平整大小山头100多座,开挖土方5000余万立方米,已成功开发整理土地13000余亩。到2020年,总投资20亿元、总面积2万亩、人口达40万的现代化新城将在这里崛起。

精卫填海：两条河流曲变直

曾经，茅塔河由南向北呈 U 形从这里蜿蜒经过，两岸河滩荒芜闲置。2009 年，十堰经济开发区投资 4000 万元，通过河道裁弯取直工程，让流淌了千百年的弯曲河流在这里变直，将原长 1700 米的河道缩短为 686 米，新增工业用地 270 亩。

通过现代版的"精卫填海"工程，总投资 6.5 亿元，年生产 50 万辆东风小康微型车的东风渝安工业园"芳容"初现。一期工程将在 2010 年春节前投产，可实现年产值 60 亿元，同时带动地方配套企业增加产值 40 亿元，税收 2 亿元。

茅箭区万向通达工业园，是在另一个裁弯取直的河道上建起的工业园。这条河是马家河。通过改河造地，在昔日荒滩上造出 474 亩地。区委书记张慧莉说："将土地整理项目向水域挺进，对荒滩、荒塘、荒沟进行改造，已成为山区城市工业园区的一道亮丽的风景线。"

几点启示：三个破解意味深

在引进一大批高新技术项目的同时，十堰市政府严格控制投资强度，控制企业用地规模，将工业项目亩均投资强度确定在 100 万元以上。

十堰市政府还出台了支持城区加快新型工业化发展等一系列优惠政策，设立了新型工业化发展专项资金，鼓励企业建多层厂房、加大技改投入力度，引导企业利用闲置厂房进行招商引资、合资合作经营。

湖北省政府副秘书长骆新华认为，十堰市从实际出发，多方筹资 8 亿元开展山地开发整理，这在我国乃至世界也不多见。十堰经验的意义在于破解了经济发展与保护生态、耕地的矛盾，开辟了一条拓展山区城市用地空间的新途径；破解了土地开发成本过高与资源闲置浪费的矛盾，走出了一条节约集约、高效率、高产出的新路子；破解了土地制约与城市发展的矛盾，创新了山区城市可持续发展的新思维。

湖北省国土资源厅厅长杜云生说，十堰的做法为湖北省节约用地提供了一个可资借鉴的样板，成为荆楚大地的节地标杆。

作者单位：中国国土资源报社

成立村民理事会，请来专家作规划，创新宅基地分配模式……通过"空心村"改造为旧村"消肿"，石鼓村千年古村换新颜。

千年古村换新颜
——江西省吉水县石鼓村"空心村"改造纪略

龙回仁

大概在整个江西，都很难找到这样一个乡镇政府。

偌大一个乡政府，居然不是设在繁华的集镇上，而是"屈居"在一个村子里。而且，全乡辖区内居然没有一个集市。

这个十分荣幸地承载着乡政府的村子叫石鼓村。这个村子具有1000多年历史，村内外有18座古桥，曾出过5个进士。这个乡就是江西省吉水县水田乡。

尽管如此，当你站在乡政府的院子里，或者站在石鼓村的村头，看到那一棵棵参天古树，还有村子周围的一座座古桥，你也许就知道，这个村子并不如你想象中那样平凡。

成立村民理事会，专门管理"空心村"改造

一走进乡政府院子，记者便被几棵树龄在千年以上的大樟树吸引。一栋年代有些久远的乡政府大楼，就坐落在幽静的古树之下。

水田乡党委书记励有明、乡长聂礼贵介绍，石鼓村有369户1297人，耕地2374.65亩，人均耕地不足2亩。该村东、西、北三面都与耕地相接，只有南面靠山，以前新建住宅均要占用耕地，使有限的耕地资源更加紧张，影响了村民正常的生产。多年来，由于缺乏规划，石鼓村建房一直是"摊大饼"。与此同时，受固守祖宅传统观念的影响，不少群众建新不弃旧，使破旧的老宅逐渐成为藏污纳垢的死角，制约着新农村建设。

有不少村民在外打工，外面的世界不但让他们腰包鼓了，也让他们的眼光高了。从外面回来，他们发现，这个千年古村还真是有些老旧的感觉：有的房子倒塌了，有的破旧不堪了，所有的巷道都太窄了，别说农用车、板车，就是挑担都显得太挤。他们也想让自己的村子变得和发达地区的村子一样美丽，于是，他们想到了要好好规划一下新村的建设。

这和县、乡领导的想法不谋而合。为了化解"新房盖在外，村中脏乱差"的"空心村"沉疴，吉水县将石鼓村申报为江西省社会主义新农村建设试点自然村，使村民建房、"空心村"改造、新农村建设有了一个很好的结合点。

村党支部书记老周无比感慨地说："村民盼望已久的日子终于来了。前些年，村里干部群众都有改造'空心村'的想法，却没有政策支持，不知从哪下手。现在好了，有建设新农村的大好形势，有当地政府和国土资源、建设等部门的大力支持，对如何改造'空心村'，我们心里有底了。"

水田乡政府把石鼓村"空心村"改造工作作为重点来抓，乡党委书记和乡长亲自挂帅。为征求村民意见，乡政府首先召开了群众动员会。在会上，95%以上的村民同意规划改造，并制定了改造方案，成立了新农村建设村民理事会，专门管理"空心村"改造工作。

会后不久，该村自筹启动资金6万多元用于拆旧补偿，按正房20元/平方米，厨房、猪牛栏等附属设施10元/平方米的标准，对已拆迁户全部补偿到位。很快，村里就拆除旧房200多栋，拆迁面积18000多平方米，涉及拆迁户178户，拆迁后腾出可用于建房用地13000多平方米，已建32户，并已完成村庄亮化、硬化工程。

做好规划，创新宅基地分配模式

走在村里，发现村中心有两块大幅宣传牌。一块是《吉水县水田乡石鼓村"空心村"改造纪实》，图文并茂地反映了整个"空心村"改造的过程、成效，让人一目了然。另一块是《水田乡石鼓村村庄整治鸟瞰图》，图上是一幅美丽而又整齐的现代化村庄效果图，有点像开发商在闹市区做的楼盘开发广告。从图上可以看到，石鼓村新村路网一纵三横，街道宽阔，房屋整齐，布局合理。

规划是龙头。为把规划做好，该村请来了县建设局专业人员承担新农村规划的设计工作，制作规划平面图、户型建筑设计图和立面图。这次规划在充分征求村干部群众意见的基础上，严格依据水田乡土地利用总体规划，按村镇规划统一布局，结合实际，立足长远，保留13棵古树、18座古桥和部分古道、古建筑，使新村既能重现村庄的历史面貌，又能突显新农村的现代气息。

建设一个这么漂亮的新村，钱从哪里来？

新农村建设投入的拆迁补偿和基础设施建设资金，县财政有一些扶持，但绝大部分还要由村集体承担，而村集体却没有这个能力。为了激发村民建设新农村的热情，实现宅基地的区位价值，积累新农村建设资金，县国土资源局和当地政府探索出一种符合石鼓村群众民意的宅基地分配模式。

分配模式的具体运作方式为：在保证现有拆迁户能得到妥善安置的基础上，将腾出的土地经土地使用权人同意，并由农村集体经济组织报经原批准用地的人民政府批准，对土地使用权人给予适当补偿后收归集体，先做好规划，按区位定价，拆迁户采取抽签方式安置宅基地，增强宅基地使用权分配的透明度，体现公开、公平、公正。在宅基地面积上，严格控制"一户一宅"和单户面积标准；在资金的管理上，设立新农村建设资金专户，收入全部缴入专户，用于新农村建设，资金使用由理事会管理，定期向村民公布，接受监督。县国土资源局在用地方面提供全程服务。

挖掘村庄土地潜力，探索集约用地新路

现在，石鼓村2500平方米的绿地休闲场所已初具规模，硬化的道路、畅通的下水道，还有停车场、垃圾站等，但凡城市里有的市政设施，石鼓村按照规划，都在一一落实中。新建的房屋全是下水道厕所，厨房是液化气、柴灶两用，大大提升了村民的生活水平。

然而，石鼓村"空心村"的改造，主要目的还是保护耕地，缓解人地紧张局面，营造良好的居住环境，促进农村宅基地集约利用。

为了达到这一目的,县国土资源局和乡政府转变用地方式,走节地挖潜、集约用地的路子,充分挖掘村庄存量土地潜力,重点在盘活存量上下工夫,彻底解决农村宅基地"一户多宅"和"面积超标"的问题。

正如村里"空心村"改造纪实的宣传牌上所说:新农村活动开展以来,水田乡党委、政府按照"生产发展,生活宽裕,乡风文明,村容整洁,管理民主"的新农村建设方针,在县国土资源局的大力配合下,对石鼓村进行了大刀阔斧的改造。

这种改造的效果是显而易见的。吉水县国土资源局局长曾柳钦介绍,石鼓村"空心村"改造后,可盘活存量建设用地2万多平方米。

作者单位:中国国土资源报社

老屋占了不少地,却没水又没路,"雨天一滩糟,晴天一把刀";如今,新房水电路样样齐全,还装了宽带网……说到迁村腾地,彭墩村村民喜上眉梢。

迁村腾地田野新
——湖北省钟祥市彭墩村土地整治见闻

韩亚卿　熊家余

小小彭墩出了名。

在湖北省经济工作会上,省委书记罗清泉说起它,喜形于色:"彭墩村是新农村建设一个很好的典型。这种迁村腾地的方式值得推广。"

自此以后,一拨一拨踏访者慕名而来。

记者驱车来到彭墩村时,恰巧荆门、钟祥两级组织部的70多人正在村里考察。

迁村腾地　节约资源

白墙黛顶,一进彭墩村,色彩鲜亮的"小别墅"映入眼帘。

26套两层"小别墅"竖向排开,错落有致。路边,新栽的香樟树、柑橘树吐纳绿意。

"小别墅"的主人,不是城里人,不是有钱人,而是土生土长的彭墩村村民。

"搬进新房过年!"正在给新房铺地坡的胡正洲满脸喜悦。

"老屋,新房,哪个好?"记者问。

胡正洲指着不远处一排红砖平房说,那是他的老屋。地占了10多亩,但没水、没路,就是"雨天一滩糟,晴天一把刀"的黄泥岗地。如今,新房子水电路样样齐全,还装了宽带网,庭院旁的厨房、猪圈、农机房、沼气池看着都舒心。

家家户户不再竖烟囱、生炉子烧水做饭，而是用沼气供热照明；污水不再横流，而是排到污水净化池；垃圾不再四处堆放，而是进了新建的垃圾处理厂，生活方式和城里人没啥区别。

村委会副主任黄启胜说，这个村4组30户人家共有26户搬进了新房，一下子腾出300亩宅基地，土地资源就这样节约出来了。如今，整理出的500亩岗地建成了大棚蔬菜基地，新增的300亩土地已建起养殖场。

"4组搬新房了，我们呢？"4组人在乐，其他组村民心生羡慕。他们纷纷缠着钟祥市国土资源局王平局长，要求尽快在他们组实施迁村腾地项目。"别急，一个一个来，"王平胸有成竹地说，"5年内，全村9个组317户都将迁进新房。"

那时，彭墩村将新增耕地3000亩。

生态彭墩　和谐发展

一条水泥路，通往彭墩的生态农业示范基地。

路，在美丽的林中，蜿蜒曲折地延伸。

林子里，百年以上的大树，棵棵被标上"身份"，悉心呵护。昔日1000亩的荒山、乱泥地，被平整后种上经济林，成为路边一道宜人的风景。

顺着路，向前。

6栋落地玻璃门的建筑典雅别致，这是彭墩村特意为华中农业大学教授修的专家楼。

对面，占地20亩的音乐广场上，亭台阁楼，华灯环绕。晨曦里，暮色中，村里的姑娘嫂子们在这里扭秧歌、唱小曲。

再往前，一库灵秀的清水，眼前豁然开朗。

轻风，在水上皱起万叠微波。芊芊芳草，青青树林与1800亩晶莹水库相依相偎，温柔而恬静。

水在村中，村在林中。走在路上，记者仿佛置身于乡村里的都市，却分明又是在都市中的乡村。

随着小路一起延伸的，还有彭墩村的产业链。

22栋崭新的灰色鸭舍临湖而建。那是投资1100万元、占地3万平方米的种鸭基地。同时，投资1200万元的孵化厂、投资8500万元的肉鸭分割加工厂也正在建设中。

　　2007年3月，引进种鸭；9月，提供鸭苗，每年鸭苗供给量可达2000万只；彭墩周边17个乡镇将拥有标准化养殖小区，实现"统一供苗、统一提供饲料、统一防疫、统一收购"的养殖模式；肉鸭加工厂年加工能力达到2000万只。

　　养这么多鸭，会不会污染这如诗如画的环境？"鸭子不下水，鸭粪收集起来，种植3000亩有机蔬菜。"黄启胜的回答，让我们看到彭墩村和谐发展的美好前景。

农企合作　规模发展

　　12万元的"小别墅"，每户村民出4.5万元，余下的近200万元谁出？

　　建鸭舍、建孵化厂、建分割厂，上亿元的投资哪里来？

　　踏访彭墩的人，不时打听。

　　村里人晓得，大把大把的钱出自一个人，他叫张德华，现任彭墩村村委会主任，老人们总是亲切地唤他"德华"。

　　张德华，何许人也？

　　荆门当地人大多知道他：连锁餐饮店"苏州府"的老板，荆门餐饮业大王。

　　生于彭墩，长于彭墩，张德华对彭墩有着特殊的感情。

　　2003年春天，时任钟祥市石牌镇镇长的鲁昌元邀请他回彭墩投资时，他欣然前往。

　　于是，村民种菜，他也种菜；村民种树，他也种树；村民养鱼，他也养鱼；村民养猪，他也大建猪舍。从2003年至2006年，他不仅亏本1200多万元，还落了一个非法占地的罪名。

　　何去何从？张德华重新定位。他赴韩国、日本、泰国等国家学习考察。

　　正当张德华进退两难之时，高产农田建设的春风刮到石牌镇，于是他跨进市国土资源局的大门，找到王平局长，要求在彭墩村搞迁村腾地试验，并表态在试点期间企业愿意在资金上予以支持，条件是整理后的土地交给农民，然后农民以土地入股，发展规模农业。实行"公司＋基地＋农户"的现代农业模式。

在村委会，张德华扳着指头，给记者算了一笔账，仅养鸭一项，肉鸭45天出栏，如果一个农户一批养5000只肉鸭，一年可养6批，每年可养3万只。除去成本，每只肉鸭可赚1.5元，一年就可增收4.5万元。

张德华说完，又从口袋里掏出彭墩新农村经济建设规划。他说，5年内彭墩9村迁村腾地项目竣工，他的3000亩精优水稻、3000亩精品蔬菜、1000亩养殖基地、年产1500万斤精优蔬菜净化分装厂建成，企业年收益预计在2亿元左右。

作者单位：中国国土资源报社

苏南土地整理示范中心实施的项目并不算大，投资也不算多，但有很大的示范效应。一年多来，他们不仅完成了项目区农民人均增收380多元、新增耕地1600多亩、增产粮食140万斤的"百千万工程"，更重要的是走出了一条土地开发整理的新路子。

示范的力量

——苏南土地整理示范中心探索土地整理新机制纪实

杨应奇

这几天，江苏省溧阳市南渡镇迎来了一批特殊的客人——来自近邻安徽省广德县邱村镇的20多名种田大户。

南渡镇、邱村镇分属江苏、安徽两省，两地相距不到20千米，地形地貌十分相似，但2009年两地庄稼收成相差很大。这20多名种田大户是自费来南渡镇参观由苏南土地整理示范中心负责实施的高岗地旱改水土地整治项目的。2009年以来，从国土资源部、省政府领导到基层村组干部、村民，从省内到省外，先后有1200多人次到此参观学习。苏南土地整理中心项目区先后被列为全省"万顷良田建设工程"试点核心区和常州市现代农业示范区。记者在采访中发现，苏南土地整理示范中心实施的项目并不算大，投入的资金也不算多，但有很大的示范效应和影响力。

为发挥土地整理的示范效应，推进土地整理产业化运作，江苏省国土资源厅和常州市人民政府联合成立了苏南土地整理示范中心（以下简称示范中心）。据示范中心主任介绍，通过一年多来的探索实践，不仅完成了项目区内农民人均增收380多元、新增耕地1600多亩、增产粮食140万斤的"百千万工程"，更重要的是走出了一条土地开发整理的新路子。

示范一：因地制宜，土地开发整理方式多样化

"造千亩优质良田，改万代丘陵荒地。"这是溧阳市南渡镇30多

户村民自发送给示范中心锦旗上的两句话。像这样的锦旗，示范中心的会议室里还有很多。

曾长期担任乡镇党委书记、农业局局长、国土资源局局长的庄六孝，对土地整理有着深刻的体会。他说，土地整理方式不能搞"一刀切"，更不能做表面文章，应从各地的实际出发，做到因地制宜。如对丘陵缓坡采用表土剥离的方式，对河网湿地采用清淤造地的方式，对高岗地采用旱改水的方式。

金坛市指前镇东浦村项目区原为大面积荒芜坑塘，河道淤积严重，杂草丛生，无排灌蓄水能力，既不能种植粮食，又无法进行水产养殖，老百姓多年来想改造利用，却苦于没有好办法。示范中心经过调查论证后，把该村作为吸淤造地的示范项目。通过疏浚清淤、河中取泥、塘中吸泥、挖渠修路，增加了367亩耕地，同时也改善了农民的生产生活环境。溧阳市南渡镇全部为高岗薄地，示范中心采用综合整治的方法，新建了3个小型抽水泵站，将旱地改造成高标准灌溉水田，有效耕地面积增加了一倍，粮食产量翻了一番。金坛市金城镇联丰村地势低洼，沟塘纵横，示范中心通过改土培肥的办法，改良土壤，培肥地力，共疏浚改造生产生活河塘3个，填平废弃河塘12个，迁移坟墓300多座，拆除闲置废弃设施30多处，搬迁散居农户8户，建成千亩高标准良田。

示范中心在规划编制和实施过程中，做到与建设高产基本农田相结合，与增加有效耕地相结合，与河道疏浚、清淤造地相结合，与促进集体农用地的流转相结合，与村庄整治、小城镇建设相结合。

示范二：整村推进，土地开发整理区域一体化

溧阳市南渡镇西管村、丁村是两个相邻的行政村，共有14个村民小组，两村大多是丘陵缓坡。历史上两村也曾搞过土地整理，但大多是村民小组或老百姓单干，各搞各的，你挖一块，我圈一块。由于缺少资金和统一的规划，村组之间矛盾大，难协调。2008年下半年，示范中心编制了统一的土地开发整理规划，实行整村推进，两村联动，做到统一规划、统一实施。两个村共建了一个水库，减少了不必

要的投入。目前，两个村的农田全部达到了标准化，全部实现了机械化耕作。

记者在采访时发现，昔日这里的高岗地已变成了漂亮的梯田，新建的电灌站及沟、渠、路已配套到位，实现了农业自流灌溉、粮食收播全程机械化作业。用南渡镇镇长吴旺志的话说，土地整理让农民第一次感到种田的轻松，结束了靠天吃饭的历史，也让"部落村"变成了新农村。

说这里曾是"部落村"，中标承接这片土地开发整理项目的上海浦韩公司经理张伟明最有体会。2008年11月，他第一次来到这里，看到的是山冈起伏，田块琐碎，土路交错，杂草丛生，众多自然村散布其中，张伟明返回时竟迷了路。

谈到喜人变化，村民们不无感慨，你一言，我一语。"这是苏南土地整理示范中心为我们做的大好事！""过去我们种田太难了，我家7口人分到8亩田，却分散成13块，小的才1分大，最大的也不足两亩，不要说机器不好使，连水牛也不肯下田。""过去村里的年轻人嫌种田成本高、效益低，纷纷外出另谋生机。"

而庄六孝的思考更加理性、深远。他说，土地整治是在更大空间、更广范围、更大深度上开展的土地整理。要通过"全域规划、全域设计、全域整治"的理念，整合区域内的土地整理项目，做到区域统筹、整村推进，实现效益最大化。

示范三：综合实施，土地开发整理效益最大化

江苏省万顷良田建设工程试点启动仪式不久前在金坛市指前镇举行。选择在指前镇启动万顷良田建设工程，有着深刻的历史渊源。早在1914年，金坛指前标米参加巴拿马国际博览会获金奖；1952年12月25日，毛泽东主席亲笔嘉奖，表扬了指前庄阳农业生产合作社取得水稻增产六成的好成绩；1960年4月12日，中共中央批转江苏指前标人民公社以《要十分珍惜土地》为题的材料，介绍了指前的惜地经验；1984年6月12日，时任共青团中央书记处书记的胡锦涛在芦家村检查"读书立志"活动时，勉励农村团员青年"读好书、种

好田"。现在，这里也是示范中心项目示范点之一，整理出的土地全部承包给江南春米业公司栽种指前标米。

金坛市金城镇联丰村有一条由村民命名的"国土路"。村长王小凤指着国土路两侧平整的农田告诉记者，这1200亩地刚刚被安徽客商承包了，已交了30万元定金，准备用来发展现代农业。过去这里路不通，田不平，水不进，承包费每亩100元都没有人愿意种，现在每亩500元还抢着种。在南渡镇项目区，一些村民告诉记者："最近有不少种田大户来联系承包土地，但这么平整的土地，我们还有点舍不得，准备自己留着种。"

示范中心注重发挥土地整治的整体效益，目前整理的土地95%已成为高效农业示范区。示范中心按照高标准农田标准整理土地，做到沟、渠、路、桥、涵闸和排灌泵站配套完善，能灌、能排、能降；田成方，路相通，地平整，水系畅，林成行。促进了农用土地的流转，推进了农业规模化和农业产业化的发展，为农业增效、农民增收提供了有利条件。

庄六孝说，土地整理要做到社会效益、经济效益、生态效益相统一。整理出的土地能不能增收、增效，老百姓最有发言权，老百姓说好才是真的好。据了解，示范中心对整理完成的项目，首先让村组干部和村民验收，他们说好后，才请有关部门来检查验收。

近日，常州市在一份调查报告中对示范中心的新机制作出了高度评价：在本地区开创了土地整理项目表土剥离和清淤造地的先河，不仅增加了耕地数量，更重要的是提高了耕地质量。大规模开展土地整治，建设连片高标准农田，推进了农业产业化、现代化和生产全程机械化，促进了集体农用地的流转和规模经营。加快了农村城镇化进程，促进了农村土地资源优化配置。实现了城乡产业互动，推进了城乡统筹发展；壮大了农村集体经济，提高了农民收入。

作者单位：中国国土资源报社

39家上市公司中的19家企业总部用地问题得到解决，其余20家企业发展用地已提出方案，拟报市政府审定；新一佳超市等8家连锁商业企业总部用地问题解决方案完成，绝大多数企业需求得到满足……深圳勇敢探路土地二次开发，为其他土地资源紧缺城市拓开了思路。

探路者在行动
——广东省深圳市土地二次开发的经验

张 超

在深圳经济特区建立和发展的30年中，广东省深圳市的经济得到了快速发展，但早期粗放式的发展模式带来了很多城市问题。其中，可开发建设面积严重不足，成为制约深圳发展的瓶颈。

针对这一问题，深圳市制定了一系列相关政策，组织实施了土地资源结构调整以及存量土地二次开发项目，成功破解了土地资源紧缺的难题，并在2010年首次实现存量土地再开发面积超过拟新出让土地面积。敢于"第一个吃螃蟹"的深圳人，在土地二次开发中再次勇敢探路，为其他土地资源紧缺城市拓开了思路。

科学编制二次开发专项规划

在摸清存量土地家底的基础上，根据深圳市土地利用总体规划、城市总体规划和产业布局规划的指导，科学编制存量土地二次开发利用专项规划，对可挖潜的存量土地，结合用地需求、开发潜力、利用条件等进行分析，明确存量土地再开发的主要目标、重点区域和重点项目布局，并制定相应的开发再利用对策。根据相关规划的指导作用，编制存量土地开发利用的年度计划，明确年度内存量土地资源二次开发项目，确保存量土地合理、有序、滚动的再开发和利用。此外，统筹城市总体规划以及产业布局规划等相关规划，更好地指导存量土地开发利用。

为确保二次开发规范有序，深圳市出台了《修改〈深圳市工业及其他产业用地使用权出让若干规定〉的决定》、《深圳市工业楼宇转让暂行办法》、《关于加快推进我市旧工业区升级改造的工作方案》等一系列政策，为城市土地二次开发提供了政策保证和法律依据。

2010年5月22日，深圳市政府常务会原则通过了《深圳市地下空间开发利用暂行办法》，同年9月1日起施行。该办法的实施，使深圳土地空间开发利用由平面化走向立体化，土地利用更高效了。

建立存量地置换储备机制

深圳市积极推进存量土地的整理工作，建立完善的土地置换机制，通过城中村（旧村）改造、工业企业更新升级、耕地和建设用地指标折抵等途径，提高存量土地的置换效率，尽可能地化零为整，将零散的存量土地通过置换等方法归并到一起，便于整体规划和利用。

此外，通过采取征收、收购、委托收购、协议收购等多种手段，将闲置未利用土地、企业改制用地等存量土地优先纳入土地储备，进而纳入土地市场。优化存量土地储备机制的运行模式，设立存量土地储备管理的专项资金，盘活存量土地资产。

《深圳市土地利用总体规划（2006－2020年）（草案）》中还创新性地提出了"土地资本化"，将设立土地银行、土地融资公司等专业土地金融机构，以创新土地金融产品，保障土地回收、储备、城市基础设施建设、城市更新资金，增强土地资产资本的流动性。

为企业发展提供建设用地

坚持产业第一和城市可持续发展相结合的战略策略，帮助企业解决土地问题，推动产业发展，是深圳市政府工作的主要着力点。

笔者采访时了解到，深圳市通过土地二次开发，39家上市公司中的19家企业总部用地问题得到解决；其余20家企业发展用地已提出方案，拟报市政府审定；新一佳超市等8家连锁商业企业总部用地问题解决方案完成，绝大多数企业需求得到满足；高新区填海六区和地处龙岗坂田的雅宝高新技术产业园将采取政府投资建设、社会投资建设两种方式，规划建设两个软件产业园区；深圳九大产业集聚园区的生活配套设施建设、总部功能区建设、项目用地出让等7项制约基地建设共性问题，以及征地拆迁等十余项问题得以解决，并且理顺了基地开发体制、明确了基地生活配套设施和总部建设的开发模式。

笔者拿到一份深圳市财政委员会向市人大常委会所作的2010年土地出让收支计划报告，报告中写道：2010年深圳市拟新出让各类用地370公顷，城市更新项目出让用地416公顷。这意味着深圳市的土地利用，存量土地的二次开发首次超过增量土地的扩张。这个拐点的出现，为深圳市破解土地资源紧缺指明了一条出路。

有效化解公共项目落地难题

城市土地二次开发，城市资源将重新配置，也意味着相关各方的利益再分配。为了有效化解城市整体利益与局部利益、个体利益的矛盾，深圳市提出城市更新单元的概念。

城市更新单元，就是将片区作为单元进行整体规划，从而避免公共项目的落地就遭遇来自原业主的阻力。深圳市城市更新办提供的数字显示，2010年上半年已经落实的城市更新项目，已经规划出了45所幼儿园，包括3所九年一贯制学校在内的12所学校、43处社康中心以及10个公交首末站。以龙联爱联石火片区为例，规划中的1所36班九年一贯制学校以及2所12班幼儿园，满足了原居民的现实需要。

优化产业结构和生态环境

深圳市在全面摸清现有工业厂房现状的基础上，改造升级了一批旧工业厂房。此外，市区两级政府收购一批旧厂房，建设一批高档次产业聚集园区，统筹规划一批产业用地，进一步提高了工业用地的效益，实现了深圳市产业结构调整优化升级。

从2005年开始的"城中村"综合整治，塑造了诸多明星社区。

尤其是文博会每年不断增长的分会场，大多都是旧村脱胎换骨后的结果。宝安区的 F518 创意产业园，2006 年前只是远近闻名的"脏、乱、差"区域；三联水晶玉石文化村，2005 年开始整治前是布吉最穷的村。政府引导下的城市更新，改变的不仅是这些社区的居住环境，更重要的是注入了新的经济业态，完成了文化产业基地的铺垫。

土地资源紧缺不仅是深圳市的问题，广东省建设用地每年缺口 11 万亩，土地资源紧缺已经成为制约广东省经济发展的瓶颈。深圳市先行先试的经验，无疑为其他土地资源紧缺的城市开拓了思路。

作者单位：国土资源部土地整理中心

面对经济发展与土地资源制约日益突出的矛盾，先行先试的广东人把发展目光投向"三旧"上，通过"三旧"改造破解用地难题，推进经济转型发展，走活了城乡统筹发展这盘棋。

转型发展的"发动机"
——来自广东省"三旧"改造的报告

贾文涛　陈　扬　徐洪喜

抓住机遇，将发展目光锁定在存量建设用地再开发上

广东省作为改革开放的先行地，经历了30年的高速发展，在经济社会快速发展的同时，也消耗了大量土地资源，经济发展与土地资源制约的矛盾日益突出。广东省建设用地面积达1.79万平方千米，占土地总面积的10%。其中，广州市土地开发强度为23%，佛山市为33%，深圳市已经超过40%。

有关数字表明，广州市2003年就已突破土地利用总体规划确定的到2010年的建设用地规模，按照目前年均新增41平方千米用地的发展速度计算，规划到2020年的建设用地指标3年内就将用完；深圳市现有建成区面积达900多平方千米，已经突破国务院确定的890平方千米的发展规划，未来深圳基本生态控制线外新增建设用地潜力不足150平方千米，而各类建设用地需求高达300平方千米，供需矛盾突出。

建设用地巨大需求与有限供给、产业经济现状与转型发展需求等矛盾成为制约广东省新一轮发展的瓶颈，单靠新增建设用地已无法满足经济社会发展需求。为此，广东省抓住与国土资源部合作共建节约集约用地示范省的有利机遇，将发展的目光锁定在对存量建设用地再开发上，将"三旧"改造作为推动集约内涵式发展的重要措施，利用三年期限内先行先试的政策契机，通过"三旧"改造破解用地难题，推进经济转型发展。

据了解，广东全省旧城镇、旧村居、旧厂房等"三旧"用地面积超过175万亩，相当于国家每年下达广东省新增建设用地计划数的7倍，土地潜能巨大。这也是广东省花大力气开展"三旧"改造的根本动机。

编制改造总体规划和年度实施计划，因地制宜多元化改造

开展"三旧"改造，是广东省转变发展方式、推动城市发展和经济转型升级的重大创新，并在具体实践中创造了一些好的经验。

实施规划科学，推进目标明确。广州、深圳、佛山等市均把规划作为开展"三旧"改造工作的先导，围绕城市功能再造、城乡空间布局优化、产业转型升级、拉动经济增长等战略，编制"三旧"改造总体规划和年度实施计划。深圳市依据城市总体规划、土地利用总体规划和近期建设规划，出台《深圳市城市更新办法》，提出以"三旧"改造为重点，注重城市品质和内涵提升的"城市更新"理念，明确全市城市更新的重点区域及更新方向、目标、时序和规模，编制了城市更新单元规划和年度实施计划；佛山市编制了市、区两级"三旧"改造专项规划，明确了25.3万亩的改造总规模，确定了"532"具体实施计划，即2010年实施5万亩、2011年实施3万亩、2012年实施2万亩；广州市编制了"三旧"改造专项规划纲要，确定5年内的改造规模、调整方向和时序安排，并专门编制旧厂改造专项规划，明确处置"退二"企业和集体旧厂土地处置工作。科学的规划和计划，不但使"三旧"改造工作有计划、有步骤、有重点地稳步推进，而且增强了政府宏观调控能力，充分发挥了政府对改造工作的主导作用。

创新改造模式，实事求是推进。广东省在"三旧"改造中充分坚持因地制宜原则，针对不同区域确定不同改造模式，宜拆则拆，宜改则改，宜留则留。深圳市采取以综合整治为主，辅以功能改变和拆除重建的办法，结合改造地原有产业特色，实行"绿色改造"，将城中村、旧厂房整治改造为文化产业、珠宝产业等综合基地，促进产业发展，形成规模效应；佛山市采取以宜居为主的旧城镇改造、以城中村改造为主的村居改造、以发展三产为主的工矿企业改造、以休闲和公用配套为主的生态环境改造、以复耕复绿和提升农业效益为主的都市农业和现代农业开发、以提升文化产业为主的主题文化公园建设六种改造模式,推动形成了若干相对集聚的功能区;广州市采取成片重建、零散改造和历史文化保护性整治等方式开展旧城改造,采取全面改造和综合整治双结合的办法改造城中村,实现了经济效益和人文效益共赢。这种因地制宜的多元化改造方式,不仅更具科学性和可行性,而且彰显了城市特色,促进了产业加快形成集聚、集群的规模效应。

注重以人为本,突出维护群众权益。广东省在"三旧"改造中突出"多方共赢、民赢为先"的理念,充分发挥被改造主体的知情权和自主权,最大化保障被改造地居民的合法权益,不但使城乡居民成为最大获益者,而且使他们成为"三旧"改造的推动者。深圳市制定《深圳市城市更新项目保障性住房配建比例暂行规定》,要求改造后包含住宅的拆除重建类城市更新项目,必须按 5%~8% 的比例配建保障性住房;广州市在拆迁改造过程中实行"两轮征询"制度,第一轮征询改造区域居民意愿,获 90% 以上居民同意后启动改造工作,第二轮征询改造区域居民对补偿安置方案意见,2/3 以上居民签订房屋拆迁协议后实施拆迁,避免了拆迁改造矛盾的产生。同时,广东省还注重"让利于民",对土地出让纯收益按最高不超过 60% 的比例返还村集体。广州市在城中村改造过程中还实行成本先行拨付,土地出让纯收益政府与村四六分成,政府收益部分市与区按 8∶2 分配等运作模式,既保证了投资人与产权人的利益关系,又让改造惠及市民,调动了人们参与改造的积极性。

明确政策措施,强化规范管理。为深入推进"三旧"改造工作,广东省出台了《关于推进三旧改造促进集约用地的若干意见》(粤府〔2009〕78 号,下简称 78 号文),进一步明确了"三旧"改造的范围:对市区"退二进三"产业用地、城乡规划确定不再作为工业用途的厂房(厂区)用地、国家产业政策规定的禁止、淘汰类产业的原厂房用地、不符合安全生产和环保要求的厂房用地、布局散乱且规划确定改造的城镇和村庄、列入"万村土地整治"示范工程的村庄等纳入"三旧"改造范围。同时,明确三种改造方式:对原先属于国有土地的,如果权属改变,进行协议出让或招拍挂;原先属于集体土地的,征收后进行招拍挂,土地性质变为国有;原先属于集体土地的,也可以出租、作价入股等方式进行流转,改变使用权人,但不改变集体土地性质。深圳、佛山、广州等地在78号文的基础上,结合各自实际,出台了具体操作办法。广州市出台了《关于加快推进"三旧"改造工作的意见》,在改造成本控制、改造流程、专项资金扶持、拆迁补偿等方面作了详细规定。全方位、立体式的制度和管理措施体系,既有效解决了历史遗留问题,又保证了权利相对人的利益,使政府的工作处于主动地位。

组织领导有力,工作合力增强。广州、佛山、深圳三市各级政府均成立了"三旧"改造领导小组,并由政府领导任责任人,设立了专门办公机构。深圳市成立了市查违和城市更新工作领导小组,设立了处级建制的城市更新办公室,融合了规划、建设、房管等多项职能,专项负责"三旧"改造工作;佛山市南海、顺德、高明、三水四区将"三旧"改造办公室作为常设办事机构,明确固定人员和固定办公场所;广州市从规划、建设、房管、水利等部门抽调人员40多名,设立了正局级建制的"三旧"改造办公室,由分管副市长兼任"三旧"改造办公室主任,统筹协调"三旧"改造工作。这种政府主导、机构专设、专项负责的工作模式有效避免了部门联系脱节、上下沟通不畅等问题,使"三旧"改造工作上下同抓、部门联动、层层推进,形成了强大合力,为改造工作的顺利推进奠定了基础。

缓解土地供需矛盾,推进经济发展方式转型升级

从深圳、佛山、广州开展"三旧"工作的实践看,"三旧"改造在破解用地难题、促进产业结构调整、推动城镇化建设、持续有效改善民生等方面都取得明显成效。

加快了产业结构调整和经济发展方式转型升级。通过"三旧"改造,促进了现代产业体系的构建和现有产业的升级改造,进一步提高了经济运行的质量。深圳市将南山区南油第二工业区、罗湖区水贝工业区、宝安区西乡宝源工业区、龙岗区大芬油画村、三联玉石村5个区域分别改造成为文化、板画、玉石加工基地,总产值由改造前的4亿元上升至79亿元,增长了近20倍;佛山市将顺德区天富来工业城整合改造为电器产业基地,产值由原来的10亿元增加到150亿元;广州市一批"二转三"项目改造后,年产值上升至21.4亿元,为改造前的9倍。

较大程度缓解了土地供需矛盾。开展"三旧"改造,促进了低效用地的二次开发,不断提高土地利用效率,实现了向存量土地资源要增量、向土地利用效率要空间的目的。佛山市至2009年底实施改造项目730个,改造前平均容积率约0.8,平均建筑密度约60%,改造后平均容积率提高到约2.0,平均建筑密度降低到约35%。该市建设用地产出GDP从2007年的2.84亿元/平方千米提高到2009年的3.76亿元/平方千米,增长了32.3%。2009年每亿元GDP耗地同比2007年减少8.6公顷,下降了24.4%;广州市在未来10年内,通过"三旧"改造将腾出建设用地面积达353平方千米,相当于其未来10年新增建设用地的2.4倍。

有力推进了城镇化进程。通过对老城区、城中村进行集中的整治改造,进一步完善城市基础设施建设,增加城市绿地、改善市民的生活居住环境,有效解决环境脏乱差、基础设施不配套、建筑安全隐患多等一系列问题。佛山市"三旧"改造完成后,将新增公共绿地面积837万平方米,新增基础设施用地面积4200万平方米,将极大改善城乡面貌,提高城市综合竞争力。同时,"三旧"改造促进了城乡公共服务均等化,有效解决了长期以来公共配套设施不全、城乡公共服务不均等的问题。深圳市结合城市更新,规划落实幼儿园和中小学47座,社区健康服务中心35处,公交首末站8个,并同步完善城市道路等基础设施,推动了城乡一体化建设。

切实增强了群众的幸福感。通过开展"三旧"改造,不但村集体可以腾出土地来发展集体经济,增加居民的分红收入,而且带来的产业结构调整,使得原有的土地与物业价值上升,增加了居民的工资性收入和物业收入，保障了居民的土地权益。佛山市家居博览城改造项目可使村集体每年获得土地租金4000万元，增幅达5倍，增加就业岗位约2万个；深圳市龙岗区三联玉石文化村综合整治项目，使该社区的出租屋价格从250元/月增长到600元/月，居民年终分红由改造前的5800元增长到1万元/年，居民直接收入大幅增加，对"三旧"改造的支持率和满意度明显提高，幸福感得到显著增强。

作者单位：国土资源部土地整理中心

土地整治与城乡统筹

在确认和保护农民产权的基础上，通过经济杠杆引导农民进行宅基地使用权置换和承包经营权的置换，嘉兴市切实保护农民的土地财产权益，换走了城乡"二元分割"，换来了农民安居乐业。

"两分两换"破解"二元分割"
——浙江省嘉兴市创新土地整治模式调查

陈红宇

"将宅基地与承包地分开，搬迁与土地流转分开，在遵循依法、自愿、有偿的原则下，以宅基地置换城镇房产，以土地承包经营权置换社会保障。"

2008年4月，浙江省嘉兴市按照"先行先试、率先突破"的要求，探索以"两分两换"为核心的土地整治新模式，开启统筹城乡发展新篇章。

依法、自愿、有偿，"两分两换"开辟城乡统筹新路径

嘉兴市"两分两换"试验旨在通过将宅基地与承包地分开，搬迁与土地流转分开，在遵循依法、自愿、有偿的原则下，以宅基地置换城镇房产，以土地承包经营权置换社会保障的做法，实现"土地节约集约有增量，农民安居乐业有保障"的目标。

在市级层面，嘉兴市成立了统筹城乡综合配套改革试点领导小组，并由市委、市政府主要领导任组长，负责总揽改革试点工作，建立高效完备的工作体系。同时，各县（市、区）、镇（街道）也成立了相应的改革领导小组及其办公室，确保试点工作顺利实施、稳步推进。在此基础上，加大政策宣传力度，让群众知晓政策内容，让社会各界支持这项工作，努力在全市范围内营造"思创新、谋改革"的浓厚氛围，鼓励创新思维，大胆改革试验，保护和调动各方面的积极性。

嘉兴市委、市政府专门组织相关人员，到天津、上海和江阴等地调研考察，总结改革先行区的经验教训。与此同时，各县（市、区）、镇（街道）深入农村农户，通过问卷调查和深入访谈等形式，广泛征求相关群众意见，测算相关数据。在此基础上，市政府决定选择辖区各2个试点、辖县（市）各1个试点的思路，依据产业基础好、基础设施完善、规模适中、领导有力4个条件，确定了9个试点乡镇，分别是南湖区七星镇和余新镇、秀洲区新胜镇和王江径镇、海宁市许村镇、桐乡市龙翔街道、平湖市当湖街道、嘉善县姚庄镇、海盐县百步镇等。

"两分两换"试验关系农民的根本利益，涉及户籍管理、农业、财政、城乡建设、土地管理、就业与社会保障等多个部门的职责，是一项十分复杂的系统性改革。为此，市委、市政府先后制定了近10个文件，加大资金筹措、融资担保、规费减免、贷款贴息、土地承包经营权流转、社会保障和就业创业等扶持力度。此外，先行修改和完善相关规划，按照"1+X"布局要求，做好镇总体规划和土地利用规划的衔接，这为推进"两分两换"工作提供了规划支撑。各镇均注册成立了投资开发有限公司，作为"两分两换"工作的投融资主体，负责农村型社区的建设开发、融资、土地复垦整理工作。

细化标准，确保"两分两换"让农民受益

所谓"两分"，指的是"宅基地和承包地分开、征地和拆迁分开"，农民的宅基地和承包地可以分别处置，自主选择保留或者置换。所谓"两换"，指的是"以土地承包经营权置换社会保障"和"以宅基地置换城镇住房"。

"两分两换"最核心的内容是宅基地置换，引导农民按照城镇规划和村庄规划，通过多种形式搬迁建房，逐步向城市和新市镇集聚，实现集中居住。具体做法：一是农户将原有宅基地作价领取货币补贴后到城镇购置商品房；二是农户搬迁到安置区置换搬迁安置（公寓）房，部分或全部到产业功能区置换标准产业用房；三是自愿退出宅基地的农户，可在村域、镇域内置换，也可以跨镇、进城置换。在具体

实践中，各试点乡镇（街道）可结合自身实际，选择不同的方式。

嘉兴市在确认和保护农民产权的基础上，通过经济杠杆引导农民进行宅基地使用权置换和承包经营权的置换，切实保护农民的土地财产权益。据测算，如果按照公寓式安置，嘉兴全市农户搬迁集聚后每户平均固定资产将由 15 万元左右增加到 60 万元左右；按照联排或单体安置，农户资产甚至有望增加到百万元以上。同时，以公寓房安置的房产具有土地证、房产证，可以进入房产市场，使农民财产得到了保值升值。一些试点地方结合工业功能区和市镇商贸区建设，为农户安排了相应的产业和商业用房，搬迁农户通过入股等形式参与获得租金红利，从而获得长期稳定和多元化的收入。

农户的承包地则可继续耕种，也可委托镇、村等社会化农业服务组织代耕代种，或换养老金、租金和股金等"三金"。试点地区农民在土地承包经营权流转以后参保得到了政府的补助。通常的做法是：按政策认定的人口，16 周岁以上补助 12000 元、16 周岁以下补助 4000 元的标准进行"参保"补助；60 周岁以上农民一次性办理城镇居民社会养老保险手续，次月起享受城乡居民社会养老保险中的城镇居民养老保险待遇；16 周岁以上、60 周岁以下的农民直接按城镇居民缴费基数办理年度缴纳手续。另外，土地全部流转的农民，每人每月还可享受 200 元生活补助，且有递增机制。对满 61 周岁的农民，逐步提高养老保险待遇。如果流转期限超过 10 年，农户将按照城乡居民社会养老保险中城镇居民的缴费标准和待遇参保。此外，流转土地农民享受城镇职工就业政策、失业保险和免费的就业培训。

节约集约用地，"两分两换"换来发展新空间

"两分两换"保证了耕地和基本农田面积不减少，而且通过承包地的流转和宅基地的整理复垦，可以有效地提高土地的集中连片程度，促进土地规模经营，增加粮食生产能力。

在"两分两换"试点的带动下，嘉兴市农村土地承包经营权流转也明显加快。2008 年以来整个南湖区新增土地流转面积 2.25 万亩，规模产业基地和示范园区不断增加，土地流转中规模 100 亩以上

的经营面积达到1.74万亩。嘉兴市政府下发的《关于进一步优化土地使用制度，推进"两分两换"工作的通知》显示，计划到2012年，嘉兴市全市农村土地流转率要达到50%以上。应该说，嘉兴市的"两分两换"政策为其现代农业发展注入了强大的动力。

能够置换出较多的农村集体建设用地，为当地的社会经济发展提供土地资源的保证，有效地解决了农村集体建设用地低效利用的问题，提高了土地利用集约程度。据调查显示，农户户均宅基地占地1亩左右，宅基地置换城镇房产后，1个试点乡镇的土地节约率在50%以上，公寓房每户实际占地不超过0.3亩，自建房不超过0.5亩。截至2009年9月，嘉兴市有60多万户农民住在农村，如果全部完成置换，可以节约30多万亩土地，再加上将被废弃的村级道路占用的土地面积，为区域经济的长远发展和农业产业化经营，提供了宝贵的空间。

嘉兴市把"两分两换"改革试点与加快新市镇和工业功能区建设，发展规模集约的现代农业，推进新一轮"百千工程"、农村新社区建设，加强对农民的就业指导和社会保障等工作紧密结合起来，把现代新农村建设的重点逐步引导到农民市民化、社区城镇化、城乡产业融合互动、城乡经济社会转型升级上来，使试点工作成为新农村建设的一个新的有效载体，有力地拓展提升了现代新农村建设的内涵和层次。

作者单位：国土资源部土地整理中心

以土地整治提高耕地质量,推动土地流转,以土地流转增加耕种效益,促进农民增收,开启了"松西子"社区"农民变市民、村庄变社区"的转型之路

"松西子"的"两型"嬗变
——湖南省株洲市土地综合整治示范项目建设小记
贺燕军

"松西子"这个美丽的名字,诞生于2009年5月13日,当时湖南省株洲县渌口镇松岗、西塘、子规三个村被列为省级农村土地综合整治项目,株洲市政府将此作为新农村建设示范项目,市委副书记、市长王群到现场调研时提出,将三村合并为"松西子社区"。

2008年以来,株洲市打破以增加耕地面积、保障耕地占补平衡、为发展提供用地保障为主要目的的土地整治传统思维,一批以保护耕地、建设高标准基本农田、改善农业生产条件和农村生态环境、推进社会主义新农村建设、实现城乡统筹为主要目的的综合整治项目全面实施。云田、渌口、思聪、霞阳等12个省、市级投资土地综合整治项目纷纷启动,总规模3000公顷,投入土地整理专项资金1.15亿元。

"老百姓的幸福感就是我们的成就感。争取用2~3年时间,按照'村庄美、村民富、村风好'的总体目标,将土地整理与新农村建设相结合,通过以点带面、整体推进,在全市打造一批可学、可看、可比的新农村样板。"王群说。

突出"两型"主题,统一规划,集中布局

松西子位于株洲县东南部,离株洲市中心17.5千米,距县城仅2.5千米,有村民5014人,土地总面积近11平方千米。由于地处长株潭"两型"(资源节约型和环境友好型)社会实验区,按照《长株

潭城市群区域规划》的整体布局，其担当湘江生态经济带南端起点，培植城市功能、导入城市型产业的职能凸显。加强生态建设，纵深推进城郊休闲旅游业发展，成为这里建设"两型社会"的重点。

正因为松西子特殊的地理位置和经济职能，该区域的土地综合整治在城乡统筹发展和建设新农村的大背景下，把建设生态村、发展循环农业、治理农业污染，土地资源的节约利用及农村节能减排等有机结合；把加大对农村道路建设、环境美化建设的投资力度和全市整体发展同步实施，避免了不必要的重复建设。

株洲市始终坚持将涉农项目统筹考虑，统一规划，集中布局。对水、电、气、路、通信和绿化基础设施统一规划。将土地整理与推进土地流转、发展现代农业有机结合，打造千亩优质稻、千亩酸枣林、千亩油茶林、千亩蔬菜、千亩瓜果、千亩水域养殖基地6个千亩级农业生产基地，保障了整治成果能切实帮助农民安居乐业。

从整治村容村貌入手，加强农田水利、公共设施建设，在社区内打造一批环境整洁、景观生态、村风文明的旅游文化村落，发展现代农业、观光农业、休闲农业。将乡村道路拓宽改造为7米宽，以环状加网状的布局，构成"一环、一横、一纵"的村庄路网系统，由东至西贯通城市出入主要通道，自北向南连接两个生态休闲景区。

实施整村推进，发挥土地整治最大效应

过去的土地整理，只能在一定程度上改善农田基础设施和农村生产生活条件。松西子土地综合整治示范项目按照"六化"要求，整村实施，形成强力推进的良好氛围。一是基础设施一体化，实现城乡设施共享；二是社会管理社区化，打破城乡之间的不平等；三是公共服务均等化，将城市有关服务逐步引入农村；四是社会保障同城化，努力构建农村社会保障网络体系；五是产业发展集聚化，避免村村点火，户户冒烟，用工业的理念指导农业，发展现代规模农业；六是土地利用集约化，做好土地整理工作，实现土地充分利用。各级各相关部门各司其职，各负其责，整合人力、财力、物力，整合社会各种资源，形成建设社会主义新农村的强大合力。目前，已投入土地综合整治专项资金 2200 万元、水利及修路资金 170 万元，规划、发改等单位投入资金 130 万元。

株洲市把综合整治土地与农业产业结构调整相结合，根据土地适应性和农业生产需要，统一规划，合理布局，集中投入，提高农业产业化水平和土地规模经营效益，促进土地集约利用。松西子原有 10 家酸枣食品加工企业和 2 家小规模农家乐，分布零散，难以形成规模。该区在综合整治过程中，结合生态休闲旅游体验项目，将零散的酸枣加工工厂集中建成占地 34 公顷，集种植加工于一体的农产品加工园，提高整体竞争力。到 2012 年，农产品加工园年产值可达到 7000 万元以上，社区年生产总值达 2 亿元。

节约集约用地，缓解建设用地难题

随着株洲市"两型"社会建设的快速推进，社会对土地的需求也不断上升，经济发展和土地资源紧缺之间的矛盾日益突出。实施农村土地综合整治，盘活农村建设用地，有效地缓解了城市建设用地压力。

松西子社区项目建设规模 792.6 公顷，其中土地整理建设规模 393.28 公顷。过去，社区除县鱼苗场及县一中外，大都为村庄的居民点，零星分布着一些村镇工业用地，各项基础设施较为落后。通过优化土地利用结构，节约集约用地，整个社区新增耕地面积达 68.81 公顷。在"双挂钩"项目拆旧区，在尊重和保存现有的自然生态格局的基础上，根据社区现状居民点分布的特点，设置了 10 个相对集中的居民点，通过对一些零散的居民点进行土地功能置换，可新增耕地 15.68 公顷，产生建设用地周转指标 4.32 公顷。

土地管理改革，促招商引资，增加农民收益

以村庄土地整理为基础，株洲市在示范区开展农村产权制度改革。建立农村土地流转机制，对农村集体用地使用权或社区居民土地承包经营权按照"依法、自愿、有偿"的原则，通过转让、转包、互换、抵押、股份合作等形式，实现土地有序、集中、规模流转。流

转土地用于重要农业生产基地建设项目规模经营，增加农民收益。

土地平整注重突出特色与全面协调兼顾，规划有序的6个千亩级农业生产基地吸引了众多商家投资农业。目前示范区已与淦田宏图种养发展有限公司等多家有意投资农业的企业签订了合作意向。采用先进技术生产优质特色蔬菜、奇异瓜果的现代农业示范园，每亩产值可达1.3万元，总产值可达2210万元。

百花映日满眼春，从松西子赶回来，笔者感到的是浓浓春意，再过数月，这里定是秋繁夏荣。原来的高岗洼地将变成平整的良田；蜿蜒的土沟将变成笔直的水渠；田间土埂将变成笔直的水泥机耕路；昔日荒山坡地，将变成错落有致的庭院、茶园。8千米环路串联着渌江生态农业观光带、生态高效农业观光区、生态休闲旅游观光带，恰似松西子身披的绿色绫罗。松西子将完成她美丽的嬗变，成为湖南省第一座体验型农业公园。

"新农村建设要敢干敢试，以点带面，循序渐进。到2012年，株洲市将完成100个行政村土地综合整治示范工程，整治面积在60万亩以上。"谈到将来的打算，株洲市国土资源局局长顾峰满怀信心。我们同样有理由坚信，株洲这片热土，将在实施土地综合整治，建设"两型"社会的大好机遇中强势崛起，展翅腾飞。

作者单位：湖南省株洲市国土资源局

由单一的传统土地整理向综合整治转变，由国土资源部门一家投入向政府牵头、多部门及社会资金共同投入转变，由增加耕地、改善耕地质量的单一目标向城乡统筹发展的多目标转变，变"分散输血"为"合力造血"的土地综合整治"湖南路径"逐步成型。

"造血"催生新家园

——湖南省农村土地综合整治纪略

吴强华　王本礼　刘旭峰　卫学众

你不整地，地就"整"你——"一身汗，一脚泥，一肚气"，是项目实施前农民种地的真实写照。

望城、宁乡、株洲、邵东、武冈……一路走来，记者发现，农民与土地的纠葛，正因湖南省农村土地综合整治工作的全面推进，而悄然变化。

"项目实施前，不下雨，怕旱；一下雨，又怕淹。经常为抽水、放水争吵。现在矛盾少了，心情好了。"武冈市辕门口办事处落子铺村党支部书记李秀英说。

亟待升级的土地整理

湖南省是鱼米之乡、农业大省。2000年以来，全省土地开发整理实施规模达400多万亩，尽管投入很大，一些地方政府显得并不十分积极，很多老百姓也不是特别满意。

"投入那么多钱，政府、老百姓还是不叫好，原因在哪？"带着这个问题，湖南省国土资源厅组织工作组深入基层调研，在一次调研中，省土地开发整理储备中心主任曹湘潭问当地县长对项目的看法，这位县长直言，"资金是投入了不少，但项目分散，项目的后续效益不佳，项目建设过程中没有发挥当地政府和群众的积极性，难以实现预期目标"。

经过多次考察、调研，工作组找到了答案：单纯的土地整理，只是改善了农民的耕种条件，并没有从根本上改变农村的生产、生活方式，项目区无法成为新的县域经济增长点，农民还是守着那点土地。

土地整理亟待"升级"！

2009年，省国土资源厅党组提出，土地开发整理向农村土地综合整治全面转型。经反复调研论证，湖南省委、省政府联合下发《关于推进农村土地综合整治的意见》，从2009年起，湖南省重点实施"千村示范万村整治"工程，到2012年，全省完成1000个行政村农村土地综合整治示范工程，整治面积400万亩以上，新增耕地50万亩以上，盘活建设用地指标10万亩以上；到2020年，完成1万个村的综合整治，整治面积3000万亩以上，新增耕地200万亩以上，盘活建设用地指标50万亩以上。

按照"升级"部署，2009年，湖南省国土资源厅组织实施了35个省以上投资农村土地综合整治项目，作为农村土地综合整治试点。项目建设总规模1.64万公顷，其中省以上投资预算7.16亿元。项目预计新增耕地662.93公顷，腾退建设用地65.92公顷，盘活建设用地48.36公顷，整合地方涉农资金4.11亿元，吸引社会投资4700万元。

土地整治的"湖南路径"

政府主导，国土搭台，部门联动，实现土地整治与土地承包经营权流转、农业产业结构调整、新农村建设、城乡建设用地增减挂钩相结合，并有效聚合各类涉农资金，是推进农村土地综合整治的"湖南路径"。

省国土资源厅副厅长胡进安告诉记者："土地综合整治就是要实现由单一的传统土地整理向'田、水、路、林、村'综合整治转变，由国土资源部门一家投入向政府牵头、多部门及社会资金共同投入转变，由增加耕地、改善耕地质量的单一目标向增加耕地、提高农业综合生产能力、推进村庄整治、优化城乡用地结构、改善人居环境、发展现代农业、促进农民增收等多目标转变。"

一言以蔽之，"湖南路径"就是变"分散输血"为"合力造血"的城乡统筹发展之路。

为增强"湖南路径"的刚性，省政府成立了全省农村土地综合整治领导小组，省委、省政府把农村土地综合整治工作纳入政府绩效评估和重大事项督查范围，制定专项考核办法，考核结果作为地方特别是市、县两级领导班子绩效考核的重要依据。对农村土地综合整治工作突出的市州，在安排土地利用年度计划、城乡建设用地增减挂钩周转指标时予以倾斜。

随着35个省以上农村土地综合整治项目的实施，"湖南路径"在实践中得以不断改进、丰富和完善。

邵东县成立了县长任组长的土地综合整治领导小组，县委、县政府联合出台整合涉农资金的文件，并建立考核和奖惩机制。

武冈市大胆创新，将土地整理中心"升级"为土地整治局，为副科级财政全额拨款事业单位，专门负责全市农村土地综合整治。"土地整治局的职能，比土地整理中心更全面，不再是局限于负责土地整理的'专业户'，已经转型为统筹城乡发展的'操盘手'。"武冈市国土资源局局长易云桂说。

"政府主导，国土搭台，部门联动"是——"湖南路径"的首要原则，在实践中得到了创造性地落实，有效解决了以往惠农支出"分散输血"的弊端。

而土地整治与土地承包经营权流转、农业产业结构调整、新农村建设、城乡建设用地增减挂钩的"四个结合"，则使"合力造血"成为可能。

"土地整治是平台，是基础，'四个结合'对土地整治提出了更高要求。"省土地开发整理储备中心主任曹湘潭说。

为规范项目管理，省土地开发整理储备中心牵头制定了《湖南省土地开发整理项目测绘技术规范》、《湖南省土地开发整理项目建设标准》、《湖南省农村土地综合整治（土地开发整理）项目实施管理规范》等8个技术标准，对项目从立项到验收进行全面规范和全程监控。

土地整治为土地流转搭建了平台。在宁乡县关山村土地综合整治试点项目区，部分土地已经流转给了企业，计划打造葡萄生产基地。"在项目设计、施工阶段，我们会尽量征求企业意见，在政策许可范围内，依据企业需要进行设计、施工。"宁乡县土地整理中心副主任何爱文说。

　　在土地流转的基础上，株洲县渌口镇松西子农村土地综合整治项目区，开始迈出了农业产业结构调整的步伐。松西子项目涉及松岗、西塘、子规3个村，为更好地推动产业结构升级，松西子项目区成立了理事会，专门负责土地流转和产业发展。

　　望城县白箬铺镇光明村依托土地整治，新农村建设成绩喜人。走进光明村，青瓦白墙、朱门木窗的"光明民居"错落有致；金洲大道贯穿全村，主干道沿线安装的太阳能路灯，既美观，又"低碳"……

　　城乡建设用地增减挂钩的推进，节约了用地，增加了耕地，更重要的是，为村庄新建改建提供了资金支持。在武冈市邓元泰土地综合整治项目区，有27栋零星房屋被拆除，涉及38户，结余用地指标35亩，350万元收益全部用于渡头桥村的村庄改造。

综合整治产生综合效应

　　从单一的土地整理，到"田、水、路、林、村"综合整治；从国土资源部门单打独斗，到政府牵头、部门配合、社会参与；从增加耕地数量、提高耕地质量、改善耕种条件的单一目标，到产业结构调整、生产生活方式转变、社会主义新农村建设的综合目标，土地综合整治正逐步改变着项目区的村庄与村民。

　　"随风潜入夜，润物细无声。"在株洲县渌口镇松西子土地综合整治项目区，"村庄变社区，村民变股民"的标语被刷在了墙上；在慈利县岩泊渡等2个乡镇土地整理项目区，所有土地已实现了流转，农民收入由原来每亩地1年92元，增加到现在的750元；在临澧县新合垸2005年国家投资土地整理项目区，项目的示范效应凸显，"老百姓开始争着要项目"……

除了热情高涨的农民，政府及各部门的积极性也被调动起来。武冈市委、市政府为实施好邓元泰镇土地综合整治项目，成立了涉农资金项目建设指挥部，市委书记任政委，市长任指挥长，并由书记、市长两人与各涉农部门主要负责人签订责任状，明确奖惩措施，将综合整治纳入年度目标考核内容，实行"一票否决"，整合其他13个部门的涉农资金，集中投入，高规格推进土地综合整治。

娄底市建立由监察部门牵头，国土、财政、审计部门及当地群众参与的项目监督机制；完善公示制度，充分尊重和保障群众的知情权、参与权；建立完善群众意见征集制度，尽可能满足大多数群众的合理要求；建立严密的审核制度和透明的资金拨付制度，对相关资金实行专账专户，专款专用。

在政府的强力主导下，各部门的涉农资金开始聚合，"渠道不乱、用途不变、专账管理、统筹安排、各计其功"，变"分散输血"为"合力造血"，共同创造"1+1>2"的协作效应。

"过去10年，我们土地开发整理规模为400多万亩；未来10年，我们将综合整治3000万亩，建设规模扩大近10倍，投入将非常可观，仅土地整治专项资金每年就有10多亿元，还有各个部门的涉农资金也在不断增多，这些是我们实施土地综合整治的输血大动脉。"省国土资源厅耕保处处长张永忠介绍说。

"喜看稻菽千重浪，遍地英雄下夕烟"。三湘大地，一幅幅统筹城乡的和美画卷，正随着农村土地综合整治的深入，徐徐展开，绵绵不息。

作者单位：中国国土资源报社

安徽省合肥市将土地整理与城乡建设用地增减挂钩相结合,整合资金,统筹规划,整村推进田、水、路、林、村、房综合整治,搭建了新农村建设和城乡统筹发展的新平台。

"整"出新天地
——安徽省合肥市土地整治工作纪实

田春华

土地整治,富了农民,美了村庄

春夏之交,江淮大地一派生机盎然的丰收景象。出了城市,满眼都是葱绿的油菜结满了籽儿,青青的小麦挂上了穗儿,沿途不时可见低矮破旧的房屋散落在一望无际的田野中。

记者来到安徽省长丰县造甲乡宋岗村,这是合肥市4个整村推进土地整治项目中的一个。刚刚复垦出来的田地散发着新鲜的泥土气息,塑料薄膜下的冬瓜苗正茁壮成长。

村支部书记崔广鹤告诉记者,这个项目区总面积19916亩,土地整理面积17564亩,宅基地整理2352亩,涉及28个自然村、1295户、3978人。原来村落很分散,通过整治,将28个自然村集并为3个居住点,村庄占地面积由原来的2300亩减少为635亩,通过农田和宅基地整理净增耕地2571亩。

土地整理连成片更适合规模经营,村里成立了集体土地流转合作社,与农业龙头企业——绿润现代农业科技发展有限公司签订合同,将全村15000亩土地全部流转出去了。

新的村庄建在公路两边,富有江淮特色的两层小楼别致大方,4种房型任村民挑选,村民们已经陆续入住。农户王元琳在自家的新房里高兴地向记者介绍,家里原来住的是平房,虽说占地不少却没有现在住得舒服,现在水、电、路、排污设施等全部配齐了,条件的确是好多了。

有着多年农业市场开发经验的绿润现代农业科技发展有限公司经理袁春天对记者说,他之所以愿意来投资,是看中这里环境好。"土地整治后,更适合发展现代农业。通过流转集中经营,产值增加了3倍。现在三季时令蔬菜的亩产值最少4500元,原来一季油菜一季水稻也就1500元。"

崔广鹤算了一笔账,2008年村里人均年收入是4800元,土地整治项目完成后,加上流转租金、农业补贴和务工收入,人均年收入有望达到8000元。

是平台,也是品牌和抓手

合肥市提出开展土地综合整治,是在一年以前。相对于别的地方来说,先行了一步。

市土地开发复垦整理中心主任宰斌介绍,近年来,合肥市强力实施"大发展、大建设、大环境",现代化滨湖大城市建设迈出坚实步伐。近三年,主要经济指标增速在全国省会城市中均居前三位。与城市快速发展相比,农业和农村基础设施落后,农民生产生活条件差,城乡居民收入差距进一步拉大。作为全国节约集约用地试点市,合肥市也需要率先在土地制度上进行创新。国土资源部的"城乡建设用地增减挂钩"政策,为他们提供了机遇。合肥市农村宅基地浪费严重,人均占地0.4亩,如果按照人均占地100平方米计算,实施挂钩政策,全市可退宅还耕60多万亩。

服务城乡统筹发展和新农村建设,对国土资源部门开展的土地整理工作提出了新的要求。宰斌说,以往的土地整理,多是就耕地保护说耕地保护,主要目的是解决耕地占补平衡,虽然在一定程度上改善了农田基础设施和农村生产生活条件,但是还没有将其放在城乡统筹发展和建设新农村大局中去考虑,没有将土地整理与推进土地流转、发展现代化农业有机地结合起来。土地整理的最大效益没有得到充分发挥。

将土地整理与城乡建设用地增减挂钩结合起来,搭建城乡统筹和新农村建设新平台,推进土地综合整治,是当前各地政府能够做、也十分乐意做的事。2008年,市里经过充分调研后,组织实施了4个整村推进土地及宅基地整理试点项目。主要内容是,以土地整理和城乡建设用地增减挂钩为抓手,以市、县(区)政府为整合平台,改变以往各部门"撒胡椒面"式的做法,整合所有支农项目和资金,打好政策和资金组合拳,整村推进土地综合整治。随后召开的党的十七届三中全会,更加坚定了他们的信念。

配合项目的推进,合肥市出台了一系列配套政策和措施。主要内容是"四个创新"。一是土地流转、农民增收,实现目标创新。二是统一标准、严格管理,实现管理创新。三是明晰责任、各司其职,实现体制创新。四是整合资源、形成合力,实现资金投入创新。

"目前4个项目的实施,取得了一举多得的效果。既解决了新农村建设'钱从哪里来'的问题,又改善了村容村貌和农民生产生活条件,在增加耕地的同时也为城市发展拓展了新空间。农村建房还带动了消费,扩大了内需,初步统计,户均装修和购置家具家电等在2万元左右,加上建房每户超过10万元。实践证明,土地整治是统筹城乡发展、扩内需保增长的有力平台,这项工作做好了,也将成为国土资源部门服务城乡经济社会发展的一大品牌和抓手。但是,推进土地整治,是一项庞大的系统工程,是全社会共同的事业。做好这件事,关键是要算清农民利益账,政府重视、部门联动形成合力。"宰斌告诉记者。

土地整治,是实现"双保"的有效手段

合肥的土地整治工作,可以看做安徽省落实"双保行动"的一个缩影。

就在全国"双保行动"电视电话会召开之后,安徽省高度重视,成立了以国土资源厅厅长张庆军为组长的"双保行动"领导小组,紧密结合本省国土资源管理工作实际,细化实施方案,多措并举,力促行动取得实效。包括部署开展"耕地保护年"行动,制定"整地兴农"规划和城乡建设用地挂钩置换规划,大力实施土地整治千村推进工程等。

一份调研报告显示，安徽省农村建设用地整理潜力巨大。目前沿淮八市农村居民点用地人均199平方米（户均1.14亩），是城镇人均建设用地的2.2倍，比新农村建设上限标准120平方米高出66%。据测算，沿淮八市农村有260万亩闲置和低效使用的建设用地可以进行整理复垦。另一方面，随着经济社会的加速发展和城镇化的加快推进，近几年安徽省各地对土地资源提出了强烈需求，每年的实际需求几乎是计划指标的两倍。而且随着农民收入的提高，全省也将迎来新一轮农村建房的高峰期。即使按30%占用耕地测算，未来3年沿淮八市农民建房也需占用耕地约14万亩。如果不能很好地应对，乱占耕地现象将难以避免。破解"双保"压力，充分利用城乡建设用地增减挂钩政策，盘活农村建设用地存量是一个切实可行的出路。从2006年8月开始，安徽就在全省推进了这项工作。

省国土资源厅征转处负责人告诉记者，"从两年来的实际工作效果看，开展建设用地挂钩置换工作，是实现以城带乡、城乡统筹发展的新举措，是破解当前土地管理难题的有力工具，也是实现'双保'的有效手段。这项工作起码收到了这样几个成效：一是实现了耕地动态平衡，提高了耕地生产能力；二是促进了新农村建设，改善了农村面貌；三是优化了城乡建设用地结构，提高了农村建设用地节约集约利用水平；四是弥补了新增建设用地计划指标的不足，促进了城乡统筹发展；五是规范了农村用地管理，促进了依法用地；六是为农民带来了实惠，得到了群众的支持。"

张庆军介绍说，"从今年开始，我们将进一步把土地整理和城乡建设用地增减挂钩置换叠加结合，大力实施土地整治千村推进工程，全面实施建设用地挂钩置换和'整地兴农'规划，整村推进、连片整治、集中投入，到2020年全省实现1000万亩以上土地综合整治目标。"

作者单位：国土资源部规划司

从创新土地整治运作、投入、监管机制入手，以土地整治为平台，推动农业结构调整，重庆市黔江区让农民在土地、村庄的变化中，收获整治带来的更多实惠。

变化看得见　实惠摸得着

——重庆市黔江区土地整治工作纪略

谢必如　白文起　支国和

夏雨一路飘洒，进入渝东南黔江，突然放晴了。流动的风景让人眼前一亮：一幅幅"实施土地整治工程，推进城乡统筹发展"的标语牌，一片片绿油油的农田，一幢幢漂亮的农家小楼……

重庆市黔江区国土房管局局长郑敦照告诉记者，黔江区以土地整治为平台，推进新农村建设，取得了明显成效。最近，全市耕地保护暨农村土地整治现场会在这里召开，代表们实地考察了黔江的土地整治工作，纷纷表示收获颇丰。

创新机制，发挥叠加效应

地处武陵山腹地，渝东南边陲的黔江区，生态环境优美，土地资源丰富。但分布零散，产量低，农民生活相对贫困。近年来，区委、区政府对土地开发整治极为重视，与重庆市国土房管局签订了共同推进土地开发整治框架协议。据统计，2009年，该区实施108个农村土地整治项目，其中106个区级项目，实施规模393081亩，新增耕地73953亩；2个市级土地整治示范项目，实施规模12735亩，新增耕地1870亩。土地整治较好地改善了农业生产条件，优化了农村生态环境，提高了农民收入，促进了新农村建设和城乡统筹发展。

郑敦照说，农村土地整治是一项系统工程，涉及很多行业和部门，单靠国土部门很难搞好，必须创新机制，才能取得好的效果。黔江区的机制创新主要表现在以下几个方面：

——建立工作机制，统筹部门力量。区政府成立了主要领导任组长，国土、财政、农业、林业、交通、水务、建设等相关部门领导为成员的领导小组，建立"政府主导、国土搭台、部门协作"的新的工作机制，统筹了各部门的力量。

——建立投入机制，整合项目资金。以农村土地整治专项资金牵引，按照"渠道不变、用途不乱、捆绑使用、形成合力、各记其功"的原则，整合相关部门多渠道项目和资金，集中投入，打捆使用，形成"各炒一盘菜，共办一桌席"的投入机制。2009年，通过这种方式，整合相关部门资金1.7亿元，充分发挥了涉农项目和资金在农村土地整治中的叠加效应。

——建立工程立体监管机制，确保工程质量。在土地整治工作中，该区创建了工程质量立体监管机制，一方面严格执行项目公告制、工程招投标制、项目法人制、工程监理制、合同管理制、预决算审计制，强化工程质量监督管理，严把检查验收技术关，并把检查验收结果作为目标考核和按进度拨付工程投资的依据；一方面广泛发动和鼓励街道（镇乡）、农民群众、农村基层组织积极参与土地整治项目监督工作。

——建立管护机制，充分发挥工程作用。从项目选址、方案制订、规划设计到工程项目验收、管护、利用等全过程，让农民群众参与，确保项目工程的实用性。工程验收后，按照"谁使用，谁管护"的原则，与项目所在村签订工程后期管护协议，明确运行管护主体，落实后期管护责任和经费。

搭建平台，推进城乡建设协调发展

黔江区国土房管局土地整理中心主任田应培告诉记者，通过实施整村推进的土地整治，实施康居农房风貌改造，涉及4700户1.8万人，改造房屋建筑面积56.4万平方米；新建入户道路1.8万米，农村居民点环境整治及配套设施建设涉及2417户。通过对分散的自然村落进行改造、撤并，集中新建农民巴渝新村4个，交通、通信、文化体育等做到"五到户"、"三到点"，即水泥路连到户、自来水通到户、农网改造到户、电视通信到户、庭院硬化到户,文体设施建到点、卫生室建到点、农村客运通到点。田应培说,黔江区的土地整治与新农村建设有机结合,把土地整治作为推进新农村建设和城乡统筹发展的重要载体,改善了农村生产、生活环境和基础设施,改变了项目区农民群众的生产、生活方式。

沙坪乡十字村土地整治项目是市级土地整治项目的示范点,现已完成康居民房风貌改造457户,庭院硬化6300平方米,修建沼气池1850口,新建入户路7100米。农民小区建设,尊重民意,坚持"民策民定,民事民办,民情民知,民房民建"的原则,以土地置换方式,实行分散农户搬迁、集中小区安置,打造农民新村。

位于黔江东南部的濯水镇,是黔江区第一大镇,美丽的阿蓬江日夜流淌。2007年,该镇被重庆市政府确定为市级城乡统筹建设示范镇。该镇三门、白杨土地整治项目是市级土地整治示范项目,建设总规模7671.9亩,新增耕地1083.75亩。项目重点是"土地整治、民居风貌改造、沿江景观绿化、迁村并点和农村公共基础服务设施建设"。通过土地整治,现已完成农房改造650户,建成入户路4.7千米,联网路10.4千米,建沼气池237口,较好地打造了"康居农房·生态家园",促进了新农村建设。

培育产业,促农民增收农业增效

黔江区国土房管局有关领导说,土地整治立项时就考虑了产业发展问题,工程施工也与产业紧密结合。

濯水镇蒲花河土地整治项目区原为河滩地,常遭水淹,土地贫瘠,产量极低。通过土地整治,修建灌溉渠11.87千米,排水沟13.79千米,蓄水池21口,改善了生态环境,促进了农业产业结构调整。项目区通过引进生绿农业有限责任公司,承租土地1000亩,建成了蒲花农业综合开发区,农民与公司签订合同进行农产品生产。目前,建成了以培育美国红提、红心柚为主的500亩优质水果基地,200亩名特鱼类养殖基地和100亩冷水性鱼类养殖基地以及300亩优质蚕桑示范区。其中,水果产量每年750千克,产值每年500万元。

农民人均农业年均纯收入超过4100元；通过在园区务工，每人每年还可挣1万多元工钱，农民生活质量明显提高。

太极土地整治项目，整治土地2655亩，新增耕地525亩。数量、质量和生态环境并重，新增耕地土层厚均在40厘米以上，土壤肥沃，路、沟、渠、沉沙凼、蓄水池等配套设施齐备，生产条件和生态环境大为改善。项目区引进了重庆恒沛农业科技开发有限公司，政府扶持基础设施建设，业主承包土地开发，组建专业协会，农民自建基地，走"公司+协会+农产+基地"的路子，公司承租土地600亩，建设高标准、高规格的猕猴桃示范园区。项目区农民每年获租金27万元；在园区投工投劳每年获务工费20万元。更重要的是园区传授技术，举办50次猕猴桃种植技术现场培训会，培训果农5000人次，发挥了示范带动作用，使全区猕猴桃种植面积从2500亩发展到20000亩。如今，该园区生产的红心猕猴桃享有盛名，供不应求，被科技部命名为"全国科普示范基地"，被农业部命名为"标准化农产品基地"。

沙坪乡十字村土地整治项目，同样引进了重庆恒沛农业科技开发有限公司，土地整治与产业发展紧密结合。公司总经理候志鹏说，原来这里是个山区坡地，一下雨就被冲得稀里哗啦，是典型的跑水、跑土、跑肥的"三跑田"。这里的土地整治改善了生态环境，把"三跑田"变成了"三保田"。更突出的是土地整治为产业化服务，种植猕猴桃需要多厚的土层，就整治成多厚的土层；排水沟需要多深，工程设计就要求多深。该公司承租土地1800亩，建成了猕猴桃基地。投产前期按每亩300元支付租金，投产后每亩每3年增加50元。候志鹏说，基地每年可提供季节性工作岗位6000余人次，支付农民务工费50余万元。很多农民自发写感谢信，向政府表达喜悦之情，农村土地整治的实惠"看得见，摸得着"。

作者单位：中国国土资源报社

在保发展、保红线的基础上突出保民生,是肥城市推进增减挂钩试点的突出特点。项目施工中,尽可能招用所在地农民;项目完成后,及时调整权属,还地于民。

打造城乡建设新天地
——来自山东省肥城市城乡建设用地增减挂钩试点的报告

周怀龙　李现文

2010年仲夏的一场喜雨,洗去了空气中的尘嚣繁华。以桃园著称的山东省肥城市,桃红柳绿,如诗如画。

2006年7月,山东省肥城市被国土资源部列为城乡建设用地增减挂钩第一批试点。此后,该市做好城乡建设用地"加减法",将土地整治、城乡挂钩与推进新型工业化、农业现代化、城乡一体化结合在一起。而今,这里土地肥了,人民富了,乡村变了……提起肥城,人们常说城乡建设用地增减挂钩一举多得:助力肥城建起了一片社会主义新农村,带动发展了一批新兴的现代化产业,也促使形成了发展的新观念。

日前,记者在肥城看到:增减挂钩打造出一片城乡现代化建设的新天地。

新农村:涧北村村民"进城"了

在肥城市湖屯镇涧北村,50多岁的农民吕昌文找到了一份种地的"工作",月收入800多元,平时在蔬菜大棚里施肥锄草,空闲时他还可以回家打理自家的庄稼、瓜果。

老吕的这份工作得益于肥城市国土资源局实施的城乡建设用地增减挂钩项目。

"这里原先是涧北村的老村庄,稀稀拉拉的房子、晒场,还有长着杂草的边角地。后来国土资源局把整个村的房子和空地腾出来,整成田块。"老吕边给西红柿秧锄草,边跟记者唠嗑,"现在,这个村的人都'进城'了,搬到社区的新房里去了。而新腾出来的田块,村里租给了瑞农果蔬有限公司,只要是涧北村的人,年底还能分红。"

话语间听得出来,老吕和他的工友都十分羡慕涧北人。

在离肥城县城十多千米的湖屯镇陶山社区,灰色的水泥道宽敞笔直,路旁的四季青碧青发亮,一字排开的是红瓦白墙的小洋楼——这里便是整体搬迁的涧北村民新住址。

记者爬上四楼,敲开了涧北村三组张少云的家门。推门而入,屋内装潢素朴而精致,素色的墙面、地板,镶着木色的边框,煤气灶、洗衣机、空调、电脑等现代化设备一应俱全。

"这完全和城里人的生活一样!"听到记者的感叹,张少云笑得合不拢嘴。她告诉记者,原先涧北村的人多在城里打工,家里空闲地多,而且老宅子占地面积大。通过项目整理,把原先的地方腾出来开垦为耕地,节余的指标用到城里,国土资源局再把钱补贴给村民,让村民住进新房,既改善了生活条件,又提高了生活质量。因为有这个项目,村集体年增收80余万元,人均400元。

随着村民"进城",涧北村腾出的地也进了城。涧北村原村址占地两百多亩,户均近一亩,复垦后,其中的180多亩变成了耕地。

"眼下我们正想着给孙女找家像样的幼儿园。毕竟,新社区的条件比村里好,离城也近。"张少云说。

2006年,正在肥城物色瓶坯基地的北京汇源果汁有限公司,急需234亩用地。肥城市国土资源局一方面对富源街至汇源街低效用地项目进行清理整合,收回163亩地;另一方面,利用城乡挂钩试点指标71亩,解决了该项目的一期工程用地。

项目投产以后,涧北村、李寨村、北王村、张店村等几个村的很多年轻人就在汇源公司谋了个岗位。此时,村里的果树也红火了不少,外销旺盛,汇源公司的采购量也增加了很多。

新产业:增减挂钩引发了多重效应

"在肥城市像老涧北那样的'空心村'很多,全市空闲面积达9

万多亩。"肥城市国土资源局局长翟广西说，"将'空心'变为'实心'，盘活利用这部分农村宅基地，为建设用地的'增加'提供了保障，并且推进了肥城的新兴产业。"

从2006年开始，翟广西带领国土资源局的工作人员，开展实地踏勘、走访调查、编制规划、组织动员等。

规划先行。在规划指导上，肥城市国土资源局以社区文化建设为方向，推动农村居民点合理布局，适当集中；工作中，因村而宜、分类指导，根据不同情况分别采取"缩村腾空"、"迁村并点"、"撤村并居"等不同方式；在拆迁安置上，统一补偿标准，或集中供养，或集体建设安置房，或以房换房等，注重做好农村孤寡老人、困难群众等特殊群体的安置工作；资金管理上，实行专款专用，单独核算，封闭运行，全程监控。

经过几年推进，第一批试点项目区的5个项目24个行政村改造基本完成，安置房用地仅占试点前的29.2%，节约土地1388亩。

"增减挂钩为肥城破解了保障发展的难题，为经济社会进步铆足了后劲。"翟广西说。

"近年来，肥城市经济飞速发展，每年建设用地需求达3000~4000亩，而每年的用地指标仅有400~500亩。"，翟广西感慨地说，"如果不是增减挂钩试点，我这个国土资源系统的'生产队长'真就为难了"。

据了解，利用"挂钩"周转指标，肥城市先后解决建设用地1800多亩，安排项目33个，其中投资过亿元的有3个。

"这为肥城提升经济实力，跻身最具竞争力的中小城市打下了基础。"有机蔬菜、绿色肥桃、优质"两菜一粮"等特色种植业格局形成，以此为基础的农产品加工业渐成体系。

北大留村发展了50亩高效太阳能大棚、50亩配套智能微滴灌种植，还种植有机蔬菜500亩，建中小拱棚160亩，这些项目每年给村集体增收30多万元，村民人均增收1200多元。

据统计，肥城市土地整治和城乡建设用地增减挂钩带动社会及相关产业投入24亿元，增收利税3.84亿，新增就业岗位2.2万个。

新观念：尊重民意保民生是关键

穿过一片片青翠的玉米地，记者来到桃园镇基本农田保护示范区。放眼望去，路相连，渠相通，农田水渠成方成网；村民们开着车，在田边的水泥路上穿梭；站在田埂上，示范区的监理员一摁黑色的遥控按钮，汩汩水流便从机井中涌出，通过管道灌溉到田网各处……

从社区到田间，一切瞧在眼里。"肥城城乡建设用地增减挂钩工作最大的特点，是在保发展、保红线的基础上突出保民生。"肥城市国土资源局土地整理中心主任陈先明告诉记者，"首先是尊重民意，充分听取群众意见；其次，切实维护农民利益，发动群众参与。项目施工尽可能招用所在地农民，让农民在项目实施阶段通过投工、投劳取得收益；项目完成后，依法合理调整土地权属，及时办理土地变更登记。"

"只要是对农民有利的，村民就有积极性，好事就一定能办好！"长期和村民打交道的陈先明告诉记者。

对于土地整治和城乡建设用地增减挂钩，政府和百姓也逐渐有了新的认识。

作为一项系统工程、民生工程，肥城市牵头打"组合拳"。近年来，市委、市政府积极主导，分别与国土资源部门和乡镇"双向"签订责任书，并将落实情况纳入年度综合考核指标；市长挂帅成立专门的领导小组，建立联席会议制度，会同财政、建设、环保等部门，"各炒一盘菜，共办一桌席"。

"老百姓的观念也发生了重大变化。拿迁村并点来讲，以前老百姓不愿意，现在大家也看到'进城'的好处，积极性高了起来。"陈先明说。

新天地：城乡统筹激发新的发展活力

目前，肥城市已进入快速城镇化的发展阶段。

"农村变了，农民的生活方式也发生了转变。拿种地来讲，新一代的农民大多不愿种地，他们大部分时间在城里打工、生活。"陶山社区一位管理人员告诉记者,在涧北村、北留村等地,像张少云这样的5口之家十分普遍,这些家庭主要的劳动力长期在城里打工,地里的作物由老一辈人操持。

在这种情况下,让农民富裕、农村发展的同时,加速工业化和城镇化的进程,城乡建设用地增减挂钩是一个很好的平台和抓手。这项工作,既加速了项目落地,吸收农村剩余劳动力,又促进了新农村建设,提高了农村的生产能力。

"多得之举",肥城市委书记张瑞东说。在他看来,城乡建设用地增减挂钩试点是农村改革的"发动机"、统筹城乡发展的"金钥匙"、建设和谐社会的"催化剂",是一条保护耕地、关注民生、保障发展、探索共赢的新路子。

在肥城的几天采访中,记者真真切切地看到了几项变化:村庄美了,农业基础设施改善了,田、水、路、林建设提升了农村生产力,新兴的农产品加工渐成体系;农民获得了实惠,面对前景,他们的生活观念也实实在在地在转化。此外,保障工业项目用地,加快了经济社会发展的进程。

作者单位:中国国土资源报社

以增加有效耕地、促进农民增收为核心，2006年以来，四川省实施235个"金土地工程"项目，总投资额40.3亿元，共整理土地238万亩，增加耕地31万亩。

点"地"成金

——四川省实施"金土地工程"纪略

陈红宇

久负盛名的"天府之国"，如何应对城镇化、工业化时代的耕地保护挑战？

四川省的路径是——自2005年开始，实施"金土地工程"，对全省130个县1000万亩土地实行"田、水、路、林、村"综合整治。

人均耕地少，劣地多，污染重——开展"金土地工程"势在必行

在我国农业逐步迈向现代化、产业化的今天，四川省大部分耕地自身的耕作条件、生产能力依然是低水平的。与此同时，随着人口的快速增长和城市化进程的加速，人口增加与土地稀缺，经济增长与耕地保护，城市扩张和农村发展等各方面的矛盾都逐渐显现出来。

调查发现，四川省耕地禀赋条件和生产条件除成都平原外，广大丘陵地区和盆周山区都比较差。当前影响农业生产的主要问题有：

据2003年年底的土地详查资料，全省人均耕地1.077亩，比全国人均耕地（1.43亩）少了近1/4。在这个省的广大丘陵地区和成都平原区，人均耕地更是稀少，最少的地方不足0.5亩。

2004年耕地质量调查显示，全省9186万亩耕地中，中低产田土6482.2万亩，占耕地总量的70.6%，该比例比全国平均水平（65%）高5.6个百分点。

更为严重的是，据2004年该省对243.4万亩基本农田进行抽查，已经被污染的达22.8万亩，潜在被污染的达69.42万亩，合计占抽查面积的3.84%，情况不容乐观。

按照规划，全省"十一五"期间用地总量累计将超过100万亩以上。另一方面，截至2010年3月，全省土地开发项目总规模已达180万亩，省辖范围内绝大部分成片分布的可开垦耕地后备资源已经开发，剩余的单片面积小，主要集中在攀西地区，而那里水利基础设施差、开发难度很大、开发后利用困难。

把"金土地工程"打造成金字招牌

"金土地工程"项目中，充分尊重农民意愿，项目申报和立项应当经项目涉及地村民会议2/3以上成员或1/2以上村民代表同意，实施要自觉接受群众监督，验收要请群众参与，建成后交由集体经济组织和农民自主管理。依法做好土地权属调整工作，可研阶段民主制定调整预案，竣工验收前调整落实到位。创新农业经营机制和农业生产组织形式，依照自愿有偿原则引导土地承包权流转，发展多种形式的适度规模经营。实行集中流转、规模经营者必须保障承包者的土地收益权利，维护农村集体经济组织和农民群众的合法权益，确保农业生产和农民生活条件得到改善。

在加快实施"金土地工程"中，从加强规划管理入手，坚持与经济社会发展规划相衔接，与产业发展和区域经济布局规划相协调，与新农村建设、统筹城乡发展规划相融合。同时，根据土地利用总体规划和各地实际，进一步修订和完善"金土地工程"规划，查清耕地后备资源家底，结合经济和社会发展目标，实现由开发整理增加耕地为主向主要通过土地整理增加耕地用于补充非农建设占用耕地转变。

围绕增加有效耕地这个核心目标，"金土地工程"把重点锁定在综合整治"田、水、路、林、村"上，将项目主要安排在粮食主产区、基本农田保护区。成都平原区以推进"挂钩试点"、统筹城乡发展、建设高标准农田、为发展规模化高效农业创造条件为主；盆中丘陵地区要以加强农业基础设施建设、改造中低产田土、改善农业生产条件、促进畜牧特色产业发展、提高粮食和农副产品的供给能力为主；盆周山区以实施水保工程、坡耕地改造、完善水利设施、提高耕地质量为主；攀西安宁河谷平坝区主要以耕地质量建设、与主干灌溉体系配套的农田水利建设、服务于烟叶及热带果蔬基地建设，提高土地生产力和粮食产量为主；对深切割中低山区和高海拔生态脆弱地区，为保障区域粮食自给，根据实际情况，对出现退化趋势的耕地实施恢复性改造和治理。

对政府财政专项投资的项目规范运作，实行项目申报、立项、实施、验收的全程管理，严格实行项目法人制、招投标制、监理制、合同管理制、公示制等5项制度。建立和完善技术支持和招标评标专家库，完善专家咨询评估体系。对项目的申报和立项严格履行审查报批手续。项目的测绘、设计、施工、监理等依法实行招标投标，按照技术规程，严把质量验收关。

在工程实施中，加强对从业单位和中介机构的管理，建立绩效考核和诚信档案，对严重违规违法者一经查实即实行限期禁入直至淘汰出局。加强招投标监督监察，任何人不得插手和干预"金土地工程"项目的招投标事务，坚决防止和严厉查处借牌投标、虚假招标、串标围标、中标转包等违法行为。

为落实责任，省政府将加快实施"金土地工程"纳入对市（州）、县（市、区）目标考核内容，各级要确保目标责任落到实处。政府相关部门要加强项目的督促检查，掌握进度，推进工作落实，确保年度计划任务完成。严格目标考核和奖惩制度，对工作成效突出的进行表彰和奖励，对工作不力、项目管理粗放、资金管理混乱、完不成计划任务的通报批评。同时，加强专项资金筹集和管理使用的审计监督。通过实行地方自筹和部门统筹广泛筹集项目建设资金，严格项目资金管理，加强资金监管，确保项目资金及时足额到位。坚持国库集中支付，专户储存、专款专用，确保资金运行安全。实行项目资金全程监管，对挪用、滞拨、截留、挤占以及弄虚作假、虚报冒领套取财政专项资金的违法违规行为，从严查处。

保数量，提质量，增效益，"金土地工程"让土地生金

自2006年以来，四川省实施"金土地工程"项目235个，总投资达到40.3亿元，共整理土地238万亩，增加耕地面积31万亩。

"金土地工程"的实施，对项目区"田、水、路、林、村"进行了综合整治：水田整理主要采取田埂硬化防渗，旱地整理采取坡改梯对零碎的田块进行归并等，同时整修山坪塘、蓄水池，配套引水沟、储粪坑，修建排灌沟渠等，很好地增加了项目区蓄水、灌溉能力，提高了项目区防灾抗灾能力，使项目区原有耕地和新增耕地质量得到了有效提高，普遍达到了高产、稳产基本农田标准。

"金土地工程"的实施，除了有效提高耕地质量外，还在项目区修建村道、机耕道、田间道路、耕作路等，增加了项目区基础设施投入，有效地改善了当地交通出行条件；建设生态防护林，较好地改善了项目区生态条件。有些地方，如成都市还结合社会主义新农村建设，加大了项目投资力度，在充分尊重项目区群众意愿的基础上，科学规划，完善配套，开展中心村或聚居点建设，使项目区群众适度集中居住，极大地改善了项目区群众生产、生活条件，推进了当地社会主义新农村建设，同时宅基地复耕也有效地增加了耕地面积。项目的实施受到了干部、群众的一致好评。

"金土地工程"的实施，为项目区农业产业化发展奠定了坚实的基础。邓崃羊安镇将整理后的土地承包给企业种"口口脆"西瓜，每年每亩产值达8000元；蒲江县将整理后的土地用于良种猕猴桃种植，在当地已形成规模化优势产业；遂宁市射洪县瞿洪乡项目实施后，引入被省政府列为全省农业产业化龙头企业之一的五斗米鸭业公司，种植良种"春不老"萝卜，用作鸭肉食品炖料，发展前景光明。项目区群众不仅可以从出租土地中获得较好收益，还能投工到农产品种植、加工、销售等劳动环节，人均纯收入明显增加。

作者单位：国土资源部土地整理中心

邓州市把由国土资源部门开展的土地开发整理,转变为由政府主导、相关职能部门齐抓共管的"田、水、路、林、村、房"综合整治,为彰显土地整治效应提供了借鉴。

合奏田园新乐章

——河南省邓州市创新土地综合整治的做法

袁可林

"邓州市的土地开发综合整治开了全省先河!"

"不少工作富有创新精神!"

近来,当记者采访各地土地综合整治的开展情况时,无论是河南省国土资源厅有关处室的负责同志,还是南阳市国土资源局有关人士,几乎都异口同声地这样称赞。

时代在呼唤:实行土地开发综合整治势在必行

邓州市地处豫、鄂、陕三省交界处,素有"三省雄关"之称。该市地势平坦,临近著名的丹江口水库,土地肥沃。全市人口156万,是目前国内有名的"第一人口大县",人均耕地1.56亩。

近年来,作为河南省改革开放特别重点试点县(市)和35个扩权县(市)之一,该市的工业化和城镇化速度大大加快,工业用地矛盾比较突出。为了解决建设用地指标少的问题,搞好耕地保护,做到占补平衡,2004年以来,该市在土地开发整理方面投入了大量人力、物力、财力。为此,该市一方面争取国家和省级基本农田整理资金1.1亿元和农业综合开发资金4344万元,先后完成了5个国家和省级土地整理项目、13个农业综合开发项目,新增耕地7760亩。另一方面,5年多来,该市在全市着力开展以"空心村"治理为重点的"三项整治"工作,全市新增耕地3.6万亩。随着国家支农惠农政策的不断落实,全市一年各种涉农资金大约有1亿元左右,但由于缺乏统筹，布局不统一，基本上是"各炒各的菜，各吃各的饭"，资金不能集中使用，无法发挥资金的叠加效应。

实践使邓州市国土资源局的干部职工认识到：适应社会主义新农村建设大形势，将各种涉农资金捆绑使用，推行土地综合整治势在必行。令人高兴的是，当邓州市国土资源局领导将这个想法向邓州市委、市政府领导汇报后，立即受到了重视。市委、市政府主要领导当即指示市国土资源、农业、财政等部门负责同志组团前往四川和重庆等地参观，立即在全市推行政府主导、国土搭台、多方合作、群众参与的模式，捆绑项目，整合资金，统筹规划，实施"田、水、路、林、村、房"综合整治。

现实的选择："各炒一盘菜，共办一桌席"

认识统一了，机构建立了，接下来便是如何捆绑资金和如何选择项目了。

基于当前邓州市辖各部门与上级对口部门不一样、资金渠道不同这一实际情况，邓州市政府领导经过慎重研究，决定采取以下思路：渠道不变，管理不乱，集中投入，各计其功。他们认为，这样做，不改变现行的各种联系和相关规定，便于处理与现实存在的各种关系，有利于充分调动各方面的积极性。因此，当这一思路和原则宣布后，受到了各方面的欢迎与支持。

下一步就是慎重确定项目。市政府在充分调查研究并报请上级批准的基础上，决定在位于南邓高速公路以西、邓新公路以北的桑庄、腰店两个乡（镇）建设 1 个土地综合整治示范区，项目规模 3.1 万亩，预计总投资 7068 万元，计划分两期 3 年完成施工任务。其中，一期施工任务为 1.6 万亩，主要任务为土地平整、农田水利、田间道路、电力、农田防护等工程。根据项目情况，全市 12 个涉农部门分别报请上级有关部门批准注入项目资金 4701 万元。其中：土地整理项目投资 1300 万元，农业综合开发项目投资 325 万元，交通部门投资 806 万元，农业部门粮种培肥投资 400 万元，农技部门投资 150 万元，林业部门投资 120 万元，水利部门投资 200 万元，电力部门投资

500万元，教育、卫生、科技部门投资300万元，广电部门投资100万元，乡镇筹劳筹资500万元。

腰店乡黑龙村是这个示范区规划的新农村建设试点村。该村共辖2个自然村，全村共有人口2302人，耕地3927亩。根据通过整治后"村容村貌明显改观、生态环境明显改善、基础设施日益完善、农业产能明显提高"的总体要求，市、乡、村三级规划总投资1157.9万元。

按照各部门资金的不同用途，项目指挥部明确：由国土资源部门承担涉及全村土地整理和"空心村"整治资金360万元；交通部门负责村内水泥道路建设资金140万元；林业部门负责规划生态林网建设，以及植树成活后为植树者发放植树资金补助2万元；科技部门负责太阳能建设资金1.4万元；电业部门负责高压线路建设资金80万元；农业部门负责投资种子改良、农药、化肥及机耕燃油资金34万元；农技部门负责购买农机补贴12万元；市委组织部、市计生委、腰店乡政府负责投资村基层组织建设活动场地资金24万元；文化部门和网通公司负责投资远程教育资金5000元；水利部门负责坑塘建设资金10万元。

目前，邓州市桑庄、腰店两乡（镇）的土地综合整治项目已取得喜人进展。项目区内已整治自然村4个，修建宽4米的高标准水泥硬化田间路33582米、生产路39108米，开挖排水沟71302米，植树6000余株，修建桥涵344座，新打机井305眼，新增耕地558.7亩。

成功的启示：推进土地开发综合整治需做到"六个坚持"

仔细分析邓州市成功的前前后后，可以得出这样一个结论：要做好土地综合整治工作，必须做到"六个坚持"

一是必须坚持当地党委、政府的主导作用。邓州市在实施桑庄、腰店土地综合整治时，坚持实行由市长挂帅，亲自担任指挥长，由"四大班子"副职任副指挥长、32个部门一把手担任指挥部成员的做法，事实证明是非常必要，也是非常得力的。该市国土资源局的一位负责同志称："如没有市委、市政府主要领导的亲自过问，涉及这么多的部门和资金是难以捆绑在一起的。"

二是必须坚持发挥国土资源部门的主力军作用。无数事实表明，无论是从土地综合整治和新农村建设的重要内容上看，还是从投入的涉农资金数额来看，国土资源部门都是充当主力军的。

三是必须坚持做好统一规划，分步组织实施。邓州桑庄、腰店土地综合整治项目，在实施前，市政府就组织相关部门的专业技术人员及乡、村、组干部和代表广泛参与，深入实地进行现场踏勘，依实际现状规划设计实施方案。规划方案包含村庄整治区、中心集镇整治区、现代农业观光区、小集镇建设区、中心村建设区和滩涂开发整治区等。

四是必须坚持严格的项目管理，努力打造精品工程。由于在土地综合整治中融入了社会主义新农村建设的多项内容，从一定意义上讲，推进农村土地综合整治工作，既有重大的经济意义，更有着重大的政治意义。因此，切实加强项目各种管理，包括严格工程招标、工程监理、质量监督、设计变更、资金监管等环节，是十分必要的。一年多来，邓州市的土地综合整治工作进展比较顺利，与精于管理是分不开的。

五是必须坚持以民为本，充分相信和依靠群众，走群众路线。为此，在项目实施过程中，坚持把尊重农民群众的意愿放在首位，充分保障农民群众的知情权、参与权和财产处置权。并注意采取三项措施：一是采取灵活多样的形式，做好对群众的宣传工作。凡列入新农村规划的村庄，必须得到90%以上的村民同意，否则，项目暂缓进行。二是明晰产权，让群众放心。项目建设内容确定后，及时制定政策，把产权和经营权交给群众，把工程变成群众自己的工程。三是让群众参与，给群众以实惠。

六是必须坚持多专结合，促进统筹发展。实行土地综合整治几乎涉及农村工作的方方面面，以及各项事业发展的前前后后。因此，必须坚持多元思维，做到统筹兼顾。在具体工作中，要十分注意土地综合整治同新农村建设密切结合，十分注意土地综合整治同农村基础设施配套建设密切结合，十分注意土地综合整治同产业发展密切结合。

作者单位：中国国土资源报社

位于天津市东丽区的华明镇，严格按照城镇规划，坚持承包责任制不变、可耕种土地不减、尊重农民意愿的原则，实行"以宅基地换房"，村民们既保留了农民的身份，又享受到城镇居民的便利。

华明农民的城镇化之路
——天津市东丽区华明村土地整治纪实

王永红　汤小俊

距离天津市区只有13千米，占据极佳地利的东丽区华明镇，3年前，还是一派典型的旧有的中国北方农村风貌：自然形成的12个村庄，平面铺陈，户均占地近1亩；土坯矮墙，无法承受风雨的侵蚀；污水、垃圾遍地都是不堪。村民的居住环境与咫尺之遥的市民相比，天地之遥。

短短两年多，就是在这个地方，一座现代化小城镇闪亮登场。新规划建设的华明示范小城镇典雅大方。1.3万个家庭、4.1万多位村民喜迁新居，大部分村民不花1分钱就住上了配套设施齐备的新房，而用于安置农民的土地还不到原村庄占地的1/3。

华明人的生产和生活方式，正在发生历史性的变迁。

一切为了农民，一切依靠农民

2005年9月，天津市委、市政府经过反复调查研究，决定在华明镇实行"宅基地换房"试点，用全新的形式规划建设小城镇。

"宅基地换房"，就是在国家现行法律框架内，坚持承包责任制不变、可耕种土地不减、尊重农民意愿的原则，高水平规划、设计和建设有特色、适于产业集聚和生态宜居的新型小城镇。农民以其宅基地，按照规定的置换标准换取小城镇中的住宅，迁入小城镇居住，原有的宅基地统一组织整理复耕。从而在不增加农民负担和不减少耕地的基础上，实现人口向城镇集中，工业向小区集中，耕地向种田大户集中，农民由第一产业向第二、第三产业转移，明显改善生活居住环境，提高文明程度，享受城市化待遇，真正实现"安居、乐业、有保障"。

天津市政府的态度非常明确，作为首例示范小城镇，衡量其建设成果的最终标准，就是作为宅基地换房主体和核心的群众是否满意。他们始终秉承"一切为了农民，一切依靠农民"的思路，来推进华明镇这个示范小城镇的建设。

首先是所有程序做到公开透明，让农民参与，充分走群众路线。是否用宅基地换房由农民自己决定。征地补偿分配、置换标准制定、房屋测量、房型选择等环节，采取各种形式组织农民自主选择，自主决策。换房过程中坚持农民自愿原则，实行"户表决"，不强迫一户，不强求一户，只有同意实施以宅基地换房的农户比例超过95%的村，经批准后方可实施以"宅基地换房"。人员界定、房屋测量、评估认定、新房分配等情况，都要张榜公布。

为确保每户农民都不会因经济困难搬不了家，华明镇规定人均置换面积为30平方米，老少三代的家庭可以选择两套住宅，搬迁给予一次性补贴等政策，受到农民欢迎。农民按标准置换的住房不用自己掏钱，大配套政府给予减免；住进小城镇后的物业费用政府实行补贴，新建住房每平方米物业费只需交0.1元，5年后不超过0.3元。农民原有宅基地和房屋，按市场价评估户均为4~5万元，置换后住进一套80平方米左右的住宅，价值超过30万元。更重要的是，从试点情况看，迁入小城镇后，农民可以就近找到更多二、三产业的就业机会，收入明显提高。

让农民无后顾之忧，也是天津市华明镇"以宅基地换房"改革试点中的重要原则。华明示范小城镇社区管委会负责人邵长岭介绍，目前，全镇适龄农民中有2.2万人被纳入养老保险体系，占应保人数的86.7%。女55岁和男60岁以上的农民上养老保险的，占86.6%。全镇力争在两年内使符合条件的农民应保尽保。不符合条件而未参加养老保险的，到规定年龄后，每月可领取最低470元的退养补助。

作为专为宅基地换房规划的示范小城镇，华明镇的规划有着鲜明的农村特色,为方便农户从事农业生产,小城镇兴建了农用车停车场。每家都有一间地下室,用于存放生产资料和工具。城镇周围的田间地头建了农业设施用房,用于储藏农具、生产资料和休息做饭等。镇里还投资80万元购置了20辆环保电瓶车,作为群众在镇内出行的代步工具,免费供群众乘坐。

一样的土地,不一样的生活

走进华明示范小城镇的农民安置小区,这里既有规划整齐、排列有序的现代化住宅楼,又有由原村庄保留下来的田埂、旱柳和果树。居住在这里的人们,既能尽享城镇生活的便利,又能欢拥农村的自然风貌。

支撑这一切的,是精心编制和认真实施的规划。这是一个经长时间酝酿和多方充分论证的特色规划。关键是怎样从实际出发,在规划编制中,努力保留农村的优点,克服农村的缺点,引入城市的优点,克服城市的弊病。

小城镇有横纵两轴和一个集中配套服务区。横轴保留了原有田埂及树木,并加宽到25米,上面安排休息及活动设施,为居民提供休闲散步、健身活动的场所。纵轴是连接每个社区的中心绿地,并在其上设置社区中心等配套公共建筑,让每个社区居民便利地享受基本生活服务。集中配套服务区包括九年制义务教育学校、农民培训学校、卫生院、消防站、垃圾站等,为宅基地换房农民提供教育、医疗、生活服务。

新的城镇不仅考虑了农民生产生活的传统,还充分考虑了经济社会发展的长远需求,科学划分居住、服务、产业等功能区,形成布局特色。考虑到农民的就业需求,新的居住区选址在滨海新区空港物流加工区附近,同时还为二、三产业发展留出了足够空间。沿津汉公路一带预留了130公顷的经济功能区,准备建设具有自身特点的运输、物流服务园区,为今后产业立镇、产业兴镇奠定坚实的基础。

在规划和建设新城镇的同时,能否真正把农民宅基地整理出来,复垦成耕地,实现耕地总量不减、质量不降,是宅基地换房成败的关键。市里规定,凡不能按期实施土地复耕、偿还土地周转指标的,不允许再开工新的镇村建设项目,不再安排建设用地指标。

一样的土地,不一样的生活。高水平的规划,使华明示范小城镇成为广受关注的耀眼新星。华明镇从106个有效申报案例中脱颖而出,成功入选上海世博会城市最佳实践区案例,在2010年上海世博会上向全世界展示。

节地节能节水节材的典范

华明镇12个村的农民,以宅基地换房,从零乱的村庄迁居到现代化的城镇,是一个巨大的历史性变化。在这个变化中,天津市在尝试建设资源节约型新农村上,迈出了坚定的步伐。

以宅基地换房最大的效应是节地。在农民的居住条件大大改善的同时,村庄占地面积减少了2/3。旧的村庄复垦成耕地,原来插花式的田地,变成可以实施规模化作业的大片农田,为推进现代农业奠定了坚实的基础。在经过重新整理的土地上,华明镇规划建设了面积达16平方千米的都市现代农业生态园。

据天津市有关部门调查统计,目前全市小城镇和农村居民点建设总用地为1184平方千米。如果按照以"宅基地换房"的模式推进新型小城镇建设,总用地预计为650平方千米,扣除现有的"城中村"用地184平方千米,既能保证耕地不减少,又可以节约出约350平方千米的发展用地。

华明镇也是节能的典范。华明镇是全市第一个循环经济试点小城镇,为农民住宅统一安装了8000套太阳能热水器,小区的庭院照明采用太阳能。根据测算,利用太阳能,每年可节约标准煤1347吨,分别减少二氧化碳和二氧化硫排放3277吨、34吨。

节水,对华北农村非常重要。华明示范小城镇实行雨污分流,中水回收用于生态环境建设。此外,还建设了污水处理等设施,实现污水零排放。

华明示范小城镇坚决按照规划,大力推广使用节能环保型建筑材料，坚决杜绝用实心黏土砖。同时做到内外墙、屋面和公共间墙体、门窗保温"三步节能"，使建筑物平均能耗下降65%。

这些环保节能措施的应用，不仅节省了资源和能源、减少了污染，而且大大降低了居民的生活成本。

作者单位：国土资源部执法监察局

作为江苏省第一个通过万顷良田建设工程方案评审的地区，金坛市的要诀在于：落实资金，顺应民意。项目区 200 户农户以土地承包经营权换社保，更多农户则选择转包，将土地经营权全权委托给村委会进行集中流转。

金坛：万顷良田从这里起步

——江苏省金坛市"万顷良田建设工程"纪略

杨应奇

作为沿海发达地区的江苏省，针对"人均耕地少、用地资源紧、发展空间小"的特殊省情，组织实施以"有效集聚潜在资源，有序统筹城乡发展"为核心内容的万顷良田建设工程试点工作。试点启动时间为 2009 年 6 月 25 日，第 19 个全国"土地日"，启动仪式则选在了有着苏南鱼米之乡之称的金坛市。

作为江苏省第一个通过万顷良田建设工程方案评审的地方，获此殊荣的金坛十分珍惜。目前，金坛市按照"政府主导、部门共建、规范运作、创新机制"的方针，编制了《金坛市万顷良田建设工程规划方案》，规划建设标准良田 1.5 万余亩，总投资 1.6 亿余元，2009 年年底建成。

设立专项资金账户，确保运行高效有序

对于金坛市万顷良田建设工程而言，整个项目涉及指前镇东浦、建春 2 个行政村的 11 个村民小组，36 个棚户点，总面积 15584.15 亩，项目估算总投资达 16646.98 万元，其中需动迁农户 1153 户，拆迁房屋面积 11 万平方米，仅搬迁补偿安置费用就达 12945.27 万元。

据介绍，金坛市万顷良田建设工程筹措资金来源主要有以下几个方面：

土地整理资金。省以上投资土地整理项目申请土地整理工程建设专项资金 2007.36 万元；市投资项目资金 180.68 万元，由常州苏南土地整理示范中心筹集，资金已落实。

使用挂钩指标留于地方的规费。按城乡建设用地增减挂钩项目申报要求，通过城乡挂钩规划的实施，对工程区域内可拆迁的村庄进行统一整理，根据相关文件规定可筹集资金 3022.45 万元。

本市新增建设用地有偿使用费。前两年共有 2900 万元新增建设用地有偿使用费地方留用，可用于万顷良田建设工程。

常州市级新增建设用地有偿使用费。争取常州市级新增建设用地有偿使用费地方留用资金 1500 万元，用于万顷良田建设工程。

挂钩建新区指标用于房地产开发项目土地出让金政府收益。预计挂钩建新区指标用于房地产开发项目 500 亩，按金坛市目前房地产开发出让金政府实际收益，按每亩 10 万元计，可筹集资金 5000 万元。

耕地开垦费资金。金坛市历年结余耕地开垦费资金可投入 1000 万元。

市级其他涉农资金。整合市级农林、水利、新农村建设资金等其他涉农资金共同投入 1000 万元。

按此测算，规划期可筹集的资金量比估算的工程总投资额还略有节余。

目前，金坛市已设立万顷良田建设工程专项资金账户，并下拨 900 万元用于补偿安置。在接下来的几年中，金坛市将统筹安排好建设资金，分轻重缓急扎实推进工程建设步伐，并加强每一环节的资金监管，使资金运行安全与完整得到保证，做到事前、事中、事后全过程跟踪监管，确保资金拨付到位、高效使用。

"效果图"变"现实版"，农民自主选择补偿安置

自发出《致万顷良田建设工程拆迁户公开信》半个多月后，指前镇东浦村汤家棚、戴家棚、杨家棚、戴家村、袁家村、烘头村 6 个居住点所有搬迁户，带着对故土的依恋和新家的憧憬，举家迁徙，或租房，或借住作为过渡，没有一人一户上访。

都说拆迁是个大难题，但在指前镇专门成立的综治工作中心等多个部门的共同努力下，万顷良田建设工程一期拆迁难题迎刃而解，村民变"要我拆迁"为"我要拆迁"。

这里涉及两个问题：一是搬迁农民的安置问题，二是搬迁农民的就业问题。

万顷良田建设工程为省重点工程，金坛市确定搬迁补偿标准参照《关于省交通重点工程建设项目征地补偿安置的实施意见》，并结合关于扬溧、常宁高速公路（金坛段）征地拆迁补偿指导意见，坚持"就高"和"面上平衡"的原则做好安置费测算。同时，明确镇政府为拆迁主体，组织实施村庄搬迁工作。

金坛市国土资源局先后组织人员赴大丰、无锡、江阴等地学习交流，再经前期认真调研，拟定出货币安置、集中安置和养老安置3种方式，由搬迁户自主选择补偿安置方式。初步调查，1153户中选择货币安置的有204户，需要进行集中安置的有815户，进养老院的有134户。《金坛万顷良田建设工程规划方案》中，对这3种安置方式享受的政策均有明确标准。

为切实保障搬迁农户的合法权益，2009年3月28日，金坛市在指前镇召开万顷良田建设方案听证会，对搬迁、安置、补偿等重点内容进行听证，充分听取群众的意愿与想法。听证会后，国土部门主动多次与镇政府、建设局、规划局商讨，对搬迁安置补偿标准进行合理化修改，明确在参照搬迁补偿标准的同时，由房地产估价中介机构对搬迁房屋进行公开估价，对安置房建设户型下发调查表征求农户的实际需求。

安居才能乐业。根据搬迁人口年龄统计，金坛市对不同年龄搬迁人群搬迁后的基本生活保障作了统一考虑：放弃土地承包经营权的，可纳入基本养老保险体系；反之，则享受土地流转后的收益。同时，市镇两级加大劳动力培训力度，促使已转移的劳动力或返聘到流转土地承包方务农，或进入市镇企业务工，或自主创业经商等。

"就是脱离了土地，人也不能闲着，要想方设法让所涉及的每位农户安居乐业。这是考验金坛探索、试点、启动该项工程是否成功的硬指标。"一位金坛市领导如是说。

"让渡"与"转包",保护土地流转增收有效益

总面积15584.15亩,估算总投资16646.98万元,分三期实施,3年后项目竣工将建成"田成方、渠相连、沟配套、路相通、旱能灌、涝能排"的集中连片高标准农田8255.4亩,新增耕地2133.7亩。

这是一幅即将展现在金坛人民面前的万顷良田建设工程的动人蓝图。

千方百计筹措建设资金,千方百计做好村民搬迁、安居、乐业工作,还有关键的一步,那就是在千头万绪中明晰这项工程的出路:未来的土地怎么流转升值?

在前期调研基础上,市国土资源局会同市委农工办和指前镇政府制定了《土地承包经营权流转方案》。几经上下,反复论证,征求意见,为确保方案科学可行,共同确定了三条基本原则:依法、自愿、有偿的原则;规范有序、集中连片的原则;以人为本、维护农民利益的原则。在具体操作时,金坛市拟定了"让渡"和"转包"两种土地流转方式。让渡土地承包经营权的约有近200户农户,他们将以土地承包经营权换社保;更多的农户则选择转包,将土地经营权全权委托给村委会进行集中流转,镇成立土地流转服务中心,村成立土地流转服务站,积极引导农业品牌企业实现规模化经营。

地处长荡湖畔的指前镇是得天独厚的天然粮仓,"建设万顷良田工程,打造中国标米基地",金坛市借实施这一"有效集聚潜在资源,有序统筹城乡发展"工程良机,因地制宜打出响亮的口号,这种与时俱进的精神值得赞许。而正是冲着这鼓舞人心的口号,金坛市江南春米业有限公司总经理单爱娟对正在整治的集中连片土地也表示出浓厚的兴趣。

听说东浦村即将启动万顷良田建设工程,单爱娟早在3月底就先后到农林局、国土资源局了解情况,并初步拿出扩大优质糯米(标米)种植方案,就土地流转与镇村反复酝酿磋商,得到市政府的支持和领导的认可。

金坛市选择在指前镇探索、试点、启动万顷良田建设工程,有着深刻的历史渊源。早在1914年,金坛指前标米参加巴拿马国际博览

会获金奖；1952年12月25日，毛泽东主席亲笔嘉奖，表扬了指前庄阳农业生产合作社取得水稻增产六成的好成绩；1960年4月12日，中共中央下发了《要十分珍惜土地——中央批转江苏指前标人民公社的一份材料》，介绍了指前的惜地经验；1984年6月12日，时任共青团中央书记处书记胡锦涛在指前标公社芦家村检查"读书立志"活动时，勉励农村团员青年"读好书、种好田"……

"整治出的连片集中土地，可以实现规模效应，发挥种子公司人才资源优势，由育秧公司繁种育秧2万亩以上，带动更多农户种植优质大米，做大'指前标米'这篇文章！"指前镇相关负责人告诉记者，目前"指前万顷良田建设一期工程"正在有序地向纵深推进，他们对此充满信心。

作者单位：中国国土资源报社

走过农村发展"初级阶段"的义乌市，尝试以土地整治统筹城乡发展、推进新农村建设。既节约集约利用了土地，又改善了当地居民的居住环境，成为经济腾飞的新引擎。

经济腾飞的新引擎

——浙江省义乌市农村土地整治调查

周怀龙

毛店村的变迁——经济发展了，村民富裕了，生活、居住条件怎么改善

经济发展了，村民富裕了，村子下一步怎么办？这是一个难题。作为一村之长，浙江省义乌市江东街道毛店村村委会主任毛祯货一直盘算着。

在村民们看来，村里基础设施和居住条件与经济发展水平的不相匹配，是不争的事实。同时，他们心里也清楚，这一矛盾，是由义乌农村特殊的发展方式造成的。

说到土地的瓶颈，得从毛店村的变迁说起。

和义乌市许多其他的村庄相似，毛店村的发展经历了三个阶段：20世纪80年代，村民开始脱离土地，尝试着做生意；到了90年代，村民的贸易做到全国、全世界，很多人办起了自己的加工厂和外贸企业，经济迅速发展起来，外来人口逐渐增加，土地开始变得紧张；2000年以后，随着贸易形势整体向好，义乌市农村的经济又出现了一个飞跃，就毛店村而言，全村1000多人口拥有200多辆豪华车，外来人口超过本地人口。

有了钱想改善生活的村民们纷纷表示："我们已经不是传统意义上的农民了，要更好的条件、更舒适的生活。抱着金砖，守着草窝，我们不愿意。"

但事情并没有想象中那样进展顺利。虽然有了钱，但毛店村却遭遇土地瓶颈的制约。由于土地资源的稀缺，毛店村迄今为止已经10多年没新批过宅基地。

苦于没有地，毛店村前几届村干部的想法都没能实现。

几年前，有人提议利用义乌市旧村改造的时机，搞原址重建，即在毛店村原村址上规划重建，打造出一个"新社区"来。这个提法因遭到村民们反对而夭折。他们的理由是，就那么点地方，连搭建临时房屋的场所也没有，想翻新也不好翻。更何况，原址重建成本大大高过了大家的预期。

然而，正当毛店村人一筹莫展的时候，义乌市出台的一系列统筹城乡发展的政策，让他们看到了一线曙光。

2008年，义乌市被列为浙江省统筹城乡发展综合配套改革的试点。其试点改革的基本框架是，在城市（镇）规划范围内的，已撤销村级建制新社区，村集体经济组织成员已转为居民的村级集体经济组织，经村级集体经济组织决议后申请，报政府审批，将集体所有土地转为国有，办理国有土地所有权登记手续，剩余土地征收后纳入政府土地储备库，最终实现流转。首批试点就在江东街道的端头村展开。

江东街道位于义乌江东畔，毛店村于2002年被纳入江东街道。2009年，根据《义乌市城乡新社区建设实施办法》，以毛店村为中心，西赵、后房、江南、红星几村集聚的村庄集聚建设，被纳入江东街道新社区建设规划，旨在改变以往规划单一、建设成本高、基础配套设施使用率低的局面，提高土地使用效率，增加农户收入。

消息一传开，毛店村一片欢腾，村民们立即组织开会、商议方案、招投标——以土地整治为平台的新社区建设拉开帷幕。

顺势而为——集约用地，增加收入，让老百姓获利

"不让老百姓获利，肯定搞不好土地整治。"说起毛店村的土地整治项目，浙江省土地整理中心的徐熙庆告诉记者，"这里开展土地整治最大的特点，就是让老百姓利益最大化。村民们愿望这么强烈，我们就应该顺势而为。"

2009年，浙江省土地整理中心围绕这一宗旨，为毛店村等村庄的土地整治提出方案——根据土地利用规划，在近市区腾出毛店、西赵、后房、江南、红星五村新社区用地，剥离表土后建造新的村庄集聚点，然后将肥沃的表层土运到各村，将原村村址复垦为耕地。这样既不多占用耕地，又可以实现村民多年的愿望。

"整个项目下来，村民不用出一分钱，就可以住上新房，还能挣不少钱。"

徐熙庆算了一笔资金账——资金来源主要有三块：政府出一部分，村集体补助一部分，"市场"上来一部分，当地称"选位费"。其中，复垦的工程费用由政府出，以1亩1.1～1.3万元计；村集体则按人均1800元进行补助，选择高层住宅的村民则按每平方米500元进行补助；而很大的一块资金则来自于"选位费"。毛祯货告诉记者，因为进出方便，许多村民都愿意住低层临街的房子。于是，位置好的房子便成了"香饽饽"。因此，唯一的办法是，让愿意选择这样房子的人多出一部分钱。因此在毛店村的新社区设计图纸上，不同位置的房子价格不等，明码标价。

一般而言，村民新房的居住面积是按照其原有宅基地的面积以及家庭人口来计算的，不愿意出钱的村民，可以将宅基地面积的一部分进行折抵，不用花一分钱就能住进新房。而一些不愿意住那么大面积的村民，还可以转让，这也是一笔可观的收入。与此同时，由于新社区离市区比较近，又挨着交通要道，新房出租的收入非常可观。对毛店村村民而言，将来的房租也是一笔巨大的财富。

从毛店村的情况看，土地整治不仅解决了"钱从哪里来"的问题，同时也一举解决了毛店村"地由谁在种"的难题。对复垦后耕地的管护，徐熙庆说："以前，村里的耕地细碎零散，村民们种地没有积极性，有的转包给外地来的菜农，有的干脆撂荒，造成极大的浪费。通过整理，地成方成块，可以大面积转租包给菜农，让他们集中经营，既管护了耕地，提高土地的效益，同时也解决了当地的蔬菜供应问题。"

因地制宜——城郊、近郊、远郊几种模式各有特色

由于地理位置等关系，农村的发展情况迥异。义乌市的情况也同样如此。

2009年，《义乌市城乡新社区建设实施办法》中将村庄分为城中村、镇中村、近郊村和远郊村四类。其中，城中村是指位于城市规划建设用地范围内的村；镇中村指位于镇街规划建设用地范围内的村；近郊村指位于城市（街道）规划建设用地范围外，并且不实施"宅基地换住房、异地奔小康"工程的农村；远郊村则是指地处偏远、人口稀少、自然承载力弱的边远山区的村。从地理位置看，实际上分为城中、近郊、远郊三类。

由于各村的实际情况不同，实施土地整治的方式也大为迥异。为此，义乌市的土地整治因地制宜，分为几种不同的类型。

在距离义乌市城区中心7.5千米的岩南村，记者看到的是与毛店村土地整治截然不同的模式。岩南村由5个自然村组成，面积133.75公顷，却只有农户284户，总人口约900人，属于典型的"空心村"。

在村口，岩南新村的规划图赫然而立。图中，新村围绕德胜岩风景区，居住、农家乐、商店服务、菜地等功能区整齐分明。

岩南村党支部书记龚祖能告诉记者："我们和毛店不一样，他们依靠城郊的房租收入。我们的目的是发挥岩南村的旅游优势，既解决'空心村'的土地问题，又发展农家乐等旅游产业。"这一点，正好符合义乌市促进山区劳动力向二、三产业转移的政策。

按照"群众自愿、以人为本、因地制宜、科学规划、分期实施、保护生态、协调发展"的原则，岩南村的"空心村"改造项目目前已到了建设实施阶段。龚祖能递过一张摁满手印的实施细则，告诉记者："村民们积极性很高，一碰到我就问我啥时候开工。要是不能按时开工建好的话，明年我这个支书恐怕是当不了了。"

"这次整治完以后，我们村的景致可以保持100年领先。"他高兴地说。

为了规范推进土地整治工作，义乌市相继出台了《义乌市城乡新社区建设实施办法》、《农村"空心村"改造的实施意见》以及《"宅基地换住房、异地奔小康"工程实施办法》等一系列政策，形成了一套全面、规范、系统的城乡新社区建设政策体系。

在政策的激励和老百姓愿望的推动下，目前，义乌市共完成538个村的村庄整治，共创建省、市各级新农村建设示范村99个，启动163个村旧村改造，累计新建住房面积1887万平方米，3.7万农户搬入新居。

作者单位：中国国土资源报社

借鉴城乡建设用地增减挂钩的思想,重庆在全市范围内推行"地票"交易,实现了建设用地指标置换,为广大边远地区农村闲置建设用地提供了有偿退出机制,进一步优化了城乡土地利用结构和布局。

优化城乡土地利用结构的重要平台
——重庆市"地票"交易制度调查与分析
巴特尔　贾文涛　陈　原　杨　红

为及时了解重庆市地票交易制度运行总体情况,国土资源部土地整理中心组成调研组,于2010年4月9日至11日赴重庆市农村土地交易所、大渡口区、合川区、江津区等地实地调研。通过座谈、实地考察、走访农户等形式,广泛听取了地方政府、国土部门、有关企业及基层干部群众的意见。大家一致认为,在全市范围内推行建设用地指标置换,为广大边远地区的农村闲置建设用地提供了有偿退出机制,进一步优化了城乡土地利用结构和布局。

地票交易制度运行基本情况

所谓地票,是由农村宅基地及其附属设施用地、乡镇企业用地、农村公共设施和农村公益事业用地等农村集体建设用地,经过复垦并经国土资源部门验收后产生的用地指标。地票交易,就是将地票通过农村土地交易所进行公开上市交易的行为。

地票总体交易及落地情况。重庆市农村土地交易所自2008年12月4日挂牌成立以来,已组织10场地票交易,累计成交75宗地票,共16500亩,成交金额16.55亿元,成交均价10.03万元/亩,最高成交单价14.33万元/亩。地票成交价格从第一场交易会均价8.16万元/亩增长到第十场交易会均价13.45万元/亩,增长幅度达65.9%。目前已有8宗地票获征(转)用批复,其中1宗完成了全部程序。

地票交易基本做法。地票运行程序有四个环节：一是复垦。土地权利人向区（县）国土资源管理部门提出将闲置的农村宅基地及其附属设施用地、乡镇企业用地、农村公共设施和农村公益事业用地等农村集体建设用地进行复垦的立项申请，经批准后进行专业复垦。二是验收。区（县）国土资源管理部门组织对复垦后的耕地进行验收，验收合格后，向市国土资源管理部门申请确认并核发建设用地指标凭证，即地票。三是交易。地票通过农村土地交易所上市进行交易。四是使用。地票在城镇落地使用时，必须符合土地利用总体规划和城乡规划，办理征收转用手续，完成对农民的补偿安置。征为国有土地后，通过招拍挂等法定程序，取得国有土地使用权。

地票交易运行保障措施。重庆市采取了一系列有效措施，以保障地票制度健康运行。一是严格补充耕地数量质量考核。重庆市积极开展了地票交易中置换耕地数量质量折算方法研究工作，充分利用农用地分等定级成果，将占用耕地和复垦耕地的等级进行折算，实现耕地占补数量和质量平衡，确保在地票交易中全市耕地数量不减少、质量有提高。

二是有效控制地票指标交易量。对地票指标交易总量，市政府实行计划控制，每年度指标交易量根据年度用地计划和经营性用地需求情况合理确定。目前，重庆市计划将每年地票交易总量控制在国家下达年度新增建设用地计划指标的 10% 左右。在地票使用上，规定都市圈内经营性用地以及所有市级储备机构用地必须首先购得地票。地票持有人要首先将地票用于办理农用地转用和土地征收，并同时规定地票有效期限为 2 年，过期后将由农村土地交易所回购。

三是明确地票交易收益分配。对地票交易收益的分配，重庆市目前已形成《地票价款分配和使用暂行办法》，规定地票交易收益将全部用于"三农"，支持农村建设，主要用于以下几方面：① 按 1 万元/亩标准核算复垦工程费用；② 按区（县）政府确定的当地征地拆迁补偿标准核算对农民房屋及其附着物补偿；③ 按附近乡镇国有土地出让金标准核算对农村集体经济组织进行补偿；④ 按复垦区（县）100 平方米乡镇房屋市场价的 20% 核算农民购房补贴；⑤ 用于建立耕地保护基金或农村基础设施建设专项基金;⑥ 支付地票落地区(县)新增建设用地土地有偿使用费;⑦ 开展农村土地交易服务。

四是切实保障农民利益。在申请复垦环节,凡农户申请宅基地复垦,要求必须有其他稳定居所,而且有稳定工作或稳定生活来源。同时规定通过复垦新增的耕地继续由原宅基地使用权人承包经营;自己不经营的,可依法进行流转,获得相应收益。在价格确定环节,制定全市统一的地票交易基准价格,如果交易价格低于基准价格,土地所有者有优先回购权。在收益分配环节,地票交易收益 90% 归腾退宅基地的农户以及其所在农村集体经济组织所有。

地票交易制度实施成效

有利于"双保"目标的实现。重庆市农村人均居民点用地在 250 平方米以上,利用效率很低,资源浪费严重。地票交易制度借鉴城乡建设用地增减挂钩的思想,在全市范围内实现了建设用地指标的置换,为广大边远地区的农村闲置建设用地提供了有偿退出机制,进一步优化了城乡土地利用结构和布局。重庆市城镇人均用地只有 80 多平方米,一个农村人口转化为城镇人口就可节约 170 平方米左右建设用地。如果现有的 2300 万农村人口有 1000 万转移进入城镇,就可节约 17 亿平方米建设用地,等于增加 250 多万亩耕地。

有利于城市反哺农村。同增减挂钩项目区设置要求建新区和拆旧区地块相对接近相比,地票交易的范围更广,距离更远。这种远距离、大范围的置换,将产生更高的级差收益,利用级差地租提升农村特别是偏远地区的土地价值,实现了城市反哺农村、发达地区支持落后地区,最终实现城乡统筹发展。

有利于保证补充耕地的数量质量。在复垦耕地方面,地票交易制度以"先补后占"替代"先征后补"的用地模式,有效防止了现有征地模式"占地在先是刚性的,造地在后是柔性的、时间和质量不能保障"的弊端。

有利于建立城乡统一的土地市场。在市场化建设上,地票交易通过建立有形土地市场,在全市范围内进行土地交易,显化了农村建设用地指标价值，带动了农村要素市场的发育，有力促进了资本、技术等其他要素市场建设，加快了城乡统一土地市场的建设进程。

完善地票交易制度的几点建议

从调研情况看，地票交易制度具体实施规则还有待细化、明晰，其操作可行性和实际效果尚待实践检验。为确保地票制度健康规范运行，笔者建议：

一是加快村级土地利用规划编制。以村级土地利用规划引导农村建设用地复垦工作，促进村域土地利用效益最大化，合理安排农村建设用地复垦的空间布局和时序。通过地票交易，提高用地效率，显化农村建设用地价值，优化城乡建设用地结构。

二是对复垦进行严格有效监管。建立土地复垦统计台账制度，将复垦的每一宗地纳入统计范围，自下而上，逐年上报汇总。同时，加大对农村建设用地复垦的全程监管力度，制定严格的耕地质量检测标准，由国土部门联合农业、发展改革及财政等部门共同组织专家验收，确保复垦耕地质量。

三是健全土地复垦和地票交易的资金管理办法。明确与地票交易指标对应的农村建设用地复垦资金来源渠道，保证专款专用。完善农村建设用地复垦中的土地房屋补偿办法，保证复垦中土地房屋的补偿标准与土地征收补偿标准相衔接。同时，完善鼓励农民进行宅基地置换和易地购房的经济补助政策，运用经济手段引导农民积极参与农村建设用地复垦，鼓励农民自愿、有偿地流转土地。进一步完善地票收益返还、分配、使用的管理办法，确保绝大部分地票收益投向农村，直接惠及农民，避免政府与民争利。

四是加强指标流量控制。建立和完善地票来源的统计台账制度、地票交易统计台账制度以及地票交易后的跟踪管理制度，加强市级国土管理部门对指标确认、指标转为地票入场交易、地票交易后落地等环节的全程监管。统筹考虑地票落地规模与土地需求量，对地票落地进行总量控制和合理时序安排，避免落地过度集中，防止单纯追求指标利益。

五是完善农民权益保障措施。在地票交易中复垦区农民获得原有房屋及构附着物补偿、购房补贴等地票交易收益，但并未参与国有土地出让收益的分成。在制度设计中应积极探索指标落地区地块出让纯收益中一定比例返回复垦区农村，完善级差收益在政府、复垦地区农民和集体经济组织、指标落地区被征地农民和集体经济组织之间的合理分配，加大地票收益反哺农民、农村的力度，切实维护农民权益。

六是研究制定相关配套政策措施。地票交易制度应坚持试点先行、审慎推进原则，有效抑制地方政府追求用地指标的强烈冲动，研究制定地票指标量控制、落地情况监管等相关配套政策，切实保障地票交易制度健康运行，防止走歪走偏。

作者单位：国土资源部土地整理中心

增减挂钩让政府、百姓都尝到了甜头——政府高兴，因为"挂钩"试点解决了用地空间不足，促进了新农村建设、城乡统筹发展；百姓高兴，因为祖祖辈辈不变的生活面貌有了变化，有地方就业，也增加了收入。

统筹城乡发展的"金钥匙"
——山东省城乡建设用地增减挂钩试点侧记

刘振国　李现文

山东是资源大省，全省共发现矿产150种，占全国已发现矿种的87%。

山东也是经济大省，经济发展迅猛，排在全国前几位。

当资源大省和经济大省相结合，他们的目标是，打造经济强省。

而经济强省遇到的发展瓶颈之一，就是建设用地紧张。

建设用地紧张果真会制约经济发展吗？也不尽然。山东省有大量的农村建设用地，也有大量的"空心村"和闲置的旧宅基地。把这些土地充分利用起来，潜力无限。

国土资源部部署的城乡建设用地增减挂钩试点，就是一个杠杆。支起这个杠杆，可以撬起全省城乡统筹发展的棋盘。

以城带乡，以工促农

"近年来，国家出台了不少支农惠农的好政策。但是，在我们长期工作在基层的同志看来，国土部门的政策最实在，确实帮到了点子上。"山东省潍坊市的一位镇长对记者说。

2006年4月，国土资源部选择山东省等5省开展城镇建设用地增加与农村建设用地减少相挂钩试点工作。

两年多时间，初现端倪。

2008年9月的一个傍晚，记者在山东省临沂市义堂镇苑朱里小区看到，如今的苑朱里小区已不是原来破旧散乱的小村庄。公寓楼、广场公园、葡萄园，以及水、电、路、气，都能在小区找到。村党支部书记介绍说，这些漂亮的农民公寓楼、1.2万平方米的广场等都是在旧村原址上新建而成的，旧村还可以复垦出200亩耕地。

山东省国土资源厅厅长徐景颜有多年在地方政府从政的经历，他把"挂钩"工作称为"农村改革的发动机"。他认为，这是落实党的十七大精神，实现以城带乡、以工促农、统筹发展的最好政策；是促进新农村建设，践行科学发展观的重要契机；是缩小城乡差别，促进城乡一体化的最好机遇。

他说，山东省为城乡统筹发展做了大量工作。2008年，省里从土地出让金中拿出20%，支持"三农"。实现资金由城到乡合理流动，试点项目区内城镇新增建设用地耕地开垦费、土地有偿使用费上缴省财政部分留在当地专项用于拆旧区的土地整理复垦，土地出让收入大部分用于拆迁安置和征地补偿。对试点地区，地方财政每亩补偿农民费用3万~5万元。

通过开展试点工作，加强了农村基础设施建设，合理配置了教育、科技、文化、卫生、体育和社会福利保障等公共服务设施，使居民的居住条件、生产生活条件大为改善，有效改变了村庄面貌。他们说，凡是做过试点的地方，都成为当地新农村建设的典范。

临沂市政府领导用了一连串的形容词。他说，城乡建设用地增减挂钩，是统筹城乡发展的"金钥匙"，是建设和谐社会的"催化剂"。

反哺"三农"，顺应民意

"部里第一批批复183个项目区，周转指标7万多亩，而山东就有66个项目区。这样的好事，我们干不好，没办法交代。"临沂市国土资源局局长李彦普说。

截至2008年7月，山东省已完成拆旧复垦面积2万余亩，占全部拆旧复垦面积的80%。已在建新农村99个，安排各类项目202个。在拆旧建新过程中，最重要的是尊重农民意愿、保障农民权益。坚持因地制宜，不搞超标准建设。做好宣传解释，让群众达成共识。

通过算账的方式，调动农民群众拆迁安置的积极性。

临沂市国土资源局负责人在接受记者采访时表示，在试点推进过程中，始终坚持几项原则：一是群众利益至上。无论拆旧建新还是复垦整理，以及土地经营模式的选择都要做到以维护群众的利益为前提。二是坚持依法、民主，尊重农民意愿。在试点工作的申请、拆迁安置、经营模式选择等重点环节，都要经过村民委员会的充分讨论，村民代表表决等民主程序。三是规划先行，切实搞好新村规划，经过村民代表大会通过后严格实施。四是先易后难，稳妥拆旧，安置多样，补偿到位。使群众的损失减少到最小，使群众感受到政府是在给大家办好事，做到"服务先行，好事办好"。五是走适度规模化、集约化、产业化农业发展的路子。对项目区腾出的耕地，实行规模经营，追求新增土地的效益最大化，保证拆迁后村民有稳定的收益增长。

"双保"共赢，城乡共荣

谈到"挂钩"试点的效应，徐景颜表示，通过"挂钩"，山东省的政府部门、老百姓尝到了甜头，都有积极性。政府高兴，因为"挂钩"试点解决了用地空间不足，促进了新农村建设、城乡统筹发展；百姓高兴，因为祖祖辈辈不变的生活面貌有了变化，有地方就业，也增加了收入。

"挂钩"试点带来的好处主要体现在以下几个方面：

——大力推动了村庄改造，聚小成大，整旧为新。山东全省农民住宅用地占整个建设用地的50%以上，随着农村劳动力的转移和农村居民到城镇定居，"空心村"现象非常突出。在挂钩试点工作中，分类实施村庄整理。对村内空闲地比较多、不宜整体搬迁的村庄，实施"缩村填空"；对人口少、布局零散的村庄实施"迁村并点"，集中力量建设"中心村"；对城镇郊区的村庄实施"撤村并居"，将农民搬迁到城镇社区。目前，挂钩试点项目区内村庄已由178个整合为99个。

——复垦旧宅基，建设高产稳产田，促进高效农业发展。在挂钩试点中，对搬迁旧村腾出的土地，安排土地开发整理项目进行复垦。复垦坚持以全面提高耕地质量为标准，实行"山、水、田、林、路"综合治理，实施沃土工程，完善田间基础设施，提高农业综合生产能力。目前，全省"挂钩"项目区内已复垦耕地1.8万亩，全部是旱能浇、涝能排的高产稳产田。

——壮大农村经济，增加了农民收入。对复垦出的耕地，实行集中连片种植，提高农业机械化水平，促进现代农业和农业产业化发展。临沂市前西沂村将复垦新增的200多亩耕地实行产业化经营，租给远宇食品有限公司，建立了新型果品出口示范基地，仅此一项，村集体每年可增加收入14万多元。

——城镇建设用地、产业用地空间得以拓展，缓解了发展用地燃眉之急。山东省每年的用地需求相当于一个中小县的规模。通过挂钩试点，在不减少耕地数量、不降低耕地质量的前提下，已为挂钩试点项目区内城镇提供建设用地指标1.6万亩，安排项目202个，总投资192亿元，为当地经济社会又好又快发展增添了后劲。

——提高了节约集约用地水平。在拆旧建新过程中，通过鼓励引导建设节地型住宅，挂钩试点项目区内农民安置房用地仅为0.38万亩，是试点前占地的18.5%。记者了解到，有的地方可以节约土地1/3，有的地方甚至可以减少一半以上。全省项目区内农村建设用地面积共减少1.67万亩。

——改善了农民生活，改变了住房条件。通过拆旧，增加了建设用地指标，由周转指标形成的级差地租，有一部分返还给农民，用于新建住房补贴。临沂市规定每户补偿5万元，经济条件好的地区，如寿光市每户补贴10万元。试点项目区的百姓，花不了多少钱就能住上楼房。

通过"挂钩"引发的村庄布局的变化是全方位的。在新建村庄内，教育、文化、卫生、体育和社会福利保障等公共服务设施完备，水、电、路、气等基础设施集中配置，居住区、养殖区、耕作区合理布局，农民生产生活条件大为改善。借助这些条件，农村基层党组织、基层文化也有了前所未有的进步，出现了空前的和谐景象。

山东省第一批挂钩试点工作涉及13个市的18个县,试点带来的效益令人瞩目,各地抢着要试点项目。

有"借"有"还",绝不走样

"挂钩"是国土资源管理的一项重要的政策创新。保证新制度的生命力,绝不走样,好事办好,给各级国土部门工作提出了新要求。

谈起如何保证"挂钩"试点成功,徐景颜表示,绝对不走样,严格按照国土资源部规定,这是"挂钩"试点的生命。至于试点的建设用地指标是否会保证有借有还,记者在山东省几个试点县得到的回答都是肯定的。他们说,"国土部门给了地方政府这么好的政策,就像给了一杯牛奶,他们总不会把奶瓶也砸了吧?"

据山东省国土资源厅上报给省委、省政府的一份资料显示,第一批试点项目区批复下达后,他们坚持高起点规划、高标准建设、高效能管理。山东省的试点工作也获得了国土资源部有关司局的肯定。第一批挂钩项目区66个,可周转指标2.6万亩。目前的统计数字显示,全省已拆旧复垦面积2.05万亩,安置人口2.5万多人,建成安置房137万平方米,在建新农村99个。经过两年多努力,已"归还"挂钩周转用地指标1.98万亩。2008年年底,所有预借的指标会及时奉还。

作者单位:中国国土资源报社

通过实施万顷良田建设工程、丰东荒地开发复垦等项目，大丰市不仅大大增加了耕地面积，改善了农民生产、生活条件，而且为城市发展提供了用地保障，为新农村建设和城乡统筹发展开辟了新空间。

为了城乡发展更协调

——江苏省大丰市土地综合整治纪实

张亚莉　曲　欣　王培培

2010年6月，江苏大丰。

正是小麦丰收、水稻插秧的季节。一马平川的金色麦田上，大型收割机忙碌地工作着；绿油油的稻田里，刚插上的秧苗长势喜人。远远望去，一个个或黄或绿的格子周围，是交织成网的树木、水渠和道路。

汽车在平坦的乡间公路上疾驶，沿途一幅幅田园风光让人应接不暇。这是大丰土地综合整治给人的初步印象。

起因："即便土地后备资源丰富，也不能坐吃山空啃老本"

大丰市国土资源局局长商明星告诉记者，做好土地综合整治文章，是从大丰市的实际出发作出的必然选择。一方面，大丰市是农业大市，全市农业人口63.6万，村庄建设用地达21万亩，大多以带状分布为主，土地利用率不高；农户承包田零星分散，不利于规模化种植，成为制约农村发展、农民收入提高的瓶颈。

另一方面，大丰市近几年来经济发展迅速，每年建设用地需求量都在2000亩左右，而每年的建设用地指标只有300亩。"在国家宏观政策趋紧的情况下，耕地不能减少，还要保障建设用地，即便土地后备资源丰富，也不能坐吃山空啃老本，更不能毁了耕地搞建设。实施土地综合整治，是挖掘土地潜力和空间的现实需要和必由之路。"商明星说。

2005年以来，大丰市共实施耕地占补平衡项目254个，总面积18.95万亩，新增耕地10.41万亩。

大丰对土地综合整治的认识，也在实践中逐渐深入。2008年5月的一天，刚刚参加完江苏省国土资源市长培训班的大丰市市长倪峰，给商明星交代了一项任务："夏鸣厅长在培训班上提出了一个想法，各县级市要尝试搞耕地资源、建设用地资源、劳动力资源、市场需求与公共服务资源的有效集聚。用什么办法，既能让农民从原有土地中解脱出来，使农民致富；又能把农村集体建设用地复垦成耕地后，把用地指标置换到城里用，从而统筹城乡发展？"

由于大丰市对万顷良田建设工程认识到位，积极性高，江苏省国土资源厅将其列入首批试点。

随着一个个项目的实施，大丰呈现出一系列喜人的变化。

一变：近郊农户变市民，好处"看得见摸得着"

实施土地综合整治，势必面临一些棘手的问题。其中就有农房拆迁、土地流转问题。

以万顷良田建设工程为例。试点工作成败，选点十分重要。经综合考虑，位于市区东北郊的大中、裕华两镇相邻的区域被"相中"，规划总面积1022.69公顷。

为了确保拆迁安置计划如期进行，市、镇等有关部门抽调专职人员成立拆建工作机构，制定了拆迁安置方案。集中居住安置点由政府主导进行选址，以"拆一补一、以房换房"为原则，拆迁按重置价、购买农民公寓按成本价实施住房安置；针对少数住房条件差的农户和特困户，采取过渡性安置和将孤寡老人安置到敬老院等办法，使被拆迁对象都有房可住。目前，已拆迁农户97户，腾出土地113亩。

大丰市一方面将拆迁安置人员纳入城镇社会保障体系，从土地流转收益中解决相关保障经费，确保农民基本生活水平不下降；另一方面，专门成立了丰收大地公司，具体负责流转后土地的农业项目招商引资和经营运作。该市先期拨付启动资金1000万元，通过市场化运作，按照每亩900元的流转价格，已完成约2000亩农地承包经营权的流转发包工作。此外，鼓励有劳动能力的农民外出打工或返聘到农业园区就业。丰收大地管委会在与进驻园区的企业签订协议时，约定在同等条件下，优先使用土地流转户。年底，管委会将对这条用工要求执行情况进行考核，达标的才能享受税收减免政策。

土地流转前，阜丰村村民顾学存一家种了七八亩地，年收入不足1万元。土地流转后，单是流转费用和农补资金就能拿7000元。现在，老顾和老伴在丰收大地园区打工，一年能赚2万元。儿子在上海工作，收入不菲，一家三口的日子过得有滋有味。

二变：传统农业变高效农业，"活轻了，钱多了"

万顷良田建设工程，不仅实现了农田连片开发，而且通过对农村建设用地和零散工矿用地、废弃地的归并整理，可置换建设用地指标1400亩。除了30%用于安置拆迁户外，其余70%可用于其他项目建设。

在丰收大地产业园2万亩核心区，一座座钢结构大棚整齐排列，一条条水泥路笔直宽敞，一个个条排沟有序布局，低高压线路、电灌站、机耕桥、涵洞等一应俱全。

谈到产业园区规划，大丰市国土资源局大中分局局长陈荣平摊开手中的工程规划图，一边指着整齐布局的条排沟一边说："现有条排沟大概宽65米、长420米，我们在原有的排灌系统基础上，增加了电灌站，把原来的砂石路变成水泥路。30~40厘米的耕作层也没有破坏掉。"陈荣平进一步补充说："大丰是生态名城，现代农业更要在生态维护方面作出示范。"

在一座占地1.2万平方米的钢结构大棚里，10万余株凤梨整齐地排列在活动钢架上，上方是呈网状分布的喷水管；大棚内壁一面是一排风扇，另一面是水帘墙，棚顶高低起伏有致。

这些设计暗藏哪些玄机？看出记者的疑惑，工作人员小徐介绍道："棚顶有个装置专门蓄积天然雨水，每次浇水时，只需轻轻按动控制按钮，雨水就会经这些喷水管浇注到花卉上；活动钢架可以手摇控制，方便工作人员进出；两边的风扇和水帘墙用来控制棚内湿度；而棚顶设计成起伏状，是为了有效增加光照。"

看得出来，与传统农业相比，高效设施农业在操作上更加精细、高效，也更加便捷。更重要的是，二者在单位面积产出率上不可同日而语。园区管委会基建办主任王建法给记者算了一笔账："我们为上海世博会供应了6万余株凤梨，每盆售价为40~50元。即便按照市场最低价35元一株算，大棚里10万株成花的凤梨也能带来350万元产值。而'面朝黄土背朝天'种同等面积的土地，什么时候能有这么高的产出效率？"

三变：滩涂地变米粮仓，调剂用地指标12万余亩

谈到土地综合整治，最让大丰国土人感到骄傲的是新增加的耕地，以及为省里贡献的耕地指标。

2004年，作为江苏省第三批异地补充耕地重点项目，丰东荒地开发项目正式实施。项目区就位于华丰农场境内，总面积2044.06公顷，总投资8597万元，新增耕地面积1543.22公顷。

在一块鱼塘旁边，大丰市国土资源局土地整理中心主任宣俊介绍滩涂变良田的具体步骤："先将一部分淤积的滩涂累积起来筑成海堤，把海水匡围起来形成鱼塘，然后进行最重要的淋盐洗碱，通过5~10年时间，待土壤中的盐分慢慢减少后，复垦成耕地，然后再框围，再洗碱，再复垦，形成土地开发整理的良性循环。"

工程建设是项目建设的重要环节。正因为强化了工程建设管理，自2005年7月开工建设，到2006年年底主体工程竣工，项目顺利完成了土地平整、农田水利、道路桥梁及其他配套设施建设，形成了田成方、路成行、渠成网、林成片的生产布局模式。项目实施后第6年，产量已基本稳定，水稻总产量可达1157.4千克，收益1620万元；小麦总产量达787千克，收益865万元；项目区新增耕地收益

2485万元，年净效益达1540.7万元。

通过实施土地开发复垦，近年来，大丰市共为苏南地区易地调剂耕地指标12.56万亩，为全省耕地总量动态平衡作出了贡献。

作者单位：中国国土资源报社

永联村通过增减挂钩,推进居住、生产、就业、生活、管理和收入等方式的转变,呈现出一幅"小镇水乡、花园工厂、现代农庄、文明风尚"的社会主义新农村画卷。这个村也因此被外人羡慕地称作"幸福的永联村"。

幸福的永联村
—— 江苏省永联村增减挂钩成效显著

徐红燕

一个在苏州地区40年前版图上找不着名字的村庄,曾经被费孝通先生誉为"华夏第一钢村";一个由长江边近700亩芦苇滩地围垦而建的村庄,如今是苏州市面积最大、人口最多、经济实力最强的行政村;一个由浅塘、荒坡、残草、洼地为主构成的小村庄,成为2010年上海世博会上中国参展的两个行政村之一。

这个村庄,就叫永联。

拱桥夕照,粉墙黛瓦的江南民居错落有致;绿树成荫,清新有致的厂区一改传统钢厂形象;麦香阵阵,各类耕作机器成为这块土地最好的点缀;锣鼓声声,自信和快乐是这里传递出的最具识别性的节奏。

这就是今天永联村呈现给世人的一道"四联屏风",永联村党委书记、永钢集团董事长吴栋材将其概括为"小镇水乡、花园工厂、现代农庄、文明风尚"。人们说,没有这位年逾七旬的"老书记"、这个极具传奇色彩的企业家,就没有永联的今天。而吴栋材却说,是永联抓住了机遇,没有城乡集体建设用地增减挂钩试点的顺利实施,也就没有永联的今天。

居住方式城镇化——"瞌睡遇到了枕头"

改革开放以来,永联村历经以工兴村、轧钢富村、并队扩村、炼钢强村,发展成为苏南地区面积最大、人口最多、经济实力最强的行政村之一。永联村目前所辖面积10.5平方千米,村民小组77个,村民10380人。2009年,永钢集团实现销售收入260亿元,上缴国家税收达11.5亿元。

"近3000户村民散居在10.5平方千米的土地上,村民宅基地占地面积为1140亩。"吴栋材介绍,和苏南地区大多数村庄一样,经济发达的永联也面临着人多地少、房屋密度高、宅基地浪费多的困境,要实现集约化、规模化种植,必须实现集中居住。再加上地处江滩,民房沿河沿圩排列,布局分散,环境脏乱差,治安条件差,管理成本高,改善村民居住环境成为当务之急。

21世纪初的前几年,为了改变固有的村落结构,永联已开始着手规划。但迫于两规和用地指标的限制,永联村的新村规划只是停留在纸上。

2006年春天,一切有了转机。这一年的4月,国土资源部下发了"关于城镇建设用地增加与农村建设用地减少相挂钩第一批试点的批复",张家港市成为全国第一批试点之一,永联村所在的南丰镇名列其中。得知这一消息后,吴栋材喜出望外:"这真是瞌睡遇到了枕头啊!"

张家港市国土资源局局长季宗介绍,张家港全市挂钩指标总规模880.5亩,南丰镇永联村挂钩指标面积733.4亩。

成为第一批试点项目区后,永联村从科学规划入手,坚持先建后迁、让利于民,先后聘请上海大学、苏州园林局、常州规划设计院等单位进行规划设计,计划投资10多亿元建设一座具有苏南特色的现代化小区。项目区正式动工后,当年被张家港市政府确定为新农村建设示范工程。为充分抓住试点机会,永联村把散落在田间地头近3000户农房全部拆掉,集中归并宅基地1140亩,其中600亩用于建设60万平方米的"永联小镇"。

生活方式社区化——"富了口袋要富脑袋"

端午时节,小镇弥漫着粽香。这座现代化水平相对较高的小镇,不仅拥有江南水乡的建筑元素,还保留着珍贵的江南民俗文化。看新居，谈收入，论变化，在永联小镇采访，记者处处都能感受到这里的热情和友好。

"像城里人那样生活"的梦想，在永联小镇得以一步步实现。"我们要像城里人那样生活，特指拥有城市完备的公共资源。"吴栋材心中的城乡一体化的标准，是在实现"居住方式城镇化"的同时，达到"生活方式社区化"。因此，打造一座具有现代化江南特色的永联小镇，现代化的学校、高标准的医院和功能齐全的社区服务中心是不可或缺的。

2010年，能在家门口看世博，成了中国人关注最多的话题之一，而"永联万人免费看世博"，成了近日媒体上的一大新闻热点。自5月25日起，每天清早3辆大巴从张家港市永联村直奔上海世博园，这就是"永联村民世博专线"。3个多月内，12000多名村民和职工到世博园参观，所有费用均由永联村买单。"我们就是去看看，农民是如何变市民的。"吴栋材告诉记者，永联村为此投入400万元，富了口袋还要富脑袋，就是为了让村民体验城市文明、开眼界、长见识，看看城市的幸福生活究竟是个什么样子，引导他们实现从农民到居民的转变。

更令人瞩目的是，2010年8月23日~9月1日，作为全国两个入选上海世博会参展的行政村之一，永联村在城市最佳实践区苏州馆内举办了以"城乡一体化，农民更幸福"为主题的展示周活动。同时，永联村还是世博会"农民的城市化生活"主题体验之旅示范点，作为中国新农村的发展成果和农民的幸福生活的代表，展示给全世界游客。

收入方式多元化——"种好摇钱树为大家"

"要实现可持续发展的路子，必须实现生产方式的产业化。只有这样，才可能达到收入方式的多元化。"吴栋材告诉记者，这些在城乡一体化进程中带有共性的问题，永联村在城乡建设用地挂钩试点项目施行之初，就开始因地制宜地探索路子。

增减挂钩试点给了永联村实现农民集中居住、将土地集约化规模化经营的契机。吴栋材介绍，永联村成立了集体经济合作社，将土地经营权以每亩每年1200元的标准统一流转到集体，进行集约化和规模化经营。借助强大的村级工业经济实力，永联村遵循工业反哺农业的规律，先后注资成立四家公司，分别扶植发展高效农业、设施农业、观光农业和生态农业。

第一家公司名为永联园林工程有限公司，有苗木基地3500多亩，园林植物100余种，主要经营园林工程设计施工、销售养护管理、苗木花卉种植等。这一公司就建在永钢集团工厂四周300米宽的环形地带上，郁郁葱葱的苗木为永钢集团搭建了一道绿色生态屏障，绿意盎然的生机成为"花园工厂"的首席功臣。不言而喻的是，在成为永联生态名片的同时，这家园林公司还培养出一批园林绿化及环境工程施工技术过硬的工人，这些工人全都是永联村人。

占地面积2000余亩的永联现代粮食基地有限公司，目前自动灌溉面积已达1595亩。记者在现场了解到，从6月中旬开始的插秧工作，2000多亩稻田只用了不到半个月的时间。在这里，人工作业大多为机械化作业替代，还实行稻、麦两季轮作，通过育、繁、推、加、销一体化，年产值约464.5万元。工作人员告诉记者，这正是实现规模化种植后，通过发展现代农业和智能化科学管理带来的成效。

细数为实现农民"收入方式多元化"而做出的种种尝试，吴栋材高兴地告诉记者，如今，永联村村民的工资性、财产性、租赁性、福利性、救济性等收入已占到村民家庭总收入的75%。2009年，全村农民人均纯收入已达17303元，接近江苏全省城镇居民收入的全面小康核心指标。

作者单位：中国国土资源报社

岩溪镇以村为单位，成立农村土地整治工作组，实行"阳光操作"，尊重民意，让群众提前知情并全程参与，大大加快了整治步伐。

展开农村新画卷
——来自福建省长泰县岩溪镇土地整治试点村的报道

齐培松　陈龚清

一幅巨大的规划效果图竖立在场中，一台挖掘机正在清理剩余的瓦砾，一片房屋拆除后的空地已现出平整的雏形……这是2009年7月26日，记者在福建省长泰县岩溪镇土地整治试点村项目施工现场见到的情景。

该镇镇长姚美福告诉记者，目前，珪后村已完成269户房屋的拆迁任务，占总拆迁户280户的96%，发放补偿金额130多万元，现已进入安置建新阶段；上蔡村、锦鳞村、高濑村也已完成了80%的拆迁任务。以土地整治为开端的新农村建设，正在展开一幅美丽的画卷。

耐心细致的思想工作，转变了村民对土地整治的看法

夏日的珪后村，微风习习，几位妇女正在村中的水泥道旁翻晒刚刚收割回来的稻谷，脸上洋溢着丰收的喜悦。

珪后村位于岩溪镇腹地，整个村庄地势低平，村中原有旧宅基地及空闲地128.5亩。依据县镇土地利用总体规划和村镇建设规划，2010年初，该村开始对这些旧宅基地进行复垦。整治出的128.5亩土地，镇里安排20亩规划建设配套齐全的安置小区，新增的100多亩连片耕地将实行集约化种植。

珪后村的土地整治工作走在了岩溪镇各试点村的前面，其经验成为长泰县的样板。

"岩溪镇土地整治工作能开展得这么顺利,得益于城乡建设用地增减挂钩政策。"说起这一政策,长泰县国土资源局局长张智强谈兴甚浓,"不仅增加了耕地,还有了资金改善生活环境。用好用活这一政策,是我们开展土地整治工作的前提。"

岩溪镇被确定为小城镇综合改革建设试点后,长泰县国土资源局紧紧抓住这一契机,选择了村级组织战斗力较强、项目实施条件好的珪后、上蔡、锦鳞、高濑4个村作为农村土地整治首期试点。

"实施农村土地整治,在政府主导的基础上,还必须通过广泛宣传和引导,积极争取群众的参与和支持。"张智强介绍,"为让群众理解农村土地整治和增减挂钩政策,县国土局把进村入户宣传政策作为此后一段时期的工作重点,局里的干部职工,每周至少两次和村干部一道深入村民家中,帮助做好宣传工作。"

为了打消群众对拆迁安置的顾虑,两个月来,由驻村干部、国土部门工作人员、村两委一起组成的工作小组,利用中午、晚上村民大都在家的时机,登门拜访,耐心细致地讲解土地整治的意义及相关政策。为了节省路上的时间,他们就在村里办了个临时食堂,大家集中用餐,集中交流群众工作经验,总结推进工作的方法。

耐心细致的思想工作,换来了群众的理解与支持,也转变了他们对土地整治的看法。

"认识到拆旧建新的好处后,我第一个就把拆迁协议签了。"村民叶景兴高兴地谈起了他家拆迁的事。现在,他的老父亲每天都到现场转悠,指着规划图逢人便说:"这样盖起来的房子很好看,以后交通可就方便了。"

"现在许多村民都主动到村委会汇报拆迁进度,村里的拆迁工作进展很快。"村党支部书记张长秀笑呵呵地说。

据介绍,高濑村是这次土地整治试点村中拆迁涉及面最广的一个村庄,全村345户,拆迁315户,拆迁率高达91%。为了打好这场战役,5月23日这一天,该村就召集了村干部及村民代表开了3次动员会议,随后即展开入户丈量、登记造册、补偿金发放等工作。

"300多户拆迁的大动作,能够进展这么神速,工作做得真不赖!"张智强对该村领导班子的战斗力连连夸赞。

作为珪后村的挂点干部,岩溪镇副镇长吴建龙对村级组织在整治工作中发挥的作用有着深切的体会。他说:"村级组织战斗力强,群众参与热情度高是我们顺利推进土地整治工作的重要保证。"

利用政策"造血"和自主筹集资金"输血"双管齐下,解决资金难题

思想问题解决了,资金从哪来?

对此,岩溪镇转变思路,创新方法,一方面充分利用增减挂钩政策,积极"造血";另一方面不等不靠,自主筹集启动资金,先行"输血"。双管齐下,快速推进土地整治工作。

据了解,为了在资金上给予试点有力支持,福建省国土资源厅于2010年2月制定的《关于实施农村土地整治和城乡建设用地增减挂钩的意见》,专门在财税政策上对农村土地整治工作予以倾斜。5月,开通的挂钩指标交易平台,为信息发布、供需对接、电子交易、合同签订和管理台账等提供了网上一站式操作,实现了全省挂钩指标的网上交易。

"岩溪镇充分利用交易平台,把新增建设用地指标转让资金作为启动资金,推动小城镇建设。"陈贵芬介绍。目前,在这个交易平台上,岩溪镇已交易转让建设用地指标195.55亩,筹集建设启动资金3128万元。

"为了落实启动资金,县政府和国土资源局还想办法调剂出400万元,先期拨付给4个试点村,作为土地整治工作的启动资金,确保资金链不断。"张智强说。

有了资金,该如何用好?长泰县国土资源局以一定要保护村民的积极性为准则,拟定了一个资金管理办法,并设立了一个专户,确保资金专项用于整治项目的实施。这一做法得到了4个试点村的赞同,他们主动提出,"通过增减挂钩指标转让方式筹集的资金,一定要从国土资源局的账户走。"

钱的问题解决了,对村民比较关心的房屋拆迁补偿问题,又该如

何解决？

在珪后村村委会，记者看到了一份《珪后村土地整治拆迁补偿办法》，上面详细列出了各类房屋以及其他建筑的补助标准、土地补偿和安置费的发放尺度等。叶高发说："虽然补偿费的标准无法与城区拆迁相比，但出发点是要切合村情实际。刚开始有不同意见，但把前景说明白了，把道理说透了，大家也都接受了。"

拆迁补偿办法及标准获得通过后，村里立即组织人员进行逐宗丈量、逐宗登记、逐宗评估，并在人群较为集中的居民点上墙公示丈量结果。经公示后，对20多宗丈量结果有误或土地权属认定有误的，重新核实，重新丈量，重新确认，群众无异议后再组织拆除。

尊重村民意愿，等村民安置好了再动手拆旧房

在土地整治实施过程中，岩溪镇充分尊重村民意愿，按照相关法律法规以及土地利用总体规划的要求，在取得村民的同意后，再与其签订搬迁协议，切实维护村民的合法权益。

采访中，记者了解到这样两件事：

一件是，拆迁开始前4天，珪后村村民叶秀莲的老伴不幸去世，本来已决定要搬家的她遇到了一个难题——老人不愿到儿子家居住，而村民认为家中有人去世是不吉利的，都不愿意将房子租给她。得知这一情况后，村委会干部主动上门，帮助其料理老伴的后事，同时动员老人到其儿子家居住。

另一件是，6月底，在上海打工的珪后村村民叶静贤接到拆迁通知，匆忙赶回村里。那时，他的爱人唐三妹已进入临产期。按照习俗，家有孕妇不宜搬迁。开明的他支持村里的改造，可是在这样特殊的时期，要搬家，着实令他很为难。村干部立即行动起来，为他协调了一处房屋作为临时住所，并帮他们把东西搬了过去。7月17日，唐三妹顺利产下一名男婴。

在珪后村项目现场，周围已平整为空地，只有一幢小楼房还立在那儿。会不会是拆迁工作遇到了阻力？带着疑问，记者敲开了这家的大门。房主人叶其荣热情地给记者泡了杯茶。通过交谈，记者了解

到，他的新房就盖在村口，眼下正在装修，行李家什已经搬了过去，一家4口暂时还住在老房子里，等新房装修好了就搬过去。长泰县国土资源局工作人员表示："像这种情况的村民，现在珪后村还有6户，都已经签了拆迁协议，暂时还住在老房子里。我们尊重村民的意愿，等大家都安置好了再动手拆老房子。"

像这样的情况在其他试点村，记者也见到过几例。两个多月来，岩溪镇紧紧依据政策开展工作，没有发生一例上访事件。"这得益于省政府的好政策！增减挂钩，确确实实给老百姓带来了实惠！"镇长姚美福深有感触地说。

作者单位：中国国土资源报社

依托全域土地整治，诸城市实现了村庄变社区，农民变市民，农业机械化水平达到89.6%，90%的农民参与了农业产业化经营。

百强县的一体化之路
——山东省诸城市全域土地整治成效考察

杨 磊

作为全国百强县，近年来，山东省诸城市以农村社区化为切入点，扎实开展全域土地整治，持续不断地推进城乡经济社会一体化发展。

据统计，自2000年以来，全市共投入土地开发整理资金1.2亿元，完成土地开发整理项目354个，整理面积达34.5万亩，新增耕地3.74万亩，建成"田成方、路成行、渠成网"的标准农田26.8万亩，大大改善了农田基础设施建设。

村庄社区化，全市1257个行政村规划为208个社区

诸城市把土地整治作为城乡统筹的一项基础性工作，编制了土地开发整理专项规划，对村庄合并、农田整理、小流域治理、山区开发、废弃土地复垦等，都做到统筹安排、精心组织、科学规划、加强投入，为推进标准农田建设创造了条件。

遵循城乡一体、统筹布局、生态优先、宜居为重、适度超前的原则，围绕构建以"中心城区—乡镇（街道）驻地—农村社区中心村"为主体的新型城镇化发展格局，诸城市确立"1492"的现代化、网络型城镇村体系，即1个中心、4个副中心、9个镇、208个新型社区，明确了功能分区和定位，构筑起城乡联动发展、整体推进的空间发展形态。

诸城市重视中心镇的规划和发展，调整城镇建设规划，实现撤乡并镇，扩大小城镇规模。从2001年将原有的29个乡镇合并10个镇，

使镇域平均面积由94.9平方千米增加到167.9平方千米，平均人口规模由4.6万人增加到8.2万人。同时，扩大中心城区规模，将3个街道办事处外迁，与邻近的乡镇合并，构建"1个中心、4个组团"的城市发展框架。诸城市创新规划理念，科学规划和建设新型农村社区。按照地域相近、规模适度、有利于整合利用现有公共资源的原则，将全市1257个行政村规划为208个社区，将相邻的几个村庄及相关单位规划为一个社区。

在社区内选择一个交通比较便利、班子基础比较好的村庄，作为社区服务中心所在村。从2007年开始，全市农村全面开展了"政府主导、多方参与、科学定位、贴近基层、服务农民"的农村社区化服务与建设。

工农一体化，90%的农民参与农业产业化经营

诸城市注重城乡产业发展，不断提升农业产业化水平，大力发展工业经济，推动城区企业向农村延伸，培育县域经济新增长极，形成城乡产业相互融合、各产业互动发展的新格局。

一是加强农业龙头企业建设，深化农业产业化经营。

农业龙头企业既属于工业，又属于农业，是连接工业与传统农业的载体。加强农业龙头企业建设，深化农业产业化经营，是推动工业、农业结合、统筹城乡经济发展的一条十分有效的途径。诸城市是农业产业化的发源地，农业龙头企业建设起步早、基础好。

近年来，诸城市为加快龙头企业发展，从土地、贷款、税收、加工基地建设等方面给予重点支持；实行市级领导包靠重点龙头企业责任制；把发展农业龙头企业的情况，列入乡镇（街道）考核内容；重奖为农业产业化作出突出贡献的企业家，激发企业家的创业积极性。

目前，全市发展起各类农业龙头企业1200多家，其中规模以上的农业龙头企业220多家；依法登记注册农民专业合作社717家，参与合作社经营的农户21.5万户。同时，进一步拓展农业产业化经营领域，大力发展农民专业合作组织，多形式、规范化推进农村土地承

包经营权流转，探索出了"龙头企业＋农民专业合作社＋农户"、"农民专业合作社＋农户"等产业化经营新模式。

为促进农业产业化经营，诸城市多形式、规范化推进农村土地承包经营权流转，促进了农业生产的规模化，实现了土地产出效益的最大化。全市现已流转土地17.5万亩。通过龙头企业建设和深化农业产业化经营，打破了诸城市传统的工业和农业相分割的局面，全市90%的农产品得到了就地加工转化，90%的农民参与了农业产业化经营，农民收入的75%来自于农业产业化经营体系，促进了城乡一、二、三产业的融合发展。

近年来，诸城市共有100多家规模以上城区企业将生产链条向农村转移延伸，带动镇村发展起规模以上企业500多家，有15万名农民在家门口变成了产业工人。

农业机械化，全市机械化水平达到89.6%

通过土地整治，诸城市农业生产基本实现了机械化、水利化和专业化，农业机械化水平达到89.6%，有效灌溉面积达到138.3万亩，形成了区域特色明显、产业优势突出的生产基地以及几村一品或一乡几品的产业带。粮食总产达到85.8万吨，人均占有809千克，成为"全国粮食生产先进县"。农业结构不断调整和优化，畜牧业产值占农业总产值的比重达到60%以上。

目前，全市建成了1亿只肉鸡、300万头生猪、500万只蛋鸡、500万只特种动物的畜产品基地，年出栏生猪266.34万头，家禽7598.78万只，牛9.38万头，羊30.72万只，肉蛋奶总产量41.78万吨。农业产业化、标准化、规模化快速发展，打造了农业产业发展新格局。

推进城乡一体化发展，带来城乡居民收入大幅增加和城乡生活水平显著改善。全市城镇居民人均可支配收入达到14089元，农民人均纯收入达到7701元，分别是2002年的2.3倍和1.8倍，城乡居民收入比为1.83∶1，远低于全省2.86∶1和全国3.36∶1的水平。城乡居民储蓄余额128.97亿元，社会消费品零售总额达到91.4亿元。农村居民消费档次明显提高,新型高档消费品进入农村家庭,平均每百户农村家庭拥有彩电113.3台、冰箱87.5台、手机144.2部、电脑11.7台、汽车2.5部。人均公共设施占有面积和公共文化消费均居全国县、市、区前列。

推进城乡一体化发展,带动了诸城市城乡文明创建活动深入开展。城乡人居环境明显改善,城镇和中心村基本实现了硬化、净化、绿化、亮化、美化,98%的村庄已完成了"三大堆"清理和乱搭乱建拆除工作,村容村貌明显改观,城乡居民共享土地整治的成果。

作者单位:国土资源部土地整理中心

土地整治与权益维护

组建土地整治局，以土地整治为平台，加力推进土地整治、资金整合、土地流转和产业结构调整、增减挂钩试点、村庄新建改建"五到位"。从国土部门的"独角戏"，到政府牵头、各部门配合的"大合唱"，武冈市开始了"改变村里人命运"的全新实践。

变样的土地　别样的生活
—— 湖南省武冈市激活土地整治综合效益的探索

吴强华　卫学众　周维标

"几个月不来，村里变了样。"村民张玉云告诉记者，来家串门的亲戚，这样评价村里的变化。

张玉云是湖南省武冈市邓元泰镇渡头桥村2组村民。变化源于2009年10月开始实施的邓元泰土地综合整治项目。项目涉及渡头桥、天心桥等7个村，是湖南省2009年实施的14个示范项目之一。

"项目改变了村里人命运。"谈到村里的土地综合整治项目，张玉云似乎有说不完的话，"光种田划不来，不种地又荒废了……现在土地都流转出去了，我们可以放心地外出打工，不用干活一亩地一年可以得450斤稻谷。"

变样的土地——6100亩土地完全按现代农业生产要求平整，村民"开着车子去种田"

来到项目区，放眼望去，一平如镜，仿佛置身于平原之中，而远处的山冈，让错觉归位——这里是南方丘陵区；不远处的机耕道上，村民正驾驶农机赶往田间作业；由于雨水较多，附近的水渠旁，有村民在开闸排水……

对于土地的改变，村民感受最直观，也最有发言权。"开着车子去种田，这在以前想都不敢想。"项目区村民如此感叹。

天心桥村村民王槐孝认为，这得益于综合整治项目的实施："以前田块很小，大多是一二分地，田块间也不平整，道路很窄，机器进不来。"

而现在，项目区已大规模平整土地6100亩，全部按现代农业生产要求施工。

小田变大田，统一田块大小，统一田块平整度，统一田块田埂布局，平整后的田块面积每幅达5~8亩；

修建水沟水渠46千米，通过闸门蓄水、排水，每一块田都实现了一条渠道灌水、一条渠道排水，全部达到旱能浇、涝能排的标准；

建成28千米田间道路，全部符合机械化作业标准。每一田块都预留下田坡道，方便机械出入，田间道路沿线种植塔柏12千米，以防水土流失。

伴随着土地面貌的改变，土地利用效率也随之提高。"以前只能种一季，现在可以种两季到三季。"天心村党支部书记杨芳说，"整理增加了耕地，方便了机械化操作，更利于土地流转，老百姓很欢迎。"

同样的模式——土地整治、资金整合、土地流转和产业结构调整、增减挂钩、村庄新建改建"五到位"

土地的变样，源自观念的变革；观念的变革，带来模式的变化。

从土地整理到农村土地综合整治，观念的变革，激发了政府各部门的潜能，整合了各相关惠农、支农资源，让土地整理"升级"为推动农村生产生活方式转变的大平台，成了新农村建设的助推器。

综合整治蕴藏的综合效应，引起了市委、市政府的高度重视。武冈市相继出台《土地开发整理项目申报工作规定》、《土地开发整理项目实施管理规定》等5个规范性文件，对土地开发整理申报立项、现场管理、竣工验收、施工单位管理等具体环节作了详细规定。

"市委、市政府联合发文，成立项目建设指挥部，市委书记任政委，市长任指挥长。"武冈市副市长雷章林介绍说，"综合整治还被纳入年度目标考核内容，实行'一票否决'。"

为统筹推进综合整治，武冈市首开先河，将土地整理中心升格为土地整治局，为副科级财政全额拨款事业单位，专门负责全市农村土地综合整治工作。土地整治局的职能，比土地整理中心更全面，不再是局限于负责土地整理的"专业户"，而已转型为统筹城乡发展的"操盘手"。

"综合整治比整理内涵更丰富，影响更深远，效益更显著。"武冈市国土资源局局长易云桂表示，"如果说传统的土地整理，是国土部门的'独角戏'，那么土地综合整治，则是政府牵头、部门配合的'大合唱'。"

在武冈市，综合整治按照统一模式和要求推进，即土地整理、资金整合、土地流转和产业结构调整、增减挂钩、村庄新建改建"五到位"。

据了解，邓元泰土地综合整治项目建设规模达9300亩，大规模平整土地6100亩。以往的土地整理项目，完成田、水、路、林的整治，就算基本完成。而如今，土地整理只是综合整治的基础工作，"小荷才露尖尖角"。

"依托土地整理，整合涉农资金，是综合整治的关键。"武冈市委办公室副主任李崇义强调。邓元泰项目总投资5450万元，国土资源部门投入3650万元，水利、交通、林业、农业、教育、扶贫等13家单位共计投资1800万元。

"道路绿化、防洪堤建设等，都是靠相关部门的资金投入。"在项目区现场，武冈市国土资源局局长易云桂介绍说。

相关部门的共同参与，不只是聚合了资金，更重要的是以土地整治为平台，将各股支农力量捆绑，形成了合力，全面加强了农村基础设施建设，为农村土地流转和产业结构调整奠定了基础——交通部门投资200万元，建设渡头新桥和配套路面工程；水利系统投资1450万元，新建防洪堤2200米，并对项目区主干渠进行改造；林业部门投资20万元，绿化7500米田间道；农业部门投资50万元，新建高标准优质稻高产示范片1个，引进休闲观光农业园1个；农机部门投资80万元，推广新优农机具200台，发展农机专业合作社1个……

土地的平整，配套设施的完善，为土地流转和产业结构升级提供

205

了便利条件。项目区6000多亩土地,已流转给武冈市丰收粮食专业合作社等3家公司,种植双季优质稻、蔬菜、甜玉米等农作物,由整治前耕种一季变为耕种两季到三季。

土地流转显化了土地价值,产业结构升级增加了用地需求,二者对农村节约集约用地提出了更高要求。实施城乡建设用地增减挂钩试点,成为土地综合整治的重要环节。项目区内有27栋零星房屋被拆除,涉及38户,结余用地指标35亩,350万元收益全部用于渡头桥村村庄改造。

增减挂钩让被拆迁村民得到了实惠。渡头桥村二组村民张玉元对国土资源工作有了更深切的了解,对国土系统工作人员的态度也大为改观。他高兴地说:"国土局的干部很亲切,希望这样的项目更多一些。"

提高村民生活水平,改善村庄人居环境,是土地综合整治的最终目的。据悉,渡头桥、赤塘村的三处村民住宅建新区已规划启动,项目区内村民住房将按规划统一、集中、成片建设。渡头桥村村庄改建工作正在实施招投标,将统一按欧式建筑风格美化、亮化。

"五到位"的土地综合整治,让国土部门的工作更主动、更到位。

别样的生活——种田不累了,不用抢水了,矛盾少了,心情好了,"像城里人一样生活"

出门不沾泥,种田有机器。篮球场、绿化带、新建改建房,"城市小区"般的生活环境,让村庄变社区;土地流转,不种田一样有收益,让村民变股民;不出村庄,就可就近到承包土地的企业打工,让村民变市民……

谈到土地综合整治的实施效果,武冈市国土资源局局长易云桂用"五改变一促进"予以总结:改变了生产方式、生活方式、土地利用方式、增收方式、居住环境,促进了农村和谐稳定。

"土地整理要求改善农村生产生活方式,而土地综合整治强调改变农村生产生活方式。"易云桂说,"'改变'与'改善',一字之差、意义、内涵截然不同。"

易云桂"五转变一促进"的概括,得到了项目区干部群众的认同。"村民觉得种田不累了,积极性高了,抛荒也少了。"邓元泰镇镇长欧阳锋说。

"种田不累了",不只是因为机械化作业,更重要的是邻里关系的改善。辕门口办事处落子铺村党支部书记李秀英说:"以前抢水老打架,现在不用了,矛盾少了,心情好了。"

村民张玉云所在的渡头桥村,土地没有流转前,村民大多出去打工,地没人种。农闲时间,村民们就生产鞭炮引线,全村有30多家小型鞭炮引线作坊。"经常有人被烧伤,脸被烧花。"张玉云说,"现在大部分已外出打工经商,只剩下几户了。"

足不出户的村民,部分就地转变成合作社工人,除了土地流转的收益,每月还有1200多元的工资。"感觉和城里没多大区别,像城里人一样生活。"天心村村民王槐孝这样形容现在的生活。

作者单位:中国国土资源报社

土地整治的收益，应该取之于土，用之于农；资源是农民的，好处也应该还给农民。基于这种认识，围绕土地整治各个环节，成都市制定了40多项制度，确保政策在实施中不走样、不跑偏。

不走样　不跑偏
——四川省成都市农村土地综合整治纪略
夏　珺

土地整理搭建好平台，引来了"金凤凰"

2010年8月，四川省成都市农村，到处是一派丰收在望的喜人景象。

在蒲江县复兴乡陈坝村，站在山坡上放眼望去，大大小小的丘陵缓坡种满了猕猴桃。在这里打工的小伙子姜维军说，他是陈坝村的农民，家里三口人，有五六亩地，以前自己种，只能解决温饱。现在地租给了公司，一亩地租金每年能拿到750多元钱，再加上在这儿打工，年收入1.3万元左右。

蒲江县副县长欧俊波介绍说，2004年，蒲江县率先在复兴乡实施了成都市首个土地整理试点项目，投资4641万元平整土地8096亩，新增耕地1948亩，建成农民新居7.324万平方米，集中安置农户400多户。

欧俊波说，土地整理促进了农地流转和农业产业化。"过去招商引资，没有企业愿意来。现在通过土地整理，有了好的平台，引来了'金凤凰'。"复兴乡土地整理后，成功引入了龙头企业中新农业公司，实现土地流转万余亩，全部种植猕猴桃，还组建了专业合作社，农民在合作社里务工，变成了农业工人，每年可以拿到土地租金、务工收入、公司分红三块收入，去年人均纯收入达到6800元。"通过土地整理，增加了耕地面积，提高了耕地产出率，过去亩均年产值仅千元左右，现在达到了6万元！"欧俊波说。

成都市的土地整理是四川省"金土地工程"的一部分。市土地综合整治领导小组办公室副主任彭建辉说，成都市把土地整理作为惠民工程和促进城乡统筹发展的载体来抓，到2009年年底，土地整理规模达281.3万亩，新增耕地35.2万亩，不仅基本实现了耕地占补平衡，而且提高了耕地质量和集中度，改善了农业生产条件，为发展适度规模经营和现代农业打下了坚实基础。

农民住进新社区，过上了城里人的生活

新津县袁山社区，是一个迁村并镇的农民新村。水泥街道整齐平坦，统一规划的富有川西特色的房屋错落有致，基础设施配套齐全，跟城市的小区没什么两样。

据介绍，最初只有两成农民愿意搬进新村，就先集中了这部分农民。后来，新村产生了示范效应，其他人看到了新村的好处，纷纷要求加入。搞二期时，已有近九成的农民主动要求搬迁了。

袁山—五峰社区联合党委书记李伟说："示范效应是看得见摸得着的。新村里，四室（党团活动室、便民服务室、图书阅览室、警务室）、三站（劳动保障工作站、卫生服务站、留守学生服务站）、两店（农资放心店、放心商店）、一中心（信息服务中心）、一广场（文化健身广场），配套设施齐全，还有28项涉农事项和相关服务下移。城里人享受的，我们这里都能享受，村里每个人都建立了健康档案，这在城里很多地方也做不到。"

记者随机走进新区的一户农民家，女主人何秋菊热情地招呼我们。她家三口人，政府补贴了近2万元，自己花了2万多元，住进了120平方米的新居。她说，原来的房子虽然比这个大，但在"山角角"里，生活很不方便，现在这里跟城市里差不多，生活安逸得很！记者随后又采访了一些年轻人，他们表示，很喜欢"集聚效应"带来的生活方式的变化，原来住得分散，到了晚上除了看电视就没事干，现在的新小区像小城镇，可以唱卡拉OK、跳舞、上网等，感觉生活比以前更充实了。

都江堰市向峨乡是"5·12"特大地震中受灾最严重的乡镇之

一,地震给这个偏远山村带来了毁灭性的打击,全乡90%的房屋倒塌,1595亩耕地毁损。如今的向峨乡完全是另一番景象:湖光山色衬托着新社区,街道平坦,绿树掩映着一栋栋白色的小楼,村民们或树下纳凉"摆龙门阵",或聚在一起"搓麻",一派温馨和谐的景象。

"向峨的新生,见证了一个山乡凤凰涅槃般的过程。"向峨乡副乡长龙海蓉说,"向峨乡是第一个用灾毁耕地复垦和挂钩政策在灾区实施土地综合整理的受益者。"向峨乡项目区规划拆旧地块3799亩,扣除农民集中居住用地和城镇建设新区用地后的剩余指标,全部用于乡里发展集体经济。目前,向峨乡完成了全乡16个安置点的建设,受灾村民4354户、12160人全部搬入了新居。"新建的住房可以抗8级地震,过去出乡公路只有一条,现在全乡9条道路的路网体系基本形成,水、电、通信、排污等基础设施正在完善。农民过上了城里人的生活。"龙海蓉高兴地说。

农民想通了,事情好办了

成都各县(区)在实施土地整治过程中,注意尊重农民意愿,保护农民利益,把涉及农民切身利益的突出矛盾和问题,交给农民群众自己研究、讨论,把问题解决在最基层。

龙泉驿区黄土镇洪安村通过土地整理,腾退出集体建设用地908亩,其中160亩用于建农民集中居住区"滨西绿洲",政府统一修水、电、气、光纤、通信、垃圾集中堆放点等公共配套服务设施,实现城乡居民生活的同质化。剩余的748亩集体建设用地指标通过"城乡建设用地增减挂钩政策"流转到龙泉驿主城区,集中用于总部经济、汽车贸易产业,获取的12亿元土地收益除了用于平衡投入成本,其余部分全交给村里用于发展集体经济。

洪安村通过村民自治、"一事一议"等形式,让村民自己做主。通过土地整治,农民原有宅基地复垦成耕地,人均建设用地由过去的126平方米缩减到22平方米,村里新增耕地1200亩。村里把这些土地集中起来,统一开展土地流转。参与土地流转的农户可直接获得三方面收益:土地租金+基地务工收入+市场销售增收后的二次返利收入，人均年收入达1.2万元。此外，村集体经济组织实现亩收益50元，年累计收入25万元。

黄土镇党委书记练诗德说："土地整治的收益，应该取之于土，用之于土；取之于农，用之于农。资源是农民的，好处也应该回到农民身上。"

新津县袁山社区，从规划选址、小区布局，到房屋户型等，都是先征求农民意见，然后再实施。社区还成立了由村民选举产生的村民议事小组，凡是村里要办的公共事业，必须经过村民议事小组讨论、投票通过。记者看到，村务公开栏里，详细公示着村里近期要办的事情，按得票多少排列，得票多的先办。"拆村并居，农民是主体，要完全自愿，绝不搞强拆强建。我上任三年了，没有一起群众上访的。只有农民想通了，事情才好办。"书记李伟说。

都江堰市翠月湖镇、郫县唐昌镇战旗村、彭州市磁峰镇等试点村镇，大体上也都采取类似的做法，把尊重农民意愿，保护农民利益作为先决条件。翠月湖镇先后召开座谈会40次、发放群众意愿调查表2000余份，充分倾听、了解群众需求，根据群众意愿，确定了"统规自建"的办法，政府全程做好服务工作。记者在采访中看到，在一些新建的农民新区旁边，确有少量、零星的旧房没有拆，那些不想搬迁的农民依然住在里面，政府并没有强迫他们搬。

成都市国土资源局局长曾敏说："经过6年来的实践，我们深深地感到，尊重农民意愿，是搞好土地综合整治必备的基础。围绕土地整治各个环节，成都市制定了40多种制度和规范，细化管理，确保政策在实施中不走样、不跑偏。"

四川省委常委、常务副省长魏宏说："农村土地综合整治，已远不是过去单一追求占补平衡的手段，也不是一个技术层面的事情，而是发展现代农业、推进城乡统筹、建设新农村的重要抓手和平台。以土地综合整治为契机，必将带动农村发展进入一个新的阶段。"

作者单位：人民日报社

集中连片规划,统一组织实施,以县为平台,整合发展改革、农业综合开发、国土资源、水利、农业、烟草等部门和单位资金,云南省吹响了中低产田改造的号角,以每年 200 万亩的进度,力争用 10 年到 12 年时间完成 2000 万亩中低产田改造。

雕琢大地　造福于民
——云南省中低产田改造纪略
马家龙　冉玉兰　冷　杉

"食为政先,农为邦本。"在 94% 的国土面积都是山区的云南省,有效增加耕地面积,提高粮食综合生产能力,促进农民增收,成为越来越迫切的目标。

2009 年,云南省委、省政府决定,以每年 200 万亩的进度,力争用 10~12 年时间完成 2000 万亩中低产田改造,实现全省农民人均拥有 1 亩高稳产农田、亩产旱涝保收 400 千克以上的目标。在项目实施中,云南省委提出,中低产田改造要集中连片规划、统一实施,以县为平台整合发展改革、农业综合开发、国土资源、水利、农业、烟草等部门和单位资金。

就在这一年,全省投资 28.33 亿元,完成中低产田改造 231.54 万亩。

己沃:从"三跑地"到"三保田"

马龙县地处云南省曲靖市西部,耕地面积 44 万亩,大部分都分布在山区、半山区,农业基础薄弱,山地干旱缺水,土地零散,耕层浅薄,土壤平均有机质只有 0.9%,是典型的跑水、跑土、跑肥的"三跑地"。为彻底改变这一现状,变"三跑地"为保水、保土、保肥的"三保田",马龙县决定在己沃片区规划实施 15.78 万亩中低产田改造。

己沃片区是马龙县的烤烟主产区，以往每到栽烟时节，村民们只能把空汽油桶横放在马车上来回拉水，一担一担挑到地里，一瓢一瓢浇到每棵烟苗上，费工费时。通过中低产田改造，达到了节水、节工、节资、增产和能排能灌、旱涝保收的目的，农田综合生产能力和抵御自然灾害能力明显提高。2009年，马龙县对己沃片区2.52万亩中低产田进行改造，项目区灌溉率由原来的45%提高到100%，灌溉能力达到连续70天无雨保灌溉。通过发展特色种植，实行规模经营、机械化耕作，每亩可节约劳力、水费、运输等成本280元，整个片区年节约成本800万元。

马龙县马鸣乡永胜村42岁的村民鲁家德告诉记者，通过己沃片区中低产田改造项目的实施，现在每亩烤烟收成从以前的1800元增加到2500元左右，烤烟面积也从原来的六七亩增加到十亩。乡亲们种烤烟再不用去两千米外的地方拉水了，每人每天可以栽种烤烟约600棵，而以前的栽种量只有现在的一半。

"往年每到种烟时，漫山遍野的拉水小马车，像蚂蚁一样往返相距几千米的水库和地块之间，以后再也不会出现了……"马鸣乡负责人言语间充满了感慨。

己沃片区中低产田改造项目，涉及土地504.969平方千米，共有耕地23万亩，2个乡镇的914户农户直接受益，一下子成为云南省中低产烟（粮）田地改造的典范。

云南省委书记白恩培对此给予了高度评价："这才是老百姓心目中的丰碑，值得在全省学习推广。"

泸西："三集中"建设一片、收效一片

泸西县是国家扶贫开发工作重点县，人均土地、人均耕地均低于全国、全省、全州的平均水平。针对这一现实困难，泸西县委、县政府制定了一系列强有力的措施，不断加大耕地保护和中低产田改造的力度。

为加强基本农田的地力建设和环境保护，泸西县建立了基本农田质量保护与环境保护制度，每年都要由县主要领导带队组织有关部门

对全县耕地和基本农田保护情况进行一次全面检查。

2009年3月，在省、州党委、政府和国土资源部门的关心支持下，总面积3.1万亩、投资7130万元，涉及固白、逸圃、大兴、挨来、阿平5个村委会的泸西县中枢镇土地整理项目列入省中低产田改造计划。项目于2009年8月开工，2010年5月完工。整个项目实施后，可新增耕地3127.2亩，新增耕地率达10.1%，整个项目区将呈现出田成块、水相连、渠成网、路相通、林成荫的现代生态农业新景象。

根据规划，该项目实施后将形成五大亮点：一是集中连片成网络，二是新增耕地出效益，三是冷浸田改造有效果，四是旱改水有着落，五是田、水、路、林得到全面整治。其中，仅冷浸田改造一项就可实现群众增收110万元。

泸西县代县长张智俊表示，泸西县将采取集中人力、集中项目、集中资金"三集中"的办法，实现建设一片、收效一片、农民满意一片，避免重复投资和建设，切实推进中低产田改造任务和土地整理工作。

为此，泸西县严格做到责任落实到位，宣传发动到位，督察考评到位，配套措施到位和运行管护到位。

宜良：农民增产增收是硬道理

按照云南省国土资源省厅下达的中低产田地改造规划目标任务，2009年5月31日，昆明市国土资源局下发了2009－2020年土地整治（中低产田地改造）规划任务的通知，对各县（市）区国土资源部门中低产田地改造规划任务进行了分解。

其中，昆明市宜良县耿家营乡土地开发项目、南羊镇土地开发项目、马街乡土地开发三个项目，由县级自筹资金，总投资527.56万元，建设规模147.1公顷，共新增耕地86.1公顷，并对田、水、路、渠、沟等设施进行统一规划，统一设计，在新增耕地内配套完善了农田水利设施、田间道路及其他工程设施，改善了农业生产基础条件，增加了粮食产量，增加了耕地。通过中低产田改造，项目区农户实现了每亩增收上百元的目标。

记者在宜良县南羊镇中所村了解到,过去这里的田地每到雨季就被淹,收成很受影响。经过实施土地整理,中所村的农田灌溉和排涝已不是问题,拖拉机可直接开到田埂上,淹水的现象得到了彻底解决。该镇农户种蚕豆,2009年每亩可以多卖200元,种水稻则可以每亩增产70千克。

走在田埂上放眼望去,中所村的水田非常规整,田边的道路足可开过机耕车、拖拉机,三面光的水渠宽1米多,既可保证灌溉,更可排涝。

宜良县国土资源局局长王昆华介绍,南羊镇另一个土地整理项目由昆明市国土资源局投资1400万元,建设规模789.56公顷,新增耕地面积24.41公顷,主要包括土地平整、农田水利工程、田间道路工程。新修的3条斗渠长2千米,100条农渠长36千米,田间道路总长达20多千米。田间道路全覆盖了1万亩水田,大大减轻了农民的劳动强度。

同样在该县狗街镇,原来高高低低的地变得平坦了,坡地变成了台地,零散的地变成了大田块。通过平整土地,实现了机械化耕作,增加了有效耕地面积。更重要的是,建设水窖96个,泵站17座,每座水池都可加压抽水存储,保证了农作物需要时有水灌溉。

当地农民说起这些变化,无不跷起大拇指,都说通过中低产田改造,大家的收入增加了,得到了真正的实惠。

作者单位:中国国土资源报社

改善农民生活环境,提高农民生活质量,缩小城乡差距,打破城乡二元结构,千灯镇在农村城镇化中,坚持把最大利益让给农民,让长期生活在这片土地上的广大农民共享改革发展成果。

富民造福工程
——江苏省昆山市千灯镇农村城镇化调查

朱洪才

位于江苏省昆山市东南部的中国历史文化名镇——千灯镇,抓住列入苏州城乡一体化综合配套改革试点先导区的契机,以城乡居民共享改革发展成果为宗旨,以打破城乡二元结构为重点,加大了农村动迁力度,加快了小城镇建设步伐。

经过5年多时间的不懈努力,全镇11800多户农户已动迁8351户,减少106个自然村。全镇先后投入资金30多亿元,建造了184万平方米安置房,形成了炎武、马路桥、华强、秦峰四大新型农民社区,城镇化率超过80%。

把最大的利益让给农民

千灯镇农村动迁工作之所以这样平稳,农村城镇化的进程之所以这样快,与党委、政府把最大利益让给农民的科学决策密不可分。

在动迁安置中,千灯镇坚持把最好的地留给农民。第一,所有安置动迁农民的社区全部建在配套设施比较齐全的集镇上,让农民们一住进小区就变成城里人;第二,在集镇区最适合人居、最具商机和升值潜力、开发商们最看中的地块上建农民安置小区,让农民一变成城里人就有经商致富的机会;第三,实行因村制宜,就近安置的方针,充分考虑进镇农户上班、看病、读书及日常生产、生活的方便以及原来比较熟悉的邻里关系。

千灯镇党委政府认为,在城镇化过程中,一定要对农民进行反哺和补偿，这绝不是对农民的恩赐，而是改革发展成果的共享。为此，他们采取了四项措施：一是用"三置换"的方式确保农民根本利益，即用村级集体资产所有权置换成社区股份合作社股权；用土地承包经营权置换成土地股份合作社股权或城镇保障；用宅基地和农房置换成城镇住房。二是在农房置换城镇住房时，实行"拆一还一"，以房换房的实物补偿政策，让农民在置换过程中得到最大实惠。按照这一政策，一般动迁农户一套农村住房可以换到少则2.5套，多则4套城镇住房。三是对城镇安置房实行低房价、大产权房政策，让农民以最低的换房差价获得不断升值的商品房。四是对三个需要保留的古村落实行灵活政策。凡愿意到城镇落户的村民，享受与其他动迁农户一样的动迁安置政策，其在村里的住房由镇旅游公司收购；凡不想进城镇而愿意继续留在村里居住的村民，则由镇里负责对古村进行环境改造，完善道路交通、污水处理、村庄绿化等基础配套设施，并组织发展乡村旅游，兴办"农家乐"等，确保农民生活环境、生活质量不低于城镇社区。

千灯镇党委、政府明确要求，把条件最好的小区留给农民，力争使千灯的农民动迁小区成为全镇乃至全市最漂亮的居住小区。实地调查的情况表明，千灯镇这些年建成的四个大型农民集中居住小区，确实是全镇最好的小区。特别是规模最大的炎武社区，已成为全市新型农民社区的典范，受到了全省、全国各地前来参观的各级领导和干部群众的一致好评。

名副其实的富民造福工程

千灯镇农村拆迁工程始终坚持"以民为本"的理念，并且在实际操作中采取了一系列惠民利民的政策措施。因而，实际成效相当明显，把农村城镇化过程变成了富民造福工程。

通过大面积的村庄动迁和新型社区建设，广大动迁农户不仅从农村搬进了城镇，由乡下人变成了城里人，而且住上了比城里人还漂亮的小区和楼房，生活环境发生了翻天覆地的变化，生活质量大幅提高。与此同时，通过"拆一还一"的安置补偿政策，农民的家庭财产也普遍增加。据千灯镇富民强村办公室测算，动迁农户原来村里的老楼房，一般平均每户面积220~250平方米，当年的造价大约在2~3万元，而且宅基地是集体的，房屋不能入市买卖。通过动迁安置，平均每户都能置换到2.5~3套城镇住房，而且是可以直接入市交易的商品房。多层楼房按每平方米4000元计算，每户房产价值可达80~100万元，比原来增值40倍以上。

传统的千灯农村，境内河道纵横，村庄密布，无论发展种植业还是养殖业，都难以形成规模较大的集约经营，比较效益偏低的困境一直制约着种养农户增收。实行大规模的村庄动迁以来，千灯镇抓住自然村落大幅减少的机遇，通过组建24个土地股份合作社，加大了土地流转力度，大力发展现代规模农业。先后用2万多亩土地建立了农业生态园、高效农业园和花博园三个现代农业基地，实行公司化运作；1.8万亩优质粮油种植由本镇96个大农户承包经营，土地流转率超过90%，大农户户均年收入超过8万元。这种模式后来被总结为"让更少的农民经营更多的土地，取得更多收入，过上更幸福生活"的千灯模式。

近年来，由于千灯镇的外来打工人员比较多，农民利用部分住房出租给打工人员的"房东经济"一直比较红火。但是，由于原来农村住房条件较差，不仅房租很低，而且与外来人员一起居住生活很不方便。现在，将置换到的第二套或第三套小区商品房出租，不仅家庭生活不再是受到干扰，而且房租也明显提高。据了解，一套小户型的住房月租金可达700~800元，中户型的住房月租金可达1000元以上，比原来的房租收入高出20%以上。

据千灯镇国土资源分局调查，全镇24个行政村的原有村庄建设用地为9400多亩，户均占地0.8亩，加上镇到行政村，行政村到自然村之间的道路用地，合计为1万亩左右。通过农民向城镇集中、居住向社区集中的城镇化建设，农民居住用地仅需3000亩左右。通过城乡建设用地增减挂钩等途径，把原来农村散乱、粗放、低效的建设用地进行复垦，并调整置换成城镇和产业园区用地，不仅可以形成一笔巨大的资产，而且可以增加7000亩建设用地资源。这对于一个镇来说,既可以有效缓解土地资源瓶颈制约,保障经济社会可持续发展,又可以有效提高土地使用效率,从根本上维护农民的长远利益。

几点有益的启示

农村城镇化必须审时度势,顺乎民意。千灯镇的实践表明,农村城镇化绝不是一件想当然的事情,它是必须要具备一定主客观条件才能去做的事;城乡一体化也绝不仅仅是拆掉农村的房子,让农民搬到城里去居住就完事的,必须要有大量配套措施跟上才能成功。千灯镇的城镇化之所以进展比较顺利,效果较好,与坚实的主客观条件是分不开的。第一,工业化程度已经相当高。2009年的地区生产总值中,二、三产业已占98.6%,农业仅占1.4%;第二,农村劳动力转移已经相当充分。全镇2.6万个农村劳动力中,在非农岗位就业的已达97%以上;第三,农民的社会保障体系已经比较完善,全镇参加农村养老保险和城镇养老保险的人数已占养老保险适龄人员的99.92%,其中参加城镇养老保险的人数占应参保人数的91.7%;第四,农民的收入水平比较高。2009年全镇农民人均纯收入达17488元,与城镇居民收入之比为1.76:1。正是这些条件,使得广大农民进城愿望日趋强烈。千灯镇党委、政府抓住机遇,推进农村城镇化顺势而为,顺乎民意。

农村拆迁安置,必须以民为本,让利于民。千灯镇在连续多年的大规模拆迁过程中,能够做到镇里满意、村里满意、老百姓满意,没发生一件群体信访事件,一个很重要的原因就是党委政府的出发点正确,自始至终坚持"以民为本"、"改革发展成果与民共享"的理念,为了民众的根本利益,政府不算眼前小账,不搞急功近利。

农村居民点调整必须抢抓机遇,量力而行。拆旧村,建新区,推进农村城镇化,从某种意义上讲是一项宏大的工程,事关千家万户老百姓切身利益,不仅需要领导的胆识和魄力,更需要科学的谋划和必要的财力。推进农村城镇化,要量力而行。动辄几亿、几十亿元的投入，光靠现有的镇级财政收入是难以为继的。必须创新思路，广辟财源，学会把资源变资产，资产变资本，资本变资金的运作本领，才能真正做到有心做事与有钱办事的有机统一。

作者单位：昆山市国土资源局

以农民为主体，发挥补助资金"四两拨千斤"的作用，调动农民和造林大户的积极性，用5~7年时间，使全省效益低下的300万亩低丘岗地变身为产出高、效益高、生态好的"花果山"。

荒坡唱响富民歌
——湖北省低丘岗地改造工作纪实
韩亚卿　胡志喜　邬晓波　徐顺华

昔日荒山野岭"癞痢头"，今朝飞红滴绿"花果山"。

涌动在荆楚大地上的这场史无前例的低丘岗地改造工程，正在演绎着一个绿色童话，一个富民传奇。

从2005年湖北省咸宁市在全省第一个吹响"在山上再造一个咸宁"的号角，到省委2008年一号文将"抓好500万亩低效林、300万亩低丘岗地"列为农业农村工作的8件实事之一，到2008年9月全省第一批总投资20余亿元、规模100万亩的148个低丘岗地项目在全省铺开，湖北省向低丘岗地要效益的思路不断清晰，全省改造低丘岗地的决心不断加大，湖北省大规模进军低丘岗地的步伐不断加快。

据悉，全省目前已改造低丘岗地20余万亩，政府还将投资60亿元，改造低丘岗地300万亩。

"在山上再造一个咸宁"

金秋九月，丹桂飘香。在素有"桂花之乡"美誉的咸安，空气中弥漫着桂花的芳香。满山翠绿，鸟语花香，碧波粼粼，清风送爽，让人恍若置身于绿色的童话世界。

咸安区地处幕阜山区余脉，有低丘岗地72万亩，其中坡度25度以下，适宜改造为耕地、园地和丰产林地的有25万亩。这些低丘岗地多为荒草地、残次林，远离居民点，不具备水利灌溉条件，抗御自然灾害能力弱，经济效益低，山火频发，严重威胁农业生态环境。当地农民说："改造前没有一分钱的效益，顶多一年砍几个锄把。"

2005年，咸宁市委、市政府提出"在山上再造一个咸宁"，由此拉开了改造低丘岗地的大幕。按照宜林则林，宜园则园，宜耕则耕的原则，咸安区采取"公司＋基地＋农户"等多种形式，引进资金、技术和管理人才，抓好低丘岗地开发利用，建设一大批种植基地，形成苗木花卉长廊、桂花基地长廊、有机水果基地长廊、楠竹基地长廊、苎麻基地长廊、有机茶叶基地长廊。

走进咸安区马桥镇至柏墩镇的桂花基地长廊，只见连绵起伏的山丘上，成片养眼的绿色，郁郁葱葱的桂花林正沐浴雨露茁壮生长，新翻的泥土气息，和着桂花树特有的清香扑鼻而来。咸安区国土资源局局长李平告诉记者，区政府投入资金200多万元，完成了1000多亩桂花长廊建设，并以此为示范，大力发展订单林业、合同林业。一棵桂花树在本地只卖4000多元，到了外地可卖出8~10万元的高价。

站在咸安区贺胜桥镇杨司垴花木基地制高点，映入记者眼帘的是一眼望不到边的紫红色、绿色、黄色的苗木。区委书记袁善谋介绍说："这是美国彩叶树种紫叶矮樱和矮麦冬组成的3000亩彩色苗木基地。北京奥运场馆'鸟巢'、'水立方'旁大片种植的彩色苗木就是由我们提供的。"

杨司垴花木基地，过去是一片低丘荒山岗地。按"政府主导、国土造地、群众参与、农户投劳"的原则，该基地利用政府联合开发项目资金，由村提供土地，周边农户投工、投劳联合建造而成。2005年，基地租赁给杭州萧山宁税花木有限公司，种植3000亩特种彩色苗木。此举不仅带动了当地花卉苗木种植业的发展，解决了几百名农村富余劳动力的就业问题，还使农民每年从中获利上百万元。

据统计，目前，咸安区低丘岗地改造面积已达10万余亩，他们计划用5年时间再改造低丘岗地30万亩。

"一个重要的会议"

2008年9月9日，宜昌市召开低丘岗地和低产林改造工作电视电话会，要求通过"双低"改造，建设一批全国一流的精品果园和高效茶园，真正促进农业特色产业提档升级。2008年，该市争取到了省级投入低丘岗地改造资金4.2亿元，这是开展土地整理以来宜昌市在土地整理项目上争取到的最大一笔资金。

9月11日，嘉鱼县低丘岗地改造工程全面启动，一场引进资金、技术、人才，打造特色板块基地的造林运动如火如荼地展开。嘉鱼县2008年已申请到省级低丘岗地改造项目5个，建设规模5万亩。

9月19日，竹山县召开宝丰镇万亩低丘岗地开发项目规划方案审查会，敲定项目规划设计和施工方案，确定高标准改地和配套完成山、水、林、田、路、园设施目标。

而2008年大规模改造低丘岗地高潮的兴起，源于年初一个重要的会议。

1月10日，革命老区红安。

湖北省委、省政府在这里召开低丘岗地和低产林改造现场会，吹响了向低丘岗地进军的号角。

省委、省政府强调，低丘岗地改造要科学编制规划，狠抓落实，并保护好生态环境。要以农民为主体，发挥补助资金"四两拨千斤"的作用，调动农民和造林大户的积极性，用5~7年时间，使全省效益低下的300万亩低丘岗地变身为产出高、效益高、生态好的"花果山"。

按规划，2008－2014年，低丘岗地改造每年完成45万亩左右，每亩平均投资2000元。全省300万亩低丘岗地改造工作完成后，预计投入资金60亿元。

省国土资源厅厅长杜云生给记者算了一笔账，改造后的300万亩优质耕园地，每亩年均增收1000元，每年可增收30亿元，带动全省农民人均增收75元。

"岗地变成聚宝盆"

低丘岗地改造的"致富效应"已经显现。在宜都市高坝洲镇八卦山万亩低丘岗地改造现场，记者看到，一片片道路通畅、灌排自如、田块规整、土壤肥沃的当家地、生态田布满山坡,绿油油的橘树漫山遍野。青林寺村一组村民张流华说:"过去这里是一片残次林,每亩平均收益20元,改造成橘园后,每亩平均收益3000元。"

宜昌市夷陵区雷家畈村,在低丘岗地上发展水果业,成为远近闻名的水果专业村。村里5000亩地,除20亩种水稻,全都种上了柑橘、猕猴桃等,每户都有果园。村会计邹长雄带领记者参观了他家12万元建成的新居———一座两层楼的小别墅。他家种了4亩柑橘,还养了几头猪,一年的收入保守估计也有4万元。而像邹长雄这样的收入,在雷家畈村比比皆是。

楚山汉水,激情荡漾;全省上下,豪情满怀。崇阳县最新流传的"三变"民谚:"苗木变成摇钱树,水果变成金元宝,岗地变成聚宝盆",很能代表荆楚农民改造低丘岗地的心声。

作者单位:中国国土资源报社

"土地整治"向"康居建设"转变,"农民自建"向"代建联建"转变,"村庄建设"向"城镇发展"转变,是台州康居工程的特色。正是这"三个转变",拓展了发展空间,缓解了农村用地矛盾,还改善了脏、乱、差的农居环境,扮靓了新农村。

康居工程扮靓新农村
——浙江台州市千村土地综合整治调查
桑玲玲

大规模开展土地整治,扩大农村危房改造试点,既是国家层面的战略部署,也是有效拉动农村消费需求的一项重大举措。浙江省台州市从保增长、保民生、保资源的高度,积极实施"123农村康居工程",即到2012年,全市完成农村土地综合整治1000个村,改造建设农房20万户,投入资金300亿元,逐步实现"土地节约集约有增量,农民安居乐业有保障,城乡统筹发展有希望"。

"三个转变"高起点规划

"123农村康居工程"实施之前,台州市组织国土、农业等有关部门深入农村开展调研,在反复论证与征求意见的基础上确定要高起点规划。具体来说就是坚持"三个转变",即"土地整治"向"康居建设"转变,"农民自建"向"代建联建"转变,"村庄建设"向"城镇发展"转变。

2004年,台州市组织房地产有关部门及企业考察学习上海市、深圳市和广州市的国家级康居工程建设。2005年,在景园花园召开全市康居工程建设现场会,印发了《关于进一步推进康居示范工程建设的通知》,并组织人员参加武汉市召开的国家康居工程建设会议。2006年,市建设局开展康居工程建设检查,在检查的基础上,结合康居示范工程建设的实际,修改印发了《台州市康居示范工程建设技术导则》，更加注重康居住宅小区建设的功能和使用要求。

为使市级康居住宅小区建设标准落到实处，台州市将创建国家级和市级康居住宅小区建设列入土地拍卖的前置条件，对符合康居工程建设条件的区块必须作为康居工程进行建设，从行政层面推动康居工程建设。这项举措在很大程度上推动和提升了全市房地产业和住宅建设品质整体水平的提高，促进了住宅建设从量的增长向质的提升，从粗放型向集约化转变。

2009年，台州市160个村康居工程建设启动，改造农房1.3万多间，安排落实农户5322户。当年，景园花园已经通过建设部的康居示范小区评定；香格里拉花园等13个小区列入创建市级康居工程建设，在建规模达194.91万平方米，约占全市在建规模的1/4。

政府推动形成工作合力

为实施好这项惠民工程，市、县、乡层层成立农村土地综合整治、农民住房改造建设工作领导小组或联席会议，下设指挥部或办公室，抽调相关部门精干人员集中办公，确保人员、责任、经费"三到位"。建立领导干部与土地整治试点村结对帮扶制度，把土地综合整治和农民住房改造建设村作为年轻后备干部的锻炼基地。将每年土地综合整治村、农民住房改造建设目标和年度建设任务分解下达到乡镇（街道），具体落实到村，层层签订责任状，同时，整合土地、农业、水利、林业、建设、环保等各条线上的惠农资金，使有限的资金发挥最大的效益。

按照"试点先行、典型引路、面上推广"的思路，台州市选择村民居住分散有整理潜力、住宅选址符合村镇规划和土地利用总体规划、村集体经济雄厚、社会保障相对完善、村领导班子能力比较强的村先行试点。按照"城中村"改造、"空心村"整治、自然村撤并、高山移民安置、地质灾害搬迁安置、建设项目征地拆迁"立改套"安置六种不同整治模式，并区分南部和北部县（市、区）农村经济发展差异，在全市农村精心选择了18个整治试点村，集中技术力量帮助指导，建设新农居示范村，并为工作的推广提供借鉴经验。

在项目实施中，台州市着眼全域，抓紧编制新一轮土地利用总体规划，建立以土地利用总体规划为指导的"两规"衔接机制，实现土地利用总体规划图与村镇规划图"两图合一"。将村庄宅基地、空闲地等收归村集体，实行"四统一"管理，即统一规划、统一整治、统一安排使用、统一基础设施。积极探索宅基地退出机制，通过经济补偿、宅基地置换城镇住房、纳入城镇养老保险体系等办法，促进宅基地流转。对通过宅基地整治和改进建房方式节约出来的建设用地，允许采用村留地的方式处置，村集体可通过入股、租赁等办法发展农村二、三产业，集体建设用地出让时与国有土地享有同等权益。

在农村土地综合整治和农民住房改造建设工作中，台州市十分注重以民为本，维护群众权益。研究制定各项工作实施方案，都必须经过村民代表大会或村民大会90%以上通过，再以村规民约方式确定，形成全体村民共识。在方案制订和实施过程中，充分考虑村民各方面权益，在建房用地报批税费上予以减免。为农民统一设计、免费提供实用、安全、美观的农民住宅建设通用设计图。金融机构加大对农村土地综合整治和农民住房建设的信贷支持，允许农村住房抵押贷款。黄岩区推出试点村建房户以建房资格为抵押的贷款新业务，额度在10万元以内，贷款户承诺房屋建成后将房产证和土地使用权证交银行抵押，缓解农民建房资金压力。同时，加大财政补助力度，发放预拨补助资金，解决村集体启动资金匮乏难题。对五保户、低保户、困难户等弱势群体，安排好其居住和生活。

村庄集聚，用地集约

这项工程逐步实现了"用地集约、资源共享、设施配套、民生改善"。工程实施后，村庄农业生产、农民生活、农村基础设施等各类用地合理布局，避免了大拆大建，确保了规划的整体性。

在工程实施中，台州市与集镇建设相结合。引导农民"居住转型"，鼓励小型村合并、自然村缩减、"空心村"整治、高山村搬迁，促进农民集中居住和村庄集聚，减少村庄用地总量，实现农村资源集约利用和基本公共服务集中共享。

工程实施还与推进土地承包经营权流转工作相结合。规范土地流转程序、流转合同、档案管理、纠纷调处机制，促进土地规模流转，切实解决农业生产配套设施用地。

与此同时，康居工程小区配套建设具有先进性，小区的规划方案、建筑设计标准逐步提高，更趋于人性化、自然化，围绕"以人为本"，注重空间环境，视觉环境和自然环境的配合。一些住宅小区利用自然河道、人工水域、天然坡地等，营造人和自然和谐的居住环境，让人感觉"与水为邻、倚山而居"，这些深受消费者青睐，成为各县市区住宅建设的样板。值得一提的是，在工程推进中，建筑节能和新能源利用逐步得到推广，住宅环境保障技术得到推广和发展，居住区景观与环境质量有了较大提高，倡导住宅装修一次到位的开发理念已取得初步成果，并造就了一批企业和一些区域品牌。随着示范效应逐步显现，全市住宅建设总体水平逐步提升。许多住宅小区也开始使用或参照康居工程标准建设，以期取得更好的社会效益和经济效益，在总体上提升了全市住宅的内在品质。

作者单位：国土资源部土地整理中心

土地整治项目实施后,水通了,灌溉更方便,也更省钱了;路通了,农家肥可以直接运到田里来,省下了化肥钱不说,还提高了土壤肥力……种地更省时省力,也更划算了,在云南省一些地方,就连一些以前忙着外出打工的农民,如今也争着抢着回来种地。

托起农民致富新希望
——云南省土地综合整治项目区见闻

吴强华　冉玉兰

"种地更省力、更划算了。"
"以前忙着外出打工,现在争着回来种地。"
"2010年旱情最严重,但庄稼长得比往年还好。"
……

在云南省土地综合整整治项目区,当地干部群众以切身经历,向记者讲述了发生在自己身边的变化。据了解,十年来,云南省通过土地综合整治,新增耕地97万亩,项目区生产能力提高了10%~20%,惠及127个县(市、区)的600多万名各族群众。

种地更划算,外出的"候鸟"开始回归

在陆良县板桥镇基本农田整理示范项目区,后所村农民邓东海正在田里劳作。他告诉记者,自己感受最深的有两点:第一,水通了,灌溉更方便,也更省钱,家里2亩多地,用不了多少时间就可以灌溉完;第二,路通了,农家肥可以直接运到田里来,省下了化肥钱不说,还提高了土壤肥力。

土地综合整治的效益,同样吸引着在外的农民工。如今,外出的"候鸟"开始回归。对农民工的回流,泸西县中枢镇逸圃村党支部书记杨红升并不意外。他表示,这是土地整治等支农、惠农政策综合作用的结果。

马龙县己沃片区项目区，通过配套水池、管网和沟渠，灌溉保证率由原来的45%提高到100%；通过建设机耕路，机械化耕作率达100%。土地整治后，每亩土地一年可节约人力成本约75元，节约水费约24元，节约运输成本约50元。

弥勒县新哨镇项目区，以土地整治为平台，围绕特色、规模、品牌、效益做文章，做大做强项目区传统稻米、烤烟等产业的同时，搭建广阔的产业发展平台。项目区计划配合万国葡萄园酒庄城建设，发展1万亩葡萄，打造特色观光农业；配合全县50万亩核桃基地建设，发展1万亩核桃样板林；配合全县1万头奶牛基地和3万头生猪养殖基地建设，发展牧草、饲料1万亩；配合全县设施农业和农业生产化建设，发展设施农业5000亩、特色种植基地1万亩。据不完全统计，目前已有16家企业和个体经济实体到项目区协商土地承租事宜。项目区土地承租费由原来的每亩300元，提高到每亩1000多元，农民人均纯收入预计达4000元。

泸西县以"旱改水"工程为抓手，积极推进土地流转，加快农业示范园区建设。泸西县坚持"基础设施配套到哪里，产业规划布局到哪里"，将"旱改水"区域规划为烤烟、蔬菜、灯盏花、除虫菊、万寿菊等农业示范区。项目完成后，复种指数从原来的100%提高到150%，农民可增收400多万元；每年可节约用水290万立方米，节省电费80多万元。

尝到甜头的项目区群众，开始学会了主动揽项目。"省厅领导来视察时，当地农民追着车队跑，要求厅领导追加投资。"陆良县板桥镇镇长俞丽娥笑着说。

"合理价低者得"，施工质量更有保障

"土地整理，利国利民。"所到项目区，类似的宣传标语随处可见。能否真正"利国利民"，施工质量是关键。

保障施工质量，施工单位的选择尤为关键。陆良县国土资源局创新招投标方式，在确定中标单位时，并不简单地搞价低者得，而是依据所有招投标单位的报价，算出平均值，以此为基准，取最接近且低

于平均值的报价,实行"合理价低者得"。中标单位须缴纳诚信保证金,项目资金严格按进度拨付。

"这样做,防止了一些单位为了中标,恶性竞争,压低中标价,招标后采取偷工减料的方式保障利润,甚至干到一半甩手跑路了。"陆良县国土资源局副局长梁乔有解释道。

项目的质量保障,离不开强有力的组织、监督保障。陆良县委、县政府高度重视土地整理项目,"书记、县长出席开工仪式,高规格推进项目。"曲靖市国土资源局副局长聂勇宽说。同时,县政府下发《关于成立陆良县板桥镇基本农田整理示范项目领导小组的通知》、《关于成立陆良县板桥镇基本农田整理示范项目招标监督委员会的通知》,确保项目顺利推进,高效实施。

泸西县国土资源局局长张永建告诉记者,泸西县构建的部门联动机制,既保证了项目的质量,又提高了项目的综合效益。泸西县按照"资金性质不变、管理渠道不变、统筹使用、各司其职、形成合力、各计其功"的原则,整合国土、烟草、财政、水利等部门项目和资金,捆绑投入田、水、路、林、村等建设,力求效益最大化。2009年,中枢镇项目区共整合资金约1.6亿元。其中,国土部门近7000万元,烟草部门2800万元,农业部门759万元,水利部门5545万元。

"政府搭台,部门协作,统一规划,统一开发"的整治思路,在弥勒县新哨镇土地整治项目中,同样得到了有力落实。据统计,新哨片区土地整治共整合项目资金7699万元,其中,县级财政资金962万元,烟草项目资金1818万元,土地整治项目资金4714万元,农业综合开发项目资金205万元。

据弥勒县国土资源局副局长杨利伟介绍,弥勒县在项目实施过程中,从国土、农业、林业、水利等10个成员单位抽调精兵强将,组建"三支队伍",即领导队伍、管理队伍、质量监督队伍,形成了县、镇、村三级组织管理网络。项目实施中,严格质量跟踪检查,聘请红河州德泰工程质量检测有限公司全程进行质量检查,公司2名技术人员常驻项目指挥部,对施工质量进行全天候监测、检查。

因地制宜，兼顾"普通话"与"方言"

"实施好土地整治项目，必须处理好'普通话'与'方言'的关系。"红河州国土资源局副局长赵渐强表示。

因地制宜，是实施好土地整治项目的关键。记者了解到，由于项目涉及面广，牵涉到千家万户。很多项目立项了，资金也到位了，但由于权属调整、拆房迁坟等工作不到位，迟迟难以开展。做好土地整治工作，既要吃透国家有关政策、规程，学好"普通话"，也要照顾群众生产需求、民俗民情，熟悉"方言"。

尊重群众，发动群众，才能赢得群众，实现"普通话"与"方言"的共通。弥勒县新哨镇在规划制定过程中，技术人员多次深入实地，广泛听取项目区群众意见，结合项目区实际，找准现代农业与土地整治的结合点，为农民持续增收奠定基础。同时，广泛动员群众参与，聘请村民代表监理项目实施，项目区群众先后投工投劳达2.8万个。

在泸西县中枢镇项目实施过程中，共需迁坟1376座。要挨家挨户做通思想工作，难度可想而知。泸西县中枢镇在迁坟过程中，充分发挥党员干部的带头作用，对主动迁坟者及时兑现补偿，编排《迁坟记》等文艺节目，点面结合，重点突破，顺利完成了迁坟工作。

为确保权属调整的顺利进行，泸西县大胆创新，坚持把决策权、执行权、监督权交给群众，探索出具有泸西特色的"二次分配"模式。项目实施前，由工作组对每户承包土地面积进行实地丈量；项目完成后，按照农户原有农田面积占原农田总面积的比例进行分配。在分配过程中，各类分配方案都提交村民代表大会表决，所有丈量数据都经农户签字认可。

"建成后很实用，损坏后不管用。"土地整治项目后期管护，一直困扰着各项目区。在后期管护经费没有明文规定的情况下，泸西县向项目区印发《中低产田地改造项目后期管护办法》，对项目区的田间道路、硬化沟渠、输水管网、桥、涵、闸设施，自竣工之日起三年内，由相关部门进行专业管护，资金从施工单位结余工程费中按总工程价款的5%提取；对项目区内的平整标准田块、水池、泵站、农田林网设施，长期由村集体组织管护，标准田块管护资金由土地承包经营者自筹；对农户责任田周边沟渠，项目区成立农业管理协会，由协会与农户签订协议，明确管护责任。

离开项目区，"土地整理，利国利民"的标语再次映入眼帘。"让县、镇、村三级增收，让农民增收，实现整治效益最大化。"泸西县国土资源局局长张永建以自己的理解，对"利国利民"作了生动诠释。

作者单位：中国国土资源报社

土地整治与生态建设

对采煤沉陷区土地的再利用，节约了耕地，拓展了用地空间，节省了征地成本，为地方经济社会可持续发展提供了合理的用地保障。这是鹤岗市"保障发展、保护资源"的一个生动、有效的实践。

"煤坑"上建起新家园
——黑龙江省鹤岗市采煤沉陷区土地再利用的探索

王 彦 王 建 孙佳岩

在我国东北边陲黑龙江省鹤岗市，有一支国土队伍在保障发展与保护资源的跑道上积极探索，努力创新，提出了向采煤沉陷区要土地的思路，创造了一个又一个奇迹——

10平方千米的土地，樟子松牢牢扎根，沙棘顽强生长。而在6年前，这里曾是一片荒芜的排矸场；

南山煤矿原址，一片繁忙景象。硕大的露天坑已经回填了3/4，检顺集团的高科技项目将落户这里；

新兴煤矿原址，纵深近百米的露天坑让人震撼，而在不久的将来，这里将建成一座地质博物馆；

……

带着好奇和疑问，2008年8月11日，记者一行从哈尔滨市出发，驱车5个多小时抵达鹤岗市。

科学发展、管理创新，为集约用地注入活力

鹤岗市位于黑龙江省东北部，是以煤炭为主的矿产资源型城市。目前，该市已累计为国家生产煤炭5亿多吨。然而，在作出巨大贡献的同时，鹤岗市也付出了沉重的代价。

由于多年开采煤炭，全市地下采空区面积达到42.53平方千米，占煤田开采范围的46.7%；地面沉陷区面积达63.73平方千米，是采空区面积的1.5倍，占煤田开采范围的70%。随着煤田的进一步开采，沉陷区面积还将不断扩大。

大面积的采煤沉陷区，给土地资源、生态环境以及百姓的生产生活造成了严重的威胁。据统计，全市受地表塌陷破坏影响的居民达31752户、房屋建筑面积138.7万平方米。采煤形成的矸石山占压大量土地，造成资源浪费。与此同时，随着地方经济的发展，鹤岗市用地供需矛盾日渐突出。2005年鹤岗市仅工业用地一项占用耕地面积就达到21.8公顷，2006年达到108公顷。

一方面要坚守18亿亩耕地红线，一方面要保障经济发展用地需求，如何破解难题？鹤岗市国土资源局领导班子经过多次召开会议，反复研究磋商，并组织现场调研，邀请专家论证，最终将目光落在了采煤沉陷区上。

谈到向沉陷区要土地、要效益的战略构想，市国土资源局局长刘军感触颇深。他说，向采煤沉陷区要土地，是推进国土资源管理创新，努力构建保障和促进科学发展新机制的一项重要举措。

"不能轻言不行，也不能简单说行，要研究怎样更可行"

黑龙江省国土资源厅在推进管理创新的实践中，提出一个重要思路，那就是："对于资源保障问题，不能轻言不行，也不能简单说行，要研究怎样更可行"。向采煤沉陷区要土地，到底可不可行？鹤岗市国土资源局进行了科学的论证，深入的研究。

为了实现向采煤沉陷区要土地的战略构想，2006年，鹤岗市国土资源局向市委、市政府提出在鹤岗煤田建设抗变形建筑物的土地开发利用计划。这一计划得到市委、市政府领导的高度重视，在市财政并不十分宽裕的情况下，毫不犹豫地为市国土资源局拨付了136万元的研究经费。市国土资源局圈定10个地理位置优越、用地开发价值可观的沉陷区土地作为试点，与沈阳大学联合进行鹤岗市采煤沉陷区土地开发规划研究，根据经济上开发价值高、技术上可行的原则，提出建筑规模、建筑层数、抗采动变形措施与建议，以此指导采煤沉陷区土地的开发利用。2007年6月，《鹤岗市采煤沉陷区土地开发规划研究报告》完成。

试点涉及 10 个沉陷区段，关涉峻德、兴安、富力、新陆、南山、振兴、益新 7 个煤矿，土地总面积 10 平方千米。市国土资源局土地规划科科长廉忠刚拿出一幅约 2 米长的采煤沉陷区土地利用规划图，上面用不同颜色标示出四个规划区。绿色区域代表的是目前可建区，即现在就可以建抗变形建筑物的规划区域，面积达 2.07 平方千米。此外，还有快速发展可建区、发展可建区和远景发展区三个规划区。

鹤岗市国土资源局李树峰副局长给记者算了一笔账，如果按平均每个项目用地 7 公顷计算，目前 10 个区段中可利用的土地可为全市解决 68 个项目的用地。而全市所有沉陷区通过开发，预计能解放出可利用土地 10 平方千米。

谁治理谁受益，政府企业百姓都满意

为了吸引社会多方投资，共同治理和利用采煤沉陷区土地，本着"谁治理，谁受益"的原则，市政府 2007 年出台了《鹤岗市采煤沉陷区土地利用管理暂行办法》，对利用沉陷区土地的单位或者个人给予政策优惠。

首先，在新一轮土地基准地价没有出台之前，仍沿用 2005 年 7 月鹤岗市政府公布实施的熟地基准地价标准和土地年租金标准；其次，土地在治理改造过程中的投资费用可以抵顶部分土地出让金或土地年租金；最后，新的土地基准地价和土地年租金标准公布后，沉陷区工业用地按 30% 收取土地出让金或者土地年租金。

这一政策极大地调动了投资者利用沉陷区土地的积极性。目前，鹤岗市顺通驾校、弘大社会福利复合水泥速凝剂厂、鹤岗市鞭炮储备库、市林业局贮木厂、市万利木材综合加工厂等 7 家企业已经在采煤沉陷区落户，总用地面积达 25.28 公顷。利用沉陷区土地上项目，得到政府、企业、百姓的广泛好评。顺通驾校老板说："虽然在建设抗变形建筑物的地基处理上，我们投入了比普通地基多 20% 的成本，但是能够利用地理位置好、交通便利、用地成本低的土地，有市政府的政策支持，有国土资源部门的把关，我们可以获得更大的收益。"据市国土资源局土地利用科科长丁艳荣介绍，目前嘉晨选煤有限公司等 11 家企业正在申请利用沉陷区土地进行工业项目建设,预计用地 48 公顷,投资额达 6900 万元。

坚持因地制宜,实现土地集约利用

鹤岗市采煤沉陷区土地利用和综合治理工作,始终坚持因地制宜,宜农则农、宜林则林、宜建则建。除了利用抗变形建筑物措施开发利用沉陷区土地外,还通过平整矸石山,采用客土植树技术,增加了大片的林地。

来到岭北矿露天排矸区,远远就看到"兴山区土地复垦项目"的石碑,在阳光下熠熠生辉。进入约 7.6 平方千米的项目区,看到高低错落的樟子松、沙棘茁壮成长,渐渐成林。据市国土资源局土地整理中心施威展主任介绍,该项目获得了国家能源部科技进步三等奖。

此前,这里原是寸草不生的排矸区,大大小小的煤矸石堆积成山,生态环境受到严重破坏,植被覆盖率几乎为零,部分矸石还出现自燃,产生大量烟尘和有害气体。为改变这一状况,从 2002 年开始,鹤岗市国土资源局在对矸石山进行科学研究的基础上,引进客土种植松树技术,投入 1020 万元资金对该区域进行复垦绿化。

施威展爱抚着小树,满心喜悦地告诉记者:"樟子松的树干每年长出一节,如今已经长出了 6 节。"是啊,这每一节都记载着一个故事,都饱含着一段深情。

鹤岗矿山地质公园曾是一处露天坑,废弃多年。鹤岗市以岭北矿南北露天、新一矿竖井、矿史馆、万人坑、"狼窝"、日本秘密地下工事展览馆为依托,精心设计和打造了一个国家级矿山公园,规划占地 665.72 万平方米,建设总投资 8342.61 万元,工程建设投资期为 5 年。2005 年 9 月通过国家批准,该园成为全国首批重点建设的 28 家矿山公园之一。3 年来,经过全市上下共同努力,公园的四大板块、十大景区建设已取得积极进展。气势恢宏的仿木雕矿山公园大门已巍然耸立,70 米长的浮雕壁画,真实再现了矿区百年历史。

作者单位:中国国土资源报社

削峰填谷、劈山整地，丽水市作为浙江省首批低丘缓坡综合开发试点，在土地开发整理方面进行了一些新的探索和尝试。2006—2009年4年间，全市新增耕地22万多亩，连续14年实现耕地占补平衡。

"秀山丽水"拓沃野
——浙江省丽水市综合开发低丘缓坡纪略
周怀龙

经济发达的浙江省，山多地少，用地压力比较大。为加强土地资源的优化配置，切实保护耕地，实现占补平衡，自2006年开始，浙江省实行以低丘缓坡开发为重点的土地开发整理，拓展用地空间。

同年，以"秀山丽水"闻名的丽水市成为浙江省首批低丘缓坡综合开发试点，在土地开发整理方面开始了新的探索和尝试。

五年转眼而过，让我们看丽水到底以什么样的方式提交这份土地开发整理的答卷。

一

汽车沿着丽水市遂昌县银坑山的山路行驶一个多小时，戛然停住。

丽水市土地整理中心副主任刘荣华下车告诉记者，山谷中的一片梯田，便是遂昌县土地开发整理项目之一。

选址在山上，有特殊原因。遂昌县银坑山以金矿闻名，自北宋开采至今。但千百年来废弃的矿渣堆积如山，青山翠谷间掩映着满山满谷的渣土碎石，让遂昌金矿有限公司非常头痛。

2008年，遂昌县国土资源局土地整理中心来此考察评估，认为将这个尾矿库开发整理成耕地可行——既增加耕地，又修复矿山环境，何乐而不为？

遂昌县国土资源局与金矿有限公司一拍即合。于是，整理中心负责立项整理，遂昌金矿公司则负责后期的耕作与维护。

经过一年多的平整、填土、修渠筑坝，在山上的"垟"地整出100多亩耕地——不同海拔地区均有坡度较低的台地，丽水当地人叫"垟"。这些"垟"在山脚看似山顶，但在高处却是坡度较小的缓坡甚至平地。但海拔600米以上呈现的高山生态优势、反季节优势明显，种出的高山作物在长三角地区颇受欢迎。

"对我们公司而言，这个项目起到的绝对是一个多赢的效果，"遂昌金矿有限公司副总经理杨建国告诉记者，"公司将复垦整理后的两块耕地，一块种金银花，以5000元的价格承包给龙岩头村村民潘建松；另一块则种植黄花菜，返销给矿山。公司职工都喜欢吃这种地道的高山黄花菜。"

"每年5～6月金银花开，给遂昌金矿国家矿山公园带来一片新的点缀。满山谷白色的金银花，让来矿山公园的游客赏心悦目。"他说。

据了解，削峰填谷、劈山整地是近年来丽水市的一个"大手笔"。丽水市山多地少，耕地资源十分紧缺。为了改变耕地资源的现状，丽水市充分利用未利用地和缓坡低丘，整理开发成新的耕地。

丽水市土地整理中心的工作人员告诉记者，"截至2008年，丽水市以归并零散地为主的整理项目大多已经完成，目前土地开发整理项目主要集中在低丘缓坡的综合开发。市政府把该项工作列为重点工作之一。"

二

开发低丘缓坡，是浙江省2006年提出的一句响亮口号。

刘荣华清晰地记得，就在那一年，浙江省以省人民政府的名义提出在全省范围内全面推进低丘缓坡综合开发。而素有"九山半水半分田"之称的丽水市，成为浙江省低丘缓坡综合开发首批试点。

从那时起，丽水市的土地整理工作便以此为重点，持续至今。

丽水率先入选试点的原因很简单——山多地少，人均耕地不足0.54亩，山地丘陵却占全市面积的88.4%。平均下来，人均占有山地面积有9.8亩。这些本为制约当地经济发展的劣势，摇身成为推进土地开发整理的优势条件。

2009年初,浙江省委、省政府提出实施百万亩造地保障工程,计划在5年内新增耕地106万亩;其中,低丘缓坡开发以金华市、衢州市、湖州市、丽水市等地为重点,5年完成57万亩新增耕地。11月,省委、省政府与各市政府签订责任书推进该保障工程。

"这是被'逼'出来的路子。"这是刘荣华的肺腑之言。在整理中心工作了7年的刘荣华,深知土地资源对浙江省及丽水市发展的重要性。他说:"低山缓坡土地资源开发利用是破解用地'瓶颈'的重要手段,也是解决丽水土地后备资源的一项重要实践。"

三

按照省里的部署和规划,丽水市的土地开发整理工作全面展开。

在土地开发整理利用中,丽水市坚持宜林则林、宜农则农、宜建则建的政策。整出来的耕地,按照权属分还给原集体。

2007年,丽水市南城北三路开工兴建。两年内,该工程通过劈山移石、高挖深填开发用地,节约耕地5000多亩;

2006—2009年,丽水全市通过土地开发整理复垦共计新增耕地22万多亩,有效缓解了土地供需紧张的矛盾,保障了合理的用地需求,确保了丽水连续14年实现耕地占补平衡;

……

"低丘缓坡搞开发整理,新垦耕地的质量怎样保证?"记者采访中一直思考着这样一个问题。

对此,丽水市国土资源局局长朱山华表示:"为了提升耕地质量,第一是加大资金投入,将土地开发复垦项目的资金投入从过去的每亩2000~5000元提高到现在的每亩2~3万元;第二是加强项目实施和监管,制定出台《丽水市垦造耕地项目立项备案和复验办法》,对垦造耕地项目的立项、设计、施工、验收等各个环节作出明确规定;第三是严格把好竣工验收关。"

"对建设标准不符合、规划设计实施不到位、耕作层达不到耕作要求的项目,限期整改,经复核认定后才予以验收通过。项目完成后,还要扣留10%的质量保证金,待一年后复查通过以后再予以退还,确保新增耕地的质量。"朱山华说,"为了加强地力培育、提高新增耕地质量,我们还采取鼓励政策,在种植上给予补助。"

据了解,缙云县规定,对新增耕地的耕种人按种植面积分3年予以补助,种植粮食作物的按每年每亩300、300、200元补助,种植水果的按每年每亩200、200、100元补助;龙泉市对新增耕地的补助标准,由原来的"332"模式提升为"33222"模式,即前两年按300元每亩标准补助,后三年每年按200元每亩补助。总补助金额由800元到1200元,增加了50%。

四

土地开发整理项目的真正成功,不仅在于新增多少耕地,同时也在于是否提高了土地效益,培育了相关产业。

为此,朱山华指出:"我们积极配合农业部门,对新开发的耕地,实行连片承包模式,即统一承包、统一经营。"这一思路的核心,不仅要将土地开发整理与农田水利工程相结合,而且要与现代农业相结合。

"由政府牵头,各部门配合,尤其要做好两个方面工作:一是夯实后期耕作的基础,为此,丽水市的做法是提高新增耕地的耕作补助标准,加大投入,提高质量;二是促进形成土地的经营管理机制,或者是引入农业企业,或者鼓励形成农业专业合作社。"龙泉市国土资源局局长叶伟玲告诉记者。

农业局局长出身的他,对农业产业培育有着非常丰富的经验。

叶伟玲说:"农业企业本身是发展农业的,由其作为经营主体,可以形成特色农业产业基地,引导当地形成一条新的农业产业;农业专业合作社是指农户自愿联合起来的合作经济组织,他们以土地入股,集中经营。"

近年来,随着土地整理和公路村村通等工程的逐步推进,发展高山生态产业条件不断成熟,龙泉市已经成为全省海拔最高的高山蔬菜生产基地、全省面积最大的金观音特色茶基地和华东最大的高山夏菇生产基地。

龙泉市阳光农业有限公司就是代表之一。公司所经营的金观音茶叶,一部分来自公司自主经营的基地,一部分来自各地的"散户"

茶农。

公司总经理蔡利武告诉记者,他们瞅准了2009年验收的几个项目,与承包土地的农户签约,以"农户+公司+基地"模式进行经营,打造一个金观音茶产销基地。

作者单位:中国国土资源报社

2002年6月,生态敖汉走向了世界,被联合国授予"全球五百佳"最高荣誉奖;2002年9月,温家宝赴敖汉旗视察时作出重要批示:"敖汉人民几十年艰苦奋斗,植树造林,治山治水,改变了生态面貌,成绩来之不易,要再接再厉……"

敖汉旗的"绿色名片"

——内蒙古自治区敖汉旗生态建设成效显著

岳安志

2002年6月,内蒙古自治区敖汉旗被联合国授予"全球五百佳"最高荣誉奖,生态敖汉走向了世界。2002年9月,温家宝同志赴敖汉旗视察时做出重要批示:"敖汉人民几十年艰苦奋斗,植树造林,治山治水,改变了生态面貌,荣获'全球五百佳'光荣称号,成绩来之不易。要再接再厉,制定长远目标和规划,努力把敖汉旗建设成秀美山川。对敖汉这个好典型,内蒙古自治区和国家有关部门要给予关心指导和帮助。"

滥垦滥牧破坏生态环境

《明史》记载,内蒙古自治区敖汉旗是"沙柳浩瀚,柠条遍野,鹿鸣呦呦,黑林生风"的繁茂之地。清朝末期,由于人口剧增,滥垦滥牧严重,全旗生态环境受到了极大破坏。到上世纪六、七十年代,土地沙化、水土流失加剧,流动、半流动沙地以每年7万亩的速度递增,每年有3万亩良田被洪水冲成河滩、沟壑。到1975年,全旗沙化土地面积达259万亩,水土流失面积达960万亩,分别占全旗总土地面积的20.8%和77.3%,形成了"沙化——水土流失——贫困化"的恶性循环。农业生产陷于"种一坡,收一车,打一簸箕,煮一锅"的困境之中,中北部沙区每年翻种几次才能抓住春苗,玉米、高粱等高产作物根本无法种植。1972年,全旗粮食总产量仅为4500万千克,当年吃掉的返销粮达5500万千克。

长期以来，全旗由于草牧场严重退化、沙化，导致载畜量急剧下降，牧业生产陷入了"夏壮、秋肥、冬瘦、春死"的境地。此外，全旗铁（公）路沙阻现象时有发生，交通部门每年都要耗费巨资，清理沙阻，埋设沙障，阻挡风沙。

植树造林，治山治沙

敖汉旗始终把生态建设置于全旗经济社会发展大局中进行谋划。1989年，针对全旗生态建设的实际，敖汉旗政府作出了《七年绿化敖汉的规划》，并形成人大决议；1992年，结合赤峰市生态经济沟建设方略的提出，敖汉旗生态建设实现了从单一生态型向生态经济型的转变；1997年，又制定了《敖汉旗生态建设近期规划》；2001年，出台了《关于加强生态建设的实施意见》；2003年，在上级林业部门的指导下，制定了《敖汉旗生态建设规划》、《敖汉旗现代林业建设规划》、《敖汉旗商品林建设规划》。这些规范性文件不同程度地为敖汉旗生态建设绘制了近期和长远发展的蓝图，并提出了基本建设目标和指导思想。

"防患于未然"，无疑是助推事业发展的根本之举和长久动力。敖汉旗国土资源部门在制度设计下工夫，在制度建设上实现突破，从而提纲挈领，有效化解了发展中的种种困扰。几年来，敖汉旗国土资源局相继修订完善了十几项制度。为及时制止非法采沙破坏生态环境行为，在内部划分出动态巡查区域，明确巡查职责任务，确定巡查间隔期限，将发现率、制止率、调处情况列入考核内容，有效强化了各部门的履职功能。指定乡、村、组巡查员，随时对违法行为进行动态巡查，发现问题及时上报。三位一体巡查网络的建立，既将违法案件消灭在萌芽状态，又减少了当事人的经济损失，提高了工作效率，降低了行政成本。

敖汉旗历届领导始终将生态建设作为立旗之本、生存之本、发展之本、振兴之本。从1979年开始，旗委、政府先后四次作出关于大力植树种草和治沙治山的决定，对每一个发展阶段都进行了精心规划。在工作中，始终坚持党政一把手亲自抓，分管领导具体抓，几大班子共同抓，坚持"一任接着一任干，一张蓝图绘到底"的生态建设思路和接力赛精神，切实做到换人不换目标，换届不换蓝图。

一方面，敖汉旗始终坚持"生态立旗"之本不动摇，动员组织群众联乡联村进行生态治理会战，大规模植树造林，治山、治沙、治水；另一方面，积极探索靠产权改革来激活生态建设的机制，实行了"谁造谁有"政策，极大地调动了农牧民群众的积极性。敖汉旗长期坚持"谁造谁有，一次到户，过期不补，长期不变，限期治理，允许继承和转让"的优惠政策，大力发展非公有制林业，充分体现利益机制，用政策调动群众参与生态建设的积极性。随着国家对生态建设投资力度的加大，敖汉旗又把足额兑现国家政策补贴落实到政策体系中，将"国家要绿"和"群众要利"有机结合起来。《中共中央国务院关于加快林业发展的决定》出台后，敖汉旗进一步加大了政策调整力度，全力推进林权制度改革、国有场圃改革、林业分类经营、任期目标管理责任制、重点工程项目管理、种苗市场化和舍饲禁牧七项重大变革，并取得了突破性进展。

生态环境明显好转

经过几十年艰苦卓绝的努力，敖汉旗生态建设取得了巨大成就，成为全国最大的人工造林县。与1978年相比，全旗现有林面积由124万亩增加到561万亩，森林覆盖率由9.3%提高到42.7%，年均风沙日数减少30天，粮食产量由3亿斤增加到12亿斤，牧业年度家畜存栏由26万头增加到230万头，农牧民人均纯收入由47元提高到4160元，极大地改善了全旗人民的生存条件和生态环境。因此，敖汉旗获得"全国生态建设示范区"、"全国再造秀美山川先进旗"等10多项殊荣，2002年被联合国授予"全球环境五百佳"荣誉称号。林权制度改革明晰了林地经营权和所有权，极大地调动了群众的造林、护林积极性，广大农牧民得到林地经营权如获至宝，经营林地如同经营耕地一样精心，实现了"不平整土地不造林、不打井灌溉不造林、不混交不造林"，各地出现了争相造林的好局面。现在，敖汉农村家家有林地，人人都是护林员，林地的管护水平明显提升。

生态建设开辟了农牧民增收新路子。一些农牧民通过林权流转，办起了家庭林场，促进了农村牧区产业结构调整，实现了林地规模经营和集约经营，同时解决了富余劳动力的就业问题。下洼镇返乡农民工与深圳客商投资70万元在八旗村承包500亩荒山，造林后发展林下养殖，2009年养猪500头、鸡4000只，年纯收入30余万元，安置当地30多位农民就业。贝子府镇将2700亩荒废的山杏林承包给农民，通过修剪，整地施肥，产量大幅度提高，年采收杏核3万千克，收入13.6万元。鲍永新是最早承包沙地的牧民，通过16年治理，沙地营造杨树速生丰产林3700亩，插黄柳1350亩，控制沙地面积2.1万亩。通过林间种草养畜、多业并举，现拥有沙产业资产超百万元，2006年他被评为全国治沙标兵。

为了加强生态农业建设进程，敖汉旗优先实施了沙地综合治理、农牧结合产业化、水土流失治理、水平梯田建设、高效优质农业建设、北方生态模式六个重点工程。形成了三种模式，中北部沿河平川生态经济区的试点乡镇是四道湾子镇，形成了多元立体种植复合模式；北部漫岗坨沼生态经济区的试点乡镇是古鲁板蒿乡，形成了以林养牧促农模式；中部南部黄土浅山丘陵生态经济区的试点乡镇是萨力巴乡，形成了农、林、牧综合发展模式。生态农业建设项目的实施，为敖汉旗创造了良好的经济效益、生态效益和社会效益。

2008年，大灾之年，这里部分土地却出奇的绿，地里的庄稼长得出奇的好。项目区以现代农业谷子产业技术研发为依托，实施统一技术培训、统一种植品种、统一配方施肥、统一栽培密度、统一防治病虫害的"五统一"农艺措施，在夏秋严重干旱、其他乡镇地块严重减产的情况下，四家子镇现代农业地埋滴灌项目区集中连片种植的1309亩谷子长势格外喜人，成为全旗农业生产一大亮点。经农业技术人员测算效益突显，亩增产谷子129千克，总增产粮食16.8万千克。林家地村7个村民组、176户、720口人受益，人均增收563元，被老百姓称为"富民工程"。地埋滴灌项目的实施极大地改善了农业基础设施，使敖汉旗的农业发展向高效、节能现代新型农业迈出了跨越式的一步，为农民增收奠定了良好的基础。

作者单位：国土资源部土地整理中心

2008年10月，由国土资源部土地整理中心牵头，以海南省和贵州省为示范区，中欧土地利用规划与土地整理中的生物多样性保护项目在北京启动。经过两年多的艰辛努力，项目组在国际生物多样性年结束之际，捧出了沉甸甸的成果。

生物多样性保护，土地整治不能没有你
——中欧土地利用规划与土地整理中的
生物多样性保护项目纪略

余星涤

如果城市钢筋水泥的丛林中，看不见鸟儿的踪影；如果农村整齐划一的田野里，听不到蟋蟀和青蛙的奏鸣；那该是怎样的一幅图景！

这不是危言耸听，这是许多地方正在发生的现实。

包括所有鸟类、昆虫、微生物、植物在内的生物多样性是人类生存发展的基础。我国是地球上生物多样性最丰富的国家之一，拥有高等植物34984种，居世界第三位；脊椎动物6445种，占世界总种数的13.7%。已查明真菌种类1万多种，占世界总种数的14%。

然而，在工业化、城市化的高速推进中，我国又是世界上生物多样性受到威胁最严重的国家之一。如何在经济快速发展的同时，建立起一种生态友好的土地开发利用新模式？

着眼于这一主题，经过四年多的努力，2010年11月13日，中欧"土地利用规划与土地整理中的生物多样性保护"项目以优异成绩通过了项目评审，为2010国际生物多样性年献上了一份沉甸甸的厚礼。

来自欧盟、联合国开发计划署、商务部、环境保护部的项目管理单位代表评价：这是中欧18个生物多样性保护项目中，取得成果最丰硕、最具开创性的一个，系统地实现了"将生物多样性保护纳入到国家经济发展规划中"的最高目标。

项目执行方代表、国土资源部土地整理中心主任吴海洋表示，项目的成功仅是一个好的开端，2010年11月启动的全国土地整治规划修编，已把改善生态环境包括保护生物多样性列为重要目标之一。

2010年12月17日，在国土资源部初步确定的全国土地整治"十二五"规划目标中提出，将积极促进耕地保护从以数量管护为主，转向数量、质量、生态管护相统一，更突出土地生态景观建设和政策制度创新。而这，将成为未来十年我国土地利用和整治的新趋势。

路径选择：推倒重来还是因势利导？

我们长期来一直行驶的这条道路，使人容易错认为是一条舒适的、平坦的、超级公路。但实际上，在这条路的终点却有灾难在等待着。而另一条"很少有人走过的"岔路，为我们提供了保住地球的最后机会。

——蕾切尔·卡逊《寂静的春天》

虽然来到海南省陵水县中欧生物多样性保护县级土地利用总体规划修编示范项目区前已被告知，高速公路两侧经济发展差距悬殊，但当亲眼看到时，还是震惊了。

东侧，是某香港上市公司开发的知名高档住宅群，依山临海，繁花掩映、椰风阵阵，堪比世界上任何一个滨海度假胜地；西侧，是拟开发的村落，崎岖小路上尘土飞扬，简陋棚屋散乱在坡上和树丛里；那个将作为重点开发对象的温泉边，满地是村民烫鸡烫鸭后剩留的羽毛，蒸腾的热气中散发着些许异样的味道。

据当地国土资源部门的工作人员介绍，东侧早在20世纪90年代初就被征收出让，但后来海南省地产泡沫破灭，地块闲置，被用于挖塘养虾，废水直接排入大海，环境污染严重。后来，这个房地产公司拿到地后，请世界著名设计公司进行规划设计，重塑了这一带的海岸线，房价已达每平方米三四万元。当地农民早已转为居民，大部分在企业从事服务、绿化等工作，月收入一两千元，社会保障俱全，日子过得还不错。

西侧的高峰村高土小组，虽然较好地保留着黎族文化和自然风貌，但闭塞、贫穷、落后。

究竟该如何平衡发展与保护之间的关系？东侧的开发模式，对又一轮房地产开发热潮中的海南省来说，是短期内最"来钱"的，同时也促进了海岸的度假旅游与恢复治理，但能推广到西侧的丘陵山区吗？

回答是否定的。海南省省长罗保铭表示，生态是海南发展的最大资本。无视海南作为中国及至世界生物多样性宝库的独特优势，一味复制钢筋混凝土加人工园林的开发模式，无疑是最无知的自毁行为。

据海南省土地储备整理交易中心副主任尧德明介绍，陵水县已对高峰村进行了生态敏感性评价，要求项目开发必须以保护当地生物多样性和文化特色为原则，否则，宁肯推迟开发，也要避免不可逆转的生态破坏。

这只是海南省土地利用总体规划实现生物多样性保护理念全覆盖的一个典型事例。在新一轮土地利用总体规划修编中，专门增设了生态用地分类；在指标分配上，把建设用地控制在12%以内，林地、木本园地比例保持在60%以上；在土地用途管制方面，根据生物多样性分布，设定禁止开发区、限制开发区和适度开发区。

目前，海南省土地利用总体规划已通过国务院审批，乐东县、陵水县规划已通过省政府审批，生物多样性保护具有法律效力。

据海南省国土环境资源厅副厅长王业侨介绍，海南省将通过土地用途管制，确保生物多样性保护措施落地。同时，建立生态综合补偿机制，在财政转移支付、土地收益分配等方面向生态保护区域进行倾斜，保障当地居民的生存发展权。

土地整理：用自然的方式修复自然

在农业的原始时期，农夫很少遇到昆虫问题。这些问题的发生是随着大面积土地精耕细作一种谷物而产生的。单一农作物的耕种并不符合自然发展规律，这种农业是工程师想象中的农业。

——蕾切尔·卡逊《寂静的春天》

如果说把土地整理比作少女梳妆，往往有两种方式：一种是怎么看自己都不顺眼，一定要整出个人工美女，遭多大罪、能撑多久不知道；一种是扬长避短，合理修饰，加强身体锻炼，持续焕发健康自然美。

这个道理很多人都明白，但在土地整理实践中，片面追求"田成方、路成行"和耕地数量增加的"人造美女"现象普遍存在。

土地整理，难道只有这一条路可走吗？中欧土地与生物多样性项目负责人、国土资源部土地整理中心总工程师罗明表示，项目组想在这方面趟出一条新路来。

项目选取贵州省为土地整理复垦专项规划省级示范区，荔波和关岭作为县级土地整理复垦项目示范区。

在省级土地整理复垦专项规划中，结合土地整理潜力评价与生态系统评价，将全省划分为3个一级区、7个二级区、15个三级区，在不同地区采取不同的土地开发整理措施。

在重点开发整理区域，进行基于生物多样性的单项工程设计，将生物多样性保护理论贯穿于土地整治以及田、水、路、林、村施工到后期管护的全过程。

据贵州省土地整理中心副主任刘忠斌介绍，与以往大规模地进行土地平整、道路硬化的整理模式相比，就地取材、因地制宜地进行土地整理，同样可以达到提高耕地产能的效果，而且对生物多样性的破坏要小得多。

在荔波项目区，针对其物种丰富的特点，项目组在土地平整过程中，指导施工人员进行表土剥离回填；就地取材，用爆破碎石砌成石坎、石堆，有效保护两栖、爬行动物；在引水灌溉工程中，以地下PPR管道，取代硬化沟渠；在田间道路工程中，避免大面积道路硬化，留出生态廊道。

在关岭项目区，针对当地石漠化严重的特点，项目组通过小型水利排灌设施和植物护坡工程，有效地缓解了石漠化地区干旱和水土流失；通过生态田坎、动植物保育畦，增加农作物害虫天敌的生存环境，减少杀虫剂的使用；在田间道、生产路和田块间设计导坡，方便农田机械进入农田而不对田块表土造成破坏。

融入生物多样性保护的土地整理项目,不仅改善了当地农民的生产生活条件,而且有效地增加了耕地,提高了农田的抗风险能力,项目区呈现出农田、溪河、湿地、田间小岛错落有致的如画景观,被欧盟项目专家称作是"教科书式的"土地整理样本。

共同关注:避免土地利用中的生态灾难

我们冒着极大的危险竭力把大自然改造得适合我们心意,但却未能达到目的!这确实是一个令人痛心的讽刺。虽然很少有人提及,但人人都可以看到的真情实况是,大自然不是这么容易被塑造的。

——蕾切尔·卡逊《寂静的春天》

从世界博览会国际学术会议的前沿,到中国偏远乡村的田间地头;无论是评审专家,还是项目具体参与者,对中欧土地与生物多样性保护项目都有着很深的认同感。

对此,罗明一语中的:通过项目的实施,让大家深刻认识到:保护生物多样性,就是保护人类自己。这种大家一起去做"对"的事情的正义感和责任感,把世界上这么广阔领域的人团结在一起。

首先是国土资源部和地方示范区的大力支持和配合。

无论是从项目申请、启动还是具体执行,国土资源部领导及相关司局都给予了全程的支持,同时,注重在全国土地利用总体规划规程的制定、土地整治规划的制定方面吸取项目成果,为项目实现"将生物多样性保护纳入到国家经济发展规划中的最高目标"创造了条件。

国际生物多样性年中国国家委员会国土资源部联络员、国土资源部耕地保护司副巡视员刘仁芙表示,生物多样性不仅是人类生存发展的基础,更是现代社会重要的基因库。在土地利用总体规划和土地整理中融入生物多样性保护理念,对土地资源可持续利用具有重要意义。

国土资源部政策法规司副巡视员赵久田认为,经济发展不仅要处理好人与人、人与环境的关系,还要处理好人与其他物种的关系。要通过政策约束，避免土地开发利用中的生态灾难。

贵州省国土资源厅副巡视员彭显刚表示，项目不仅给贵州省带来了先进的土地管理思想，培养了一批专业人才，而且对贵州省自然环境保护和石漠化治理具有非常重要的现实意义。

其次，项目成果得到了欧盟、联合国开发计划署、国家环境保护部的高度评价和认可。

在2010年上海世博会上，应比利时政府邀请，中欧土地与生物多样性保护项目作为欧盟支持的18个项目的代表，参加了比利时生态环境保护世博系列研讨会。

与会专家在听取罗明的主题发言、观看项目成果展后，认为该项目实现了"科学、政策与实践的完美结合"。

联合国开发计划署国家项目办公室主任卡斯廷·戈莫表示：在土地利用规划和整理中实施生物多样性保护，对整个生物多样性保护事业来说是前进了一大步。

中欧生物多样性项目首席技术顾问斯皮克·米林顿强调，土地管理对于保护生物多样性至关重要。应该把生物多样性保护纳入整个区域发展目标，在满足发展需要的同时，不以牺牲未来对生态系统的需求为代价。

国家环保部代表徐靖表示，在该部关于贯彻落实中国生物多样性保护战略与行动计划中，已将土地利用规划与土地整治列为全国生物多样性保护优先项目。

正如吴海洋所说，国土资源管理应该在生物多样性保护国家战略中发挥更大的作用。因为，土地是地球上所有生物的家。

作者单位：中国国土资源报社

在中煤集团大屯公司，随着由"重要的事"变成"头等大事"，有关土地复垦各种探索也在不断跟进：湖泥充填复垦、生产废渣充填复垦、挖深垫浅复垦……8551亩采煤塌陷地得以复垦治理，公司因此每年减少补偿费641万元，还给农民耕种年创产值980万元。

誓把沧海变桑田
——中煤集团大屯公司复垦纪实

吕苑鹃　王　敬

暖春时节，徐州大屯。

白茫茫的水面上，芦苇丛生，轻舟慢行。水面之下，安静地躺着昔日的一方方良田。在这里，沧海桑田的演变每天都在进行。煤，从地里被挖出来。相应的，地一点点往下陷，水一滴滴往外涌，房子和庄稼地先是矮了，然后被一寸寸拖了进去，直至被完全淹没，变成了湖外湖。

假如土地能够选择，它是否会怀念从前的绿装？

"我们正在努力，把沧海还成桑田，让这片土地重现原貌。"中国中煤能源集团大屯煤电公司（以下简称中煤集团大屯公司）地区处处长戴光明告诉记者，"截至2008年，公司共投入1.48亿元，复垦采煤塌陷地8551亩，其中6143亩复垦为耕地"。

巧取湖泥造良田

春的暖阳温柔地洒在微山湖上，波光粼粼，一条中型挖泥船停在水中，拖着长长的"尾巴"。

"这是输泥的管道，你仔细看看，它通向哪儿？"戴光明指着"尾巴"说。只见这条铜褐色的管道升出水面，迈过湖堤，径直铺到湖边的一大块塌陷地。走近一看，这片正在填充湖泥的塌陷地还是个"半成品"：紧邻马路的一侧已经填充固结完毕，种上了绿油油的小麦；紧挨着的塌陷地，湖泥已填充到位，正在排水、固结，覆着浅浅一层水；再远些，是尚未动工的，与寻常湖面并无两样。

"这是我们公司姚桥矿区位于张楼村的采煤塌陷地，采取的复垦方式是湖泥充填。"戴光明说。

中煤能源集团大屯煤电公司位于徐州沛县，苏、鲁交界的微山湖畔。大屯煤电于1976年底投产，现有姚桥、徐庄、孔庄、龙东四对生产矿井，已探明储量12.2亿吨，其中2/3分布在地下，年产原煤780万吨。

沛县地处高潜水位的平原地区，一般地表下沉1米左右就会出现季节性积水，当地人称"涝洼地"。因此，中煤集团大屯公司常年积水和季节性积水面积的比重大大高于其他矿区，30余年的采煤活动造成深陷土地2.7万余亩。

中煤集团大屯公司以采煤为主业，紧邻微山湖，矿区内极其缺乏土源。于是，近年来借鉴国内外成熟的复垦技术和经验，结合本地实际和矿区可利用的复垦资源，积极创新，主要采取湖泥、煤矸石或粉煤灰充填。

"公司的矿区部分沉陷地位于微山湖畔，考虑到湖泥肥沃且容易取得，我们采用绞吸式挖泥船从湖底取土，通过管道，将湖泥充填到附近沉陷区进行土地复垦。"戴光明告诉记者，"湖泥的有机质含量高，肥力好，复垦后的耕种收成可以达到甚至超过沉陷前"。

在微山县张楼村，记者看到了中煤集团大屯公司的复垦"样本"。这里原属姚桥矿区东五采区，沉陷前为大片粮田，地势平整、水系配套、土壤肥沃，宜种植，每年稻麦两季轮作，收成颇丰。采煤沉陷后，形成了600多亩的大坑，农田完全被积水淹没，农作物绝收。该村现有人口3000多人，土地面积2100亩，其中1200亩土地因采煤沉陷无法耕种，人均耕地不足0.5亩。

2001年，中煤集团大屯公司对张楼村塌陷地进行复垦试验，在湖区利用湖泥充填复垦，新增629.34亩优质高产田，年新增产值95万元。在此基础上，该公司采用湖泥充填方式，相继成功复垦了陶管屯村599亩、孔庄矿王庄村597亩、徐庄矿大屯村等四村587亩采煤塌陷地。2009年，又启动了徐庄矿1750亩、孔庄矿400亩的采煤塌陷地复垦项目。

从"重要的事"到"头等大事"

在中煤集团大屯公司，土地复垦由"重要的事"变成"头等大事"，是在2006年《关于加强生产建设项目土地复垦管理工作的通知》下发以后。认真学习文件后，公司高层认识到这项工作的重要意义，决定加大复垦力度，对那些已经稳沉、具备复垦条件的地块，积极组织复垦。2006—2008年，该公司复垦土地3426.25亩，投入资金7122.67万元。

目前，该公司对采煤塌陷地的赔偿方法是，根据土地的破坏程度按比例逐年补偿，直至征用或复垦。近年来，随着矿区塌陷总面积和绝产地面积逐年增加，单位面积赔偿标准不断提高，加之对塌陷地的水系、道路等恢复、改造、加固等，用于塌陷地补偿的费用也急剧上升。

"随着井下开采的不断深入，土地破坏越来越多，企业用于塌陷地补偿的支出也越来越大。土地复垦工作的开展，在企业现在尚能负担的情况下，逐年消化、减少塌陷面积，达到土地'收支'平衡，最终消灭塌陷地，为公司以后的发展减轻负担。"戴光明告诉记者，"为确保土地复垦工作顺利开展，公司严格执行《土地复垦规定》和国家有关法律法规，公司及各矿均设置专门机构、配备专门人员从事土地复垦工作，每年从预算中设专门资金用于采煤塌陷地复垦"。

除了湖泥充填复垦和利用生产废渣充填采煤塌陷区外，他们还采取适用于高潜水位矿区塌陷地复垦的另一方式——挖深垫浅，即基塘复垦模式，获得一定比例的旱田与水面。具体来说，就是将塌陷区的盆地挖深，用挖出的表土将塌陷区边缘填高，挖深部位可养鱼及发展其他淡水养殖，浅部垫高区可作为农田，周围修整排灌设施。

据统计，1990年以来，中煤集团大屯公司共复垦8551亩采煤塌陷地，年减少补偿费641万元，复垦后土地还给农民耕种，按年产值

1500元/亩计算，年创产值980万元。

化解人地矛盾的重要途径

中煤集团大屯公司复垦采煤塌陷地，是徐州市采煤塌陷地复垦工作的一个缩影。

随着采煤塌陷地面积的不断增加，许多村民自家房前屋后的庄稼地，几年间忽然就变成了湖泊。世代以种地为生的农民，如今不得不放下锄头，人多地少的矛盾进一步加剧。

面对严峻的现实，徐州市立即行动起来。2001年11月1日，徐州市人民代表大会常务委员会公布了《徐州市采煤塌陷地复垦条例》。作为行政主管部门，市国土资源局着力制定优惠政策，鼓励复垦采煤塌陷地。铜山县和贾汪区在"谁复垦，谁收益"的前提下，制定了"两个不限、两个允许、两个搞活"政策，即不限复垦主体，允许企事业单位、集体经济组织、个人参与复垦，搞活复垦的参与和投资机制；不限经营方式，允许集体经营、承包经营、招标经营、股份合作制经营和个体经营，搞活经营利用机制。

"总的来说，我们是按照因地制宜的原则，通过对沟、渠、田、林、路实施全面规划、分期治理、排灌先行、基础配套、种养结合、优化布局的整治措施，为我国华东平原地区高潜水位矿区采煤塌陷地复垦，在技术体系、管理经验、采矿业与农业的协调发展等方面积累了一定经验。"市国土资源局耕地保护处处长宋玉树说。

运用先进科学技术，进行分类治理，提高采煤塌陷地复垦的科技含量和质量标准，是徐州市采煤塌陷地治理的一大特色。针对塌陷地的形状、土壤类型、地层结构、稳沉程度、积水深浅等不同情况，有关县区乡镇与中国矿业大学共同研究，制定不同的治理方案，进行分类改造，在提高经济效益的同时，兼顾社会和生态效益。对稳沉的塌陷地，以造地为主；对其中的拉坡地实行垫地抬田，还耕种粮；对浅水湿地实行种菜栽藕和发展其他水生植物；对于深水区则实行养鱼殖珠，蓄水灌溉；对靠近湖泊的塌陷地采用湖泥充填复垦。

目前，徐州市累计总投入约 2.4 亿元，复垦治理采煤塌陷地约 11 万亩，新增耕地约 7 万亩。统计显示，复垦的采煤塌陷地平均每年可增产粮食 3200 万千克、水产品 2500 万千克，年创产值约 2 亿元，安置劳动力就业 7 万余人。

作者单位：中国国土资源报社

通过实施"平垸行洪，退田还湖，移民建镇"生态恢复土地整理工程，鄱阳湖湿地生态逐步得到恢复，蓄洪面积由3900平方千米扩大到5100平方千米，实现经济效益、社会效益和生态效益共赢。

从"围湖造田"到"退田还湖"
——鄱阳湖生态恢复土地整理模式调查

陈亚婷

位于长江中下游南岸的鄱阳湖湿地是我国最大的淡水湖湿地，鄱阳湖是我国唯一加入世界生命湖泊网的湖泊。鄱阳湖湿地从新中国成立以来经历了"围湖造田"和"退田还湖"两个阶段。1998年特大洪水过后，江西省实施了"平垸行洪、退田还湖、移民建镇"工程，使鄱阳湖的蓄洪面积由1998年的3900平方千米扩大到目前的5100平方千米，基本恢复到1954年的面貌。湿地生态系统日渐好转，湖区蓄水防洪能力不断增强，湖区百姓的生活得到了明显改善。

"围湖造田"致湿地功能退化丧失

鄱阳湖湿地包括鄱阳湖水域、洲滩、岛屿和沿湖围垦的农田，其中洲滩（高低水位消落区及其邻近浅水区）面积达3130平方千米，占鄱阳湖总面积的80%，已超过洞庭湖和太湖两湖面积之和。湖区有岛屿41个，面积约103平方千米。1988年经国务院批准，建立了以永修县吴城镇为中心的鄱阳湖国家级自然保护区，总面积为224平方千米。

在新中国成立初期，为了追求经济快速增长，满足湖区人口增长对耕地的需求，人们通过"围湖造田"来获得补充耕地。

1954—1978年，沿湖围垦面积达1301平方千米。围垦曾对促进湖区经济发展起了一定的作用。但是，随着围垦的加剧，湿地功能丧失退化。其中最突出的表现，就是湖面积的大幅度缩小，湖容积过量减少，致使湖泊调蓄能力严重衰退，洪水位明显升高，水灾灾情加重。

以都昌站为例，20世纪90年代与50年代比较，超警戒水位频率及超警戒水位1米的频率均提高14%，超警戒水位2米的频率增加5%，洪水持续时间也延长了20天左右。然而，鄱阳湖流域近50年的汛期降水并无增多趋势。

以生态工程为主开展湿地治理

据介绍，鄱阳湖湿地整理模式的主要特征是：通过开展湿地生态修复工程、进行湿地生态功能区规划、加强自然资源保护区建设等，侧重保护生物多样性，减少洪涝灾害，改善生态环境和人居环境。

在实际操作中，鄱阳湖生态修复主要从以下两个方面着手：一是对于湿地生态基本保持完好的区域，生态修复以大自然的自我修复为主，通过对一个区域或一个小流域的严格管护，尽量排除人为因素对其干扰及破坏，使区域内的整个生态系统得到休憩并恢复其生态群落结构及功能。

二是对于湿地生态遭受严重破坏的区域，特别是退田还湖区，生态修复不应是一个完全的自然过程，要进行科学合理的人工辅助措施。如：在局部水土流失较严重地段采取补植、引进原有的湿地植物等，恢复水陆相间的生态群落。

在实施生态修复的同时，对湿地生态功能区进行科学规划，将整个湿地划分为自然保护区、生态经济区、旅游生活区、水土保持区。根据不同功能分区，因时、因地对鄱阳湖湿地进行综合利用，在环鄱阳湖周边形成一个鄱阳湖湿地保护隔离带，为鄱阳湖湿地保护形成一个人为的天然屏障。

1983年鄱阳湖区经江西省人民政府批准成立了鄱阳湖自然保护区，1988年经国务院批准为国家级自然保护区。随后，江西省陆续在鄱阳湖区建成了6个省级自然保护区，保护区累计总面积800平方千米，约占整个鄱阳湖面积的15%，基本保护了鄱阳湖珍贵的生物资源。

在探讨鄱阳湖区湿地整理、特别是退田还湖区湿地整理时，这个地方坚持以科学发展观为指导，以人为本，充分发挥人的能动性，在满足人的生存权和发展权，特别是人的基本生活需要和优良生存空间的基础上，探讨鄱阳湖退田还湖区全面、协调、可持续发展，确立了树立和坚持"退田还湖"是前提、"生态乡村建设"是根本、"生态乡村管理"是保障的乡村生态建设理念，提出了因地制宜，从生态规划、生态经济、生态教育、生态管理等方面全新的湿地整理模式。

增出来的1200平方千米蓄洪面积

1998年以来，江西省分4期实施了"平垸行洪、退田还湖，移民建镇"工程。到目前为止，共平退456座圩垸（其中双退227座、单退229座）、59处圩垸外滩地、1座分蓄洪区，移民22.1万户90.2万人，共新（扩）建集镇126个、中心村363个、基层村2097个，退田面积达11.3万公顷，退田面积达到3.2547万公顷，使鄱阳湖的蓄洪面积由3900平方千米扩大到5100平方千米。

2001年，江西省山江湖区域发展中心受世界自然基金会的资助，在星子县开展了"鄱阳湖区湿地生态旅游沙湖山试点项目"，编制了"鄱阳湖湿地生态旅游区总体规划"和"沙湖山候鸟观赏点规划"。该项目为鄱阳湖退田还湖地区替代产业的发展提供了一种有效的替代模式。该模式从保护候鸟和湿地入手，启动观鸟区建设，发展湿地生态旅游，建立以候鸟观赏与湿地农业观赏为特色的生态旅游示范区，从增加旅游收入和培训当地农民两方面，提高农民关爱候鸟、保护湿地的意识和科技水平，从而有效保护鄱阳湖湿地资源。

2003年11月27日，江西省第十届人民代表大会常委会第六次会议通过了《江西省鄱阳湖湿地保护条例》，2004年3月20日起正式施行，开始将鄱阳湖湿地保护纳入法制化的轨道。自此湿地保护有法可依，逐步走上法治化轨道。

作者单位：国土资源部土地整理中心

邯郸市对已经闭坑的1000座矿山，利用其排弃的废渣废石充填矿井矿坑，然后覆土进行复垦绿化，恢复地貌。每座矿山平均以复垦10亩地保守计算，就可有效治理被破坏的1万亩土地。

废弃矿山泛新绿
——河北省邯郸市实施"千矿万亩"综合治理工程纪事
范宏喜

2008年初春时节，记者来到河北省邯郸市采访。进入老矿区，只见治理复垦的土地已泛起了新绿，昔日矿渣遍地、沟壑纵横、满目疮痍的矿山废弃地，如今已呈现出勃勃生机。

近年来，邯郸市加大矿山地质环境治理力度，实施"千矿万亩"综合治理工程。2007年，该市多方筹集投入矿山环境治理资金6000多万元，启动27个矿山环境治理项目，治理面积1万余亩，矿山环境治理工作实现了由过去的单点零星治理到现在的全面施治、整体推进的转变。

2007年6月，国土资源部部长徐绍史实地考察后欣喜地说："邯郸市的情况表明，'千矿万亩'工程受到了群众的欢迎，这确实是民心工程、德政工程，值得进一步总结和推广。"

过去，只管采矿，不管治理，留下了很多难以解决的问题

武安市矿山镇西石门村铁矿资源丰富，建有全国大型矿山企业——邯邢矿山局西石门铁矿。西石门铁矿1969年建矿，1980年投产并被列入国家重点矿山企业。依靠丰富的矿产资源，西石门村成为武安市小有名气的富裕村。但是，采矿也严重破坏了当地的生态环境。

现年62岁的西石门村原党支部书记回忆说，铁矿未开采前，西石门村共有1202人，耕地3608亩、非耕地14100亩，人均耕地3

亩、非耕地 11.7 亩，地面沟沟流清泉，地下两米见清水，山清水秀。矿山企业大规模开采，大面积建造厂房和生活区，无节制排放废石、尾砂，造成土地塌陷、裂缝、下沉，自然环境遭到严重破坏。到 1999 年，西石门村土地减少了 2906 亩，再加上人口增至 2096 人，人均耕地只有 0.3 亩，非耕地破坏 12700 亩，环绕村北部和东部的马会河河床由于矿砂淤积，被抬高了 1 米多，每到雨季村民的住房和校舍都有被冲毁的可能。

小汪矿区位于武安市西寺庄乡。改革开放初期，由于受"有水快流"思想的影响，这个地方采矿秩序曾一度混乱。武安市国土资源局局长刘伏昌说："现在好多无主矿山都是在'有水快流'时期大量上马的无证矿。以前，矿山企业只管采矿，不管治理，现在，这些无证矿点关闭以后，留下了很多难以解决的问题。"

由于过度开采，邯郸市成为全国地质灾害突发区和多发区之一，矿山环境十分脆弱。目前，全市共有矿山地质灾害隐患 200 余处，矿山塌陷影响面积 400 多平方千米。据统计，仅武安市就有近 10 万亩的土地不同程度地受到破坏，其中露天采坑、废渣堆积、矿山建筑垃圾压占土地 3 万余亩，国有矿山企业废弃地和废渣压占土地达 1.1 万亩；地表裂缝破坏植被约 1 万多亩，塌陷毁损土地 6 万余亩。

实施"千矿万亩"工程，有效治理土地 2 万多亩

为从根本上改善矿区的生态环境和人民群众的生产生活条件，实现经济效益、社会效益和环境效益的协调统一，邯郸市下决心加大矿山地质环境治理力度。市国土资源局在充分调研、论证、研究的基础上，确定实施"千矿万亩"综合治理工程。

市国土资源局局长张振生介绍说："这项工程的内涵是，对已经闭坑的 1000 座矿山，利用其排弃的废渣废石充填矿井矿坑，然后覆土进行复垦绿化，恢复地貌。每座矿山平均以复垦 10 亩地计算，可有效治理遭破坏的土地 1 万亩。"

武安市国土资源局针对矿山镇西石门村实际，研究制定了"筑坝护村、围坝建园、植树封渣、尾砂造田"的地质环境治理方案。

在村东和村北首先修筑护村大坝，再把大坝内矿渣推平，然后垫尾矿沙1米，再垫土1米，把原来的废石矿渣、尾沙库修成旱能保墒、涝能排水的优质土地。这样，既治理了地质环境污染，又消除了农民无地耕种的后顾之忧。与此同时，发动全村群众在山场、村边和矿渣周围挖鱼鳞坑7万多个，植树7万余棵。

这项工程刚具雏形，武安市国土资源局又提出了"高标准定位，办高效农业，构建武安农业'硅谷'"的设想，就是把垫成的土地建成绿色蔬菜、名优特果品和优质高效农产品园区，以高科技的农作方式创出可观的经济效益，成为代替该村矿业的龙头产业，并以此带动和促进全市地质环境治理、土地复垦、植被恢复工作的开展。目前，全市已累计投资10145万元，利用尾砂造田1050亩，其中喷灌面积200亩，建造温室大棚11个，果园30亩，植树50.2万棵，绿化荒山3800亩，筑路改河4400米。

峰峰矿区采取"地下转地上"的治理方式，将造地与废旧矿址综合治理相结合，鼓励和引导原矿主利用旧矿址开展恢复治理工程，目前已在全矿区7个乡镇329个关闭矿山的4600多亩废弃地上，建成了一大批果园和林地。

邯郸县以国土资源局为主，对高河矿区近40个小煤矿占地进行了治理，完成造地300多亩，全部交给当地农民无偿耕种。

目前，邯郸市以武安市西石门村、车网口、常寨、峰店，邯郸县东高河，磁县都党、峰峰大社，涉县偏店等为示范区的"千矿万亩"综合治理工程已全面完成，累计投入资金上亿元，治理恢复土地2万多亩。

破解用地难题，实现资源保护与保障发展双赢

记者在武安市马家脑铁矿、玉泉岭铁矿、符山铁矿等矿山环境治理项目施工现场看到，这里人来车往、马达轰鸣，施工队伍正在紧张地施工，已有近1000亩塌陷区被治理得地平埂直。施工监理人员介绍说，近期将对这些已治理区域进行覆土造地，确保按设计及早完工。

邯郸市国土资源局有关负责人告诉记者，治理工程的费用以治理受益单位自筹资金为主，实行复垦治理资金补贴的激励机制。每治理复垦1亩土地补贴1000元，有效地激励和调动地方政府、村镇和农民的积极性。据统计，在累计投入的近两亿元治理资金中，国土资源部门的投入资金仅为投资总额的5%，其余资金全部来源于社会的方方面面。

在"千矿万亩"综合治理工程中，邯郸市国土资源局通过充分调研、论证和实践，因矿制宜，多样治理，推出了五种模式。

西石门铁矿区的"植树封渣、尾砂造田"治理模式。该矿区多方投资10145万元，利用尾砂造田1050亩，并植树50.2万株，绿化荒山3800亩，筑坝改河4400米。

小汪矿区的塌陷区治理模式。通过填埋废石、废渣，采取从塌陷矿区废弃地取土覆盖的方式，开发出新增土地，同时也使原塌陷废弃地得到了整理，形成了"一块面烙成两块饼"的模式，整个工程整理优质耕地2000多亩。

车王口矿区"宜林则林"模式。矿区原有70多个小煤窑，这些小煤窑被关闭后，整个矿区内废弃井筒遍地，矿渣到处堆积，通过充填井筒，清渣平整，植树造林2000多亩，改善了生态环境。

峰峰矿区的"地下转地上"治理模式。该区原有400个小煤矿，经过关井压产现减少为70余个，积极鼓励和引导民营资本向非矿山企业转移，利用原废弃的厂址和矿山废弃地，建成了一批焦化厂、养殖场、炼铁厂等企业及果园、林地，将地下"聚宝盆"转化为地上"摇钱树"。目前，全区7个乡镇329个已关闭小煤矿的4600亩废弃土地资源得到了有效利用，新建各类企业200家，年产值上亿元，已成为当地一个新的经济增长点。

涉县采沙区治理模式。为治理因采矿造成的环境破坏，先后投入资金900多万元，筑坝修渠、填沟整地，开发整理耕地近千亩，使昔日的乱河滩成为今日的米粮川。

作者单位：中国国土资源报社

自然界形成1厘米厚的表层腐殖层土壤,需要300~400年的时间,形成1厘米厚的黑土,需要更漫长的时间。推行耕地表层耕作层土壤剥离造地工作,是提高耕地质量的一个重要手段,是确保耕地占补平衡的一个有效途径。

黑土地上谱华章
——吉林省"表土剥离造地"模式探究

张 晏 张 强

吉林省国土面积约占全国的2%,而耕地面积却占全国的4.4%,全省大面积的耕地位于世界三大黑土平原之一的松嫩平原上。得天独厚的耕地资源优势,铸就了吉林省全国"粮仓"地位。

20多年来,为支撑国家粮食安全、保护广袤的黑土地,吉林省人民用智慧和汗水谱写出造福当代、泽被后世的耕地保护壮美篇章。20多年来,吉林省大面积推行建设占用耕地表层耕作层土壤剥离造地,总投资约1.5亿元,完成工程总量5000万立方米,在有效保障建设用地需求的同时,使得3万多亩优质耕地得以保留,并形成了各具特色的建设占用耕地表层耕作层土壤剥离利用模式。

图们模式:表土搬家保证城市建设和耕地保护两不误

地处中朝界河图们江畔的图们市,山多地少,"八山一水一分田",全市耕地总面积12472公顷,人均耕地不足1.3亩,仅为全省耕地平均水平的40%,而且耕地中一半以上为中低产田,耕地后备资源严重不足。

为全面实现保障发展、保护资源的双赢目标,图们市始终坚持走以保护促发展的路子。1982年以来,图们人以愚公移山的精神,坚持不懈,依托现有的河滩地资源和城市建设占用耕地剥离的表土,与农村土地整理相结合,与水利治理相结合,与城市菜篮子建设相结合，累计投资 2600 多万元，表土搬家造地 380 多公顷，约占全市耕地面积的 3% 左右。其中表土搬家造出的菜田面积占全市优质菜田面积的 1/3，走出了一条具有图们特色的表土搬家造地之路，保证了全市耕地总量的动态平衡。

图们市耕作层土壤剥离造地的特点是：政府主导，民间参与，多方筹资，充分利用建设占用的耕地耕作层土壤搬迁造地，既满足了城市建设的用地需求，又保护了耕地资源。近年来，白城市、大安市、临江市、江源县和靖宇县等地积极借鉴图们模式，充分利用城市建设占用的耕地耕作层土壤剥离后异地造地，新增耕地约 180 多公顷，取得了十分可观的经济效益、社会效益和环境效益。

长余模式：取土场复垦让上千农民保住口粮田

1998 年，国道主干线三亚至同江高速公路长春至扶余拉林河段开工建设。由于这条高速公路建设要穿越世界三大黑土地带之一的松嫩平原腹地，除主线必须征用 9000 多亩耕地外，仅 35 个取土场就需要征用近 4000 多亩耕地。

为了最大限度地保护宝贵的黑土地资源，原吉林省土地管理局提出了主干线永久征地、取土场临时征地实行表土剥离造地的新方案，经与交通部门多次沟通以及现场踏勘、反复研究论证，最终作出了对长余高速公路取土场用地进行复垦的决定。

交通部门在工程设计过程中，多次派工程技术人员现场踏查，经过精心论证，科学设计了 35 个取土场的复垦方案，从耕作层土壤剥离堆放、取土、耕作层土壤回填，到护坡、蒸发池、排水渠，不漏过任何一个工程细节，方案考虑得十分周密。

吉林省国土资源厅会同交通部门共同研究制定《复垦协议》，并组织施工单位与当地国土资源部门签订《复垦协议》，缴纳复垦保证金。

施工单位严格按照设计进行施工，将 50 厘米左右的耕作层土壤剥离、搬运并集中堆放，取土结束后，平整取土场底部、整护边坡，再运回耕作层土壤。

吉林省土地整理中心受命担当了取土场复垦的监理工作。凭着高度的责任感和使命感，监理人员在两年多的时间里，穿梭于各个取土场之间，脸晒黑了，鞋磨破了，但当 35 个取土场的 3615 亩耕地全部得到复垦时，每个人的脸上都露出了欣慰的笑容。

长余高速公路取土场的复垦，取得了十分显著的经济效益、社会效益和生态效益。一是节约了耕地，使 3615 亩优质黑土地得到复垦。二是节约了建设资金，取土场复垦验收合格后，为建设单位节约了 7000 多万元的永久性征地费用。三是保护了环境，长余高速公路建成后没有像其他公路那样完工后留下数十个千疮百孔的坑塘，而是形成了林成行、田成方、路相通的新景观。四是维护了社会稳定。取土场复垦使 4000 亩耕地没有被永久性征地，从而保住了 1000 多农民的口粮田，无形中减轻了政府的负担，维护了社会稳定。

吉林省国土资源厅及时总结了长余高速公路取土场耕作层土壤剥离复垦的经验和做法，在国家和省级重点公路建设中全面推行长余模式。近年来，先后有国道 203 公路松原至服先段、国道 102 公路四平段、四平市环城公路、通化至梅河一级公路、江密峰至延吉一级公路等项目，都采取长余模式对全部或部分取土场实施了复垦。2006 年起陆续开工的 5 条高速公路，取土场将全部按照长余公路模式进行复垦。

乾安模式：无害化处理让油田泥浆坑不再废弃、污染

近年来，吉林油田扩大了在乾安的钻井勘探规模，目前该油田在乾安县共打井 2420 眼。勘探钻井需要占用大量的土地，特别是耕地，每口钻井仅泥浆坑占地一项就达 500 多平方米，泥浆中含有重金属盐等污染物，对环境破坏严重。

多年来，乾安县国土资源局积极探索工矿废弃地复垦的有效途径。经过多年摸索，总结出一整套油田废弃地（主要为泥浆坑）复垦办法，并在实践中推广应用。他们的主要做法是，除油井等建设用地实行永久性征地外，其他用地一律按临时用地审批，在审批的同时足额收取复垦保证金。勘探钻井前，由土地承包人负责对耕地的耕作层土壤实施剥离并集中堆放，勘探钻井结束后，油田负责对泥浆坑进

行无害化处理，再由土地承包人对耕作层土壤进行回填和平整，恢复耕种。采取小块土地交由农民自行复垦的方法，不仅使农民在参与复垦的过程中得到了每眼井 2000 多元的报酬，还化解了不少矛盾。

多年来，该县通过这种方式复垦了 2000 多眼钻井周边的土地，复垦耕地约 120 多公顷。大安市、长春市双阳区等地也采取这种方式开展了油田钻井复垦工作，复垦耕地约 130 公顷。

公主岭模式：引资项目要落地，先搬表土后造地

2007 年，公主岭市范家屯经济开发区 2 万吨木糖醇项目和高速铁路梁场项目相继落户岭城。两个项目占地近 20 公顷，而且都是比较肥沃的耕地。市国土资源局在项目用地预审过程中就明确提出：按照《土地管理法》和省国土资源厅的要求，占用耕地的建设项目表土必须剥离，实施耕作层搬家造地。

对于这个要求，用地单位表示难以理解。因为将 30～50 厘米的表土剥离出去，企业还得客土回填，仅木糖醇项目大约就需要客土 12 万立方米，工期将延误 2 个多月。通过国土资源部门工作人员一方面向市领导和用地企业讲政策、讲法律、讲保护耕地的意义，另一方面以优质高效的用地服务赢得了企业的支持，使得表土剥离工作得以顺利开展。

国土资源部门用剥离出来的优质表土实施了范家屯镇平洋村废弃采石场和尖山子村 102 线取土场 2 个土地复垦项目。通过表土搬家造地，将废弃土地、垃圾场变为良田，净增耕地面积 14.69 公顷，农民每年可增收 18.51 万元。

对吉林省的表土剥离做法，土壤学专家指出，通过对土地表土进行剥离并另行存储，保护了高肥力土壤资源不流失、不浪费。工程完成后，用原来的表土进行造地复垦，恢复了原土地面积和耕植能力。表土剥离再利用技术具有保护耕地资源、节省工程投资、增加经济效益和生态效益的巨大价值。

多年摸索实践，也使吉林省国土资源部门更加坚定了信念。省国土资源厅领导表示："实施表土搬家造地，是以建设促进保护耕地的正确方向,是国土资源部门践行科学发展观的必然选择。今后将在总结各地经验的基础上,建立表土剥离的技术标准,完善表土剥离造地的管理模式,使表土剥离成为耕地保护的一种常态。"

作者单位:中国国土资源报社

1964年3月23日,当听完山西省委书记陶鲁笳介绍完大寨情况后,毛泽东说:"看来不可轻视大老粗呀。穷山沟里出好文章。"如今,山西省昔阳县发扬大寨精神,加力推进农村土地整治,为全县农业和农村经济发展提供了有力保障。

穷山沟里再出"好文章"
——山西省昔阳县大寨村新时期土地整治纪实

李 响　梁丽敏

1964年2月10日,《大寨之路》在《人民日报》头版刊登,并配发社论《用革命精神建设山区的好榜样》。在这之后,持续了16年之久的"农业学大寨"的浪潮随即席卷全国,让大寨这个曾经默默无闻的太行山腹地的小山村,从此闻名遐迩。

2010年4月10日上午,大寨的天空中有些阴霾,阳光努力挣脱着束缚,但迟来的春风依旧温暖。当记者踏上这片令人向往的土地时,感受到的不再是战天斗地的热闹和百万人参观的喧嚣,这里宁静而安详。

传奇,仍在这里继续。

曾经做过郭凤莲秘书、现任昔阳县国土资源局局长的王云平对记者说,投资815.2万元的大寨村基本农田整理项目马上将组织验收,参与整理的土地面积有78.61公顷,可新增耕地3.52公顷。而在大寨精神的带动下,整个昔阳县的农村土地整治工作,也成绩斐然。

十年造地,向穷山恶水要来800亩"海绵田"

大寨人所谓的造地,其实就是现在所说的农田基本建设。虽然识字的人不多,但大寨人的造地却并不是零敲碎打,而是有规划地进行。在大寨实行农业集体化的第一年,就制定了改造整治水土的规划。

昔阳县土地开发整理中心主任王红亮回忆说，当年大寨人整地的规划是：条条荒沟变良田，块块坡地变梯田，跑土、跑水、跑肥的"三跑田"变成保土、保水、保肥的"三保田"，使土地旱涝保收。

第一块地，选在了白驼沟。

白驼沟有500多米长，十几米宽，怪石嶙峋，荆棘密布。陈永贵与支部一班人仔细查看了地形，总共要垒24道堤坝。没有炸药，没有机械，大寨人用原始的方法，凭着扁担、箩筐、锄头、铁镐、钢钎、大锤，在土石山上开沟造地，平整农田。他们把砸下的石头和铲下的土填在沟里，再垒上一层层石坝，形成一片片阶梯形的土"台子"，这就是著名的大寨梯田。

"当年的58条汉子，起早贪黑，全村投工1500多个，修筑了24道堤坝，只用了48天，就完成了原计划两个月的工程。完工后一量，得地5亩！"宋立英说。

这是大寨人向穷山恶水要来的第一片土地。

治山治水第一仗的胜利，鼓舞了大寨人。

陈永贵说："山再大，沟再深，治了一山少一山，治了一沟少一沟。"一年后的冬天，大寨这58条汉子又挺进后底沟，这一次筑起了25道石坎，获得了25亩好地；第二年早春，雪还没有融化，他们又在小背峪开沟造了8亩好地。到1955年冬天，零零散散的几条沟变成了能打粮食的梯田了。转过年来，大寨迎来造地后的第一个丰收年，粮食亩产达到了349斤。

在大寨人的努力下，从1963年到1970年，全村干部群众使"七沟八梁一面坡"的土地，发生了质的改变：原来，大寨最大的地块也只有一亩多，最小的只有几厘，全村一共有4000多块土地。经过改造，最大的地块有20多亩，最小的也有1亩多。而且，"三跑田"变为"海绵田"，粮食产量大幅提高。

1952年粮食亩产237斤，1962年亩产就达到了774斤。而据《大寨村志》记载，在1960年，大寨人均收入突破百元大关，劳动日分值达到1元，成为昔阳县首屈一指的富裕大队。

发扬大寨精神，把土地整治干得更漂亮

经过多年的沉浮和改革开放的洗礼，大寨早已摘掉了昔日的光环，回归了既往的山村本色，在奔向小康的道路上，脚踏实地地向前迈进。

如今的大寨，已经成为一个环境优美的公园山村，经济总收入也早已超过亿元。曾经靠着整治"七沟八梁一面坡"得来的800亩土地种粮为生的大寨人，如今的农业收入仅占到总收入的0.3%，而工业收入和旅游收入分别占到了56%和30%。勤劳、精明的大寨人在新的时代里，正在用另外一种方式，续写着新的传奇。

"几年来，大寨人已绿化荒山荒坡2300多亩，将'海绵田'中的一多半退耕还林，1900亩的虎头山上，已种植46个树种、30余万株树木，生态环境得到了极大改善。"当地的一位导游，兴致勃勃地向记者介绍。

据大寨村村委会的一位干部介绍，虽然只剩下了不到400亩的"海绵田"，而且村民收入早就不依赖于此，但惜地如命的大寨人还是想了很多办法，让这些土地发挥出最大作用。王云平介绍，现在，大家采取的是"五统一"的办法，即统一机械耕种，统一水利灌溉，统一购买种子、肥料，统一提供科技服务，统一为农户耕种。

除此之外，昔阳县国土资源局还为大寨村申请了省级基本农田整治项目，用现代化的方式，再一次在这个充满传奇的地方"战天斗地"。

王云平对记者说："大寨村土地整治项目区土地面积有80.41公顷，参与整理的面积78.61公顷，通过土地整治，可新增耕地面积3.52公顷，新增耕地率为4.48%。项目完成后，可以使项目区的土地质量全面提高。"

在虎头山的半山腰，就能看到这片依靠现代化设备和技术手段整理出的梯田。虽然外观上与大寨人靠手拉肩扛整理出的"海绵田"并无两样，却显然更具效率，也更加符合现代农田的标准。

"我们要在先辈们精神的鼓舞下，把农村土地整治干得更漂亮。"刚把越野车停稳，王红亮对记者说，"这个项目包括土地平整工程、农田水利工程、田间道路工程和林网工程。通过对田、水、路、林、电进行统一整治，使田成方、林成网、路渠整齐通畅。我们除了注重提高农业综合生产能力外，还注重对农田生态环境的改善。项目区内沿田间路两侧栽种农田防护林带11.11千米，建设防护林16条，栽种三年生阔叶杨3703株。"

推进农村土地整治，为经济发展提供有力保障

传奇，还不止在大寨这1.88平方千米的土地上续写。在大寨周边的乡村，整个昔阳县，在大寨精神的带动下，农村土地整治工作成绩斐然。

这个名不见经传的小县城，位于山西省晋中市东部，面积1948平方千米，耕地面积43.83万亩，辖五镇七乡335个行政村，总人口23.8万，其中农业人口就有21万，是一个典型的山区农业县。

尽管是以农业为主，但老天爷显然并不怎么待见这片地方——昔阳属于纯石山区，不仅人均耕地少，而且自然条件比较恶劣，农业基础条件差，十年九旱，年平均降雨量只有500毫米左右，低于全市平均水平。

所以，同当年的大寨一样，这里进行农村土地整治的动力也很足，决心也很大。"我们现在有这么好的条件，总不至于还不如当年大寨人靠双手整出的土地吧！所以，没有理由不干好这项工作。"王红亮说。

事实也正是如此。改革开放以来，昔阳县坚持发扬大寨精神，凝心聚力，艰苦打拼，始终把改善农业生产条件放在首位，加力实施农村土地整治，2010年农民人均纯收入达到3980元，实现比去年增长8%的目标。

王云平说："这些年来，我们借鉴大寨整田造地的方法，并总结出了自己的经验：第一，修水平梯田，闸山沟淤地，做到保水、保土、保肥，制止水土流失；第二，通过深耕、深刨、容土和大量施用有机肥料等措施，加深耕作层，改善土壤团粒结构，提高土壤蓄水保肥能力，耕地的活土层几乎都在一尺左右；第三，采取措施培养土壤的肥力，使土地成为农作物的一个储存养料充足的供应仓库，促使农作物生长，增强抗灾能力。通过治理，土地经受了旱涝考验，保证了农业稳定增产。"

王红亮向记者介绍，除了大寨村土地整治项目外，李家庄等三个乡的国家级投资土地整治重点项目规模也很大，面积近350公顷，可新增土地108.74公顷。项目区内田、水、路、林配套合理，形成田成块、路成框、渠成网、林成行的格局，将进一步提高农业生产的规模化和集约化，有效增加农民收入，目前项目已进入收尾阶段。此外，东冶头镇东冶头村和大寨镇安家沟村土地整治项目，已于2010年3月全部完成，新增耕地9.1247公顷……

"农村土地整治工作的积极推进，为昔阳县农业和农村经济发展提供了有力保障。"王云平说。

作者单位：中国国土资源报社

在这里开矿,破坏了土地和环境,有责任将它还原;在这里持续发展下去,必须得把工矿废弃地复垦治理好……基于上述认识,鞍钢累计投资1.6亿元,复垦采矿废弃地873万平方米,种植各类树木1200万株,矿区绿化率达43%。

为了废弃地的新生
——鞍山钢铁集团公司土地复垦纪实

吕苑鹃　王　敬

到达辽宁省鞍山钢铁集团位于前峪的复垦示范基地,是一个冬日下午四时左右。北方的冬季,天黑得早,连片的树木疏密相间,远远看去,好似黛色小山。

"这是原来的前峪尾矿库,东鞍山烧结厂前期使用的尾矿排放场地,1956年投产,1979年停用。面积约252万平方米,已经全部复垦完毕,一共栽种了数万株树木。其中大部分是速生杨,也有一万多株果树,那些矮的是李子树,还有杏子、山楂、枣等各种果树。"同行的鞍钢矿业公司工作人员介绍。

据了解,在鞍山钢铁集团,这样的复垦基地还有几个。经过近百年的矿山开采活动,鞍钢形成了占地1213万平方米的废弃排岩场和519万平方米的废弃尾矿坝。2000年以来,鞍钢累计投资1.6亿元,共完成复垦面积873万平方米,种植各类树木1200万株,通过复垦,绿化率达43%。

企业不能与荒漠废墟共存

作为共和国钢铁工业的"长子",鞍钢始建于1916年。经年累月的开采,在鞍山市周边留下了占地170平方千米的工矿废弃地。从东北到西南,依次分布着六大铁矿开采区,形成四大采场、五大排岩场、六大尾矿库,占地面积约50平方千米,影响范围达150平方千米。随着城市的扩张，它们逐渐将市区呈半月形包围起来。

"最近的排岩场和尾矿库，离市区不到 1.7 千米。"每遇大风，扬尘四起，周边地区的能见度仅有 30 米，黄、灰、褐色的粉尘在废弃地上空形成厚厚的幕帐，遮天蔽日，成为城市主要污染源，有人形象地将其比作城市背后的"瘤"。

企业是捆在土地上的，不可能和荒漠废墟共存。谈及矿山企业的复垦义务，鞍钢集团矿业公司负责人说："鞍钢已探明的储量还有 80 个亿可采，按现有规模还能开采 100 多年。因此，土地复垦是我们企业的必然选择。首先，我们在这里开矿，破坏了土地和环境，有责任将它还原。其次，鞍钢还要持续发展下去，就必须把工矿废弃地复垦治理好，前几年矿山开采对环境的破坏，已经严重影响到人们的健康和生活，必须治理。再次，复垦的成果很明显，土地重获新生，环境改善，利国、利民、利企业。"

鞍钢集团的复垦工作始于本世纪初。2000—2002 年，鞍钢集团就在矿区周边进行复垦，面积达 40 万平方米。2002 年编制了《鞍钢集团鞍山地区生态环境保护规划》，确立了九大绿化复垦重点区域，并提出"分步实施、分期治理"的复垦方针及具体实施方案。2003 年起，鞍钢集团逐年加大投入，对集团所属工矿废弃地展开了大面积复垦，先后在前峪尾矿库、大孤山铁矿边坡及排土场、东鞍山铁矿、眼前山铁矿排土场及公路两侧进行复垦。2005 年投入 1369 万元，复垦面积 70 公顷；2006 年投入 3000 万元，复垦面积 40 公顷；2007 年投入 4000 万元，复垦面积 70 公顷。

复垦绿化的成果一定要保住

目前，通过复垦鞍钢绿化率达 43%，树木成活率超过了 90%，远远高于全国同行业平均水平。

"能有这样的成绩，集团动了不少心思。"鞍钢矿业公司副经理石伟介绍说。为了保质保量地完成复垦任务，公司成立了专业复垦队伍——配备了专业技术人员及设备的绿化公司负责鞍钢所属矿山废弃地的复垦。

"企业自筹了专项复垦资金,列入生产成本。明年的复垦绿化费用是 3000 万元,主要用于管护,复垦绿化的成果一定要保住。"石伟告诉记者。

作为国内矿山企业自行复垦的先行者,迎接他们的是一个又一个难题:排岩场及边坡复垦难度大,45°~55°的坝体坡度让人难以站立其上,遍野的滚石更是给复垦造成巨大障碍,土源难寻,水源难寻,管护量大。怎么办?该集团矿业公司安全环保部负责人如实回答:"我们用铁锹、镐头,在布满碎石的坝体上,挖出了树坑,靠人抬肩扛将山土运到现场。采矿过程中每挖出一点土,都当宝贝一样存起来,就连新建铁矿坑基建工程的土也不放过。复垦用水基本是利用采场坑内的水,经过严格处理后循环使用,实现零排放。"

2003 年春,鞍矿公司组织专人研制出有自主知识产权的粉尘覆盖剂配合绿化复垦。"工程复垦完成后,先把稻壳铺进去,再覆盖药液,土就定住了。再给水,药就形成一种网状结构薄膜,见水吸收,水多时蒸发。"参与了前峪尾矿库复垦工作的张映强经理说,"鞍钢复垦中类似的独家发明还不少:在尾矿坝坡段上按照 0.5 米的株距和 1 米的行距密植速生杨、棉槐等树木,在地势平坦、水土不易流失的坝基上栽种各类果树,在裸露的排岩场边坡采用岩石绿化措施等,只要真正把复垦当做必须完成的事业,办法总比困难多。"

指着树林深处隐隐露出的一抹灰白,张经理告诉记者:"那都是原来的矿粉。前峪尾矿库 2006 年基本完成复垦,之后鞍山市南部就不再扬粉尘了。"前峪尾矿库坐落于鞍山市鸡王屯、顾家房、前峪三个村。复垦治理前,附近村庄的门窗都蒙着塑料布,"没办法,平日里到处都是红色粉尘,一刮风什么都看不见了,不敢张口,否则嘴里都是。"

鸡王屯村薛书记对昔日的遭遇记忆犹新。67 岁的老技术员补充说:"最要命的是开春时风大,果树正在授粉,大概要减产 20%。"提起果树,薛书记感慨很多:"以前果树上都是灰和矿粉,树叶、果子都是红的,侍弄完果子都成了花脸。复垦后,粉尘飘不起来了,果树产量也增加了。"据了解,目前鞍山市区每平方千米平均降尘为

22.4 吨/月，较 2000 年以前下降了 1/4。

  天色渐暗，树林缓缓笼上暮色。忽然，记者听到几声唧唧啾啾的奇怪声响。"野鸡又在叫了，他们现在根本不怕人，自管自地行走。这几年，小动物陆续进来不少，虫害和疾病也来了，现在开始我们就要监测这些了，已经开始小规模更换数种。"张经理笑着说，"现在入冬了，没啥可看的。明年春暖花开时你再来看，林间路面铺满了五颜六色的野花，树也绿了。"

作者单位：中国国土资源报社

重庆市三峡库区淹没涉及 12 个区（县），淹没良田 20227 公顷。根据三峡工程蓄水计划，重庆人民与蓄水时间赛跑，掀起一场大规模的移土培肥工程，把将被淹没的优质耕（园）地耕作层土壤剥离转移到瘠薄耕地上。

沃土搬家再肥田

——重庆市三峡库区移土培肥工程纪略

谢必如　白文起

2009 年 8 月 29 日，长江三峡工程通过正常蓄水 175 米水位验收，标志着三峡枢纽工程建设任务已按批准的初步设计方案全面完成，三峡工程可全面发挥巨大的综合效益。

喜讯振奋人心，也让重庆库区淹没涉及的 12 个区（县）农民长长地舒了口气：移土培肥二期工程提前画上了圆满的句号，土地被淹了，土地上那层沃土却被"抢"上了山，再造了良田。

与蓄水赛跑

三峡库区重庆段，自然条件独特，江岸地势较平，土地肥沃；靠后则山高路难行，"地无三尺平"。

三峡工程蓄水到 175 米，重庆库区淹没涉及 22 个区（县），淹没良田 20227 公顷，100 多万移民要搬迁。

受自然条件、经济社会发展水平和环境容量限制，移民安置"靠后、向上"。移民新区耕（园）地多为新开发的土地，坡度大、贫瘠，数量和质量无法和原来比。

能否把被淹没的优质耕（园）地耕作层土壤剥离转移到"靠后，向上"的瘠薄耕地上？重庆市委、市政府根据有关专家建议和一些群众实践经验，提出在三峡库区实施移土培肥工程，得到国务院和有关部门的重视和支持。

按照温家宝总理的批示和国土资源部、财政部、国务院三峡办的统一部署，一场大规模的移土培肥工程在2006年7月正式启动。

重庆市移土培肥工程项目实施区域为渝北、巴南、长寿、涪陵、万州、丰都、石柱、忠县、开县、云阳、奉节、巫山12个区（县），工程项目涉及80个乡镇，取土区376个，土地面积4153.8公顷，取运土871.89万立方米，覆土区394个，覆土面积7647.45公顷。

这是一项浩大的工程，不仅要把优质耕地耕作层土壤剥离出来，而且要转移到交通便利、海拔在182米以上，平均距库岸6千米左右的瘠薄耕地上。更重要的是时间紧，位于库区139~156米水位以下的耕作层土壤必须在2006年9月20日三峡工程蓄水前抢救出来。为按时和提前完成任务，重庆市根据三峡工程蓄水计划，把移土培肥工程分两期实施，与蓄水时间展开了赛跑。

移土培肥一期工程实施范围为万州、涪陵、石柱等9个区（县）45个乡镇，主要抢救139~156米水位线以下的耕作层土壤；二期工程涉及巴南、万州等12个区（县）73个乡镇，主要抢救156~175米水位线的耕作层土壤。

为把移土工作抢在三峡工程蓄水前，重庆市政府与工程项目区县政府签订目标责任书，认真落实责任；各级领导深入基层调查，研究解决工程施工中的困难和问题；市政府督察室、国土资源、农业、监察、财政、移民、水利等部门组织联合督察组进行督察；在决定工程实施的取运土关键阶段，实行倒排工期，加强检查、考核，严格奖罚。

移土培肥工程深受库区视地如命的农民欢迎。他们不顾风吹日晒，男女老少齐上阵，人拉肩挑、马驮车运，打了一场抢救沃土的"人民战争"。据不完全统计，两期工程共投入运输机动车6105辆、挖掘机532台、推土机62台，参与施工的农民达3.46万人次。经过艰苦奋战，移土培肥一期、二期工程分别抢在三峡工程156米和175米蓄水前完成了。

"三跑田"变"三保田"

移土培肥工程包括剥离、取土、运土、存土、覆土几个主要环节。把沃土抢出来，运到海拔 182 米以上的耕地里，遇到最大难题就是土壤如何保存问题。

工程项目区的耕地以坡地为主，陡坡耕地比例较大。据测算，6 度以上的坡耕地占 81.17%；15 度以上的陡耕地占 49.56%；25 度以上的极陡坡耕地占 12.18%。耕地坡度大、土层薄、水土流失严重，基本上是跑土、跑水、跑肥的"三跑田"。这样的自然条件，辛辛苦苦把优质耕作层土壤运上山，一场雨就可能被冲得精光，前功尽弃。

为让沃土能在山上不流失，他们配套实施了坡改梯工程。一期、二期工程共实施配套坡改梯项目 19 个，实施规模 6135.99 公顷；新修了小型蓄水池 1242 口，机耕道 15 万米，农村步行道 46 万米，砌石坎 250 多万立方米，修沟渠水系 38 万米。

重庆市移土培肥办公室负责人介绍说，配套坡改梯工程不仅解决了抢救出来的优质耕作层土壤的存土、覆土问题，而且提高了土地质量和土地的集约利用水平。

——坡改梯，零碎小土变成了连片大田，坡耕地改成了平耕地，"三跑田"变成了保土、保水、保肥的"三保田"。据测算，耕地田面坡度降低 5~10 米，水土流失量从强度、极强度侵蚀等级降到了轻度、微度侵蚀等级；土层增厚 10~20 厘米，一般增厚 12 厘米，平均每亩可增加 15~20 方水的保蓄能力，增强了抵御伏旱等自然灾害能力；原土和覆土保住了，耕地肥力质量普遍提高了 2~3 个等级；有机含量每亩增加 800~1000 千克，主要养分供给总量增加 30% 左右，耕地自然生产能力提高三成。

——后靠移民耕地条件较差，人均耕地数量比安置前少，但通过坡改梯工程的零星地块整理和优化工程布局减少工程占地，新增耕地 603.57 公顷。

——科学规划"田、水、路、林、村"，灌溉条件好了，农业生产条件改善了，当地农业生产的抗旱天数可达 25 天以上，还可抵御 10~15 年一遇的暴雨侵害，耕地保产、保收能力大幅提高。农产品运输和农民生活出行条件改善了，劳动强度也降低了。

农民得到双重实惠

重庆市国土房管局有关领导介绍，由于市、区县和乡镇政府及有关部门协调配合，库区移土培肥工程进展顺利。一期工程实施后，各部门按分工和职责选取了多个样点进行调查，着手对工程项目的实施效益进行评价。目前，一期工程项目区已种植两季农作物，从调查评价看，土壤质量和作物产量明显提高，农民得到了实惠。

比较明显的效益是农民经济收入增加了。移土培肥工程实施过程中，充分吸收当地农民参与，既保证了工程进度，又让农民增加了收入。项目区的农民通过在工程施工中劳动，每人每天可挣30~80元。工程完工后，部分农户务工收入近3000元，有车辆的农民收入达8000多元。据测算，在库区移土培肥工程10亿元投资中，当地农民以劳动报酬和青苗损失赔偿方式获取收入近3亿元。移土培肥两期工程实施，重庆库区80个乡镇受益，受益农户4.22万户，农业人口15.43万人，其中移民1.15万户，移民人口4.02万人。

尤其是一期工程实施时，恰逢重庆市遭受百年一遇的特大干旱，农作物减产，农户损失严重，而移土培肥工程项目区的农民，由于参与工程实施，获取了较多报酬，因而总收入基本没减少。

更重要的是提高了土地产出率，农民有了长远生计。市移土培肥办公室负责人说，长江两岸耕地耕作层土壤质量特别好，加之独特的自然条件，适合多种经济作物和名优特产品涪陵榨菜、奉节脐橙、长寿沙田柚等园艺作物生长。

涪陵被誉为"榨菜之乡"，对移土培肥工程深有感触的王正英告诉记者："以前山坡上都是石滩滩，土很薄，种的榨菜一个只有三四两重；现在这地土厚了，有劲了，生长的榨菜头，一个就有两斤！"

据介绍，移土培肥土层一般增厚10~20厘米，不仅有机质等主要养分供给总量增加1/3，而且耐旱时间可延长7~10天。加上配套田间道路、农田水利等基础设施，覆土区耕地大大提高了抗旱、抗涝能力和产出效益。据初步测算，实施移土培肥工程后，耕地单位面积产量提高两三成。

作者单位：中国国土资源报社

按照关注民生、科学规划、突出特色、促进发展的思路，永城市东西城区间采煤沉陷区综合治理有序推进。昔日沼泽丛生、生态环境恶化的采煤沉陷区，如今成了永城生态城市建设的一道亮丽风景线。

一道亮丽的风景线

——河南省永城市采煤沉陷区综合治理复垦纪实

李孟然

在我国的煤炭开采史上，采煤沉陷区一直困扰着地方的经济发展，能不能治理好采煤沉陷区是关系到当地民生问题的大事。2010年6月，笔者在河南省永城市了解到，永城市正在积极探索一条关注民生、科学规划、突出特色、促进发展的新路子，东西城区间采煤沉陷区的综合治理正在有序进行。

土地沉陷，生态环境遭破坏

永城市是全国六大无烟煤生产基地之一，地下埋藏着丰富的煤炭资源。近年来，该市经济快速发展，其中煤炭资源开发起到了重要推动作用。然而，煤炭开采引起的地面塌陷，对土地、村庄、道路、植被等的破坏，也给该市带来了越来越严重的环境压力。治理复垦采煤沉陷区，切实解决沉陷区群众的生产生活问题迫在眉睫。对此，永城市委、市政府高度重视，特别是自2007年以来，进一步加大了投资和搬迁安置力度，把解决沉陷区搬迁安置工作作为关注民生的第一要务。

永煤集团城郊煤田压煤区，采煤面积18平方千米。自2004年以来，该区域内已造成采煤沉陷面积约2.7平方千米，沉陷深度平均约2.1米。沉陷区内，道路断裂，民房倒塌，农田积水1.5米以上，形成大面积沼泽、滩涂、坑洼地，生态环境恶化，给当地群众的生产生活带来很大不便。同时该区域将永城市东西城区隔断，成为影响城发展的"瓶颈"。

像这样的状况在永城市不少地方都存在,尽管程度轻重不一,但对永城市经济发展、人民生活、耕地保护等都有较大影响。

科学规划,综合治理保民生

永城市委、市政府决心采取切实有效的措施,强力推进东西城区间采煤沉陷区综合治理复垦工程。

"谁造成塌陷,谁复垦治理"。永城市委、市政府根据东西城区间的特殊地理位置及沉陷区的实际地质情况,在多方听取意见的基础上,多次召开专题会议讨论,一致认为,实施东西城区间采煤沉陷区治理复垦工程是落实科学发展观、破解城市发展瓶颈的需要,是有效解决沉陷区居民生产生活问题的需要,是切实改变沉陷区恶劣环境,营造城市生态环境的需要。从解决民生问题出发,经与永煤集团商定,按照"谁造成塌陷,谁复垦治理"的原则,项目资金由永煤集团从矿山环境恢复治理保障金中提供,把治理工程纳入城市总体规划建设,科学安排使用整理出的土地、水面等资源,改善采煤沉陷区的生态环境,开辟沉陷区多种生产经营渠道,解决沉陷区群众的就业、居住和增收等民生问题。

科学论证,严谨操作。科学规划是综合治理的前提,也是搞好沉陷区治理复垦的根本保证。永城市聘请城市规划、水利、景观设计、土地整治、地质、环保等方面的专家,对沉陷区治理复垦工程进行实地考察论证,对区域范围、塌陷深度等进行准确测量和测算,最后由资深设计单位、专业设计人员进行规划,并从多方面对该工程的可行性进行科学论证,形成可研报告,履行了立项审批程序,并与永城市城市土地利用总体规划相一致。

借鉴经验,创新模式。一是总结自己的经验。多年来,永城市在采煤沉陷区综合治理中,根据平原地区塌陷区的特点,因地制宜,采取多种科学的土地复垦模式,取得了显著成效。这些经验为这次矿区复垦治理提供了直接的指导;二是学习外地的成功经验。多次组织有关人员"走出去",学习考察外地沉陷区治理复垦的先进经验和做法；三是因地制宜，创新模式。永城市东西城区间因采煤产生了大面积土地沉陷，形成了永宿路南、北两侧水域湿地景观，这恰恰造就了永城建设生态城市的独特优势。面对区域的特殊地理位置和水资源比较丰富的实际现状，经专家反复论证，决定采取一种新型的复垦模式，将传统的注重经济效益开发转向兼顾人口、社会、经济、环境和资源持续发展，注重复合生态整体效益的模式，对沉陷形成的不规则的水域和湿地进行有效整合，使东西城区紧密连接，形成生态城市的新格局。目前，该工程已治理沉陷区积水面积820亩，复垦土地480亩，复垦形成统一水面约340亩。工程竣工后，将形成18平方千米的自然生态区，成为集综合利用、蓄水防洪、生态环保于一体的综合开发带，成为城市新的经济增长点。

落实政策，做好补偿。对沉陷区群众补偿，永城市按上级政策规定规模、比例完全落实到位，政策没有明确要求的、群众反映合理的部分，也积极想办法解决。无论是耕地补偿、房屋补偿，还是附属物补偿，全部按政策实现了足额补偿。

诚心为民，搞好安置。为解决沉陷区群众搬迁安置问题，永城市政府与永煤集团在东城区专门规划建设了高标准居住小区——"民生花苑"作为沉陷区居民安置点，切实解决了群众住房问题，该小区建成后被评为"省级优质工程"。

创新模式，立足长远谋发展

多年来，永城市在采煤沉陷区治理复垦中，坚持因地制宜，创新模式，已经成功探索了三种复垦模式："耕地+养殖用地"模式、"建设用地+养殖用地"模式和"养殖用地+林地"模式。同时还创新多种复垦方法，如原地复垦法、固体废物充填法、超前复垦法等。而对东西城区间采煤沉陷区治理复垦打造成为集综合利用、蓄水防洪、多种经营、生态环保于一体的综合开发带，则完全是从永城实际出发，在关注民生、符合永城发展大局的前提下确定的一种创新模式。

特别值得一提的是，由于这一区域所处的特殊地理位置，实施治

理复垦工程,对于拓展城市空间、营造城市生态环境、切实解决民生问题、加快永城发展,具有重要意义:

有利于加快东西城区一体化建设。永城市东西城区间沉陷区治理工程能够直接连接东西城区,拓展城市空间,提升城市品位。同时,在城区规划范围内安置沉陷区群众,可以提高城镇化率,将有力地加快东西城区一体化,推进城市化进程。有利于形成新的经济增长点。工程竣工后,能够形成近6平方千米的水面,可蓄水5000万立方米,做到蓄水排洪相结合,为工农业发展用水提供充足水源,为永城经济发展提供良好的条件。优越的地理位置,优美的生态环境,加上优惠的政策,将更好地招商引资创建项目,形成新的经济增长点。有利于解决民生问题。通过综合治理可以为沉陷区居民在务农、经商、服务等方面提供很多就业岗位,有效地解决沉陷区群众的安置、生活、就业等民生问题,达到了城市发展与群众获益的双赢目的。有利于建设生态城市。永城作为全省生态城市建设第一个试点城市,把实施采煤沉陷区综合治理作为生态城市建设的重要组成部分,将使生态城市建设提高到一个新的水平,进一步树立永城城市的良好形象。

目前,永城广大干部群众对这项工程充满信心,坚信综合治理后的沉陷区必将成为永城生态城市建设的亮丽风景线。

作者单位:中国国土资源报社

根据立地条件不同，以生物措施为主，辅以水利工程措施，对荒漠化土地进行综合整治。日喀则市开出的这一剂生态良方，将沙漠化土地的防治与利用有机结合了起来。

一剂生态良方
——西藏日喀则沙漠化土地整治模式探究

桑玲玲

在西藏现有的大面积沙漠化土地中，对人类生产和生活危害最大的是藏南日喀则市宽阔河谷地带的沙漠化土地。这里农业生产历史悠久，人口稠密，土地沙漠化严重。在深入分析当地自然环境和沙漠化灾害特征的基础上，日喀则市提出将沙漠化土地的防治与利用相结合，根据立地条件的不同，以生物措施为主（农田防护林、防风固沙造林、流沙固定），辅以水利工程措施，对荒漠化土地进行综合整治。

西藏自治区林业局按照防治措施，实施了农田防护林、防风圃沙造林、流沙固定、修建干渠等工程，不仅有效治理了荒漠化土地，改善了当地的生态环境，还带来了巨大的经济效益和社会效益。

当务之急是改善生态环境

日喀则市位于雅鲁藏布江和年楚河汇合处的宽阔河谷地带，在经济快速发展的同时，生态环境面临着巨大的压力。

西藏荒漠化类型多样，成因复杂，面积广阔。最近 10 年来对于西藏荒漠化的研究表明，当前西藏自治区荒漠化面积超过 2000 万公顷，潜在荒漠化土地面积达 130 多万公顷。土地荒漠化严重制约了当地社会经济的可持续发展，特别是在藏南宽谷人口密集区，荒漠化对当地人民群众的生活和生产活动构成了严重威胁。

日喀则市是西藏中部流域沙漠化危害最为严重的地区之一，全市沙漠化土地面积达34150公顷，项目区内光能丰富，雨热同季，水资源丰富，土地面积辽阔，该地区存在成片的流动沙丘、沙砾地，是一个适于风沙灾害整治研究的典型场所，十分有利于开展土地沙漠化工程建设。但气候寒冷、干旱，水资源时空分布变化大，土地质量差，以及经济发展水平低下，财政困难，劳动力缺乏，严重影响区内沙漠化防治工程建设的规模、质量和效益。

要改善当地居民的生产、生活环境，提高生活水平，当务之急就是要彻底改变盆地的生态环境，开展荒漠化综合整治。

日喀则市充分考虑青藏高原特殊的自然、社会环境，从实际出发，确保各项治理措施的配套和高效发挥作用，形成功能完备的防护林体系，防止自然灾害进一步恶化，减少自然灾害造成的损失。

因地制宜探索综合整治模式

在开展荒漠化综合整治中，日喀则市因地制宜探索出了三种模式。

第一种模式是造林固沙护田。项目区内实施造林主要分为防风固沙造林和农田防护林。其中防风固沙造林总面积3025公顷，主要布置在雅鲁藏布江高漫滩地一级、二级阶地上，地下水位相对较浅，一般在0.5~12米。根据立地条件、地下水分状况等因素，建立5种类型的防风固沙林区。第一小区位于雅鲁藏布江南岸的江边，地表以风沙土为主，土质疏松，有稀疏禾草生长，覆盖度小于15%。在夏季，江水常常淹没沿江地带，以喜水性树种（竹柳）为主建设防风固沙林。第二小区面积为1205公顷，位于雅鲁藏布江南岸阶地，地势明显比第一小区高，地表以沙砾质为主，有稀疏的沙生槐和禾草生长，覆盖度小于20%，以耐干旱的固沙植物（沙棘）为主建立防风固沙林。第三、第四、第五小区面积分别为338.25公顷，423.98公顷和595.25公顷，立地条件、植被覆盖、水源状况与第二小区基本相似，以适合当地条件、生长速度快、成活率高的杨树（北京杨、新疆杨）为主建立防风固沙林。

农田防护林主要位于日喀则机场的南侧、东侧，面积分别为

240.5公顷、218.5公顷，地表属于土壤农耕地。造林面积为2.19公顷。其中以适合当地立地条件、生长速度快、存活率高的杨树（北京杨、新疆杨）为主，于春季、雨季进行造林。

第二种模式是植草固定流沙。流动沙丘表土易于流失，人工播撒的植物种子容易被风吹走。所以，在流动沙丘上实施整治措施，以沙生槐、披碱草和油蒿等植物为主体，在流动沙丘上建立草方格，草方格设计规格为1×1米，实施流沙固定。实施草方格后治理流沙，在项目区内这样的高寒干旱气候区，草方格的寿命至少达4年，其效果要比没有草方格优异得多。

据介绍，为提高种子的成活率，需要对这些灌木的种子进行必要的处理。对于沙生槐种子，在雨季来临前，将种子装在容器内，用35摄氏度的温水浸泡3~4天，待种子外膜松软，部分种子开始出芽时，再用25摄氏度的温水浸泡1~2天。为防止种子腐烂，每天换温水一次；对于披碱草种子，用20摄氏度的温水浸泡1~2天即可撒播；而油蒿种子可不进行预处理，直接散播。雨天过后，将预处理好的种子播撒在潮湿的沙地里。披碱草种子的预处理比较简单，在种植过程中，将预处理好的沙生槐种子5~6粒为一穴，每个草方格内播一穴，上覆约3厘米的湿沙层。油蒿种子和预处理好的披碱草种子，直播在草方格内，上覆2~3厘米湿沙层即可。

第三种模式是兴修水利。为使项目区内实施的各种生物措施高效地发挥作用，修建一些水利设施确保植物成活茂盛很有必要。根据综合整治设计原则和灌溉渠道的选线原则，综合考虑项目区内实施的生物措施的需水量和新修水渠的可操作性、实用性，在项目区内新修3条干渠，全长17.6千米。干渠1渠选在日喀则机场西南，与江当幸福渠相接，全长5.530千米，渠首与渠尾地面高差10.1米；干渠2渠选在日喀则机场南侧，新修干渠全长6.32千米，渠首与渠尾地面高差6.4米；干渠3渠选在日喀则机场西南侧，距干渠1入口9千米，渠道全长5.77千米，渠首与渠尾地面高差4.3米。

取得实实在在的效益

近年来，日喀则市统筹运用国家立项资金、援藏资金和市本级财政资金，通过狠抓植树造林、退耕还林和草场建设，使全市现有林地面积达到4.5万公顷，退耕还林面积达到1.2万亩，草场面积达到2.5万公顷，并投资900万元完成城区段部分河堤改造及200公顷湿地的保护。

生态效益。综合整治工程的实施，锁住了风口，消除了流动沙丘的沙埋危害。对项目区的流动沙丘、河流冲积物、洪积物以及基岩风化物实施固沙造林工程，不仅使流动沙丘得到固定，增加地表植被盖度，削弱风力，而且还将彻底切断沙源，消除沙害。农田防护林的建立，显著减弱近地面风速，抑制土壤风蚀。同时，大面积植树造林，大大增加地表粗糙度，降低河滩地和阶地地面的起沙风力，减少起沙和起尘量，改善整体环境。

社会效益。宽谷地区地势平坦宽阔，光热资源丰富，水利条件极为优越，交通便利，具有巨大的开发前景。但由于生态环境脆弱、自然环境恶劣，该区仍处于风沙灾害恣意肆虐的状态。经过综合整治，形成的功能强大的防护林体系，为地区农业综合开发提供生态保障，对改善环境、提高人口容量、土地承载力以及促进当地社会稳定与发展都具有重要的意义。一是有效改善生态环境状况，从根本上解决人与自然日趋紧张的关系问题；二是提高抵御各种自然灾害的能力；三是有效改变传统意识；四是利于缩小发展差距，维护社会稳定。

经济效益。在严格环境保护的同时，日喀则市积极推进招商、安商的优惠政策。截至目前，共引进了8个内外资项目，涉及餐饮、畜产品深加工、环保餐具、酒业、商贸流通等领域，实际到位资金1.5亿元。客商们谈到选择在日喀则市投资的一个重要原因就是看中了这里优美的环境和生态。

作者单位：国土资源部土地整理中心

每年从吨煤生产成本中提取0.45元资金，专项用于采矿区土地复垦和生态环境建设。这样，矿区土地重获新生，不但创造了良好的生态效益和社会效益，还为公司提供了极为宝贵的建设用地。

再造绿洲
——中国神华神东煤炭集团复垦纪实

吕苑鹃　王　敬

长城以北、蒙陕交界处，有一条不大不小的河流——乌兰木伦河。它源于鄂尔多斯市伊金霍洛旗，时而静谧，时而奔涌，由北向南注入黄河。河流纵贯中国神华神东煤炭集团（以下简称神东煤炭）矿区中部，所到之处，黄沙不复，绿意盎然。

然而早年间，这种沟青壑绿的情景是难以想象的。神东矿区位于黄土高原丘陵沟壑区与毛乌素沙地过渡地带，属半干旱荒漠草原地区，四处是延绵的漫漫黄沙。经过20余载坚持不懈的复垦和生态治理，神东人硬是将深浅不一的绿色撒遍了这片土地，绿洲在前进，沙漠往后退。

像爱惜自己的身躯一样珍惜土地

2009年8月下旬，记者来到鄂尔多斯伊金霍洛旗。位于乌兰木伦河边的马家塔矿区，是神东煤炭矿区开采的首个大型露天煤矿。在这个复垦率100%、复垦总面积5000亩的露天矿区内，地势平整开阔，草木葱郁，碧水涟涟；上湾煤矿矸石山的边坡似铺了花毯，而遍及山头及沟壑的，则是无边无际的灌木、油松与果树；大柳塔矿沉陷区沙棘示范林里，地表已完全覆绿，密密匝匝的沙棘丛已挂上金黄的果实，一团团，一簇簇，煞是喜人。

一个亿吨级"煤都"竟然拥有如此怡人的生态环境，真有点让人不敢相信。中国神华神东煤炭集团环保管理处处长李世明说："矿区是国家级水土流失重点监督区,建矿初期,大部分区域为裸露沙地和沟壑,风蚀区面积占总面积的70%,在一眼望不到边的沙丘上,草木、庄稼都很难活下来。"

然而,这片土地并不贫瘠,近百亿吨黑色"黄金"埋藏于斯。神东煤炭集团地跨陕、内蒙古、晋三省区,现有16个生产煤矿(17井),形成千万吨矿井群的生产格局。2008年生产煤炭1.7亿吨,占全国总产量的6%。

"矿区生态环境极度脆弱,而企业的生产规模却如此之大,如果在开采建设过程中不采取相应的治理措施,不及时复垦利用,无异于雪上加霜,必将对土地和生态环境造成极大破坏。"神华集团资源管理业务经理姚云表示。

"大坑不填,矸石堆成山,土地破坏了,环境也毁了,这样的企业过于短视。"李世明说,"矿区内土地利用类型主要为草地、灌木林地、沙地,只有少量的乔木林地和耕地,因此必须像爱惜自己的身躯一样,珍惜每一寸土地。"

李世明介绍,集团每年从吨煤生产成本中提取0.45元生态建设资金用于土地复垦区域生态环境改善。目前,公司累计投入的环保、复垦、生态建设资金已达11.8亿元。此外,集团还拥有专职、专业、全方位的组织管理体系,设立了环保绿化管理委员会,下辖环保管理处,专门从事复垦、绿化、水保工作。

"对于已破坏的土地,神东煤炭坚持因地制宜,宜农则农,宜建则建,宜耕则耕,宜林则林,宜渔则渔,宜牧则牧。"置身于犹如"塞北江南"的马家塔矿区,记者读懂了这番话的含义。波光粼粼的水面,郁郁葱葱的草木,平展的地面与矿区周围的沙坡形成鲜明对比。指着一字排开的水塘,李世明告诉记者:"这是1号塘,有8米多深,里面最大的鱼有10多千克。接下来是2号、3号,一直到7号塘。煤采完以后,我们根据规划将采空区复垦为集农田、水面、林地、草地为一体的现代化生态园,复垦后水面大约280亩,土地3000多亩。"

李世明算了一笔账,土地复垦的成本固然不小,但收益同样可观。通过实施土地复垦，矿区土地重获新生，不但创造了良好的生态效益和社会效益，也为公司提供了极为宝贵的集体建设用地。

走预复垦的新路子

"做了20年多年复垦和生态治理工作，我的观点是，在生态脆弱区进行超大规模开采，必然对区域生态安全构成很大威胁，如果采用哪里破坏治理哪里的被动型做法，不从源头抓起，难以取得较好的复垦效果。反之，如果采用预复垦、全程复垦的主动型防治模式，矿区的土地和生态环境恢复并非难事。"李世明说。实践证明这也是最适合神东煤炭集团的复垦模式。

他告诉记者，之前也曾走过弯路。直到2000年，才改为先治理再开发，创新地提出了采前、采中、采后针对性治理理念，进行大规模治理，即预复垦。简而言之，就是在开采之前，通过构建"外围防护圈"、"周边常绿圈"、"中心美化圈"，有针对性地加大植被的覆盖密度，增强区域生态功能。"这样一来，在开采过程中矿区的生态环境就有足够的能力抵御开采对它的破坏，也有利于后期的再治理。"李世明介绍说，"事实证明，经过预复垦的矿区，进行煤炭开采活动时，环境受破坏程度较小，稍加修补就行了。"

"土地复垦和生态建设的科技含量较高。"姚云说，除了防风固沙等基础技术外，神东煤炭还自行探索了9项创新技术，为推进复垦事业注入了新活力。以生态保护性开采技术为例，神东煤炭得以"采煤不见矸"，皆因采用了"无岩巷布置技术"。"采用无岩巷布置和无轨胶轮化技术，胶轮化运输使巷道沿煤层掘进，减少或杜绝岩石巷道的掘进，使每年产生的几千万吨煤矸石通过科学合理的开采方式滞留在井下。这项技术已申请了国家专利，不仅为公司节约了100多亿元成本，还避免了占用土地。"李世明解释道。

据了解，《神东矿区1999—2008年生态建设工程十年规划》已经完成。2009年，该集团计划投入生态建设资金8015万元，首批实施生态建设工程35项。

挖掘重点煤炭能源基地的复垦潜力

"在内蒙古自治区的大型国有矿山中,与神东煤炭一样,主动并坚持履行复垦义务的企业,不在少数。"内蒙古自治区国土资源厅耕保处调研员彭建国告诉记者。

内蒙古自治区蕴藏丰富的矿产资源。全区现已发现的矿种达到133种,占全国发现矿种的79.2%,矿床和矿化点4000多处。这些矿产资源分布相对集中,形成了具有一定规模的矿产开采区,且以煤炭能源基地为主。如:呼伦贝尔煤炭、有色金属矿产集中区,鄂尔多斯综合能源矿产集中区等。

大规模的矿产开采活动也给自治区带来了不小的麻烦:各类矿产资源开发和工程建设不仅形成了大量的工矿废弃地,还正在对土地及环境造成新的破坏。

据调查统计,内蒙古自治区现有各类矿产开发、各项工程建设形成的挖损地、塌陷地、固体废弃物压占地、各类污染损毁的可复垦土地资源65610.90公顷。依照《全国土地开发整理规划》确定的目标,全区有13个旗、县、市被列为土地复垦重点区域,而工矿区地貌重塑、土体再造和植被重建则成为全区土地复垦利用的核心与生态重建的重点。

"目前急需复垦的重点以煤炭化工基地复垦为主,涉及挖损地、塌陷地、固体废弃物压占地、各类污染损毁的土地,分布在内蒙古中西部和东部广大矿区。"彭建国介绍说,"神东集团在土地复垦方面带了一个好头,积累了许多好的经验,对全区采矿区土地复垦是一个很大的推动"。

乌兰木伦河静静流淌,守望着这片荒漠中的绿洲。两岸草木,斜斜映入河中,风起时,似换了人间。

作者单位:中国国土资源报社

土地整治与防灾减灾

统一规划、统筹部署，将地灾治理与旧城改造、土地开发利用、民生保障工作结合起来，梧州市走出了一条土地整治的新路子。2010年8月13日，温家宝总理视察梧州市时指出："这样的惠民政策，群众满意，我们一定要坚持下去。"

"治理一个点，造福一方民"
——广西梧州市"一统筹三结合"土地整治的探索

杜亚敏

广西梧州市地处西江干流，桂江和浔江交汇处。自古以来，这里洪涝频发，地质灾害严重。2006年开始，梧州市将地质灾害整治作为全市的一号工程，按照"一统筹三结合"的方式，将地质灾害治理与旧城改造、土地开发利用、民生保障工作结合起来，走出了一条以灾害防治带动城市建设与民生工程发展并举的新路。

2010年8月13日，温家宝总理视察梧州市时指出："把防洪、防灾和建设廉租房、改善群众居住条件结合起来，既解决了群众安全问题，又改善了居住条件，这样的惠民政策群众满意，我们一定要坚持下去。"

编制专项规划，统筹防治地灾

从2003年开始，梧州市开始实施地质灾害统筹防治与管理工作。2004年，市委、市政府把地质灾害整治作为今后几年工作的一号工程，成立了以市委书记、市长亲自挂帅的地质灾害整治工作领导小组，同时下设领导小组办公室，负责地质灾害整治的日常工作，由市国土资源局局长担任办公室主任，工作人员由市人大、国土局、建规委、市政局、发改委等部门人员组成，并设立了工程项目组、工程技术组、项目资金组、房屋拆迁组、房源安置组、综合信息组6个小组，按其职能分别开展工作。3个城区也相应成立地质灾害治理工作领导小组。

统一灾害防治的目标、责任与落实措施,切实推进每一项灾害防治任务落地。首先,明确灾害防治的责、权、利。梧州市出台规定,明确灾害防治与治理的首要责任人。近几年房地产公司建设的项目以及企事业单位所在地的边坡治理责任,由该房地产单位、部门承担;私人住宅及原单位(部门)七八十年代建设项目和学校的边坡需进行地灾治理的,都由政府实施治理。其次,将灾害防治工作明确到人,明晰责任。其中,所有治理工程项目均由市地质灾害整治工作领导小组办公室统一委托广西3家有甲级地灾勘查设计资质的单位和市内3家有地质灾害设计资质的单位进行勘查设计。工程施工要求层层签订目标责任状,所有项目均需落实责任单位、责任人和具体工作目标,并在新闻媒体上进行公告,接受社会监督。再次,建立地质灾害治理工程问责制度。市委、市政府于2007年2月出台了《梧州市地质灾害整治工作问责暂行办法》。

2007年,梧州市出台了《梧州市区地质灾害防治规划》,建立与社会发展相适应的地质灾害防治体系,严格控制人为引发地质灾害的发生,掌握市区地质灾害分布状况与危害程度,建立完善的群专结合的地质灾害监测网络和信息系统,建立完善的全市区地质灾害应急与处理机制,并对该机制实行动态管理。《规划》明确,到2010年底,建立全市区较完整的地质灾害防治行政监督管理体系,设立专项治理资金,一部分危害严重的地质灾害得到治理,依法开展地质灾害防治管理,初步完成地质灾害重点防治区监测、预警、预报和工程措施相结合的防灾减灾体系。到2020年,全市区危害严重的地质灾害基本得到综合治理,建成地质灾害重点防治区工程措施和非工程措施相结合的综合体系。

地灾治理与旧城改造相结合

梧州市始终坚持将地质灾害治理与旧城改造结合起来,通过灾害防治工程,提升城市建设水平,改造破旧低矮房屋,营造良好城市氛围。

梧州市区地质灾害点多面广,防治灾害需要统一规划,全盘考虑，科学治理。一方面，地质灾害的整治不能为治理而治理，应与城市旧城改造结合起来；另一方面，地质灾害治理必须与城市景观改造相结合。该市在工程设计时，与山坡以及周边环境、建设物进行了有机结合，有些植被、建筑物和设施能保留的，都尽量保留下来；对景观有影响的设施与建筑，则在设计时就考虑拆除，根据山坡的不同景观采取不同治理措施，既消除了地灾隐患，又改善了城市面貌。

针对石鼓冲、平民冲、冰泉冲等万秀区河东片20世纪80年代前建在山上的房屋，该市采取整体搬迁、集中安置的方式。拿平民冲来说，这里是地质灾害重灾区，为彻底消除地灾隐患，2009年6月开始，市政府利用亚洲发展银行贷款进行综合整治，搬迁长期以来受地灾威胁的1721户居民，建成12万平方米的安置房进行安置。同时，通过回填土方，加固、绿化美化边坡，综合规划治理，整体开发建设，将土地收益部分用于归还贷款，达到彻底治理的目的。另一方面，结合旧城改造，集约利用土地建设新区，改善环境，使生态环境得以恢复，促进社会稳定和经济发展。目前，平民冲居民已全部搬迁完毕，山冲两侧的房屋已全部拆除。一个占地350多亩的拆迁安置小区正在建设中。

将地灾消除与土地开发利用相结合

资金缺乏，一直是制约地方地质灾害整治的瓶颈。梧州市在推进地质灾害综合整治过程中，通过出让治理好的土地筹措资金，很好地解决了这一难题。

根据《梧州市区地质灾害防治规划》，市区近、中、远期整治地质灾害的勘查和治理经费估算3亿元，搬迁避让费用2.5亿元，共计5.5亿元。这么多经费到哪里找？梧州市尝试将地质灾害消除与土地开发利用结合起来，让过去的灾地、害地变为现在的"金地"、"福地"。

2006年，"6·8"特大泥石流灾害引发了梧州市第四中学后山山体滑坡，学生们被紧急转移，但高90余米的后山依然威胁着师生和周边居民的生命财产安全。为彻底消除这一隐患，梧州市国土资源局做了大量的前期工作，拟定了结合房地产开发的治理方案，将整座山约105亩土地拍卖出让，设定由土地竞得人负责将校园后山降为52

米高程，对边坡进行防护，治理地质灾害。方案经市政府批准后实施，最终拍卖以 6570 万元成交，政府实现收益 3000 多万元。同样，原市棉纺厂厂区灾害地质治理也采用了这样的方法，经市政府批准拍卖方案后，该厂约 222 亩的土地拍出 1.92 亿元，其中部分土地收益被用做地灾治理。

在此基础上，梧州市对退城进郊的企业，如原市蓄电池厂、原市中药厂后山坡等地质灾害，结合旧城改造、土地开发建设进行了治理，在解决政府地灾治理资金瓶颈、实现土地集约利用、促进企业产业升级和绿化美化城市环境等方面，取得了很好的综合效益，实现了"治理一个点、盘活一块地，造福一方居民"的整治目标。

防灾减灾与民生保障工作相结合

在防灾减灾工程建设中落实民生保障措施，通过建设回迁房、廉租房、经济适用房等解决被迁居民的安置问题和改善生活条件，也是梧州市地灾综合防治的一大特色。

笔者来到富民经济房安居小区，这里地处繁华闹市区，建有 1500 多套廉租房和经济适用房，专门用于安置因地灾搬迁的居民。

由于历史原因，梧州市各区县共有近 5 万居民生活在山坡上，而且，许多山坡地带的居民由于没有能力翻新房子或购买新房，几十年来一直生活在低矮潮湿、破旧不堪的老屋里，生活环境恶劣，每逢刮风下雨，随时可能受到地灾威胁。政府通过利用土地出让获得的资金，统一建设了各类保障性住房，集中安置搬迁居民，既减少了地质灾害造成的人员及财产损失，又改善了贫困、山地地区居民生活条件，促进了社会保障事业的发展，可谓是"一举三得"。

经过五年的努力，梧州市地质灾害治理工作取得了阶段性成效。截至 2010 年 7 月底，梧州市 164 项地质灾害治理项目已完工 161 项，累计投资 2 亿多元。经过工程治理，使百余个企事业单位、学校和街道、乡镇 23281 人受益，避免经济财产损失 3.28 亿元。

作者单位：国土资源部土地整理中心

截至2008年底，襄樊市已建成各类土地开发整理项目470个，累计新增耕地9.04万亩，连续10年实现耕地占补平衡。在几十年不遇的春旱面前，这里依然春意不减，小麦长势喜人……

春旱难阻春意浓
——湖北省襄樊市土地开发整理工作侧记
赵 燕 汪 林

在2010年那场几十年不遇的春旱面前，这里依然春意不减，小麦长势喜人，没有受到影响。

近日，笔者来到湖北省襄樊市枣阳市七方镇大西村，村党支部书记王光军自豪地说："过去是人等水，现在是水等人。以往，灌完村里的地，一般需要一到两个星期，遇上像去冬今春这样的大旱，一个月都等不到水。实施了土地整理项目后，现在，村里的地一天就可以灌完。由于农时赶得紧，不仅每亩水稻可以增产200斤左右，而且还可多种一季小麦。一亩地一年可增收1000元。"

连续10年耕地占补平衡

襄樊市是湖北省最大的粮食产区，全国十大夏粮主产区、国家20个大型商品粮基地之一。市委书记唐良智多次强调："天大地大，不如13亿人吃饭的问题大；保证国家粮食安全，永远是襄樊人最重要的职责！"

1999年以来，襄樊市把提高粮食生产能力作为"三农"的重要工作来抓，不断创新和提升土地开发整理工作思路，大规模开展中低产田改造，加快高标准农田建设，实施田、水、路、林、村综合治理。截至2008年底，全市已建成各类土地开发整理项目470个，面积39.31万亩，累计新增耕地9.04万亩，连续10年实现耕地占补平衡。

枣阳市兴隆镇高产农田建设示范工程2010年刚刚开工。笔者现场看到,许多田块内的表土预先被取了出来,堆在一旁,待土地平整完毕后再回填。该市国土资源局工作人员说,从2003年起,枣阳所有的土地整理项目都被要求实施"表土回填"作业,保护农田的耕作层。

土地开发整理刚起步时,因为没有实行"表土回填",农田因耕作层被推掉而减产,农民因此对土地开发整理产生了一些意见。为此,襄樊市各县(市)区先后开始实行"表土回填"。如今,这一举措在襄樊全市已全面实施了5年。一个工作细节的完善,让农民打心眼里支持土地开发整理。

阳春三月,谷城县冷集镇土地开发整理项目正在加紧建设。一条长5.9千米的大渠贯通了项目区的首尾。大渠到底有多大?大到渠底足可以通行一辆重型卡车。

"修这样大的渠有必要吗?"面对笔者的疑问,村民王礼乐说:"我们这里地势低,西边是山,由于排涝能力不足,山洪流来得快,流走却很慢,容易形成积水。这条大渠一并解决了周边所有村庄的排涝问题。"

冷集镇政府工作人员介绍,在计划修这条渠时,当地村民议论:单解决田里的排涝问题有什么用?村庄的地势比农田要高,山洪最后还是会灌到田里,如果渠不够大,田还是免不了被淹。群众的议论引起了国土部门的重视。经过实地调查后,规划设计时把大渠的抗洪能力提高到了可抵御20年一遇灾害。

在南漳县,"沱子雨"是常发的自然灾害,一旦来袭,排灌渠很容易损坏。从2008年开始,南漳县国土部门要求在土地开发整理项目中,全面采用预制板铺设渠道。为了保证预制板的质量,南漳县国土部门要求项目施工方不得在施工现场自制预制板,并向生产厂家派遣质量监理员。

2008年,为支持土地开发整理工作,南漳县发生过这样一件感人的事。城关镇土地开发整理项目快要动工了,80多岁的张爱清给她奶奶迁坟,在打开墓穴的那一刻,她看着奶奶的遗骨,自言自语道:"奶奶,村里要进行土地开发整理,这是我们的大好事,现在给您老人家搬个家……"

节本增收赢民心

位于襄阳区伙牌镇的襄樊鲁花花生油公司,是该区引进的一家农业产业化龙头企业,2007年投产,具有年产15万吨花生油的生产能力。

当鲁花公司开始建设时,襄阳区意识到,企业对花生的需求非常大,必须立足本地满足企业的需求。与此同时,襄阳区伙牌镇基本农田保护示范区正在建设中,区国土资源部门在项目区内规划建设10万亩优质花生基地,引导花生种植农户向基地集中,与鲁花公司签订购销合同,解决了企业生产原料问题,农民每年增收200万元。

去年,伙牌镇老李家村村民李明富种植的花生全部卖给了鲁花公司,他说:"现在,地里耕作条件好,产量比以往要多一成半,而且不愁卖。今年我准备通过土地流转,再种2亩花生。"

襄樊市老河口奥鑫粮油等一批农业产业化龙头企业,在各级政府的帮助下,依托各类土地开发整理项目,建立了一批农产品生产基地,总规模接近70万亩,企业生产有了可靠的原料保障,同时惠及农户近24万户。通过一批土地开发整理项目的实施,带动了全市公司+基地+农户的农业产业化发展。2008年,襄樊市食品加工业产值首次突破100亿元,提前实现百亿产业目标。

宜城市流水镇西瓜在华中地区有着极高的名气,每到西瓜收购的季节,主产区流水、板桥店等乡镇挤满了来自各地的经销商。西瓜的销路虽好,但当地农民也有烦恼,能用于西瓜种植的田地不多,田间作业道标准低,大型运输车难以进入。2008年10月,随着规模为13000亩的宜城板桥店镇低丘陵岗地改造项目的开工,板桥店镇罗屋、王台两个行政村以及周边近1万多名农民看到了希望。

罗屋村党支部书记李光全说:"以往项目区内大多是荒坡,农民自发开垦的一些挂坡田只能种玉米,而且产量很低,要是遇上灾害,很容易绝收。项目建成后,农田抗灾能力将大大加强,运输将十分方便，每亩田每年可获得 2000 多元的稳定收入，是以前的四五倍。"

在项目施工现场，平整的田间作业道、宽大的排灌渠已见雏形。项目预计 2010 年上半年完工。届时，可新增 30% 的耕地，农民每年可以种一季西瓜、一季花生，并套种棉花。

襄樊市国土资源局局长曾进生介绍，从 2004 年开始，全市土地开发整理工作提出建一个项目、兴一项产业、富一方百姓的目标，由注重增加耕地面积，落实耕地占补平衡，逐渐转变到以加强农业基础、促进现代农业发展为主要内容的综合性农田整治工程。初步测算，襄樊市平均每开发整理 1 亩耕地，每年能为农民节省生产成本 20 多元，增收 200 元左右。

部门协力共建新农村

2005 年，随着社会主义新农村建设的蓬勃开展，襄樊市土地开发整理工作迎来了新的转折：以土地开发整理项目区为平台，聚合各种支农项目，整合各项涉农资金，国土、农业、财政、水利等部门合力推进新农村建设。

2008 年底，水泥公路一直修到了宜城市南营办事处南营村村民家门口，建设资金全部由交通和国土部门承担。这条通村水泥路原来是南营村的田间作业道。2007 年，该村被纳入南营土地开发整理项目中，恰逢此时，该市交通局也制定了在南营办事处修建通村公路的计划。

交通、国土部门一拍即合，决定把通村水泥路建设资金与土地开发整理项目资金整合起来使用。一算账，南营村通村水泥路每千米能得到 11 万元的投入，不需要再寻求其他配套资金的支持。这条路修好了，村民生活生产都方便多了。

枣阳市确定以吴店、兴隆镇省级高产农田整理项目为龙头，整合交通、民政、水利等部门所掌握的资金 7404.92 万元，集中投入使用。项目 2008 年完工时，两个镇所辖各村的交通、卫生、文化等各项设施也得到加强。

2007 年，老河口市李楼、仙人渡基本农田保护示范区项目建设中，整合了各部门对示范区内方营、朱楼等6个新农村建设试点村的扶持资金。方营村党支部书记蔡宗原说："国土部门不仅帮我们把田整好了，而且还带动了相关部门对我们的扶持，村民的收入增加了，生活环境也改善了。"借助这个项目区，老河口市建起了新农村建设百里长廊，并成为2007年全国基本农田保护示范区建设暨土地整理工作座谈会和2008年湖北省新农村建设工作现场会的参观现场。

展望今后的土地开发整理工作，曾进生告诉笔者，襄樊市下一步将认真总结这几年土地开发整理工作的经验，把土地开发整理项目区建成促进新农村建设的大舞台。

作者单位：湖北省襄樊市国土资源局

昔日的杨兴河，"无雨龇牙咧嘴，有雨落花流水"；而今，通过土地开发整理，4000亩的杨兴河滩涂变成了良田，成了造福百姓的"刮金板"。

从"伤心河"到"刮金板"
——山西省阳曲县杨兴河土地开发整理纪略
薄云山　邢云鹏　王文秀

杨兴河，一条贯穿山西省阳曲县的主要河流。虽说是季节河，但由于它的桀骜不驯，当地群众受了它不少的苦。"无雨龇牙咧嘴，有雨落花流水"，就是当地群众对杨兴河的形容。

如今，杨兴河土地开发整理项目完成后，滩涂变良田，4000亩的杨兴河滩涂，成了造福当地群众的"刮金板"。

昔日荒滩地，今朝高产田

这些日子，阳曲县大盂镇卷子头村村委会主任刘红全特别忙，记者好几次打电话相约采访，电话那头的回答都是一个字——忙！

卷子头村是大盂镇的一个小村，全村有2000亩耕地，130户400口人。作为村里的带头人，刘红全要联系山西农大的专家为全村今年的玉米种植进行指导。

3月26日，记者终于在去往大盂镇的路上碰到了他。"自从村民种上了杨兴河的地，自己这个村委会主任就特别累。"40岁的刘红全说话很干脆，"杨兴河土地整理项目，对群众来讲，一个字——福。但对我们村干部来讲，也是一个字——累！"

刘红全告诉记者，以前卷子头村仅有1300亩地，大多是"挂"在山坡上的小块田，亩产也不高，只有500多斤，种地入不敷出，村里人大多外出打工，村干部平时也没啥事。2005年后，杨兴河土地整理项目完工，卷子头村新增耕地700亩，每亩可收入1000元。村民要种田,还要村干部给他们找专家指导,村干部可就忙了。

东南洼村也是杨兴河土地开发整理项目的受益者,该村通过杨兴河土地整理项目,新增耕地500多亩。按照1亩地产出1000元算,等于给村里群众增收50万元。提起杨兴河土地开发整理项目,东南洼村的村民刘文会话匣子就打开了:"这个项目好,将以前的荒滩地变为了高产田。沧海变桑田是个神话,荒滩变耕地在这里可不是个神话。"

刘文会告诉记者:"2004年5月以前,杨兴河的河道周围还是沟壑纵横,沙石遍地,蒿草疯长。后来,政府对这里进行治理后,发生了翻天覆地的变化。顺着河道,三四千亩良田横空出世,不是亲眼所见,我怎么也不相信。"

"种粮好呀,不交公粮不上税,政府还给补贴!"刘文会说起种地就兴高采烈:"以前是交公粮不上税,现在政府的补贴逐年增多,2005年是每亩5元,2006年是10元,2007年是30元,2008年是40元,2009年是57元。"

河道治理,桀骜杨兴今不再

早春三月,乘车沿大运高速从太原前往阳曲县城,道路的左边就可以看到太原境内汾水最长的支流杨兴河。透过车窗,杨兴河涓涓细流,旁边成片的温室大棚,呈现一派平静的乡村田野景色。

同行的阳曲县大盂国土所所长王爱红告诉记者,现在的季节看不出什么,要是到了夏季,这里的景色更美。

王爱红介绍,杨兴河全长50千米,流域面积1398平方千米,平时无雨季节,杨兴河干涸见底,土地龟裂,每当夏天雨季来临,杨兴河河水暴涨,漫过堤岸,淹没农田村舍,冲走牲畜,造成水土流失。20世纪70年代前,年年如此。

为了改变杨兴河灾害频发的状况,新中国成立以来,阳曲人民多次组织大规模工程治理杨兴河。2002年以来,阳曲县加大杨兴河治理力度,投入600多万元,对县城河段进行清淤,沿岸修筑高标准石坝2200米,修筑土坝8000米。经过治理,现在的杨兴河已经行洪畅通，可以抵御10年一遇的洪水。虽然杨兴河年年雨季洪水照样，但再没有造成灾害。2004年，国土资源部门开展了阳曲县杨兴河土地开发整理项目，将几千亩河滩地变为了优质高产田。

"投资少、规模小的土地开发整理项目，带来的必然是低收入、低效益的结果，不利于农业的发展，也不利于经济社会发展。"阳曲县国土资源局局长闫玉生讲，在开展杨兴河治理时，采取政府牵头、部门联动的方式，把它作为全县全面建设小康社会的基础工程、政府为民办实事的民心工程和国土资源系统的重点工程来抓，纳入各级政府、部门，特别是国土资源管理目标责任制中进行考核。

闫玉生介绍，在杨兴河土地开发整理中，该县实现了两个转变。一是由分散的小规模开发转变为集中的大规模开发整理，共投入资金3480.6万元。从2004年5月1日动工建设，到9月底完工。在长达16.8千米的地段，集中连片造地3904.2亩，创造了太原市土地开发整理的最高纪录。二是由重数量、轻质量和生态保护，转变为数量质量和生态环境保护并重。

阳曲县在治理杨兴河时，还因地制宜，让杨兴河作出新贡献。在县城高速公路出口处，阳曲人利用河道两旁的废弃土地，依坡就势，造林种花，筑廊举阁，掘池架桥，建成了环境宜人、林木葱茏、鸟语花香的新阳生态公园，成为阳曲新的一景。

造地，就要造群众想种的地

杨兴河土地开发整理，只是太原市农村土地整治工作的一个缩影。

为了确保耕地不减少，太原市每年都将土地开发整理作为工作重点，并将科学合理的规划作为实施土地开发整理工作的前提，即根据市、县、乡土地利用总体规划和经济社会发展现状，重点进行规模化、区域化土地开发整理专项规划的编制工作。

在建局之初，太原市国土资源局就组织开展了辖区耕地后备资源大调查。全市50.381万亩宜耕土地资源全部进入了三库一账，即耕地后备资源储备库、年度土地开发整理项目库、补充耕地储备库和耕地占补平衡台账,为编制土地开发整理规划奠定了良好的基础。

同时,太原市在土地开发整理中,坚持市场化运作的方法,将群众满意不满意作为衡量标准。太原市国土资源局局长张宝玉说:"我们在造地中,就是要造好地,造群众想种的地。"

在杨兴河等土地开发整理项目实施过程中,太原市重点实行了"五制"管理。

一是建立业主负责制。成立领导小组,由县政府领导任组长,国土资源、水利、农业、林业、审计、财政等部门领导为成员,实行定期现场办公制度,现场解决施工中出现的各种难题,确保工程顺利运行,由国土资源部门充当业主,负责项目的策划、资金筹措、组织实施等工作。

二是实施工程招投标制。通过建立公开、公平、公正的土地开发整理市场体系和机制,招投标实行完全的市场化运作方式。委托中介机构代理招投标工作,国土资源部门全程监控,防止高价中标或串标。

三是实施工程监理制。邀请有资质的工程监理单位,依照法律法规及有关技术标准、规划设计和承包合同,代表国土资源部门对工程质量实施监督,确保工程质量。

四是实施项目合同管理制。按照《合同法》,在项目的设计、施工、监理三方面逐级签订项目管理合同,明确各方责任。

五是实施项目公告制。项目招投标和项目实施情况及时在各种新闻媒体和网站上向社会公告,增加工作透明度,接受社会监督。

此外,太原市建立了项目检收委托审计体制,委托有资质的审计中介机构,对土地开发整理项目进行监审。如存在违规行为,按财务规定严肃处理。通过建立项目资金请示拨款制度,可以随时掌握项目进度和实施情况,按工程量标准分期分批拨付。

记者了解到,山西省国土资源厅已经将造地作为2010年该厅"双保工程"的举措之一。省国土资源厅厅长李建功表示,在深入开展"双保工程"中,将采取增地发展、原地发展、换地发展、留地发展、造地发展等多种形式,力保在建、续建、新上重点工程项目和民生用地,合理安排各业用地。

"在保护中开发,在开发中保护"。在三晋大地上,像杨兴河一样的土地开发整理项目,必将越来越多,无数像杨兴河滩涂一样的荒沟荒滩,将变成良田阡陌。

作者单位:中国国土资源报社

土地平整，防止"倒灌水"和土壤返盐，暗管代替明渠，从根本上解除后顾之忧，"封闭式机井"代替"开放式机井"，田间路采用"泥结石路"，既保生态又易修复……滩地整治犹如阵阵春风，给华阴滩移民区注入了勃勃生机。

日月流长河　村社暖大地

——三门峡库区陕西省华阴段滩地整治纪事

吴　晔　车　娜

"黄河之水天上来，奔流到海不复回。"流过高原，流过草地，流过甘肃、内蒙古、陕西、山西之间的黄土高原，黄河母亲累了，走到平原地区，步履越来越慢，一步步卸下身上的泥沙。于是，河床淤积越来越高，像一把剑悬在人们头上，成为中下游沿河各省的祸害。所以，千百年来，中华民族都有一个美好的愿景：圣人出，黄河清。

三门峡水库就是在这种愿景下诞生的，然而，失败化作一场惊梦，事与愿违的主观热情造就的工程不堪回首！

这是20个世纪50年代发生的事情。

那时，一批备受关注的人群——三门峡库区移民，带着对故土的眷恋，离开了富庶的华阴大地。

水库修建后，黄河之水不能再顺畅地从上游流到下游，水势从截流部分的潼关以上变得缓慢，水缓则泥沙淤积，导致地下水位普遍抬高了2～3米，本来地势平坦的土地变成了低洼地，并造成大面积的土地次生盐渍化。到20世纪90年代初，这一带的水涝地和盐碱地已达12万多亩，占华阴滩库区移民区土地总面积的40%以上。

三门峡水库建成后因淤积严重，被迫改变了运行方式，原先设计要淹没的区域最终没有被完全淹没，但是，华阴这片土地却实实在在被毁了，绿油油的麦田没有了，昔日温暖的村庄只剩下残垣断壁……

一次有意义的探索实践：土地整治

2005 年，土地整理的春风，第一次吹进了这片沉睡了近半个世纪的土地。在陕西省国土资源厅和财政厅的支持下，华阴市国土资源局开始着手对华阴农场的水毁基本农田进行整理。

项目实施后，1133 公顷水毁耕地得以修复，还新增了耕地 36.26 公顷。水渠、水井、道路及供电线路也逐步恢复，农田生产设施基本恢复正常，改善了基本农田生产条件，恢复和提高了基本农田生产水平。但华阴农场的基本农田整理，仅仅恢复了一小部分良田。点对点的整理步调，是肯定跟不上社会经济发展的。要发展，还得整治，不仅要整，还得要扩大规模。然而，要大规模开展土地整治，必须有雄厚的资金支持和专业的技术支撑。仅凭国土局之力，难！

当时，陕西省地产开发服务总公司已经在土地整理这项事业上，磨砺了将近十年，在陕西省成功建成了多个大型开发整理项目，积累了丰富的经验。这让华阴市国土资源局局长张济世看到了希望。

2007 年下半年，华阴市国土资源局积极与陕西省地产开发服务总公司联系，探索大规模、科学化治理这片荒滩的可行之路。

一条充满希望的重建之路：规模化、科学化综合整治

滩地与其他耕地相比，具有肥力高、耕作省力等优势，但滩地整治是一项科技含量高的系统工程，不容许有半点马虎。为此，陕西省地产开发服务总公司成立了华阴项目部，花了近半年时间，对移民区近 3 万亩历史遗留的荒滩及水毁沼泽地进行了多次实地调研、土壤测试，并会同水务、农业等方面专家反复论证。

技术上的问题，对于他们来说并不是问题，真正难办的是在移民的土地上再次动土，几经土地纷争、心中留下诸多伤痛的移民是否乐意？为此，华阴市国土资源局与先期规划的华西镇政府组成了土地开发领导小组，专门负责前期的拆迁、纠纷处理等工作。

2008 年 1 月，华阴滩地整治项目启动，工程分三期实施，3 年整治 3 万亩。还没过完农历正月十五，一期工程就开工了。

治病要治本。华阴滩因处于行洪区，最根本的是要解决土壤次生

盐渍化和保证库区治理及防洪安全，缓解河水对耕地的冲击侵害。针对这一"病根"，项目部因地制宜进行工程设计：其一，土地平整，保证灌排顺畅，防止"倒灌水"和土壤返盐。其二，配套农田灌排工程，暗管代替明渠，从根本上解除后顾之忧。其三，"封闭式机井"代替"开放式机井"，免除了机井报废重建之忧。其四，田间路采用"泥结石路"，既保生态又易修复。

一项项任务都在有条不紊地开展着，植树、打机井、埋水管、夯路基、修灌溉渠、架变压器……犹如织一张"水、电、路、林、渠"的大网。第二年初春，正好赶在播种前，工程全面竣工了。一期工程涉及华西镇罗西村、北洛村2个行政村及华阴农场的12个片区，总规模579.7公顷，其中新增耕地570.22公顷，新增耕地率高达98%。

为了检测新造耕地的土壤质量，华阴市国土资源局委托西安理工大学水与土地资源开发利用研究所，对项目区新造耕地的土壤进行了实地采样和室内测试分析。结果显示：新造耕地土壤不仅达到了耕作要求，若继续加强对土壤结构的改造，还可成为高产标准化农田。

滩地整治，让华阴滩人再次燃起了打造"八百里秦川新粮仓"的热情。历经磨难的库区移民，对重建家园充满了新的希望。

一派令人激动的新气象：地多了，农民富了

沿着渭河前行，在一座高塔模样的纪念碑的指引下，我们来到了华西镇北洛村。

近了，发现这里是2003年8月那次洪灾之后修建的渭河北洛护堤抢险工程用材存放地。

站在大堤上，眼前是一片广阔的田野。一方方麦田，一排排木头架子。村里的李书记告诉记者，这些都是用来种红提葡萄的。村里成立了红提葡萄专业合作社，种植面积3000余亩，亩均纯收入1.5万元以上。坝外的地，以前大部分都是荒滩地，经过整理，现在都成了好地，大伙争着承包。北洛村原有耕地2000多亩，经过这次土地整治，增加了3000多亩耕地。现在，村里每年人均纯收入有6000多元了。

农民手里有了钱，自然而然就会想着改善生活。村里人建房、修路，用不着开发商、施工队，大伙相互帮衬着，路、房子就都建好了。

农民自己主动，同时还需要政府部门的积极配合服务。陕西省地产开发服务总公司和华阴市国土资源局，一直贯彻落实开发耕地和移民村建设并重的思想，努力使项目区基本实现"村容整洁，耕地平整，道路相连，井渠相通"的目标，以帮助移民彻底改变生活与生产条件。

说到新村，不得不说一说冯东村。笔直的道路两旁是一排排二层小楼和整齐的路灯，连村民正在晒的玉米都排成了方阵。村里的活动园区有篮球场、乒乓球台和各种健身设备……村里的规划很讲究，建设面貌井井有条。村委会主任冯亮亮告诉记者："过去，一下雨或浇地，田里的路就走不成，车子更是别想进去。现在，经过整理，土路成了泥结石路，两边路一扩，树一栽，下雨也不影响了。"冯主任告诉记者。"说到收入，这两年的整理项目真是功不可没啊！过去的生产条件，一句话概括就是缺少基础设施。现在好了，一整理，水利条件跟上了，地多了也好了，村里人均纯收入保收估计有 8000 元。"冯主任深有感触地说道。

移民们返回家园已经过去了二十几年，初冬，记者来到了曾被称为"关中白菜心"的华阴滩，望着平坦开阔的万顷良田，那绿洲似的村庄升起袅袅炊烟……记者很难想象这里之前是怎样的一片荒滩？其实，荒滩退去并不久远。华阴市国土资源局和陕西省地产开发服务总公司这两年才陆续将其开发整理出来，有一片是几个月前才竣工的。截至 2010 年 10 月底，三期工程已全部顺利竣工，共开发 2103.17 公顷荒滩地，新增耕地 2057.06 公顷。相当于给移民区每人增加了 1 亩耕地！

要富村，先富地。移民村的发展，离不开华阴滩这片故土。如今，荒滩变成了良田，穷困的移民村终于一年一个新模样，越来越温暖了。滩地整治犹如一阵春风，给华阴滩移民区注入了勃勃生机。

作者单位：中国国土资源报社

2010年7、8月间，长江流域出现历史罕见的强降雨，引发严重的洪涝灾害，湖北省荆州市数万亩农作物被淹。在十年一遇的暴雨面前，荆州市沙市区岑河镇土地整治项目区两日内洪水全部排出，实现了大灾之年不减产的奇迹。

土地整治筑起防洪墙
—— 湖北省荆州市岑河镇土地整治纪略

赵丽华

"湖广熟，天下足。湖北粮仓在荆州，荆州灾年粮歉收，全国饥荒百姓愁。"这是在民间广为流传的一首民谣，可见荆州粮食生产的重要性。

2010年7、8月，长江流域发生了罕见的强降雨，引发严重洪涝灾害。在湖北省荆州市，未经整理的农田由于排水难，绝大部分农作物被淹。而土地整治项目区内的农作物却长势良好，灾年不减产。

近年来，荆州市国土资源部门积极开展农村土地整治。目前，全市土地整治项目的建设规模达到237万亩，新增耕地7万亩，生产产能提升10%~15%，成本降低8%~10%，受益群众130万人。

沙市区岑河镇土地整治项目，就是众多土地整治项目中的一个代表。

充分调动群众的积极性

土地整治是一项浩大的社会系统工程，需要一系列的政策、制度和强有力的组织领导，调动全社会的力量。为此，荆州市委书记应代明经常深入项目区检查，协调部门关系，支持国土资源部门的工作。沙市区人大、政协还组织部分人大代表和政协委员到项目区调研，帮国土资源部门呼吁。副区长张黎明出任项目建设指挥长，在一线指挥项目建设。岑河镇政府更是把土地整治作为服务"三农"的重大机遇，全力配合项目建设，做了大量的协调工作。

在项目实施过程中，国土资源部门充分调动群众的积极性。在立项环节，荆州市国土资源局根据规划选址，吸引公众参与，严格定额把关，坚持程序化论证；在项目发包环节，扩大信息公开范围，合理确定标段额度，切实规范招标操作，坚持市场化运作；在项目施工环节，多层面细化标准，多层面动态监管，多角度评估审验，坚持多元化监督；在资金监管环节，注重每日旁站监督，每月专班审核，每年专项审计，坚持常态化审查。

为争取群众的广泛支持，该局向群众详细介绍国家政策，邀请群众参与测量登记，按房屋面积、结构及陈设等进行分等定级，张榜公示，让群众反复核实认可。

为了保障群众的知情权、参与权和监督权，该局在主流媒体开办"土地整理之声"、"行风热线"和"行风面对面"等栏目，搭建群众参与项目建设的平台，着力推进公示制、听证制，广泛听取群众的意见和建议。

细致的工作激发了群众的热情，他们自觉投身到土地整治中。实验林场一分场的群众自觉拿出1000多亩土地，休耕一季，参与土地平整，不要国家一点补偿。

麻岭村党支部书记姚光松感慨地说："国家拿钱为百姓办事，机会千载难逢，我要把土地整治项目当做我们村发展的第一引擎。"

统筹兼顾经济、社会、生态效益

土地整理已经走过十几个年头。早期的土地整理目标比较单一，就是"田成方，路相通，水相连，树成行"。如今，土地整治不再是简单意义上的增加耕地面积，而是统筹兼顾经济、社会和生态效益，处理好人、地、资源与环境的关系。岑河镇土地整治项目就注重几个创新。

创新建设理念。岑河镇耕地总面积约15万亩，其中钉螺面积达到2万亩。该项目地处血吸虫病重疫区，全镇约4万人中，有1万人受到感染。根据这个特点，在项目规划时，荆州市将项目建设目标定位于多功能、多效应和趋于综合性。在搞好农田水利设施建设、提高排灌和防灾能力、提高农业综合生产能力的基础上,提出"兴地灭螺"任务。

创新管理方式。一是探索和完善管理方式,做到精细化实施,精准化管理,全程化监督。完善事前、事中、事后全方位监督体系,全力打造"阳光工程",将项目投资、建设内容、资金拨付渠道等编成《给广大群众的一封信》,发到群众手中。二是一切从实际出发,努力做到群众不满意的项目不做,工程管理人员不培训不上岗,农民出工出劳的事不大包大揽,沟渠路旁的树木不大砍大伐,土地平整不大推大填,沟渠建设不强求固化。

创新协调方法。一个项目从申报到实施往往是国土资源部门充当主角,要改变这种"小马拉大车"的局面,只有主动争取各级领导的支持,做好部门协调工作,调动群众积极性,项目建设才能收到"各炒一盘菜,共办一桌席"的效果。

以人为本,用真心换真情

在项目实施过程中,荆州市坚持以人为本,对暂时不理解土地整治的群众,多次上门做细致的思想工作;对经济上的困难户,给予适当补贴。做到用真心换真情,以高度的责任感,把好事做好。

把心交给群众。荆州市国土资源局首先教育职工明白"没有不讲道理的群众,只有工作不到位的我们",理解群众的"不理解"。

把力用在项目上。俗话说"规划不牢,地动山摇"。项目的规划设计直接关系资金使用的合理性和群众的受益程度。基于这样的认识,该市国土资源局把项目的规划设计视为项目建设成败的关键,全程参与项目规划设计,收集资料,踏勘现场,听取群众要求,征询部门意见和专家建议,提出精心的设计方案。

把累留给自己。为建好项目,工作在土地整治岗位上的干部职工常常吃住在工地,几乎没有节假日,有的人带病超负荷工作,从不叫苦叫累。

引导群众算好"加减法"

土地整治惠及千家万户,但在施工过程中,不可避免地会导致农民短期休耕歇季、调整部分土地权属、损伤庄稼作物。该市国土资源局解决问题的方法,就是引导群众算好"加减法"。

第一笔账——整治前155座坟占地30余亩,整治后占地2亩。窑湾村二组有一片零星墓地,占地30余亩,土地利用率极为低下。窑湾村村委会经过集体协商,重新选址2亩地,自筹资金,建立了一个公益性公墓,群众自觉将零星坟墓迁到环境优良的公墓。该举措不仅探索出了一条乡村殡葬制度管理的新路子,而且节约了宝贵的耕地资源,促进了乡村土地的集约利用。

第二笔账——整治前要求补偿,整治后不要补偿。窑湾村三组村民朱泽举、谢规先,因土地整治挖沟筑渠要毁坏部分庄稼,开始不同意施工。村里答应给他补偿,工程才得以顺利进行。工程完工后,他们却自觉放弃了补偿。原因是土地整治前,他们的亩均收入只有2000元,经过土地整治,改善了农田的生产条件,低产田变成了高产田,亩均收入达到了4000元。

项目区发生四大变化

岑河镇土地整治项目总投资4596万元,建设总规模3万亩,于2010年初竣工。项目取得了良好的效益:

钉螺面积减少。项目通过填埋38万立方米坑塘、硬化3.41万米斗农渠、修建10座沉螺池等手段,使钉螺数量大大减少,人畜感染率由原来的10%降低到2.5%。岑河镇血防办主任刘廉美说:"土地整治解决了岑河镇的头号难题。"

抗旱排涝能力提高。整治前,该项目区水利设施老化,渠道严重淤塞,沟渠排灌不畅,遇到暴雨,很容易形成内涝,是全国有名的"水袋子"。2010年7月,虽然遭受了持续强降雨,但该项目区却安然无恙。实验林场的农工陈木银说:"每年或旱灾或内涝的受灾面积,都要达到30%。通过土地整治,我们的受灾面积为零。"

机械化耕作率明显提高。通过土地整治,小格田达到标准化,形成适合机耕作业的标准农田，为推进现代农业、打造特色农业、发展农业板块经济创造条件。据统计，项目区内机械化耕作率达到80%，增幅达到60%，项目区内耕牛减少了约70%。

亩均收入增加，生产成本降低。如今，项目区亩产达到865.33千克，是整治前的124.88%，复种指数提高32.1%，作物单产平均增加10%~20%，总产值增加12%~50%，农民人均年纯收入达到5140元，是整理前的129.64%。

作者单位：湖北省荆州市国土资源局

汶川地震震垮了房屋，震不垮四川人的精神。震后，他们强忍悲痛，积极投入灾后重建，大力实施土地整理复垦。截至2010年1月30日，39个重灾县（市、区）组织开展土地整理复垦项目569个，已完成建设规模53.74万亩。

抚平大地的"创伤"

——四川省灾后重建土地整理复垦工作纪实

田玉福

汶川特大地震，震垮了房屋，却震不垮坚毅、勇敢的四川人。他们采取有力措施，积极推进灾后重建，大力实施土地整理复垦，用心抚平大地的"创伤"。

截至2010年1月30日，全省39个重灾县（市、区）组织开展土地整理复垦项目569个，计划建设规模208.27万亩，目前已完成53.74万亩。其中，自行整理项目248个，完成建设规模37.4万亩；工程整理复垦项目321个，完成建设规模16.34万亩。

深入灾区实地，加强调研指导

为全面推进因灾失地农民安置与灾区土地整理复垦工作，四川省土地统征整理事务中心派人员到绵竹市开展实地调研，先后深入清平乡、天池乡、金花镇、九龙镇清泉村等地调查，通过先期介入、主动服务的方式，推动灾区失地农民返乡安置和灾毁土地整理复垦工作的顺利实施。

在调研过程中，他们对当地在项目前期工作中存在的疑问作出了解答，对一些工程方案进行了讨论，并提出了合理化建议：第一，要合理安排项目申报类型。绵竹市多数村镇因灾失地农民数量多，安置点附近耕地资源有限，在项目申报时，不能拘泥于以往形式，要根据具体情况合理安排申报重点项目和补助项目，加大河滩地和荒草地开发力度，满足因灾失地农民口粮田的需求。第二，要合理确定复垦类型。将工程复垦和自行复垦相结合，对规模较大、集中的地块采取工程复垦，对零星分散、规模小的地块实行自行复垦；自行复垦以及工程复垦中的一些工序如筑埂、平土等简单工作，尽量让当地农民参与。这样既能让灾区群众通过参与项目建设直接受益，又能让农民参与监督工程质量。

抓好制度设计，保障工程建设

北川羌族自治县是"5·12"汶川特大地震中损失最严重的县之一，地震导致全县耕地不同程度地受到损毁，受灾面积超过13万亩。

该县结合本地实际，制定了《北川羌族自治县"5·12"地震因灾失地农民安置办法》、《北川羌族自治县"5·12"地震因灾失地农民调地费使用管理办法》等规章制度，并完善了项目公告制度、资金拨付管理制度、竣工验收制度、土地调剂及后期管护制度等一系列规章制度，专门用于规范灾后重建中的土地整理复垦及其相关工作。按制度办事，用制度管人，为该县土地整理复垦工作的顺利推进奠定了基础。

充分尊重民意，引导群众参与。农民群众是灾毁耕地复垦的主体，北川县在推进土地整理复垦工作中一直坚持这一原则。在项目实施过程中，该县经常召开动员会和联席会议，面对面地向农民群众宣传，让农民群众了解政策，让灾区农民群众自主选择自行整理复垦或工程整理复垦。

对于选择工程整理复垦的，严格按照项目管理制度，将项目范围、设计图纸等公示，并反复征求群众意见。

对于选择自行整理复垦的，根据群众意愿推出了三种模式：一是农民群众自己施工复垦土地。二是农民群众自行复垦与专业队伍施工相结合，即由农户自己负责土地翻挖、平整、捡石、砌坎等，专业队伍负责排水沟等技术含量高、不便分到各家各户施工的工程。三是农民群众通过"一事一议"选举业主委员会，确定施工队伍按设计方案施工。

落实共同责任，助力产业发展

在土地整理复垦项目实施过程中，注重落实责任，明确责任分工，取得了很好的效果。

北川县明确规定，国土资源局负责政策、质量把关和进度掌控，乡、镇人民政府负责宣传和组织协调，村、社负责组织群众具体实施以及施工安全及纠纷调解，县、镇、村、社四级齐抓共管、互相配合，确保了复垦工作的有序进行。

工程施工过程中，县国土资源局派技术人员进行现场指导，并选派监理单位进行质量监督，发现质量问题及时依法处理。

规划设计预算核定的补助费用，先拨付30%的土地复垦启动资金给乡镇，乡镇根据进度拨付给村民，剩余部分经县、乡镇组织验收合格并经公示无异议后拨付。

为更好地推动灾后重建土地整理复垦工作，四川省地震受灾区注重把整理复垦与当地实际相结合，推动当地产业发展，提高群众收入。

北川县擂鼓镇许家村种植山药有一定基础，亩均收入在5000元以上，但由于该村土地普遍瘠薄，山药种植一直未形成规模。灾后重建整理复垦项目的实施，用增厚土层、培肥地力等措施使当地的土地质量得到明显改善，该村山药种植已初具规模。

曲山镇云力村结合该村传统的羌寨风情，对复垦后的土地进行综合利用，种植核桃、药材、蔬菜等，同时发展观光农业，使群众收入普遍提高。

红岩村一社将土地整理复垦后的新增耕地调剂给因灾失地农民，作为基本口粮田。

作者单位：国土资源部土地整理中心

走在风光秀美的"云阳外滩",很难想到几年前这里还是一片荒滩。依托地灾治理,通过填沟筑堤,开发城市用地2000余亩,整理改造新增建设用地;通过内部挖潜,节约土地5000余亩……多措并举,云阳累计创下20多亿元综合收益。

三峡库区新"外滩"
——重庆市云阳移民新城挖潜造地记

唐鹏程

四月的云阳,春意盎然。绵延十里的云阳滨江大堤和城市滨江森林公园浑然一体,移民广场、新风广场、风清广场、中心广场点缀其间,构成风光秀美的"云阳外滩"。而几年前,这条长12.8千米的库岸线还是一片荒滩。

从昔日的荒滩到如今热闹的"外滩",要归功于云阳人以科学发展观为指导,依托地灾治理挖潜造地的创举。

笔者在采访中了解到,自三峡库区地灾防治工作启动以来,重庆市云阳县已累计实施二、三期地灾防治项目117个,争取国家地灾专项投资近8亿元。依托地灾治理,通过填沟筑堤,开发城市用地2000余亩;通过对滑坡等灾害体的有效防治,整理改造新增建设用地3000余亩;通过内部挖潜,合理利用,节约土地5000余亩。据估算,采取这些措施以来,该县已累计创下20多亿元的综合收益。

地灾防治与土地开发相结合

云阳县地处三峡库区腹心地带,自古就有"一江四河六大块,七山一水两分田"的说法。全县人均耕地仅0.77亩,城区人均占地不足50平方米,土地供需矛盾十分突出。为解决这一问题,该县将地灾防治与土地综合开发有机结合,促进了当地经济社会又好又快发展。

2002年初，三峡库区二期地灾防治工程正式启动，云阳新县城库岸治理工程纳入治理规划。为使有限的地灾防治资金发挥最大效益，该县将单一的防灾措施调整为综合治理方案。为不突破投资概算，他们将地灾治理资金与部分城市基础设施建设资金、市政建设资金、土地出让金打捆使用，并承诺在工程建设中抓好"五结合"，即库岸防护与城市土地开发利用结合、与解决城市建设弃土结合、与城市码头建设结合、与滨江路建设结合、与城市景观建设结合。该项目历时两年多，完成总投资1.52亿元，开发新增城市用地1200余亩。

被誉为"巴蜀胜景"、"文藻胜地"的国家级文物保护单位张飞庙，2003年10月迁至云阳新县城对岸的盘石镇龙安村。张飞庙新址东侧自2006年开始出现滑坡险情并逐年加剧。为治理滑坡灾害，保护文物安全，该县因地制宜、科学规划，着力抓好"三个衔接"：确保安全，抓好滑坡治理与庙宇主体保护方案的衔接；统筹兼顾，抓好滑坡应急治理与规划中的南滨路用地的衔接；立足长远，抓好滑坡治理与景区后期开发用地的衔接。通过对滑坡区近700亩土地的综合整治，为打造张飞庙景区奠定了基础。最近，重庆交通旅游投资集团有限公司与云阳县政府签订了意向性协议，拟投资3亿元在该处打造三国文化城。

云阳寨坝滑坡治理区是新县城移民规划安置区，通过实施工程，既治理了滑坡，又结合县城建设和移民迁建需要，腾出了200余亩建设用地。如今，一座总投资超亿元的外国语实验学校已拔地而起。

据介绍，云阳共有20多个位于城（集）镇的二、三期地灾治理项目，通过优化治理方案，不但有效治理了滑坡，而且新增建设用地3000余亩。

统一规划，组合搬迁

由于受滑坡等地灾影响，早在20世纪80年代初，云阳就确定要全县整体西迁到32千米以外的双江镇磨盘寨一带。三峡工程启动后，云阳镇、云安镇和双江镇都要整体搬迁。如三个镇各自选址搬迁，肯定会出现争地、争水、争资源的局面。

为整合资源，节约土地，该县根据三个镇的空间布局，打起了"组合牌"：三镇合一，统一规划选址，组合搬迁。

在县城搬迁之初，三个镇的移民和单位多持观望态度，一些动迁的单位也从各自利益出发，新城建设一度进展缓慢。针对这种情况，县委、县政府再次打出"组合拳"：在新县城建起行政办公大楼，政府部门全部组合搬迁。很快，云阳县四大班子和20多个部门联合率先搬迁到新城办公，起到了示范作用。

此次搬迁涉及三个镇的20个居委会、210个居民小组、6644户22950人。此外，该县近年规划三峡库区二、三期搬迁避让项目48个，涉及搬迁灾民20666人。这些移民多数是一户一宅，独立成户。如按原样搬迁，城镇规划不允许，土地更是不够用。在这种情况下，该县摸索出了城镇居民、滑坡灾民联户自建的安置模式。在移民自愿的前提下，由政府组织30户左右的移民联合成一体，采取"四统三分"的办法进行联合自主建房。"四统"，即统一勘测地质，统一规划小区，统一用地规模，统一建设水、电、路等基础设施；"三分"，即分户补偿、分户或联户自建、分户销号。据统计，通过组合搬迁，共节省了约5000亩城镇搬迁用地。

经过10多年的建设，云阳新城已颇具规模，现已居住15万余人，迁建用地7.016平方千米。一颗璀璨的"明珠"，正在三峡库区冉冉升起。

作者单位：重庆市云阳县国土房管局

土地整治与特色传承

这里十年九旱，令人绝望；这里寸草不生，乱石遍野……然而，就是在这片最不适宜人类生存的千年旱塬，中卫市开发改造压砂地，从石头缝里种出了一片硒砂瓜的绿色海洋，实现了干旱地区农业结构调整的历史性使命。

石头缝里长出的绿色奇迹

——宁夏回族自治区中卫市开发改造压砂地纪实

徐　峙　周　泓　李福华

对于这片土地来说，干旱是一场经久不息的灾难，同时也是一份得天独厚的资源

离中国第四大沙漠——腾格里沙漠南缘80千米的地方，有一片绵延百里的山地。这里平均海拔1600~1800米，山势起伏，沟壑纵横，干旱少雨，全年降水量只有180毫米，而蒸发量却高达2400毫米，是中国最干旱的地方之一，也是最不适宜人类生存的地方之一。

这片土地，叫香山。

执著而又智慧的香山人没有放弃对这片土地的希望。他们以生生不息的顽强，硬是在这片少雨缺水的土地上创造了一种独特的耕作方式——压砂地，来对抗一年接着一年的干旱。

所谓压砂，也被山里人叫作铺砂，也就是在黄土裸露的山地里，均匀地铺上一层石砂，等于给烈日暴晒的山坡地，覆盖上了一层厚厚的地膜。压在土层上面的石子，既能渗水又能保墒，还能调节地温，促进作物的生长和成熟。即使是从石头缝里长出的草叶，也格外肥大和鲜嫩。这一精妙绝伦的独创，为山里人抗旱增收拓展了一条新路，成为香山人新生活的开端。一开始，香山人在新压的砂地里种麦子，种糜子，种山中的五谷杂粮。后来种籽瓜，靠从瓜瓤里抠出大板黑瓜子卖钱。再后来，有人试着种新品种的西瓜，这一试不要紧，竟种出了贫困大山的活力和希望——压砂西瓜。

压砂西瓜有两种栽培方式,一种是直播,一种是育苗移栽。播种前选择土层深厚、相对平坦的地块,将粗砂石砾平铺15~20厘米。按照种植规格,将土壤表层砂石扒开,施入腐熟有机肥,而后与土混合、覆盖砂石。这种栽培技术的最大好处就是,能够解决山地贮水、保墒、防沙、增温的问题。

这样一来,环香山地区的干旱,反倒成了它种植西瓜的优势。在生长季节,这里的日照时数可达到1080小时,日照百分率在60%以上,无霜期能达到150多天,有效积温可达到2529.3摄氏度,5~8月的昼夜温差在16.4摄氏度。良好的日照条件和便于储存营养的巨大温差,加上1600~1800米的海拔高度,为压砂瓜的生长提供了得天独厚的热资源,使香山压砂瓜中含有充足的天然葡萄糖、维生素、氨基酸等多种有益于人身健康的微量元素。

更奇妙的是,香山冲积扇区域淤积着丰富的砂砾碎石,这些砂砾碎石,由于特殊的气候环境和经年的裸晒,含有丰富的钙、磷、钠等多种矿物元素,尤其是含有食物中稀缺的"抗癌之王"硒元素。用多年风化、以石炭系为主的岩石碎片铺压在旱耕地或荒草地上蓄水保墒,有效成分经雨水冲刷入土,被植物根系吸收,长出的西瓜就会富含锌、钙、钾、硒等微量元素,有延年益寿、抗衰老、抗癌作用。

这,就是瓜中的珍品——硒砂瓜。

硒砂瓜产业不仅改变了这片土地千百年来的贫困面貌,更带来了土地利用的全新思路

2004年,中卫撤县设市,成为新中国最年轻的地级市。为了给干旱的香山找一条出路,市委、市政府领导踏遍了山区的每一个村落,他们惊奇地发现,干旱的土地上不全是传统的粮食作物,还零星地点缀着片片硒砂瓜。他们了解到,群众种植硒砂瓜收成不错,还不破坏生态环境,只是由于资金、技术、政策、销路等因素,不敢多种,怕卖不出去。

市委、市政府经过深入分析后认为,如果在一定程度上解决了秧苗的水墒问题,便是一处极佳的瓜果种植区。因此,他们决定,充分利用光照和含硒量高的砂砾，变劣势为优势，将硒砂瓜确定为山区群众脱贫致富的农业特色支柱产业来抓。一项事关山区干旱带群众生存发展问题的关键决议《中卫市优势特色农业发展五年规划》出台了。按照这一规划，政府和农户通过贷款、借款、集资等形式筹集资金，对香山地区靠天吃饭的旱耕地和荒地进行了大规模的改造和开发。3年下来，7.2亿元巨资投入到了这片土地上，其中耕地开发投资4.5亿元，耕地改造成本投资2亿元，补水工程投资7000万元。大片老的耕地得到了改造，焕发了青春；大片砂荒地变成了耕地，披上了绿装。2008年，压砂瓜（包括枣瓜间作）总面积发展到100万亩的种植规模。

硒砂瓜产业改变了这片土地千百年来的贫困面貌，为农民们带来了梦寐以求的富裕生活。3年下来，全市沿环香山地区的18个乡镇，65个行政村的压砂西瓜产量达100万吨，直接从事压砂种瓜的农户达1.9万户，9.2万人。2007年，全市硒砂瓜总产量达到100万吨，实现销售收入5亿元以上，瓜农人均增收在3600元左右。预计今后每年总产量可达138万吨以上，实现销售收入7亿元左右。

因为硒砂瓜，这片穷甲天下的连绵群山已成为了生金吐银的聚宝盆，而这些祖祖辈辈空做发财梦的山民们，已不再为这片土地的贫瘠而怨天尤人了，这些漫山遍野的硒砂瓜就圆了他们世代的脱贫致富梦！难怪当地的老百姓都称，硒砂瓜产业是党委、政府为他们兴起的一项"拔穷根工程"、"造血工程"和"惠农工程"。

为我国干旱和半干旱地区的农民提供了一种全新的发展思路，也提供了一种人与土地相处的新视角

在长期的种植实践中，香山人在遵循基本栽植模式的同时，还探索出了许多特色化的土地利用方式。譬如：在瓜苗破土前后，为了保湿、保温、不受风沙摧折，利用塑料薄膜或是自制的泥碗、塑料碗将其扣盖在娇嫩的瓜苗上……如果遇上了奇旱之年，便用软管滴灌或勺灌的补水方式，促其伸蔓、坐瓜。

通过枣瓜间作种植模式，压砂方式有效提高了山区土地的植被覆盖率，涵养了水土，改善了小区域气候干旱的自然环境。同时瓜秧枝叶可直接或间接转化为家畜饲草料，有利于促进封山禁牧，恢复自然植被，保护生态环境。可以说，硒砂瓜产业是改善干旱带地区环境条件的绿色生态农业。

硒砂瓜产业不仅可以充分利用原有的旱耕地，而且还开发出大量的新耕地，是名符其实的造地农业，既提高了老耕地质量，又增加了有效耕地面积。这是典型的"向荒地要地"，是最好的节约用地。

硒砂瓜产业更是一种兴利避害的抗灾农业，通过科学规划，田、林、路和集、补水工程配套建设，综合治理，提高了农业生产抵御自然灾害的能力，灾害之年仍有较好地收成和效益。2006年，五十年不遇的特大旱情袭击了香山地区。如果是在以往，农民们又将在愁苦中度过失望的一年。但这次，遍布香山地区的硒砂瓜经受住了大自然的蹂躏和考验，为农民们带来了丰收：全市种植的49.6万亩硒砂瓜，总产量达到50万吨，亩均产量1000千克，实现收入2.5亿元，干旱带户均收入1.31万元，人均种瓜收入达到2285元。

荒山吐绿，大地生香，昔日黄土朝天的山坡上，瓦蓝瓦蓝的砂地和油绿油绿的西瓜，铺开了干旱带上的致富之路；昔日面朝黄土背朝天的山里人，在没有枫树，没有红叶的香山之巅，奏响了重塑河山的蓝色交响曲。香山人独创的压砂西瓜栽培技术，为我国干旱和半干旱地区的农民提供了一种全新的发展思路，也提供了一种人与土地相处的新视角。

作者单位：中国国土资源报社

春赏花，夏品瓜，八月葡萄挂满架，十月冬枣惹人夸。在大兴，以生态农业、精准农业、休闲农业为主要内容的都市型现代农业迅猛发展。而这一切，离不开十几年来开展的农村土地整治。

"绿海田园"瓜果香
——北京市大兴区万亩农村土地整治纪略

孙国瑞

北京市大兴区素有"京南果园"之称，以"绿海田园、都市庭院"享誉京城。

2010年7月初，记者来到大兴区长子营镇、采育镇和庞各庄镇，了解这里农村土地整治的情况。

走进长子营镇北蒲州村蔬菜示范基地，一排排白色的塑料大棚映入眼帘。公路上，不时可以看到城里人自驾车来此采摘蔬菜、瓜果。大棚里，彩椒、尖椒、黄瓜、番茄、凉瓜、西瓜、甜瓜鲜嫩诱人；大棚外，茄子、紫甘蓝、白薯等长势喜人。

在北蒲州村蔬菜基地，一位镇领导告诉记者："要感谢土地整治，否则这里不会发展得这么快。"

四个阶段四个台阶

北京宏宇方舟咨询有限公司负责大兴区农村土地整治项目的实施和管理。公司经理李尧向记者介绍了大兴农村土地整治工作经历的四个阶段。

第一阶段是支持农村起步建设阶段，进行土地大平大整。大兴土地管理局成立后，通过征收农地变为国有建设用地，收取土地出让金及耕地开垦费等，将部分资金用于农村土地整治事业中。20世纪90年代前期，大兴土地局共完成土地整治2.6万亩，新增耕地1.6万亩。

第二阶段是20世纪90年代后期—2005年，主要工作是支持农村基础设施建设，大力开展耕地后备资源整理。经过近10年的大平大整，可被开发复垦为耕地的大面积荒地在这一阶段已被整理为良田，加之农业、水利、电力等相关部门的大力支持，农业基础设施得到了较大改善。至此，以占补平衡制度驱动的土地整治事业到了十字路口，需要找寻新的方向。

第三阶段是从2005—2009年，主要工作是支持农村产业化建设，促进土地集约利用，大力开展基本农田建设。2005年以后，国土资源部在全国划定116个高标准基本农田示范区，由市财政投资。大兴区15万亩基本农田建设就是在这个时期开始的。

第四阶段是2009年至今，主要工作是支持农村产业升级发展，挖掘土地利用潜力，开展重点土地整理项目建设。由于前期大量开发复垦项目的进行，地块皆已复垦完毕，留下的皆为山区或丘陵地区的偏远地块，未利用地的开发复垦工作进入攻坚阶段。

基本农田也要整理

在长子营镇，李尧向记者介绍了基本农田整理情况。

李尧说，长子营镇基本农田整理项目属于国家在北京市投资的最大项目之一，其规模达8984.29亩，涉及长子营镇10个行政村，新增耕地497.95亩，新增耕地率为5.54%。项目预算总投资为1266.5万元，平均每亩投资为1410元，全部为市财政投资，工期1年。主要目标是增加耕地面积，完善项目区水利、道路、农田防护林等基础设施，合理布置灌溉系统，促进土地节约集约利用。同时，改善农业生产条件，提高机械化水平，进一步提高土地利用率和产出率，并改善项目区的生态环境。

增加耕地面积是农村土地整治的首要目的。记者了解到，通过项目实施，一方面未利用土地得到复垦，另一方面采用地下灌溉方式减少原有的明渠占地，提高了当地土地利用率和垦殖率。

听当地人讲，北蒲州村绿色有机蔬菜基地充分利用太阳能、生物能，实现了农场内物质与能源的良性循环，采用天然材料与环境友好的农作方式,恢复了园艺生产系统物质能量的自然循环与平衡。种植有机蔬菜,需要更多劳动力和更密集的技术,精耕细作,产量低,但生产出来的有机蔬菜远离污染,品质高,具有自然本色。这种种植模式的引入,迎合了当今社会对绿色无公害蔬菜的需求。

李尧说,项目建设以推进产业化、发展生态观光农业、培育新型农民为理念。经过近两年的运营,长子营镇基本农田整理区已初步形成了开放式、高品质、生态化、都市型的现代农业新格局,达到既服务于城市,又富裕了农民的目的。

种田像在工厂里做工

看完长子营镇土地整治项目,记者来到采育镇。这里的大棚比长子营镇的面积大得多,每个大棚看上去都足有半个足球场大小,甚至小型机械都可以在里面作业,就像在工厂里种田一样。

采育镇位于大兴区东南部,是大兴区农业规划重点发展经济带,也是粮食主产区。辖区内共有基本农田881.87公顷,虽然面积不小,但耕地质量较差,农业基础设施薄弱。

在整治现场,记者遇见了修路的项目负责人刘二黑。他告诉记者:"很多农民非常支持修路,有的还给他们送来水果。"记者看到,有的路面已经铺平压实渣石,马上就可以铺沥青了。

李尧说,项目实施后,项目区的土地及农村道路得到了综合整理,促进了当地特色经济农业的发展。

采育镇是京郊葡萄主产区之一,近年来,该镇先后引种、试验葡萄品种百余个,带动农户4300户(占全镇总户数的50%)从事葡萄生产,年产量达2000余万千克,年产值达1.15亿元,从业人员12000人,占全镇人口的37.5%,种植户人均增收1000余元,比单纯种植粮食增加收入10倍以上,成为该镇农业的一项支柱产业、特色产业、优势产业。

目前,采育镇正着手制定本镇旅游发展总体规划。按照规划,万亩葡萄园项目完成后,将形成集绿野观光、采摘体验、田园休闲等于一体的京郊深度休闲度假精品景区。

土地整治与观光农业相结合

庞各庄整理项目区建设规模为 12731.5 亩，其中耕地 1246.7 亩，园地 9505.5 亩，林地 439.6 亩，其他农业用地 1040.4 亩，未利用地 499.3 亩。土地整治，将改善项目区交通设施状况，使项目区的老化果园、未利用地全部得到充分、合理利用，并成为高产农田。

在这里，土地整治项目与观光农业结合在了一起。

该镇通过建设中国西瓜博物馆、龙熙顺景温泉高尔夫度假村、东方绿洲生态园等现代、时尚、科技、文化场地，提高了观光农业的档次。同时，结合赏花节、西瓜节、采摘节三个大型节日，整合资源特色，将科技园区、旅游景点、采摘基地、旅游接待户进行有效衔接，给市民提供了独具瓜乡特色的旅游空间。

记者看到，为了保证果品质量，每棵树上的果子都套上了袋。换个思路想想，大兴虽然没有名山大川，但是瓜果飘香，观光采摘，花卉种植，特色种植，都市农业，也是很好的旅游资源。大力发展农业休闲旅游，可以拓展农业产业发展新空间。

李尧说，在发展都市型现代农业的过程中，大兴区抓住三个重点：

一是明确定位，从产业定位上，瞄准北京市中高档消费市场，由关注生产转向关注市场需求，大力发展"优质、高产、高效、生态、安全"的精品农业；从功能定位上，由注重农业的生产功能不断向注重"生产、生活、生态"功能转变，积极发展都市型现代农业。二是开拓创新，力求做到敢为人先、抓出特色，率先实行农业政策性保险制度，实施了"院区合作"、"银农合作"、"精准农业"等工程，建立了村级科技示范户。三是突出效益，注重农业发展、农民增收、生态环境改善、服务大都市功能增强等经济效益、生态效益和社会效益。实践证明，大兴农业发展方向正确，措施得力，效果突出，全区正在向都市型现代农业迈进。

作者单位：中国国土资源报社

岭区就像是一块未曾雕琢的璞玉、一座未经发现的宝藏，其独特的地域条件本身就是一种资源，一经开发，同样可以创造出巨大的经济价值。

"整"出广阔新天地
——河南省孟州市槐树乡农村土地整治调查
张 涛 程 龙

整体搬迁，村貌焕然一新，还节省土地190亩

"以前，俺村是这个沟里住两户，那个岭头住三家，平时想找个人唠唠嗑都得翻山越岭。现在可好了，一拉溜挨着三条街，大家都住一疙瘩，想去谁家去谁家。"提起旧村整治，芹菜沟村张大娘满脸皱纹里都淌着兴奋。

芹菜沟村全村62户243口人，被三条沟分割成四个自然村，仅村庄占地就达220亩，大部分院落建设在沟边、沟底的老窑上。居住分散不仅导致土地浪费严重，而且给群众生产、生活造成很大不便。

"无论是从节约集约用地的角度出发，还是从服务群众搞好新农村建设、改善群众居住环境考虑，我们都有责任、有义务尽快改变这种状况。"槐树乡国土所所长赵国政如是说。

他们一方面积极向孟州市国土资源局和槐树乡党委、政府汇报，一方面及时与群众沟通，广泛征求意见和建议。同时，主动与城建部门协调，聘请新农村规划专家实地考察、科学论证，为村庄搬迁作前期规划。

2008年10月，芹菜沟村完成了整体搬迁。

芹菜沟的村容村貌也发生了翻天覆地的变化：以往分散杂乱的居住点，变成了集中规整的村落；像蚯蚓一样曲折的小道，变成了宽敞笔直的大街；沟底岭头分散的窑洞被依岭而建的三排新房所替代；村庄占地面积由原来的220亩变为现在的30亩，人均耕地由原来的

1.8 亩增加到 2.1 亩；利用老村 70 亩土地建起了高标准养殖小区，人均年收入由 1170 元增长到 2100 元；实现了人畜分离，提高了土地利用率和农民收入，改善了村民的生产生活环境。

芹菜沟村整体搬迁的示范效应，引得邻村上汤沟、汤庙、沟北头、后尖庄等纷纷效仿。据了解，近年来，经过旧村整治和搬迁，槐树乡共节约土地 300 余亩。

荒沟沟上建起无公害蔬菜大棚，综合开发年产值达 120 万元

"我们乡在孟州市西部的岭区，全乡 180 多条荒沟就是很大的一笔财富。"槐树乡乡长卫国宾说，"去年，我们对杨洼村的荒沟整治尝试取得了成功，为大面积开发提供了宝贵经验。"

提起这里的岭区，往往给人以贫穷落后、交通闭塞的印象。然而，如果用逆向思维换个角度来看的话，岭区就像是一块未曾雕琢的璞玉、一座未经发现的宝藏，其独特的地域条件本身就是一种资源，一经开发，同样可以创造出巨大的经济价值。

该乡的杨洼村是典型的岭区小村，人多地少，全村耕地面积 800 余亩，而沟地面积就高达 370 亩。2008 年，远在广东深圳等地的外出务工人员纷纷返乡。一次，在巡查过程中，国土所人员听到群众议论："唉，现在经济形势不好，出去找不到工作，回来种地吧，你看咱这岭上到处都是荒沟，想承包几亩地种都困难。"

听着群众的议论，面对杂草丛生、无人涉足的荒沟，槐树乡国土所组织人员调查研究，实地勘查，提出将这些闲置资源利用起来。在聘请专家论证和广泛征求社会各界意见的基础上，杨洼村被确立为荒沟开发整理示范点。

孟州市国土资源局领导班子高度重视这项工作，在人力、物力上给予大力支持。同时，在现场设立临时办公室，现场指导，集中力量搞好协调，全力以赴帮助村委会制定招标方案，解决施工中遇到的难题。

目前，杨洼村开发整治荒沟 280 多亩，建成了 5 座长 240 米、宽 30 米的无公害蔬菜大棚，主要种植反季节蔬菜，年产值达 50 万元。该村还依靠得天独厚的自然地理条件，建造了长 20 米、宽 4 米，储存量达50吨的土窑冷藏保鲜洞8座，取得了旺季直接销售、淡季储藏的技术成果，大大提高了经济效益。同时，该村利用充足的沟下水资源，建成了蓄水量达15万立方米的小库坊1座，形成了养（鱼）、灌（提灌）一体的生产模式。在做好种、养结合的基础上，该村因地制宜大力发展林果业，利用沟坡地60多亩栽植了苹果、桃、杏和冬枣等，形成了林果一体的经营模式。据初步统计，杨洼村荒沟综合开发年产值可达120万元，直接经济收入达73万元。

窑洞整治，相当于再造4600亩良田，催生"窑洞经济"

苹果、红薯在窑洞中"休息"，鸡在窑洞中鸣叫，白灵菇等食用菌在窑洞中生长……这是槐树国土所催生的"窑洞经济"。

槐树乡岭区县乡公路沿途两旁一排排闲置窑洞再利用，孕育了"蘑菇之乡"，富了菇农。赵国政介绍说："槐树、赵和、西虢等乡镇，闲置窑洞有1.7万孔，对闲置窑洞的再利用，相当于在地下再造近4600亩的良田，或者说等于修建了一座面积300多万平方米的恒温库。"

早在十几年前，槐树乡就成了远近闻名的"苹果之乡"。为了解决苹果储藏问题，从20个世纪80年代初期，果农就陆续在岭区建造了土窑洞1.7万孔。近年来，因苹果销路不畅，价格大跌，多数农民已改种其他经济作物，这些土窑洞因派不上用场而被闲置。

惜地如金的槐树人看到如此之多的窑洞被闲置而痛心。槐树乡刘庄村的"蘑菇大王"刘学朝利用窑洞冬暖夏凉的特点，进行珍稀菌种反季节栽培的研究和试验，终于打破了一年有八个月不能种植白灵菇的规律。刘学朝说："在白灵菇20多天的生长期里，不用浇水、施肥，需要做的只是割袋。至于光照，六盏节能灯就足够用了。像这个面积180平方米的窑洞，一年种上五六茬，最少也赚1万多元。"

据介绍，现在槐树乡已有300孔闲置的窑洞种上了反季节白灵菇、杏鲍菇。

作者单位：河南省焦作市国土资源局

持续10年之久的土地整治，使大周村的生产方式发生了根本性的变化。田边栽好了树，田间修好了路，田里种上了粮。土地整治，不仅让大周村净增700余亩耕地，而且让全村3218亩耕地全部成为吨良田。

告别"夏季长荒草，秋天收蚂蚱"
——天津市武清区高村乡大周庄土地整治纪略

吴　岗　田福永

驱车出天津市区向北行驶一个多小时，就到了天津市武清区高村乡大周村。

村子不大，但历史悠久，景色秀丽。

明朝初期，几个周姓兄弟随逃难的人来到这里，觉得这里是一个躲避战乱的好地方，于是定居下来。时间一长，这里便形成了一个村落，并逐步发展成为一个有503户1431口人的村子。

福祸相依。让周姓兄弟和他们的后人没料到的是，这里虽无战乱之忧，但地势低洼，到处是盐碱地和低洼地。低洼地浸满盐碱水，盐碱地"只长白面不长庄稼"。所谓"好地"，亩产只有150千克左右。村民辛勤劳作一年，打出的粮食还不够自己果腹。

这种局面一直延续到20世纪70年代。

持续10年之久的土地整治，使大周村的生产方式发生了根本性的变化。通过土地整治，大周村不仅净增耕地700余亩，而且全村3218亩耕地全部成为吨良田。

苦干十年整，"一洼两坑"变模样

"夏季长荒草，秋天收蚂蚱，辛苦一整年，两手攥'白花'。"这句形象的顺口溜是大周村开展土地整治前，村民生活的真实写照。

从明朝至今的几百年来，大周村祖祖辈辈以土地为生。

"我们没有别的，只有靠土地吃饭。但大周村的自然条件不好，因此土地整治就是让村民过上好日子的最重要渠道。"说这话的，是村原党支部书记72岁的雷永成。

这位当年土地整治工作的直接参与者，如今虽然年事已高，但身体相当硬朗，说起当年规模浩大的土地整理工程时，依然非常兴奋。

过去，大周村非常贫穷，因为全村除去众多的盐碱地外，还有刘洼、沙坑和窑坑。

"一洼、两坑占地1400多亩，极少产粮。因此，利用土地整治的机会，将一洼、两坑改造成高产田，是一项令人向往但非常艰巨的任务。20世纪70年代，大周村举全村之力，开始了最大规模的土地整治运动。乡里出规划，村里出劳力，以生产队为单位，全村动员，男女老幼齐上阵。整整10个春秋，大周村的耕地彻底改变了模样，多少代人梦寐以求的高产田梦想终成现实。"高村乡土地管理站站长张宝才说。

苍天见证了那一个动人的时刻：村民们排着长队，喊着号子，推着小推车、背着背篓的村民，穿梭在阡陌之间……

在刘洼，记者看到，整治后的700多亩耕地，看不到一沟一壑，平坦得一眼望不到边，长势良好的小麦、盛产蔬菜的大棚比比皆是。眼前的景象，很难让人想起这里曾是人见人愁、只长"盐卤子"不长庄稼的低洼地。

"我们村有1431人，人均耕地不足3亩。通过土地整治，不仅人均多了3分多地，而且全是优质耕地。这些耕地就是一笔巨大的财产，不仅我们这辈人可以享受，子孙后代也可以长期受益。"村党支部书记孙万丰说。

让孙万丰兴奋的远不止这些。700多亩整治后的耕地中，子渠、斗渠、毛渠全部修好，可以有效抵御雨涝和盐渍。

"田边栽好了树，田间修好了路，田里种上了粮。现在的刘洼，已经成为大周村人的骄傲。"

高起点起步，整治高质量的土地

"我们村的土地整治，从起步阶段就在很高的起点上。这样，整治后的土地是高质量的。在农村，有了高质量的耕地，就等于给了农民一个铁饭碗,解除了农民的后顾之忧。"谈到大周村的土地整治,已经 75 岁的老村委会主任毕进义更有发言权。

老人介绍说,依据大周村的实际,土地整治一般需要的程序是:推平、挖沟、散土、刮平和深翻。一般情况下,有这五道程序,整治后的土地就可以耕种了。

但是,老人话锋一转:"在土地整治中,我们又增加了秸秆还田、土壤碾碎等工序。这样,整治出的耕地不但可以直接耕种,而且质量大大提高,可以当年整理当年耕种。"

大周村土地整治工作之所以取得了这么好的效果,还有一个重要的原因,那就是土地整治一开始,便在土地规划的统筹之中。

土地整治究竟怎么搞,当时谁也没有经验。因此,区、乡两级土地管理部门做了大量的调查研究工作,在充分调研、听取多方意见的基础上,制定了百米建斗渠(浇水用)、百米建排渠(排涝用)、500 米建田间路(田、路、渠、林网综合配套)的硬性规定。

正是这种科学可行且符合实际的规划,使大周村的土地整治工作从高位出发,为整治后的土地常年稳产高产奠定了坚实基础。

也正是按照科学的规划施工,很好地将中低产田进行改造,使这些中低产田通过土地整治,彻底得到"升级",并使农业生产上台阶、增效益的愿望成为现实。

在大周村采访,让记者感触最深的,还是"大水缸"变成大寨田的故事。

"大水缸"位于村东北,面积 350 亩,因地势低洼、常年积水不长庄稼而得名。土地整治前,不知多少大周村人望"缸"兴叹:"大水缸啊,大水缸,你何时才能变良田,也打出点粮食啊!"

"大水缸"变良田的愿望,终于在 1975 年得以实现。这年秋季,整理"大水缸"的任务正式下达。村民们聚集在"大水缸"边,打响了改造"大水缸"的战役。那时,最好的"机械设备"是独轮车,其余全凭村民肩挑人扛。

村民每天从早上 5 点开工,直到天黑看不见才收工。凭着一股子决心和勇气,经过一个秋冬的奋战,"大水缸"终于改变了模样,成了耕地。为庆祝"大水缸"的变化,村民将"大水缸"更名为大寨田。今日的大寨田里,粮、菜、果齐种,种啥长啥,收成极好。

昔日盐碱区,今朝农业主产区

俗话说:榜样的力量是无穷的。

大周村通过10年努力,让家乡彻底改变了模样。他们土地整治的成功经验,无疑对高村乡全乡的土地整治工作,起到了极好的带动作用。

继大周村后,全乡十几个村陆续开始实施大规模的土地整治。从20世纪80年代起,全乡每年动土500万立方米以上。到20世纪90年代,全乡率先在天津市完成土地整治任务。

高村乡的土地整治,同样高标准严要求。土地整治使条田化、畦田化、规则化的耕地数量越来越多,质量越来越好,田、水、村、路布局更加合理。更让人高兴的是,全乡土地整治面积达到万亩以上,不但大大提高了土地的耕作质量,而且促进了农民增收。

有这样一组数字可以说明问题:通过持续不断的土地整治,全乡已建成南北干渠6条,长25.44千米;东西支渠7条,长39千米;斗渠2753条,防渗渠21千米,机井377眼。全乡耕地总量连续20年稳中有增。

今天的高村乡人可以自豪地说,土地整治的效果已经完全显现。通过土地整治,全乡耕地面积达41699亩,比整治前增加耕地20%以上。通过土地整治,昔日天津市著名的盐碱地地区,成了全市农业的主产区之一。不仅如此,在整治后的土地上,他们向高效农业发展,通过不断试验,一种含糖量高、口感佳的"小西瓜"已经种植成功,一进入市场,销路极佳。

不仅如此,多年来,高村乡在积极搞好粮食生产的同时,利用各种沟渠大力植树,使全乡森林绿化率达到32%,成为天津市的绿化标兵。

正是这样的改变,让大周村和高村乡迎来了历史上最好的发展机遇,不少国内知名企业慕名而来。

作者单位:中国国土资源报社

增加有效耕地面积，路、沟、渠等基础设施标准提升，促进了土地流转，为发展现代农业提供了平台……沙县农民尝到了土地整理的甜头。

瓜菜俏　农民笑

——福建省沙县土地整治促农业产业化发展纪略

陈永香

连日来，福建省沙县益民达农业发展有限公司蔬菜基地一派繁忙景象：女人忙着采摘黄瓜、菜椒，男人忙着把蔬菜一箱箱搬上车，准备运往福州等地的批发市场和超市。

益民达农业发展有限公司经理叶诚贵告诉记者，以前这里种水稻，一亩地一年产值只有千把块钱，现在通过土地整理，发展高优农业，平均亩产可达两万多元。

在沙县，像益民达这样借助土地整治提供的有利条件发展起来的农业公司还有很多。近年来，在国家土地整理专项资金的扶持下，沙县加大土地整理力度，把土地整理与农田基础建设相结合，开展了包括土地平整、农田水利设施建设、田间道路修建等为主要内容的土地整理工程，改变了田块零星分散、土地利用率低的状况，提高了耕地质量、土地产出率和土地供给能力，实现了规模化经营和机械化生产，促进了农业产业化发展。

促进土地流转，为实现规模农业提供条件

姜后村土地开发整理项目是沙县较早进行整理的一块土地。实施土地整理前，项目区内耕地耕作层较薄，大多为中低产田。2003年，姜后村土地开发整理项目被作为省级重点土地整理项目批准立项，总面积1743.06亩，其中耕地1094.32亩。土地整理后，不仅新增耕地392.56亩，而且在整理过程中，挖填土方13.5万立方米，表土剥离回填 5.75 万立方米，新建了路、沟、渠等农田基础设施，改善了农业生产条件，使低产旱地变成了高产稳产良田，水稻年均亩产达到 900 千克，土地产出率提高了 80%。

2008 年底，益民达农业发展有限公司看上了姜后村整理好的土地，向当地承租 530 亩耕地，租期 10 年。至今，该公司已投入 1050 万元，种植优良的菜椒、迷你黄瓜等大棚蔬菜 450 亩，年产茄果类蔬菜 3000 多吨，产值 1200 多万元。

沙县国土资源局副局长郑世良告诉记者，自 2005 年以来，沙县先后立项、实施了 19 个土地整理项目，总面积 3.64 万亩。土地整理不仅增加了有效耕地面积，而且提高了整理区的路、沟、渠等基础设施标准，有力地促进了土地流转，为发展现代农业提供了平台。据统计，5 年来，沙县共落地农业项目 106 个，流转土地面积 5.98 万亩，其中耕地 3.84 万亩、山地 2.14 万亩。通过流转，催生了一大批种粮大户。目前，全县种粮规模 30 亩以上的农户有 481 户，规模种粮面积达 2.03 万亩。

土地流转在促进农业规模化经营的同时，也拓宽了农民增收渠道。姜后村村民黄秀梅笑着告诉记者，她家有 3 亩多地，以前每亩双季稻可收 800 多千克谷子，按现在的价格每亩收入也就在 1500 元至 1800 元之间；土地整理后，耕地由村里统一流转给益民达公司，除了每年的租金收入外，现在家里男人外出做小吃生意，自己在农业公司里打工，每天 50 元工钱，每个月上班 20 多天，一年下来光打工收入就有 1 万多元。

改善耕作条件，为发展高优农业打造平台

夏茂镇，沙县重要的粮食生产基地。以前，由于田地高低不平、田块大小不一，且排灌设施不完善，干旱时水供应不足，多雨季节又排水不畅，再加上没有像样的路，农业种植比较单一，主要以种植水稻为主。如今，在省、市、县国土资源和农业部门的支持下，该镇先后立项、实施了月邦—中堡片、上碓片、长阜—罗坑片 3 个省级土地整理项目和农业综合开发项目，总投资 3100 多万元，整理土地 1.53

万亩，约占全镇耕地总量的39％。通过土地整理，不仅可新增1547亩耕地，而且通过实施土地平整、灌溉与排水、田间道路、农田防护与生态保持等工程，建成了"田成方、渠相通、路相连"的现代农业耕作区。

记者在夏茂镇西街村康特无公害蔬菜基地看到，虽然时值寒冬，蔬菜大棚里的瓜苗依然长势喜人。据该基地负责人介绍，2009年，福建仙富现代农业科技开发有限公司落户夏茂镇，投资3000万元，建立了康特无公害蔬菜基地，计划种植无公害蔬菜5000亩，其中在西街村建立500亩蔬菜大棚，其余以露地种植为主，分布在儒元等地，都是选择刚刚经过整理的耕地进行种植。

夏茂镇人大主席告诉记者，土地整理后，该镇农业生产经营格局发生了根本转变，由过去单一的粮食种植向粮食、烟叶、蔬菜、园艺、珍稀药材等多样种植发展，仅烟叶种植就达1万亩，并建立了现代烟—稻种植基地，采取烟、稻轮作的方式，发展规模农业。目前，该基地已成为全省现代烟草示范点、省农科院烟后稻优质高产示范基地。

完善基础设施，促进农业机械化水平提高

郑湖乡岭头村有一片近200亩的耕地，20世纪80年代因洪灾被毁，一直无法耕种。2008年，该地块被列入省级小规模土地整理项目，通过对项目区土地进行田、水、路的综合整治，不仅耕作条件得以恢复，而且修建了一条3米多高、860米长的防护堤岸，大大提高了抗涝防灾能力，就连去年6月百年一遇的强降雨期间，也没有受到影响。整理后的田地变平整了，田块变大了，农民的种田积极性提高了。"目前，新增耕地全部归还农民个人，他们选择自己耕种。"岭头村村委会主任郑国洵告诉记者。

近年来，随着大规模的土地开发整理和标准农田建设的实施，沙县形成了大面积连片的平整土地，改善了耕地的基础条件，便于机械耕作，加上政府对农用机械的补贴和土地流转政策的落实，有力地促进了沙县农业机械化水平的提高。目前，沙县农业机械总动力达

89735千瓦，比2006年同期增长16.18%；农民购置新型农机具663台，完成机耕作业面积14.17万亩、机收面积1.47万亩。

当地农民尝到了土地整理的甜头，干劲十足，仅今年刚竣工等待验收的省、市土地整理项目就达9998亩，可新增耕地1216亩。目前，夏茂镇长阜、罗坑等6个村的土地整理项目正在紧锣密鼓地进行。

作者单位：福建省国土资源厅

"黄河滩地靠天收，时常抢滩起械斗。"这是河南省温县黄河滩过去真实的写照。土地开发整理项目实施后，黄河滩成了旱涝保收的优等耕地，还有效化解了黄河沿岸村与村之间的土地纠纷。

滩地刨出"金娃娃"

——河南省温县黄河滩整治纪略

孙国瑞　刘爱霞

河南省温县是太极故里、怀药之乡，也是全国闻名的产粮大县。这里土地肥沃，温麦系列小麦种子的影响力涉及10多个省（区）。

人在一年年增加，耕地却在一年年减少，怎样缓解人地矛盾？温县国土人把目光投向黄河滩涂开发整理。

昔日河滩变良田

2010年初冬，我们来到温县采访。正赶上药农们挖山药。

在土地整理项目区，记者和药农聊了起来。"现在山药市场上卖多少钱一斤？""十几块钱吧。""够贵的呀，种山药很赚钱吧？""种山药收入高，但对地力、肥力挺挑剔。原来滩地十年九旱，广种薄收，全靠天吃饭。土地整理提高了土地质量，就可以大面积种植了。"

来到黄河岸边，远远望去，平展展的麦田犹如一块长长的绿毯。温县国土资源局土地整理中心主任赵曙光指着眼前一片地说："这里原先是一望无际的黄河滩。前些年为了抢河滩地，黄河沿岸村与村之间时常发生纠纷，甚至械斗。土地整理后，河滩地一下子成了旱涝保收的优等耕地，产权明晰了，也就没了纠纷和械斗了。"

滩地整理促进了当地农业丰收、农业发展。近年来，温县农副产品加工等行业形成了较强的优势，规模以上工业企业达160余家。

记者在温县国土资源局了解到，温县这几年为增加耕地数量，提高土地质量，改善生态环境，扎实推进土地开发整理：一是编制土地开发整理专项规划，绘制土地开发、整理、复垦潜力分布图；二是结合地方实际做到了由土地开发为主转变为以土地整理、复垦为主，以耕地质量提升促农业效益提高；三是由小规模分散整理转变为大规模集中整理，以整理开发潜力大、示范带动能力强的区域为重点，科学配制资金；四是由重数量转变为数量、质量并重，兼顾生态环境建设。

赵曙光说，近年来，温县投入资金2548万元，累计开发整理土地2.2万余亩，新增耕地2697亩，农民每年增收上百万元。这一切都是土地整理、滩涂开发带来的奇效。

项目当年开工、当年完工

农时不等人。为此，温县土地整理紧紧抓住冬季农闲时节。

走在土地整理项目区，赵曙光感慨颇多。他回忆说："为了早日完成项目，大家冒严寒、顶风雪、踏泥泞，与施工单位一起搭帐篷、垒地灶，一个大锅里吃饭。以苦为伴、以苦为乐、以苦为荣，磨砺了国土人的意志！"

黄庄镇土地整理项目规划面积238公顷，投入资金326万元。通过整理，可新增耕地面积7.34公顷，惠及温县黄庄镇林村。

百年大计，质量第一。为保证工程质量，防止暗箱操作，温县在土地整理中实行公开招标。项目共划为施工标段2个、监理标段1个。2009年10月底，招标工作结束。施工单位全部通过招标确定，每个标段都是如此。

这个项目于2009年11月底开工，由于多方面需要沟通协调，进度落后于其他项目。温县国土资源局与施工单位克服严寒上冻、停电限电等困难，按照项目规划，协调好各个施工环节，多个单项工程交叉施工，个别工程有预见性地提前施工。于2009年12月底完成项目全部主体工程量。

当年热火朝天的施工场面现在已经无法看到，能看到的是一片平整的田野。

设法将好事要干好

土地整理是件利国利民的好事,可资金从哪来呢?

温县国土资源局积极想办法,探索新的融资渠道。温县2009年度第一批补充耕地储备项目,预算450万元,位于温泉镇中张王庄辖区内。项目规模达170公顷,涉及温泉镇的中张王庄村,属于黄河滩涂地。

2009年7月,温县政府决定实施张王庄土地开发整理项目。温县国土资源局积极筹备项目实施工作。

9月,河南华盛建设集团有限公司中标,9月24日正式开工,如今已经全部完成。

滩涂开发整理越干越有经验,田、水、路、电同步实施,同步推进。项目区按照高起点、高标准、高质量、低投入、高效能的原则,改善农业生产条件,优化生态环境。

该项目区共填土26万多立方米;打井38眼,盖井房38座,购置安装水泵38台(套),铺设PVC管12360米;配置4台变压器,架设低压线6.35千米,新增高压线路94米;新修水泥道路2.14万平方米。

处理好方方面面的利益

谁为农民真心实意办实事,老百姓看得最清楚。温县国土资源局的行为感动了土地整理项目区的农民。2010年1月8日上午,温县黄庄镇林村村民代表在鞭炮声中为县国土资源局送上了一面锦旗。

土地整理不仅增加了耕地,而且提高了质量,种啥,啥丰收,农民终于告别了靠天吃饭的日子。不拿一分钱,土地质量提高了,农作物产量提高了,这些看得见摸得着的好处,让他们打心眼里感谢政府,感谢国土资源局。

赵曙光告诉记者,土地整理涉及方方面面的利益,每一个环节都要处理好。比如打机井,要先抽出泥浆才能抽出清水,当地人管这叫洗井水。洗井水浇到地里,泥浆覆盖了少量麦苗,有的农户也不愿意;在地里打机井、建机井房,有的农民不愿意占自家地……

经过多方做工作，多数农民是理解支持的。在黄庄镇林村土地整理项目机井房旁边，记者遇到了赵计磊、路国新两位老乡。他们连连称赞："土地整理好，政府掏钱为农民办实事，咋能不好好配合？"

温泉镇张庄村党支部书记张宝银是位年轻的村干部，接受新事物快，对土地整理有热情，主动配合工作。他说："土地整理的确好，国土资源部门干的事也是我们想干而没有能力干的事，村里一定大力支持。"

不断总结才能不断提高。自2003年实施土地整理项目以来，温县国土资源局根据实际情况，以"量力而行、因地制宜、成熟一片、整理一片"为思路，以土地利用总体规划为龙头，创建"优质工程"为目标，积极争取上级部门投资，稳妥推进项目实施。

在全县上下的共同努力下，到2010年10月底，该县共实施土地整理项目6个，整理规模1822.58公顷。通过对项目区内的田、林、水、路、电的综合治理配套，项目区内田块基本平整，布局合理，道路畅通，实现了田成方、林成网、路相通、渠相连。

温县土地整理项目整理一个进步一个，成功一个，是因为有一套完整的制度作保障。

赵曙光说，刘谢村以前到处是废弃的取土大坑。几年前河南金色田野农业发展有限公司来此开发复垦170亩土地，初步建成了绿色生态园，在废弃地上种植了美国红提、樱桃。

在金色田野农业发展有限公司办公室，记者见到了身材魁梧的经理郭奇伟。

他告诉记者，公司已经投资了五六百万元，还在进一步投资建设中。目前，正在运用德国技术，利用当地的农作物秸秆发展沼气，发展绿色农业。前不久，他们还举办了全国的钓鱼比赛。

刘谢村土地整理项目是省级项目，投资198万元，2006年实施项目区土地整理面积120公顷，整理后新增耕地3.67公顷。

刘谢村党支部，党支部书记刘九喜说："我们村很早就想把废弃的砖瓦窑复垦开发出来，多年来苦于资金不足，便吸引社会资金开发利用，原来的取土坑开发成了水上乐园和垂钓园。村里60岁以上老年人可以免费到垂钓园钓鱼，老有所养，老有所乐。"

赵曙光告诉记者，尝到土地整理甜头的农民，纷纷找国土资源局，希望早点整理他们的土地。有一次，赵曙光和几个干部下乡，在路过一个村时，几个村民拦住他们的车。下车一问才知道，他们听说国土资源局的干部要来村里，便主动要求尽快整理自己村的土地。

作者单位：中国国土资源报社

一个偶然的机会，这个村与德国巴伐利亚州赛德尔基金会结缘，与土地整治结缘。中德"土地整理与村庄革新"项目，使南张楼这个原本破旧的小村庄发生了翻天覆地的变化。

土地整治撬动村庄革新

——来自南张楼村"中德土地整理与村庄革新"的报道

黄新东　何兆展

何官镇南张楼村是山东省青州市一个普通的村庄。1988年以前，这个村跟它周边的北张楼、张楼店等村没什么差别：人多地少，农民除了土里刨食外，没有什么额外的收入。村庄内，到处是破旧的老房子，晴天一身土，雨天一身泥。

一个偶然的机会，这个村与德国巴伐利亚州赛德尔基金会结缘，与土地整治结缘。

2008年，中德合作的南张楼村"土地整理与村庄革新"项目实施20周年之际，国土资源部副部长鹿心社发来贺信："南张楼项目已成为我国农村土地整理与农村发展的成功范例。"

在2009年5月召开的中德土地整理与农村发展研讨会上，国土资源部土地整理中心的负责人认为，该项目对我国乡村建设、农业产业结构调整、农村剩余劳动力转移、实现农村现代化等，都具有积极的借鉴意义。

22年，弹指一挥间。

2010年4月10日，一个春天的周末，我们踏上了这片希望的沃土。

靠着六大劣势，小村庄引来德国大项目

南张楼村位于青州市北部，是何官镇最大的行政村，辖区面积9.8平方千米，共1000多户4000多人。

在遇上巴伐利亚州赛德尔基金会之前，南张楼像其他村庄一样，村民日出而作，日落而息。

遇上南张楼之前，巴伐利亚州一直在寻觅。

巴伐利亚州是德国最大的州，首府是慕尼黑。第二次世界大战后，德国城乡差距进一步拉大，大量农业人口离开农村涌入城市，城市因此不堪重负。

于是，德国人开始了"巴伐利亚实验"：政府通过改善农村设施，将农民成功地留在土地上。实验的核心是"城乡等值化"。通过土地整理、村庄革新等，使农村经济和城市经济平衡发展，明显减弱农村人口向大城市涌入。实验成功后，这一模式成为德国农村发展的普遍模式。

大量农村人口涌向城市的状况，20世纪80年代末也在中国出现了。德国人希望将在德国本土成功运行的模式复制到中国来。

1987年7月9日，山东省与巴伐利亚州正式建立友好省州关系，拉开了友好合作的序幕，农村发展先进经验在中国山东的复制也将成为可能。

就在这一年，时任南张楼村党支部书记的袁祥生得到了一个重要的信息：德方有意支持中方的一个农村项目，而这个项目就是巴伐利亚州在中国推出的"城乡等值化"实验。

袁祥生准备拿下这个项目。但青岛市和烟台市有两个更发达的村子也想竞争这个项目。

最终，南张楼胜出。

谈起原因，袁祥生认为，主要是因为南张楼村有代表性、先进性和连续性。

南张楼村"最大的特点是没有特点"，一不靠城，二不靠海，三不靠大企业，四不靠交通要道，五没有矿产资源，六是人多地少。在德国人看来，南张楼村更符合他们心目中中国北方农村的典型形象。

南张楼村的绿化工作一直做得不错。1988年，前几年栽的树正好长起来了，德方代表团来考察时，对这儿的绿化工作赞不绝口。而这个细节，在德国人心中成了南张楼村先进的一个表现。

1988年,袁祥生当南张楼村负责人已经14个年头了。当德国人问袁祥生还能当多少年负责人时,他回答:"如果需要,可以当一辈子。"就是这句话,给德国人吃了"定心丸"。

从最开始争取项目,到后来准备南张楼地图等材料,袁祥生印象最深刻的是"跑济南"的历程。他在一篇回忆文章中说:"人是逼出来的,我连续跑了51趟济南。为了省住宿费,白天去,下半夜回,一趟来回就400多千米。连续十几次去省政府,连门岗都认识我了,不用登记了,值班室的人说,青州的小胖子又来了,叫他进去吧。"

经过筹备、研讨、规划等复杂的前期工作,1990年10月,德国专家组来到了南张楼村。

从那时起,土地整理与村庄革新在南张楼村拉开了帷幕。

浇地用上遥控器,田里建起生态路

德国人在南张楼村搞的"城乡等值化"实验,全名是"土地整理与村庄革新"项目。土地整理,是这个项目的重要的内容。

德方在制订计划时提出:"南张楼村面向未来的发展计划必须首先考虑村民的根本利益,把保证农业耕地放在首位,节约每一寸非农业用地。"

在实施这个项目前,南张楼村的土地非常分散,共有267块地,土地利用率和粮食产量都很低。

袁祥生介绍说,为了改变这种状况,南张楼村与德国友人一起,做了五件事情:一是小块合大片,二是水利配套,三是田间道路整修,四是生态林网建设,五是机械化操作。

1990年,德国专家帮着制定出田地合并的方案后,南张楼村人秋收一结束就开始了田块调整工作,等第二年再耕种的时候,分散的田块就变成了巴伐利亚州模式的一户一处田。

根据德方意见,村里将村庄废弃的高地削平、洼地填平,增加了600多亩土地。然后又将267块小片土地连同这600多亩地集中起来,统一划为300米宽、350米长的57个大方。方与方之间修了公路,播种机、收割机可以直接开过去。

"这样做的目的是便于耕作。"村民袁崇宝说。

在南张楼,这些小地块再也找不到了,视线所及,到处是平整的农田。田里是数不尽的温室大棚,大棚里胡萝卜长势良好。

南张楼村耕地中的作物全部能够用电浇灌,但站在大田里面,却很少见到水渠和电线杆、电线。原来,南张楼村已经实现了塑料管道地下送水、地下供电。仅仅这一项改造,就增加了10%的耕地。

"我们这儿浇地,可以遥控,就像用电视遥控器一样简单。"南张楼村委会办公室主任老袁带记者看农田时骄傲地说。

在大田区,我们见到了一种奇怪的田间路。路面大部分用水泥硬化了,而道路两边的中间部分却都被掏空了,能够看到路面下的泥土,长有绿草。袁祥生告诉记者,这是他们准备铺设的生态路,掏空的中间部分是用来种草的。这种做法,也是接受了德国人注重生态保护的理念。一些田间的小生物,比如蚯蚓等,在穿过道路的时候,可以在道路中间的草丛中休息,避免被太阳晒死。

离开大棚区继续前行,见到有一对父子在道路旁边的田里小心翼翼地刨山药。父亲名叫袁恩会,50来岁。谈起山药的价钱,他很高兴:"年前两块多钱一斤,现在四五块钱一斤。"

袁恩会告诉记者,山药的根很能往地下扎,地越松软产量越高。经过土地整治,南张楼村的地都深翻过了,很适合种山药,只要管好了,一亩地产个两三万斤没问题。

"白天进厂,下班种田,农闲进厂,农忙进田"

走进南张楼村,会发现这个村的功能区分布非常规则:村南边是已有90多家企业的工业区,村东是大田区,村北是文化教育区,村子中心地带则是生活区。

项目实施之初,德国人提出对村庄进行功能区划分。当时,很多村民不理解。

"现在看来,划分功能区是非常有必要的。学生在北头的文化教育区上课,工厂在南头的工业区生产,学生不会受到工厂的噪声影响。"谈起功能区划分的好处,村民赞不绝口。

南张楼村的文化教育区有南张楼博物馆和文化中心。文化中心前绿草如茵的广场、造型别致的雕塑，还有现代化的体育设施，让这里看上去与城市的文化活动场所没有什么两样。

村南边是占地300多亩的工业生产区，织布厂、石油机械厂、面粉加工厂等90多家村办企业都集中在这里。发展工业用了这么多土地，是否导致村庄耕地减少？袁祥生肯定地回答："没有！"因为占用的这些土地，通过土地整理早补回来了。

工业区的功能在村庄革新工作中，作用非常大。袁祥生的观点是"农业解决吃饭问题，工业解决花钱问题"。工业区的90多家企业吸纳了1000多名村民，既增加了村民的收入，也增加了村集体的收入。

这些工厂每天的工作时间是从上午7时30分到11时30分，下午12时30分到16时，余下的时间，留给农民工们去照看自家的田地。"白天进厂，下班种田，农闲进厂，农忙进田"，南张楼人的生活非常有节奏，平均每个家庭都有一个劳动力在村里的工厂上班，村民的收入不断增长。2009年，这个村的人均收入为1.09万元。

青州市国土资源局局长张大鹏对袁祥生跷起大拇指啧啧称赞："老袁视野开阔，工作能力强，这么多年来村里没有出现一起违法用地，没有减少一分基本农田，实在难得。"

"到韩国看孙子，到日本看外孙"

记者从淄博下火车后，开车来接的是一位名叫袁普亮的小伙子。从潍坊到青州一个来小时的车程，袁普亮跟记者摆了一路"龙门阵"。

从北京、青州的房价，谈到青州的发展，谈到这次采访的相关话题——农村发展、农业现状，谈到国外的农业发展，谈到上海的世博会。

第二天才得知，这位小伙子不是青州国土资源局的工作人员，也不是职业司机。他有两个身份：南张楼村的农民，中德"土地整理与村庄革新"项目、中德土地整理与农村发展培训中心的德语翻译。

农民成了翻译。袁普亮的这个变化得益于土地整理与村庄革新项目。

在与德国人打交道的过程中,袁祥生发现翻译是个大问题。第一次与德国人会谈,请了武汉测绘大学高时留教授、山东省社会科学院巴伐利亚研究室主任李恒川教授和山东省外经委的宋福民科长当翻译。但是,一有会谈就从外地请翻译,毕竟不是长久之计。

于是,在德方的资助下,南张楼村派出两名高中毕业生到北京大学德语培训中心强化训练一年,然后去慕尼黑的歌德学院学习。这就是南张楼村的第一批留学生。袁普亮是其中之一。

后来,南张楼村又派出了几批留学生。

"现在我们村的翻译得有几百人啦。"袁祥生笑着对记者说。原来,南张楼村村民在这个项目的带动下,纷纷走出去到韩国、日本、阿根廷、美国打工,这些人也成了半个翻译。

实验项目的实施,还推动了村民思想的转变。

出国的村民,有的选择了回村创业。工业区90多家企业中,有1/4的企业主是出国学习、打工后回来的人。

有一位老太太的儿子在韩国创业,女儿到日本打工后在日本结婚,村里人都打趣她"到韩国看孙子,到日本看外孙"。

"市场繁荣,经济发达;鸟语花香,风景如画;生活美满,拼搏无涯。试看来日之南张楼,必将如朝日出海,映红九州,誉满华夏。"

这是南张楼村博物馆内照壁上《南张楼赋》的最后一段文字。这是南张楼现状的写照,也是南张楼人的无限期望。

作者单位:中国国土资源报社

以民俗旅游产业为载体，引进京北风沙危害区植被恢复与水源保护林可持续经营项目，创造性地推进村庄整治，形成了生态文明、乡村发展、民族文化水平共同提升的少数民族村落发展模式。

拓展整治内涵　彰显地方特色
——北京市怀柔区满族七道梁村土地整治纪略

陈红宇

近年来，北京市怀柔区在推进满族七道梁村等村庄的土地整治中，按照"生产发展、生活富裕、乡风文明、村容整洁、管理民主"的方针，坚持"以人为本，因地制宜，产业支撑，增收致富"的工作原则，不断探寻方法、创新机制、乘势而上，探索出了一条新路。

七道梁村位于北京市怀柔区长哨营满族乡政府东侧，现有耕地450亩，108户315口人原来分散居住在二队、三队、大地、三岔口4个自然村，其中二、三队长期居住在南北狭长的山沟沟底两侧，群众的生命、财产受泥石流灾害威胁，人畜饮水困难。

2004—2005年，该村将原来居住在险区的农户整合搬迁到七道梁主村，共搬迁76户，194口人，组建成了"正白旗"满族民俗新村，搬迁后，多年受到泥石流威胁的农户生命财产有了保障，也减轻了汛期防汛的压力；搬迁农户的生产、生活条件得到了根本改善，就业机会和就业空间进一步拓宽，减少了对环境的人为破坏，有效地保护了生态环境。

完善组织，明确分工，规范引领村庄土地整治

为保障村庄土地整治的顺利实施，怀柔区成立了以区委副书记任组长，区委秘书长和副区长任副组长，区农委、发改委、财政局等22个委办局行政一把手为成员的全区新农村建设工作领导小组，并在全区14个乡镇和相关委办局建立起相应的组织机构，安排专人具

体负责落实。完善的机构和人员配备为怀柔村庄土地整治提供了强有力的组织保障。

怀柔区将村庄土地整治的工作任务以责任制的形式下分到各乡镇与委办局,列出具体工作职责和完成时间,并将新农村建设工作纳入到全年的机关效能建设和乡镇的"三个文明"考核工作中,从而增强了各单位开展新农村建设工作的积极性。

通盘考虑,梯度推进,科学规划

在符合新城总体规划、土地利用规划的基础上,编制村庄土地整治规划,充分对接镇域及各专项规划,做到了适度与可行;充分考虑农民的意愿,把引导农民积极参与作为规划编制的出发点和归宿点;深入分析该村的生态环境条件、社会经济条件以及交通区位条件,对村庄进行重新优化布局、资源整合,将分散居住在4个自然村的108户集中到条件较好的中心村居住,政府投资1360万元,新建住房406间,总面积6855.66平方米。村民修建房屋的建筑成本1000元/平方米,政府给予部分补贴,补贴标准是人均2.2万元,总计686万元。

目前,实施搬迁的自然村,搬迁前旧宅基地80亩,新宅基地仅25亩,节约土地55亩,全村进行土地整治后增加耕地面积78亩,为生态环境保护和民俗旅游产业提供土地资源保障。

明确主体,强化服务,通力合作建设新农村

在研究领会上级政策的基础上,将村一级作为村庄土地整治工作的切入点,作为责任与目标的主体。区里各部门均围绕试点村和规划村开展新农村建设工作,打破了各自为政的局面,逐渐整合城乡基础设施建设、生态环境建设及保护、文化、卫生等多方面的建设资金,按照区里的统一规划投入到重点区域,统筹安排使用,充分发挥了资金的聚集效应,提高了资金的使用效率。

全区各部门利用电视台、电台、报纸、网络等媒体,通过开展下乡、入户、专题座谈,举办专题报告、村庄土地整治大讨论等活动,加强农村党组织的责任意识,激发了广大农民的主体意识,使他们积极投身到村庄土地整治中。

七道梁村的生态环境建设通过整合中德财政合作"京北风沙危害区植被恢复与水源保护林可持续经营"等项目资金,以生态造林和扶贫为主要目的,将欧洲近自然森林概念和民俗旅游项目结合起来,在改善环境的同时,给村民带来了经济收益。

项目带动,思路创新,以产业支撑建设新农村

怀柔区村庄土地整治以项目作为载体,按照新农村建设规划的要求,及时确定各试点村的建设工程项目,并将8个市级试点村和8个区级试点村7.8亿元的建设工程任务,归口分解到12个乡镇和14个区直单位。在将试点村建设成为产业专业村的基础上,明确提出二、三产业在农村综合经济收入中的比例要占到50%以上,从事二、三产业的户数要占到全村总户数的50%以上,农民人均纯收入增长部分中来自二、三产业的贡献率要达到50%以上。怀柔区在新农村建设伊始,就特别强调新农村建设的启动必须与产业相结合,没有产业支撑的宁可不动,决不能建成"半拉子"工程,浪费宝贵的建设资金。

七道梁村土地整治的实施就是以民俗旅游项目作为载体,按照"因地制宜科学规划、旧村改造合理布局、设施配套发展旅游"的理念,实施了具有浓郁满族文化风情的村庄改造。

全村布局采用满族人崇拜的神鸟"鹰"型设计,呈现出八旗军营特色,一条主街将新村分成东西两个生活区,古朴典雅的新建民居青瓦青砖、错落有致,街道两侧青色墙上鲜艳绚丽的白底红龙正白旗图案,村文化大院广场3米高的索伦杆,还有各家各户的红灯笼、红窗花等,尽现满族旗营特色,既给人以典雅、古朴的感受,又赋予了红火、热烈的现代生活气息。

同时,按照城乡统筹的要求,充分发挥自身的区位特点优势和资源优势,大力发展满族民俗旅游业和代表"绿色、安全、健康"的集市经济,为农民增收致富搭建平台。打造以长哨营山货大集为中心的集市经济和以御食园为龙头的订单农业,引导全村农民种植优质杂粮和甘薯,发展都市型农业和农业观光旅游业,为游客提供绿色、安全的食品。实现了生态农业—乡村旅游业—民俗文化三者的完美统一。

村庄整治后,这个村成立了民俗旅游协会,民俗户现已发展到27户,其中市级民俗旅游接待户21户,区级民俗旅游接待户5户,安排村内70多名劳动力就业,日接待能力达200人。2005年七道梁村人均年收入为6160元,2007年人均纯收入9505元,年均增速达到27.15%。

作者单位:国土资源部土地整理中心

"高田干死，低田淹死"的低产田变成了沟渠配套、设施完善的成片良田；"小农经营、背扛肩挑"的农作方式消失，农业产能与产值大幅提升；远看似公园，近看像花园……上阮村农地整村整治，向人们展现出一幅新型山村美好画卷。

喜看山村新变化

——来自江苏省金坛市薛埠镇上阮村农地整村整治的报道

庄六孝 吴 群

2010年初夏时节，步入江苏省金坛市薛埠镇上阮村，波浪起伏的茶园里到处是采茶人忙碌的身影，大片平整的农田里葡萄长势良好，五彩缤纷的花卉竞相绽放，到处散发着勃勃生机。山上绿树浓密，山下瓜果飘香，好一派"世外桃源"的景象。其实，这里是一个经过土地整治后的新型山村。

远看似公园，近看像花园

上阮村地处金坛、溧阳、句容三地交界处。这个偏僻的丘陵山区村庄，被当地老百姓形象地概括为"三无、三跑、三多"——田无渠、水无沟、车无路；每当山洪暴发，洪水漫田而过，农田跑水、跑土、跑肥；"三跑田"导致土地利用率和产出率都很低，因而村里荒山多、荒地多、荒滩多。

近年来，金坛市投入大量资金，对1万多亩农地进行集中整治，并按现代农业要求进行了"沟、渠、路、林"配套建设，使农业生产、农民生活与农村面貌发生了翻天覆地的变化。

山坳变良田。以前"高田干死，低田淹死"的低质农田如今变成了沟渠配套、设施完善的成片良田，生产条件明显改善，农民口中的"三跑田"变成了如今的"三保田"。

土中生黄金。农地整村整治促进了农地承包权的市场化流转，

70% 的土地集中到现代规模、高效农业之中，70% 的农业劳动力因而实现了由传统农业向现代农业的转变。以前的"小农经营、背扛肩挑"的农作方式消失，农业产能与产值大幅提升，农民收入由过去传统的种植业单一收入变为现在的多元化收入。

乡土成花园。过去"晴天灰大，雨天泥多"的乡村小道如今变成了现代化农业道路，农村面貌焕然一新，远看似公园，近看像花园。上阮村已经成为常州市的卫生村和生态村，"穷山恶水"变成了"金山碧水"。

为规模经营、发展高效农业创造有利条件

地处丘陵山区，上阮村是典型的"333"型农用地结构，即 1/3 农田，1/3 荒山，1/3 自然林。土地高低不平，分布七零八落，有的农户一家的承包地就有十几块，且面积较小，耕作极为不便，机械化耕作更不可能。旱难灌、涝难排，是当地农民最大的烦恼。风调雨顺的时候，一年一季水稻亩产最多也只有四五百斤，年景不好的时候就更少了。村里的山地虽多，但大都荒芜，没有种植经济作物，几乎没有产出。

国家的土地整治政策给上阮村带来了前所未有的发展机遇。在市国土资源部门的大力支持下，通过对李家山、西阳庄、瓦沟水库下游、向阳水库下游四处的土地进行整治，上阮村近 80% 的耕地都进行了集中整治，面积达到 2277 亩。同时，积极引资，利用政策，整治开发土地 6000 余亩，新建各类塘坝 9 座，挖掘各类沟渠 35 千米，修建水泥道路 28.4 千米，田间铺设砂石路面 21.5 千米，修建机耕桥、节制闸 763 座。原本山坳间零碎分散的薄田，变成了有沟渠配套、设施完善的成片高产田。目前，该村水稻亩产量达 650 千克，大幅度提高了农田生产能力。经过整治，全村农用地中有 1/3 变为优质水田，另外 2/3 近 6000 余亩则发展为优质花卉园艺基地。

土地整治为实现规模经营、发展现代高效农业创造了良好的基础条件。目前，上阮村以其土地整治后优美的自然环境和周到的跟踪服务成为金坛市"三资"开发农业首选地，吸引了大批投资项目。如：

江南孔雀园、彩虹生态农业、超群果品、景美园艺、上苑农业观光等。据不完全统计,目前,上阮村共吸引 20 个种植大户承包整治后的土地,最多的可达 1100 亩,最少的 36 亩,平均每户承包土地 230 余亩,经营项目涉及花卉、果蔬、观光、养殖和苗木等。

伴随着大规模的土地经营,农村劳动力得到了解放。他们不仅可以获得土地的入股收入,而且留在本地的农民还拥有优先进入高效农业园区工作的权利,村民的务工收入也得到显著提高。江南孔雀园、葡萄园等农业基地常年用工在 400 人左右,仅此一项,一年就可以为全村带来 450 万元的收入,真正实现了农业增效、农民增收。

土地整村整治给农村带来了实实在在的实惠。上阮村在土地整村整治之前只能从事传统的种植业,上万亩的农业用地年收入不到百万元。而如今,整治后的土地种植业、园艺业、花卉业、旅游业等收入达上亿元,效益倍增。

探索整村整治的发展模式

上阮村的巨变离不开地方政府部门的政策支持,金坛市国土资源局领导高度重视土地整治在新农村建设中的作用,积极探索上阮村整村整治的发展模式,不断加大对上阮村土地整治的投入力度。

近年来,上阮村每年都有土地整治项目,为全村的发展提供了源源不断的动力。土地整治为何能够在上阮村奏效,概括起来大体有以下几个方面的做法与经验。

资金来源多元化、各部门协调合作。金坛市国土资源局秉持"全域规划、全域设计、全域整治"的思路,整合区域内的土地整治项目,力求做到区域统筹、整村推进,效益最大化,为此,土地平整后,沟渠、道路也能够及时完善,他们多方协调筹集资金,为上阮村的土地整治持续推进作出了重要贡献。

事前签订责任书、确保工程顺利实施。上阮村有 11 个村民小组,村民小组组长具体负责本小组村民的思想工作,村委会对农地整理范围内的老坟、散户拆迁和花卉、茶叶补偿进行了明确规定,确保施工队进场前把所有问题解决。

农地确权登记,避免发生矛盾。农地整治前,村委会组织专人对土地实地丈量,每家户主当场进行监督,然后确认签字,避免整理后产生矛盾。农地整治后,按照原来的位置确定每家每户所拥有的土地。针对整治后会出现多于或少于整治前土地总面积的情况,上阮村在土地分配和产权调整上也作出了较为详细、合理的规定,做到公开、公平、公正,让村民满意。

实施农地置换,满足不同需求。针对少部分农户不愿意流转承包地的事实,上阮村采取了农地置换的办法,即在其他地方另找一个面积相同、质量相当的耕地予以置换。

实施项目监督,做好整理服务。政府委托村委会进行质量监督管理,村委会主要在工程实施前、实施中和实施后为工程提供外围服务,确保整治工程的顺利进行。在制定土地整治项目规划时,坚持因地制宜,针对不同的地形特点和生产条件,选择不同的土地整治方式。对丘陵缓坡进行表土剥离,对河网湿地实行清淤造地,对高岗地采用旱改水的方式,保证了整治项目高质量地实施。

统筹城乡一体化发展的重要抓手

"我第一次来上阮村就心动了,这里不仅田块方正连片,沟、桥、渠、闸、路全面配套,而且环境好,有山有水,是生产有机食品和优质水果的好地方。"

新品枣生产基地投资人之一肖如汐一眼就看中了上阮村刚刚整治好的1500亩土地,一个总投资上千万元的现代农业园区正在加快建设中。

整村整治模式是土地整理工程取得实效的重要途径。上阮村的实践证明,土地整治作为政府主导下的耕地保护、节约用地、科学用地的一种政策实践,是促进承包经营权合理流转和土地适度规模经营的有效方式,是推进农地利用方式变革和增加农户收入的有效办法,是实现农村生态环境优化和乡风文明的可靠保障。当前土地整治发展态势良好,但仍需转变思路,因地制宜,从单一的土地整理复垦开发向综合的土地整村整治推进,从个别村落的整治向周围村连片整治转变，从而实现乡村的生产生活与面貌的整体改变，取得土地整治的综合性、实质性效果。

切实加强整村整治的政策安排与选择。整村推进土地整治工程涉及多个行业与部门，在组织协调上，可整合各部门涉农资金集中进行工程实施，专门成立整村推进土地整治工程领导小组，主要负责协调整村推进土地整治项目，力求高效。在工作监管上，实现"政府牵头、部门协作、乡镇落实、村委负责"的工作机制，形成自上而下的工作格局，在服务工程建设的同时，对工程建设的每一个环节进行跟踪、检查，严格质量管理。

作者单位：江苏省金坛市政协

兴修水利、平整田块，改善种植条件；村庄改造、集中安置，挖掘用地潜力……伴随晋祠走过至少1400多年岁月的晋祠大米，在消失20年后重获新生。当地干部群众说，是农村土地综合整治再造晋祠米仓。

再造晋祠米仓
——山西省太原市王郭村土地整治拯救晋祠大米

黄新东　邢云鹏　段俊生

"满目江南乡，千家灌禾田。"这是宋朝大文学家范仲淹笔下晋祠稻田生产的盛大景象。

然而，20世纪90年代以来，晋祠大米这一著名的地方品牌，由于难老泉断流、土壤污染等原因逐渐淡出人们的视线。

2005年以来，在山西省太原市国土资源部门的帮助下，晋祠大米的主要产地——晋源区晋祠镇王郭村通过土地整治，让晋祠大米重获新生。

晋祠水稻成为濒危物种

据史料记载，晋祠水稻早在西汉时期已大面积种植，伴随着朝代更替，种植规模日益扩大，历史上一直作为贡品进奉朝廷。

新中国成立后，晋祠稻区通过小畦灌溉、大搞防渗、循环用水和将"长流细水"改为定期供水，从根本上解决了灌溉稻田的水源问题。后又经过系统选种、单穗培养、提纯复壮等，先后培育出晋祠一号、晋祠二号、七三零一、单倍体四号、农林一号等良种，1958年，晋祠稻谷取得亩产千斤的好收成，周恩来总理亲自给当时的南大寺大队颁发了国务院奖状，命名为农业社会主义建设先进单位。到1980年，晋祠水稻亩产已经连续10年超千斤，晋祠大米成为全国知名品牌。

然而，伴随晋祠走过至少1400多年岁月的晋祠大米，20世纪90年代以来，却成了濒危物种，种植面积从1990年前的1.22万亩锐减至2005年的难觅踪迹。

太原市国土资源局晋源分局局长王海全介绍说，晋祠大米"领地"失守主要有三方面原因。一是水源。1972年，晋祠三泉中的善利、鱼沼两泉干涸；1993年4月30日，难老泉断流，晋祠大米种植面积直线下降。没有了泉水，只能用地下深井水或者汾河中的生活污水、工业废水灌溉，种出的大米营养价值低，口感也大不如从前。有关部门的抽查显示，大米中的重金属含量、硝酸盐含量部分超标，危及人体健康，连当地人也不吃自己种的大米了。到21世纪初，晋祠大米在市场上销声匿迹了。

二是土地。难老泉等泉水断流后，在晋祠周边，稻田由于缺水已改种玉米等其他作物。不仅如此，非农产业用地、新农村建设，甚至高污染企业，如储煤场（洗煤厂）等，都在不停地蚕食稻田。

三是政府支持力度小，水稻种子老化，生产技术落后。20世纪90年代以后，国家、省、市财政对农业生产的相关补贴、扶持主要集中在小麦、玉米、蔬菜等大宗粮食作物上，对水稻生产顾及较少。太原市水稻科研、新技术推广工作已经停滞。财政对水稻直补及农资综合直补标准也远低于水稻种植实际成本。

王郭村村委会主任常建民对晋祠大米的消失感受颇深。他告诉记者："王郭村20世纪90年代前是晋祠大米的主要产地，但近年来村庄人口增加，村庄不断外延，晋祠大米种植面积急剧减少，再加上种植成本高、销路不畅，许多原本种植大米的黑土地变成了蒿草地，白白地荒芜在那里。"

拯救晋祠大米

泉水断流只能提取污染水，米质改变使晋祠大米卖不出好价钱，稻田的持续减少使千年贡米濒临灭绝，对晋祠水稻加以规划、保护已刻不容缓。

随着《山西省基本农田保护条例》、《太原市农业资源综合管理条例》、《太原市晋祠泉域水资源保护条例》等相继颁布实施,农业发展环境逐步改善,太原市委、市政府提出加快资源型重化工城市绿色转型,大力倡导循环经济和绿色经济,从而实现资源节约、环境友好、生态安全、经济和社会效益最大化的新太原可持续发展建设理念,为拯救晋祠大米提供了转机。

2003年10月,经过10年的艰苦努力,"引黄入晋"工程一期完工,太原人喝上了黄河水。2003年11月5日,太原市召开引黄供水关井压采动员大会,要求关井压采的禁采区和限采区,地下自备水源井于2004年10月底前全部关闭。在关闭自备井的同时,太原市还积极构建长效机制,逐步退出采矿业,全面开展生态恢复治理。目前,全市已将最多时1200余座煤矿压减到53座。一系列的措施,使太原市的地下水位逐年回升,其中西张地区近5年水位累计上升了35.04米。

地下水位的回升,让晋祠大米再开发成为可能。2003年,太原市、晋源区两级国土资源部门以土地平整为平台,指导辖区村庄对农业进行结构调整,建立优势农产品板块,为建设特色农业与现代农业服务。

在国土资源部门的宣传带动下,2006年年初,以开煤矿起家的晋源区王郭村人、山西天泉投资股份有限公司董事长武拥军决定开始种植晋祠大米。

王郭村地势平坦,农业设施条件较好,全村土地面积6300亩,其中村庄建设用地1788.2亩。由于长期缺乏科学规划和管理,新一轮建房热造成村庄内部布局混乱,土地闲置面广量大,基础设施无法集中配套。

如何解决土地问题,成了晋祠大米发展的关键。在晋源分局的指导下,王郭村采取村庄整治的办法,开始了再造晋祠大米之路。

王郭村村民首先入股成立了集体股份制企业——山西天泉投资股份有限公司,每30个村民选出一个村民代表,每30个村民代表选出一个公司理事,每30个公司理事选出一个常务理事,这样在产生的12个常务理事中选举出公司董事长。村民通过合作入股的方式,以其现有的土地等资本入股分红；公司通过集中经营村民土地，进行滚动发展。

天泉公司以提高晋祠大米耕地质量和增加有效耕地面积为核心，把土地整治与完善农村基础设施相结合。在村庄改造中，该村制定了详细的规划，按照规划，王郭村通过村庄整治，村庄占地将缩减到250亩左右。加上对省、市重点工程——关帝山林场棚户区改造项目400亩地和山西戏剧学院建新区442亩地的再规划、再布局，全村村庄占地面积最后控制在1000亩左右，预留下300亩建设用地，其余的500亩将进行复垦。这样，原来预计需要3100亩土地才能完成的事情，最后仅仅用了不足1800亩，节约土地1300余亩。

王郭村村庄改造，通过村民多次讨论，采取公开、公平、公正的方法，制定了补偿方案，采取"平方米对调"安置为主、货币补偿为辅的方式，即对原来的村民旧房，一平方米旧房兑换一平方米新房，想要新房或者不想要新房的，按照建造新房的成本价交款或给予补偿。

在土地使用上，天泉公司首先投资对原来的蒿草地进行了开发整理。然后出资向村民租赁农用地，在村民自愿的前提下，以每年每亩400斤白面支付租赁费，当年租赁到土地500余亩。

天泉公司先后投资数十万元打了七八十米的浅层井，建起了多个蓄水池，水质的变化彻底让稻田远离了污染。同时，天泉公司投资修建了部分田间道路、排灌水渠、小型蓄水池，购置插秧机、收割机、拖拉机等农机具，开展机械化作业、规模化经营。

2006年，第一代晋祠大米收获了。通过专家鉴定，其品质已恢复至30年前的标准。晋祠大米，在王郭村终于迈出了自己的第一步。

再现晋祠大米的辉煌

2010年9月，正是晋祠水稻长势正旺的季节。

出晋祠往南，不足两千米，就进入了王郭村。

9月11日上午，看到一畦畦绿中泛黄的水稻，丰收的喜悦早已挂在常建民、武拥军的脸上。

武拥军介绍，天泉公司已经开发整理土地 1000 余亩，租赁村民土地 800 余亩，晋祠水稻种植面积已达近 2000 亩。2009 年的产量是 100 万千克，今年预计产量要超过去年。2009 年 2.5 千克装的优质大米已卖到 168 元，最低的每千克也卖到 5 元以上。

在村庄整治上，王郭村目前已经完成了一期 127 户村民住宅的拆迁安置工作，还有 292 户村民报名并签订拆迁意向书。预计在 3 年时间内，将全部完成旧村拆迁改造。

"村庄改造后，节省出来的 500 亩地会不会再用作建设用地？"山西省国土资源厅规划处处长索万和问武拥军。

"不会，发展高效农业是一本万利的事情。如果发展房地产，可能一亩地赚个十万、八万元，但机会只有一次。如果发展高效农业，以晋祠大米为例，一亩地正常年景可以收入 600 千克，三五年就可超过房地产的效益。"武拥军这样回答。

目前，武拥军的天泉公司已经租赁荒地 2300 亩，其中 500 亩达到晋祠大米土壤种植条件，其余 1800 亩开发观光农业。

常建民介绍，村里将依托天泉公司，将全村剩余的土地全部开发，并计划将周边村庄可用来种植水稻的土地租赁过来，优先用于种植晋祠大米。其余的发展观光农业，以农庄为基地，成立一个俱乐部，招募 1000 名会员，会员家里的一切有机蔬菜、粮食、肉类都由农庄送货上门。

晋祠大米的复产，引起了当地政府的高度关注。晋祠大米被太原市申报为农业部农产品地理标志保护品牌，力求将这个千年品牌做大做强，最终实现优质优价。晋源区政府更是提出了"千亩荷塘、万亩水稻"的发展规划，将晋祠大米的发展列为必做的十件大事之一。

土地综合整治，使得晋祠大米这个享誉全国的品牌又重新站在了一个辉煌的起点上。

作者单位：中国国土资源报社

把土地整理工作上升为政府行为，把土地整理与改善农村生产生活条件、推进现代农业产业化有机结合起来，苍溪县探索出了具有山区特色的土地整理新模式。

在那梨花盛开的地方
—— 四川省苍溪县土地整治促产业发展的做法

王晓云

每年3月，四川省苍溪县都会迎来千树万树梨花开的美丽景致。苍溪雪梨已有一千多年的历史，被誉为"砂梨之王"；生长在苍溪紫色土壤中的红心猕猴桃，也为苍溪县赢得了"中国红心猕猴桃第一县"的美誉。

2005年，苍溪县被四川省省委、省政府列为全省"金土地"工程示范县，国家投资1478万元的永宁土地整理项目在荞子、平桥等5个村全面启动，新建山坪塘3口、蓄水池24口、"U"形砼渠15.2千米、田间道31千米，修建排涝渠2.1千米、生态护坡50亩、堡坎护坡500亩，改造中低产田11562亩。如今，田成方，路相通，渠相连，3500亩的下湿田由"一季田"变为"两季田"，600亩"望天田"灌溉有了保障。

地处四川省北部的传统农业大县苍溪县，人均耕地不足1亩。该县永宁镇流传一句话："水在坝里流，人在田里愁。"每到灌溉季节，当地村民要从几十千米外的水库抽水上山。由于土地贫瘠，农业产业结构单一，农业基础设施薄弱，农民长期以来增收缓慢。

面对自然条件差和农业经济占主导地位的基本县情，苍溪县从土地整治项目规划开始就注重统筹推进，明确提出了"因地制宜整理土地，围绕农业产业化整理土地，注重效益第一整理土地，着眼可持续发展整理土地"四条原则，坚持"政府主导，群众参与，项目运作，社会介入，科技支持"运作模式，确立了土地整理项目建成现代农业示范区、山区新农村建设示范片、移民安置地闪光点和乡村旅游观光点的四大目标。

另外,苍溪县还将"金土地"工程的规划与土地利用规划、产业布局规划、新村建设规划等各项规划相融合,按规划推进科学发展。

苍溪县探索建立"党政统筹抓协调,部门配合促落实,乡村参与求合力"的县、乡、村、组四级联动工作机制,成立了以县长为组长的项目实施领导小组和分管国土资源工作的副县长为指挥的项目工程建设指挥部,指挥部下设工程技术组、质量监理组、施工协调组、财务审监组、后勤保障组。各小组各司其职,实行制度管人,规章行事。同时,强化项目申报、审查、招投标、实施、验收等全过程监督管理,形成了政府监管,市场运作,社会监督的土地管理项目管理机制。

为了解决土地整理的资金投入难题,苍溪县在积极争取上级土地开发整理专项资金的同时,将国土资源、农业、水利、林业、交通、扶贫开发等方面和项目资金整合打捆使用,利用市场机制,充分吸纳和引导有实力、带动力强的业主和大户以及产业化、规模化程度较高的企业参与土地开发整理,充分发动群众积极投资、投入劳动力。

"金土地"工程实施以来,苍溪县财政每年预算500万元用于农业产业化经营,涉农资金打捆使用,重点发展规模化产业基地建设。全县共争取上级土地开发整理项目资金6285万元,打捆涉农项目资金4260万元,由此带动了龙头企业和业主大户投入1.6亿元。此外,引导企业与业主大户对接,龙头企业直接参与基地建设,将农业园区建成龙头企业真正的"原料车间"。

为了实现向集约化规模化发展转型,苍溪县聘请北京大学可持续发展研究中心编制完成了县域经济发展规划,在15个乡镇建设了绿色食品原料(猕猴桃)标准化生产基地10万亩,形成了以红心猕猴桃为领军,苍溪雪梨、兔、生猪为骨干的"1+3"特色产业发展格局。目前,全县流转土地12.5万亩,正在建设3个园区,探索形成猕猴桃特色农业产业园、统筹城乡示范园、乡村旅游观光园"三园一体"的现代农业发展模式。全县年产鲜果3.5万吨，实现产值6.5亿元，带动果农1.2万多户，果农人均增收2000多元。

雪梨的区域布局也逐步完善，苍溪县全县基本分为四个区，即以陵江镇为中心的南部早熟梨区，以歧坪、元坝为中心的中部中熟梨区，以龙山、运山为中心的东部晚熟梨，以东青、五龙、三川、东溪为中心的西北部雪梨次产区，重点打造"一场七乡（镇）四十村"形成相对集中联片基地50000亩。

雪梨科技核心示范园区建设也进展顺利。目前，已建成运山镇200亩早熟梨品示范园，运山双牌500亩早熟梨核心示范片，云峰镇鼓锣村300亩中熟梨核心示范片，运山文庙、云峰狮岭1000亩苍溪雪梨标准化核心示范片，启动了陵江镇孙坪村1000亩加工示范基地建设，带动了周围苍溪梨产业的快速发展。

目前，苍溪红心猕猴桃已在世界61个国家和地区申请了商标登记，产品进入了北京、上海等大城市超市，红心猕猴桃鲜果远销欧盟、日本、美国、香港等10多个国家和地区，年均实现产值3亿元。此外，苍溪雪梨在上海、北京、深圳、武汉、长沙等大中城市水果市场、大型超市设立了推介窗口，办理了"证明商标"、"绿色食品标志"、"无公害标识"，进一步提高了市场影响力。

从2003年3月18日首届"中国·苍溪梨花节"开幕以来，苍溪已连续举办七届"梨花节"，目前，苍溪梨花节已成为展示苍溪形象的一张"名片"和经济贸易交流盛会，演绎了一出现代版"花为媒"的故事。

作者单位：国土资源部土地整理中心

随着城市化进城加快,农村居民进城就业和举家迁城的现象逐渐增多,许多农村变成了"空心村"。赣州市将"空心村"整治与新农村建设紧密结合,既填实了"空心村",又扮靓了新农村。

整治"空心村" 建设新农村
——江西省赣州市村庄整治调研

张 毅

从2004年9月起,江西省赣州市掀起了一轮新农村建设的高潮。面对新农村建设急需大量用地和耕地保护的难题,市国土资源部门适时提出向"空心村"要土地、保障新农村建设的思路。在整治"空心村"中,赣州市积极探索新模式,走节地挖潜、集约用地的道路,受到农民群众的欢迎。

"空心村"整治模式

规划建新式。对农户拆除旧房需要新建房屋的,在拆除现有老房,重新规划后,统一安排建造新房。

兴国县高兴镇蒙山村松山组有18户农民要求批地建房,而该组有一块连片的163间老房只有3户人家居住,闲置浪费土地现象十分严重;通过空心房拆旧建新,腾出土地6880平方米,安排了18户农民按规划设计建房,还省出大面积土地安排了村内道路、篮球场、休闲场所等农村公益设施建设。

置换流转式。对不需要新建房屋的腾退宅基地,由理事会出面,按适当的标准对原房主给予补偿,然后由理事会安排其他农户兴建住房。

兴国县埠头乡垓上村车田组40家农户中有20家已建新房,闲置老房80余间、栏厕20间,共占地3000平方米。另有20户需要建房却无地可用。通过理事会组织实施,按每平方米10~30元标准"征地拆迁"补偿，腾出土地统一规划，为16户农民解决了建新房的用地问题。

折抵公建式。对农户建房需求量不大且处于中心位置的空心房，在征得绝大多数农户同意后收归集体作为农村小学、村委会、卫生医疗点或农民夜校、老年活动中心等公益设施建设用地。主动拆"空心房"退出土地返公的，还可适当减免、抵交本村公益设施集资款。

退宅返耕式。对大多数农户已在他处择地建房，建房户少的"空心村"，在老房拆除后由村（组）将宅基地进行平整，改作耕地，用于农业生产。

安远县孔田镇下魏村拆老围屋返耕12亩，龙南县渡江镇莲塘村老屋组拆除连片集中的空房后，返耕面积就有15亩，全部种上了花生、大豆等经济作物。

"空心村"整治成效

满足了农民建房用地需求，节约了土地、保护了耕地。实施"空心村"整治和拆旧建新以前，绝大多数建房户都是新开基建房，占用了不少耕地。实施以后，广大农民群众都十分注重利用老宅基地和村内空闲地建房，新开基和占用耕地建房的现象逐年减少，全市在新农村建设中实现新增建设用地零增长，杜绝了占用耕地建房。

改善了村容村貌，提高了农民生活质量。实施"空心村"拆旧建新注重突出地方特色和个性，注重规划有序，科学安排和整体协调，改变了农村建房"散、乱、差"状况，过去农村危旧闲置房、猪牛栏厕随处可见的状况得到彻底的改观，通过"空心村"整治，"三清三改"配套跟进，村庄建设规划有序、布局合理、基础设施配套，农村人居环境得到明显改善。

贴近农民的实际需求，转变了农民的用地观念。"空心村"的复杂性，决定了在一定时期内还会存在这种现象。实施"空心村"整治和拆旧建新，将整治"空心村"后的土地统一规划建设，满足了农民的用地需求和用地习惯。同时，实施拆旧建新注重规范引导，为农村建设用地指明了出路，广大农民按规划建房、节约集约用地意识大大提升。整治后,许多过去想占用责任田建房的农户,都自觉放弃占用耕地建房的想法,实行拆旧建新建起了新房。

促进了农村土地资源节约集约利用。把那些破旧不堪、杂乱无章的村庄通过科学规划、合理布局,使人口向小城镇和中心村集中、住宅向社区集中。通过人口集聚,一方面促使部分农民从第一产业脱离出来,进入农村二、三产业,促进农业的规模化经营和农村产业结构升级,推动农村人力资源的合理配置,降低农业生产人力成本。另一方面通过把原有的农村宅基地复垦成良田,增加单位人口的耕地面积,推进农村土地资源的集约化利用。

"空心村"整治启示

突出规划先导。整治"空心村",规划要先行。村镇规划要在统筹城乡发展的战略高度,按照"特色鲜明、内涵全面、设施配套、环境优美"的要求,实行城乡统一规划,因地制宜,适度超前。高度重视城市化进程、发展布局、农村自然和文化发展脉络需要,做到人与自然和谐。同时,按高中低档为农民免费设计各种符合本地风俗习惯、地方特色的户型,使新住宅与自然景观相得益彰,从根本上解决村庄建设杂乱无章问题,彻底改变"有新房,没有新村"的状况。

尊重农民意愿。整治"空心村",农民是主体。农民的意愿决定整治"空心村"的正确走向和持续发展。在整治"空心村"中,要充分尊重农民意愿,广泛征求并听取农民的意见建议,严禁借整治"空心村"之名,搞形象工程、政绩工程,增加农民负担。

发展产业支撑。发展产业是整治"空心村"的强力支撑。要按照各地资源禀赋,根据产业基础、区位特点和市场需求,科学制定产业发展规划,推进农业结构调整,加强农业基础设施建设,加快农业科技推广,提高农业综合生产能力。要引入工业的理念抓农业,优化农业产业布局,坚持"一村一品、一乡一业",大力发展农村块状经济,走规模化、产业化经营的路子,壮大区域主导产业。加强农业设施建设,调整农业生产结构,大力发展现代农业,千方百计增加农民收入。

多渠道投入。作为欠发达地区，开展整治"空心村"，资金是最大难题，化解资金难题，政府加大投入必不可少。要紧密结合当地农村的经济社会发展实际，加快建立公共财政，积极调整财政支出结构，整合支农资金，优化资金投向，重点对农村村镇规划、基础设施、社会事业等农村公共产品供给加大投入。加快机制创新，积极探索综合运用村镇土地资本、增值收益和其他经济要素，建立多类型、多形式、多渠道的投融资机制。

作者单位：国土资源部土地整理中心

土地整治科技创新

土地整治涉及大量的地理空间信息，"3S"技术作为一种高效的信息采集、处理和分析手段，可以辅助监管人员挤干项目"水分"，识别项目的真实面目，监测项目的实施情况，使决策更具科学性和时效性。

实现直观动态监管

——"3S"技术在土地整治项目管理中的应用

贾文涛

自2001年土地整治信息化构想被提出以来，"3S"技术受到越来越多的关注，并在土地整治工作中得到了越来越广泛的应用。

为提高项目决策水平，实现对项目实施过程的动态监测和项目竣工验收的定量化，总结出一套检查项目的真实性，监控项目"水分"的方法体系，国土资源部土地整理中心于2002年启动了信息技术在土地整治项目管理中的应用研究。经过4年的研究，一个结论显示出来："3S"技术可以作为土地整治项目管理的辅助手段，帮助管理者获取项目真实、准确的信息，成为对项目做出科学判断的好助手。

该项研究分为三个阶段。在第一阶段，研究人员使用了北京市顺义区北小营镇、房山区长沟镇、大兴区西红门、海淀区农大地区、苏家砣地区五个实验区的遥感影像数据。所选实验区涵盖了平原和丘陵两种地貌类型以及农用地、建设用地、未利用地三种土地利用类型，具有较强的代表性。从影像分辨率上看，涵盖了从10米、5.8米、2.5米、1米到0.61米的各种分辨率、全色和多光谱遥感影像数据，以对不同分辨率影像应用效果进行对比分析，针对不同的应用目标提出合理的建议方案。

在第二阶段，根据第一阶段研究得出的结论，研究人员对福建省莆田市荔城区黄石镇土地整治项目、北京市密云县巨各庄镇土地整治项目、湖北省英山县土地整治项目三个国家投资项目进行了监测评价。

在第三阶段，主要开展了 IKONOS 立体像对在大比例尺测图中的应用研究以及 GPS 和激光相结合的快速测图系统研究。试验区覆盖九幅 1:10000 地形图，面积近 240 平方千米。

"3S"技术可以作为土地整治项目管理的辅助手段，能帮助管理者获取真实、准确的信息

研究人员认为，通过解译土地整治项目区的遥感影像，可以反映项目申报信息的真实性和准确性。因此"3S"技术可以辅助项目审查人员掌握项目的真实情况，避免虚假项目、重复申报项目套用资金的现象，提高审查人员对项目真实性的识别能力。

将项目区遥感影像和 DEM 模型叠加，可以构建起项目区三维影像图，管理人员可以对项目的地貌特征、坡度坡向、土地利用类型和基础设施的分布等情况进行分析。运用可视化飞行技术则可以更加直观、动态、多角度、全方位地观察项目区，在模拟三维环境中执行显示、查询和分析操作。将项目规划图与三维影像图叠加，管理人员就可以检验规划设计方案是否符合实地情况，还可以辅助进行工程量的审查。这种不同数据源的叠加分析，还可以提高项目审查的效率和审查人员对项目合理性、可行性的判断能力。

利用"3S"技术解译项目实施过程中不同时相的遥感影像，进行前后对比，可以对项目是否按设计施工及工程进度进行动态监测，使工作人员实时了解项目实施进展情况。利用"3S"技术还可以实现对项目完工后的定量评价，确认工程任务完成情况，检验项目实施单位上报数据的真实性，辨别工程建设数量中存在的虚假成分，使竣工验收定量化、科学化。

此外，将项目实施前的影像和竣工后的影像进行对比分析，还可以计算实际新增耕地面积，辅助开展项目影响评价等。

从遥感影像数据的可获取性看，"3S"技术在土地整治项目中的应用还受到一定制约

目前，从遥感影像数据的可获取性看，"3S"技术在土地整治项目中的应用还受到一定制约,例如遥感数据的获取周期较长。遥感数据分为存档数据和编程数据。存档数据从订购到收到数据一般不会超过 1 个月,但存档数据主要集中在城市。编程数据需要提前预订,从预订到收到数据一般需要 3~4 个月。遥感影像的获取受气候条件影响也较大。遥感影像最佳时相为春末至秋初,但是这段时间我国大部分地区通常多云雨天气,这对于可见光遥感摄像不利。

遥感技术的迅速发展有望解决数据获取的缺陷。拟于明年发射的 IKONOS Block - III 卫星系统,为能够全天候采集数据的合成孔径雷达卫星,可以弥补可见光遥感的不足。前不久新研制成功的无人飞艇遥感监测系统,可快速获取地表高分辨率影像,成本低,操作灵活,特别适用于多云多雨、气候多变和地质条件、地貌环境复杂的地区。

此外,为了降低"3S"技术在土地整治项目监管中的成本,在不使用遥感技术的情况下,利用 GIS 和 GPS 系统同样可以做很多工作。例如,单纯使用 GIS,至少可以完成以下几项工作:可以重新量算项目区规模和各种地类面积,验证申报数据的准确性;可以重新统计工程内容和工程量,验证是否存在虚报工程量问题;可以辅助分析项目区地貌特征,判断田块布置及沟路林渠的布置方案是否合理、可行;可以根据田块布置方案和设计高程,判断土方量计算是否合理、准确。研究结果表明,利用 GIS 计算土方量可以提高计算效率。

构建"3S"技术支撑体系的战略构想

实践证明,"3S"技术是提高项目决策质量、强化项目监管力度、提高行业工作水平和效率的一种有效手段。今后,在加大已有研究成果推广应用力度的基础上,应逐步构建起一套成熟的"3S"技术支撑体系。

这个体系的构成应该包括如下方面:

快速测图系统。目前常用的测图方法普遍效率较低,成本较高,因此很有必要研制一种在土地整治领域具有推广应用价值的全数字三维信息采集及成图系统。

土地整治三维辅助决策系统。通过建立该系统,让设计人员直接在三维可视化场景中实现规划构想，进行坡度坡向分析、土方量计算、表面积计算、工程内容及工程量统计、空间查询等，可以提高决策的智能化水平。

土地整治项目遥感影像库。建立遥感影像库是"3S"技术应用的基础和关键。所建影像库需要及时更新，并实现资源共享。通过建立遥感影像数据库，主要是用于两方面：一是用于项目前期核查、评审工作；二是用于项目实施监督检查工作。将土地整治项目遥感影像纳入"一张图"体系和国土资源综合信息监管平台，将是今后发展的方向。

GPS/PDA辅助现场调查系统。其核心思想就是把PDA技术、移动GIS和GPS技术融合在一起，将图件导入PDA，利用GPS的定位、导航、量算功能，实现图件与实地的联动，引导调查人员开展现场调查和野外信息采集工作。有了这个系统，就等于建立起了"天上看、地上查"的立体监管体系。

全国土地整治综合知识库。综合知识库的内容包括全国各地自然资源条件、农业气象资料、水文地质资料、土壤资料等相关基础资料，以及相关规划、政策法规、技术规范等。综合知识库的建立是进一步提高土地整治决策水平的基础。

作者单位：国土资源部土地整理中心

土地整治传统现场调查方法定位难、测量难、记录难，将 GPS 技术、移动 GIS 技术进行集成，整合开发一套支持土地整治现场调查的低成本、高效率、便携式、便利用的先进技术工具，为土地整治现场调查评价工作提供了一个系统的解决方案。

低成本　高效率　便利用

——基于 GPS 和移动 GIS 的土地整治现场调查技术开发与应用简介

贾文涛

2009 年 6 月 25 日，国土资源部土地整理中心研发的"GPS–GIS 辅助现场调查系统"被评选为 2009 年中国科协科技期刊与新闻媒体第 6 次见面会向媒体重点推介的 6 项科技成果之一，得到评委专家的高度评价，科技日报、工人日报、GPS 报、科技导报等多家媒体以"土地整理关键技术获新突破"为题纷纷给予了报道。该项研究成果很好地解决了传统现场调查评价方法存在的问题，填补了我国土地整治行业现场调查评价技术领域的空白。

传统的现场调查方法存在着诸多难题，影响了调查评价的效果和质量

调查评价是土地整治项目管理中的一项核心任务，贯穿于整个项目周期。调查的方式或手段多种多样，根据目标的不同可选用不同的手段，这些手段可以归纳为"天上看、地上查、网上管"。在土地整治日常管理工作当中，更多的是直接到项目区现场进行调查。

当前通常采用的现场调查方法是拿着地形图、项目现状图、项目规划图等各类纸质资料，根据各个管理环节不同的调查目标需求，利用常规工具完成目视定位、实地调查、测量、记录工作。这种传统调查方法在现场实际操作中存在很多问题，主要表现在以下几个方面：

定位难。如调查人员对项目区不熟悉，遇到阴雨天，则辨不清方向；如没有特别明显的地物标识，调查人员不知身在何处。因为准确定位难，实地与图件不能联动，从而导致很难辨识项目区确切的界线范围以及各类地物的确切位置和布局，给调查评价工作带来很大困难。

测量难。不论是测面积、测长度，还是数点状工程的数量，传统的方法都存在效率低、时间长、难操作的缺点，工作开展非常不方便。特别是地形复杂、项目区面积大的情况下，这个问题更加突出。

记录难。实地调查记录的内容多、工作量大，而且在野外记录不方便。实地调查完成后进行内业整理时，统计、汇总工作量大而繁杂。同时，记录的信息与实际地物是分离的，不便于使用管理。

由此可见，缺乏先进工具的辅助，必然导致调查工作效率低下、准确度不高的结果，无法为土地整治项目管理工作及时提供真实、可靠的基础信息，从而影响对项目做出客观、准确的决策。

GPS-GIS 辅助现场调查系统的总体设计思路

基于传统调查方法面临的困难，国土资源部土地整理中心组织研发出"GPS-GIS 辅助现场调查系统"，旨在解决上述难题。根据土地整治项目现场调查工作的特点，研发人员将基于 GPS 和 GIS 的土地整治现场调查系统定义为以 PDA 或手持 GPS 设备等移动终端为运行平台的便携式辅助调查系统。它的基本原理是：利用 GPS 的定位、导航和 GIS 的一般数字地图操作功能，通过地理位置的变化实现项目区实地和电子图件的实时联动，对项目现场地物的真实性和相关信息的准确性进行实时判断，现场记录或绘制调查成果。根据所选移动终端的不同，系统分为 3 个版本：PDA 版、GPS 手机版、高精度 GPS 版。平台不同，精度不同，可满足不同用户的不同需求。

为了完成土地整治现场调查任务，GPS-GIS 辅助现场调查系统应该是集成 GPS 和 GIS 的一般功能，又能满足土地整治现场调查工作专业需求，以 PDA 等移动终端为基础平台的便携式系统。

该系统是一个典型的移动 GIS，系统开发的核心技术是嵌入式 GIS 开发技术。移动 GIS 是一种应用服务系统，其定义有狭义与广义之分，狭义的移动 GIS 是指运行于移动终端（如 PDA）并具有桌面 GIS 功能的 GIS，它不存在与服务器的交互，是一种离线运行模式。广义的移动 GIS 是一种集成系统，是 GIS、GPS、移动通信、互联网服务、多媒体技术等的集成。移动 GIS 运行于各种移动终端上，具有移动性；移动 GIS 作为一种应用服务系统，应能及时响应用户的请求，具有动态（实时）性；移动 GIS 可集成定位技术，用于实时确定用户的当前位置和相关信息，具有对位置信息的关联性；移动 GIS 可嵌入到不同的移动终端上，如手机、掌上电脑、车载终端等，适于不同用户使用。

实践表明，GPS – GIS 辅助现场调查系统可有效解决传统的现场调查方法面临的难题，是一种低成本、高效率、便利用的现场调查工具，具有广阔的应用前景

系统运行的移动终端包括 PDA、GPS 手机、高精度 GPS 接收机，作者针对不同的移动终端分别进行了定位精度测试。定位精度测试主要针对带有 GPS 适配器的 PDA 和具有 GPS 功能的手机 2 个移动终端平台进行。经过严谨的测试，保证了数据的真实可靠性，在此基础上进行了误差分析。结果如下：

带有 GPS 适配器的 PDA：3 秒观测点误差 4.71 米，10 秒观测点误差 4.27 米，20 秒观测点误差 5.19 米；

具有 GPS 功能的手机：3 秒观测点误差 6.53 米，10 秒观测点误差 5.65 米，20 秒观测点误差 6.53 米。

试验结果表明，经过测试的手持 GPS 设备，定位精度均达到了所需的精度要求，可以满足土地整治现场调查工作的定位需求。用户可根据不同工作需要选择合适的平台。

为了对"GPS – GIS 辅助现场调查系统"功能和性能进行充分的检验和评估，以及对系统的改进和后期推广提供重要的参考依据，国土资源部土地整理中心组织在青海、北京、云南、广东、甘肃等地国家投资土地开发整理项目实施检查和占补平衡考核抽查工作中，对该系统进行了试用。在选择试点项目时，充分考虑了不同区域农用地整

理工作的特点，同时兼顾了平原和丘陵山区等不同地貌类型，具有较强的代表性。使用 GPS – GIS 辅助现场调查系统，既可以手持，也可以根据不同地形情况乘坐汽车、摩托车、自行车等交通工具，在能够通行的条件下都可以发挥应有的作用。

系统试用情况表明，借助 GPS、移动 GIS 技术，可以大大提高土地整治现场调查工作的质量和效率，解决一系列实际问题，使复杂的现场调查工作变得更高效、更主动。例如，在项目检查时，可以帮助调查人员很容易地确定自己所在的位置和行走方向，识别项目区的确切边界，判断项目建设地点和范围是否发生了变化，工程布局是否符合规划设计，是否完成了批复的建设任务等。在可行性研究和规划设计阶段，可以现场绘制规划草图，确保田块规划和工程布局方案符合实地情况，提高前期工作质量，避免实施过程中项目区范围调整或大量工程易位等设计变更行为。实践表明，系统已经具备了在全国土地整治行业推广应用的基本条件。正如专家的点评，"GPS、移动 GIS 技术作为'地上查'的关键技术，与遥感监测技术各有所长，互为补充，相辅相成，并且与遥感技术和网络技术共同构成新时期国土资源'天上看、地上查、网上管'的一体化监管体系。GPS、移动 GIS 技术在国土资源管理领域的推广应用是提高国土资源管理水平、强化监管手段、提高监管能力的必然选择。"

作者单位：国土资源部土地整理中心

根据近十几年来应用暗管改碱技术开发改良荒碱地的实践,以及一些发达国家早已普及的"管道水利"成功经验,东营市进一步在本区域启动以暗管改碱为核心技术、推进明沟排灌模式向管道排灌模式转换的主体工程,有效提高荒碱地开发的出地率。

从明沟排灌向管道排灌

—— 山东省东营市应用暗管改碱技术开发改良荒碱地的实践

鞠正山　杨玉珍

以管道排灌取代明沟排灌更高效

暗管改碱工程技术是在引进荷兰暗管排水技术的基础上,针对黄河三角洲地区的水土环境条件,通过系列工程实验研究形成的自主创新成果。

该技术根据"盐随水来、盐随水去"的水盐运动规律,将淋洗土壤而渗入地下的含盐水排走,用以大规模改良盐碱地和盐渍型中低产田。由于排碱暗管均埋于地下并可设计为宽深布设或浅密布设等不同形式的管网,因此不占用耕地并且排碱效果突出、均匀,优于明沟排碱。

既然这种排碱方法是有效的,就可多铺几条平行的暗管以替代明沟的排碱功能,同时将"农"级排水沟填埋并开发为耕地。有条件的地方,可将灌水渠系也改为管道模式,从而植入节水灌溉系统,这样就实现了排灌方式的全面转换。

对明沟填埋后遭遇严重涝灾时难以排出地表积水的问题,可通过土地激光精平技术来解决。该技术的原理是在平地机械上安装激光水平仪,通过产生的激光束平面来控制平地机具刀口的升降高度,以实现大面积土地的高精度整平。通过激光精平,可按照排除地表径流所需的比降将农田整治出一定的倾斜度,骤降大雨时的田间积水可沿着土地坡降排入地边排涝沟,或直接漫入斗沟排出。

此外，采用暗管排水后，地下排水通畅，雨季农田地下水位迅速降低，土壤可容蓄水量增加，也可有效减少地表积水。为防御强度较大的洪水，还应加强"斗"级以上排洪河道的疏浚建设，以充分容纳田间排涝沟和地下管网排出的地面径流，在一些地势低洼、排水不畅的区域，还应在斗、支排沟的下游建设强排泵站，及时抽排沟道涌水，从而与田间排水管网、沟渠等共同形成农区整体控排系统，畅顺泄洪入海。

由于暗管排水的优越性，西方一些发达国家如荷兰、美国等早在20世纪50年代就实现了农田明沟排水系统向管道排水系统的转变。目前许多发展中国家也正在通过工程措施，将农田明沟排水系统改为暗管排水系统。

排水模式转换可带来巨大经济收益

暗管排水模式改碱见效快，效果好，经济效益高。

通过暗管布设控制地下水位，抑制土壤返盐，利用自然降水和引黄灌溉淋洗土壤，可在1~2年内使盐渍土迅速脱盐。东营市10万亩滩海重盐碱地改良3年后，耕作层含盐量由10‰~30‰降为3‰~4‰；河口区1万亩低产田铺设暗管后当年种植棉花，有苗率由原来的4成增至8成，每亩增收可达500多元。

排水模式转换的另一项重大收益，来源于新增的耕地面积。因为暗管布设本身不占用耕地，原来的"农级"排水沟所占面积就成为新增耕地面积。按农沟间距40米、深度1.5米、边坡1:2计算，排水明沟占地大约是农田总面积的15%；在农排布设间距较大的灌区，沟道占地大致也不低于总面积的10%，加上暗管排水所改良的零星地边角地和插花荒碱地，大多中低产田灌区改造后可新增土地15%以上。

如果将黄河三角洲引黄灌区中的600万亩农田基本转换为管道排水模式，增地指标按15%计算，可扩大耕地面积90万亩。工程实施后按每亩增加棉花产量60千克、增加收入600元计算，600万亩灌区可增加收入36亿元；新增的90万亩耕地按棉花单产250千克/亩、收入2500元/亩计算,可增加收入22.5亿元。以上两项总计增加收入58.5亿元。

此外,新增耕地还可用做土地储备资源,并通过占补平衡对整个黄河三角洲地区,乃至省域范围内不断增加的建设用地规模给予有力支持。

占补平衡所获得的收益可用于排灌模式转换工程的滚动开发。例如,实施1万亩中低产田明沟改暗管的排水模式转换工程,按实施暗管铺设和激光精平、填埋沟道、土壤深松等配套工程所花费的总成本计算,约为1500万元~2000万元。开发方在利用新增的1500亩耕地增加农民收入的同时,可将其指标与建设用地实行有偿置换。

新的排灌模式可更高效地应用于荒碱地开发。可充分发挥其出地率高的优势(暗管模式出地率约80%;明沟模式出地率约65%;高抬田模式出地率约40%),直接将工程区设计为不再开挖农级排水沟,加强斗级以上排河泄洪功能,地下铺有排水管网,地上造就大面积连片农田的空间格局。还可通过多级暗管布设的方案设计,实现地下渗水管和集水管的组装连接,进一步提高出地率,更多地储备耕地资源。

由于黄河三角洲地区未利用的荒碱地大多属于湿地类型,具有维持自然生态平衡的作用,国家又强调对未利用地资源要进行科学开发和保护。目前在土地改革中许多荒碱地已被划为建设用地的预留区和备用区,因此大规模将荒碱地开发为耕地的可能性已大为降低。今后增加土地储备的潜力主要还在于应用排灌模式转换工程大面积改造中低产田。

排灌模式转换可促进多产业发展并拉动经济增长

一是可实现盐碱地改良和管道铺设工程的产业化发展。以管道排水为技术核心,综合集成多级暗管布设节地技术、农业机械化技术、土壤生物改良技术、节水灌溉技术、化学保水技术等,可形成盐碱地综合治理的工程技术体系并实现产业化发展。还可考虑将城市近郊农田排灌体系与城市供排水管网统一规划建设,杜绝一切污水及污染物随意排入明沟的条件，通过自动化控制技术规范所有供排水系统，实现城乡人居生态环境的全面提升。

二是可促进土地流转工作的开展和农业运营方式的转变。全面改造中低产田和提高土地质量符合农民要求，且模式转换工程能够实现大面积土地的集中连片开发，提供了打破土地分散经营状态、加快土地流转工作的新机遇；有利于在通过土地评估、权属界定等措施保障农民利益不受侵害的同时，实现龙头企业规模经营、农民以土地入股、实行合作开发等不同运营方式的选择和转换；新增的土地通过区片调整，直接以承租或转让方式，交由科技企业或种田大户经营，可推进大面积机械化作业和绿色种植业、生态畜牧业发展，实现农村土地运营模式的不断提升与变革。

三是可带动现代装备制造业、原材料供应业、生态恢复与环境保护业和相关新兴产业的发展。如在省域范围内全面部署排灌模式转换工程，按改造7000万亩荒碱地与中低产田、施工期限10年计算：需要暗管排水装备350台套，以当前的进口价425万元/台套计算，需14.9亿元，如采用与国外公司联合研制模式或由国内自主创新制造机械装备，每套机械购进价最少可降低30%，还可实现国内装备制造业产值10亿元以上。高质量的PVC管材、管道外包合成滤料等材料制造与供应的产业也将得到发展。利用新增的土地储备资源，可建立土地占补平衡指标有偿供给的交易平台，与省内外建设用地紧缺、土地瓶颈制约突出的大中城市建立战略合作关系，共同推进亟需占地立足的战略性新兴产业和创新型科技园区的建设和发展，拉动更大区域转方式调结构的进程和新一轮经济增长。

作者单位：国土资源部土地整理中心

农田畦块过大，地块不平整，或大平小不平，容易使灌溉水不均匀，深层水渗漏，从而造成田间用水损失。因此，改善农田平整状况十分重要。

应用激光平地技术，可以提高田地平整精度，提高土地平整工程施工质量，构筑一个能够进行精细地面灌溉的耕作平台，从而促进农业节水增收。

大幅提高田地平整精度
——聚焦土地开发整理中的激光平地技术

贾文涛　刘　刚　汪懋华

平田整地是土地开发整理工程体系中的重要组成部分。2007年中央一号文件明确提出："加大土地复垦、整理力度。按照田地平整、土壤肥沃、路渠配套的要求，加快建设旱涝保收、高产稳产的高标准农田。"这充分反映了田地平整对发展现代农业的重要意义，也充分体现了中央对农田平整工作的重视。

激光平地技术是一项能够提高土地平整工程施工质量的有效手段，它的应用可以为将来的农业生产构筑一个能够进行精细地面灌溉的耕作平台，在农田建设及土地开发整理中具有广阔的应用前景。

激光平地是利用激光束参照平面作为非视觉的控制手段

一般来讲，常规平地方法通常采用推土机、铲运机和刮平机等设备进行，具有土方运移量大、平地费用相对较低的特点，适合于地面起伏较大、原始平整程度较差的农田粗平作业，改变的是农田的宏观地形。但它的效果主要取决于机械设备的施工精度，受设备自身缺陷和人工操作的影响，当达到一定平整精度后很难进一步提高，难以满足实行地面精细灌溉的要求。

此外，进行田块设计时对田块的方向、规模、长度和宽度、田面纵向比降、田面平整度等都是有明确要求的，如在水田格田内田面相对高差不应超过±3厘米，种植旱作物的条田田面纵向比降一般为1/500～1/2000。采用常规平地方法很难达到这样的精度，并且对平整后的效果无法给出定量化的评价。

激光技术的发展为实现农田精细平整提供了一种新思路。激光平地技术就是利用激光束参照平面作为非视觉控制手段，代替常规平地设备操作人员的目测判断，自动控制液压调节系统实现平地铲的升降，从而达到精细平整土地的目的。激光平地感应系统的灵敏度至少比人工视觉判断和平地机上操作人员的手动液压调节系统精确10～50倍。

激光平地技术是与现代大规模农业生产相适应的新型平地技术，不仅适用于冬小麦、玉米、棉花、大豆等大田灌溉区，而且也适用于水田灌溉区。特别是作为推广水稻"浅、湿、晒"控制灌溉技术的重要配套技术，激光平地技术推广潜力很大。国内专家认为，激光平地是我国灌区改造首要工程，是节水关键技术。在我国推行激光平地技术，对改变我国地面灌溉的落后状况、促进农业节水发展具有重要的现实意义。

激光平地技术在国外农田平整中应用已有20余年，是一项比较成熟的技术，取得了较好的经济效益。如在美国和葡萄牙，应用激光平地技术，农田灌溉水均匀度提高了17%～20%，农作物产量提高了7%～31%；在印度，应用激光平地技术，农田灌溉节水15%～20%；在土耳其，激光平地技术使灌溉水效率提高了25%～100%，小麦增产了35%～75%，棉花增产了20%～50%。

近10年来，我国也开展了激光平地技术的应用实践，引进了光谱精仪、拓普康等激光平地设备，在黑龙江、吉林、新疆等省（区）的规模化生产农场推广使用，取得了良好的效果，可节水30%～50%，作物产量提高了20%～30%，灌溉水效率提高了30%，同时减少了田间杂草和肥料的流失。

激光平地系统国产化为国内普及应用提供了条件

激光平地系统在国外虽然已展开较广泛的应用，但对我们来说则是价格昂贵。如美国 Trimble 公司较低档次的激光平地系统价格至少在 5 万元以上，AGL 公司一般档次的激光平地系统则需要 8 万元左右。同时，与这些激光平地系统相配套的一般都是大功率（100 马力以上）的牵引拖拉机。因此，直接从国外大量引进并推广这样的激光平地系统是不现实的，不仅激光控制设备价格太高，而且无法利用我国农村现有的动力资源，因为农户必须重新购置大马力的拖拉机来支持整个系统。

再有，由于我国大部分地区实行联产承包责任制度下的中小规模生产方式，地块分割零碎，也决定了国外这种大型激光平地设备仅能适用于某些地区，不可能在我国普及应用。

基于我国的基本国情，借鉴国外激光控制系统的研究成果，研制开发出价格较低、操作简单、性能良好、适用于农田精平作业的激光控制系统至关重要。2002 年初，中国农业大学现代精细农业系统集成研究教育部重点实验室与菲律宾国际水稻研究所合作，由"863 节水农业重大专项课题"支持，通过多年的努力，研制出了具有自主知识产权、适合我国国情、廉价易用的激光平地系统，并在北京市昌平区、大兴区、海淀区，河北省邯郸市，四川省广汉市和广东省广州市等地的旱田和水田分别进行了大量的试验，取得了理想的平地效果。本系统的研制成功，填补了我国在该领域的空白。

由于《国务院关于加强土地调控有关问题的通知》（国发〔2006〕31 号）对新增建设用地土地有偿使用费征收政策进行了调整，调整后中央和地方所得的新增费将大幅度提高，并全部用于基本农田建设和保护、土地整理以及耕地开发。据测算，今后每年用于土地开发整理的资金总额将达到 1000 亿元以上。

土地平整工程施工费一般占土地开发整理项目总投资的 20% 以上，基本农田整理项目比例可能会低一些，即使按 10% 进行测算，则全国土地开发整理专项资金每年用于农田平整的费用也在 100 亿元以上。这么多的资金专门用来搞农田平整，应该也必须得到理想的平地效果，至少应达到设计的田面平整精度。

推广应用激光平地技术要做好三项工作

采用激光平地技术平整后的土地不仅能够节省农田灌溉用水,而且可以改善种床条件,有利于控制杂草和虫害,降低化肥使用量,减少环境污染,实现农田土壤的精细管理。对土地进行精细平整,还可以消除盐斑,有利于盐碱地改良。

由于激光平地技术在农田建设及土地开发整理中大有可为,目前,国土资源部土地整理中心正致力于激光平地技术的引进、完善和应用研究工作。激光平地技术在土地开发整理中的推广应用,必能较好地发挥带动和辐射作用,促进现代高新技术研究成果的转化,逐步构建起土地开发整理科技支撑体系。

推广应用激光平地技术应当做好如下三项工作:

一是研究制定激光平地规程。尽管激光平地技术已在国外得到广泛应用,引入到我们国家也有很长一段时间了,但由于推介、普及力度不大,土地开发整理行业对这项技术还比较陌生,对国产化的激光平地系统更是知之甚少。因此,推广激光平地技术的前提是要制定激光平地规程,明确操作方法、技术规定和平地效果评价方法等。

二是建立激光平地应用及成本核算机制。在现有的土地开发整理政策、管理办法和技术标准框架内,并未涉及激光平地这项施工工艺,考虑的只是常规的平地方法。今后在调整土地开发整理管理机制、制定相关技术标准时应补上这一块,如在进行施工组织设计时要考虑到激光平地方法。此外,相对于常规平地方法,激光平地成本要高一些,其成本主要由人工费、燃油费、设备维修费、折旧费等构成。在进行《土地开发整理项目预算定额标准》修编时,应就激光平地有关定额进行专题研究,明确成本核算方法。

三是激光平地服务要产业化。为了推动激光平地技术的应用和发展,应成立激光平地服务公司,有专人管理,专人经营,服务于用户。激光平地服务公司可以参加土地开发整理工程施工招投标,承揽土地平整任务。刚起步时,国家应给予一定的扶持。

作者单位:国土资源部土地整理中心

土地整理要针对不同的土地类型采取不同的技术和方式,例如对东部优质精细型、中部增量经济型和西部保质生态型土地的整理,要有针对性。贵州省荔波、关岭两县的土地整理就各具特色。

建立生态型科技示范区
——对贵州省荔波、关岭两县土地整理项目区的调研报告

王 军 郭义强

"土地整理关键技术集成与应用"是国土资源部土地整理中心牵头负责的国家"十一五"科技支撑计划重点项目,研究内容分为土地整理规划设计、工程施工、质量与生态监测、信息化管理四个共性研究课题和东部优质精细型、中部增量经济型、西部保质生态型三个综合示范应用性课题。

国土资源部土地整理中心成立了项目研究小组,适时启动了项目研究工作,开展一系列调研活动。本次调研以建设西部保质生态型土地整理示范区为重点,在充分了解贵州省地形地貌、降水、生物等自然资源和土地整理类型分区的基础上,紧密结合荔波县和关岭县两个示范区的自然条件和土地利用情况,开展土壤改良剂研制、植被恢复、景观规划设计等方面的研究与示范工作。

基本情况:二者在生态环境、土地利用等方面具有不同特点

根据贵州省地形地貌、水热、生物等自然资源条件,《贵州省土地开发整理工程类型区研究》将该省土地整理项目分为黔西高原山地类型区、黔中低中山山原类型区、黔东低山丘陵类型区三个一级工程类型区,在一级工程类型区下划分旱地梯化集雨灌溉工程模式、水田优化灌溉排水工程模式、石漠化综合治理工程模式和水淹坝综合治理工程模式四个二级类型区。

荔波示范区属于黔中低中山山原类型区下的水淹坝综合治理工程模

式类型区，关岭示范区属于黔中低中山山原类型区下的旱地梯化集雨灌溉工程模式类型区，二者在生态环境、土地利用等方面具有不同特点。

荔波示范区位于贵州省东南部的洞塘乡板寨村，土地总面积86.63公顷，地块破碎、水源充足、生物多样性丰富是本示范区的重要特征。受地质构造和人为因素的影响，区内形成了大小不一、粗放经营的土地斑块。区内灌溉水源主要来自附近的泉水，水源条件较好，水量、水质能够满足农业灌溉要求。区内生物种类较为丰富。据初步调查，在示范区内分布的植物有100余种，其中国家重点保护植物有单性木兰等5种，分布的动物有85种，其中国家重点保护动物有中华秋沙鸭等6种。

关岭示范区位于贵州省西南部的板贵乡木工村沙地组，土地总面积32.37公顷，与荔波县相比，土层较薄、水土流失严重、森林覆盖率低是关岭示范区的特点，也是土地整理亟须解决的问题。区内为石灰岩风化山体，土层较薄，水蚀作用显著，多为水蚀地貌，且地形破碎、水土流失严重。示范区附近没有河流，且因地下水取水设施不齐全，没有径流和地下水供水量，只能依靠自然降水灌溉，水资源能够满足灌溉用水需求。示范区主要有花椒、油桐、乌桕等树种，水稻、玉米和油菜等主要农作物，森林覆盖率和自然植被覆盖率较低。

主要问题：渠系配套建筑物不足、石漠化现象严重

荔波示范区在土地整理中主要存在三个问题：一是示范区田块小、田埂多、土地高低不平，田中有大量的卧牛石，土地利用率低，不利于机械化耕作，农业综合生产效益较低。二是示范区目前仍然采用土渠灌溉，且渠系配套建筑物不足，串灌串排现象较为普遍，不仅浪费水资源、降低耕作层土壤肥力，而且容易造成地表水和地下水的污染。三是道路设施差、未形成路网，不利于示范区田间生产和运输，影响土地的集约利用。

关岭示范区在土地整理中主要存在四个问题：一是示范区石漠化现象严重，裸岩石砾地较多，土层薄，森林覆盖率和自然植被覆盖率较低，生态环境受到破坏。二是在降雨丰年，尤其是集中降雨期，由于示范区植被较少，山洪严重冲毁土地，造成大面积水土流失。三是示范区道路基本为土质，几乎没有规则的田间道路，农民只能靠"肩挑背扛"进行农业生产。四是水利基础设施较差，区内引水设施简陋，仅有的几座蓄水池位置和工程标准欠佳，村民生活用水和农业灌溉难以保证。

有关建议：保护生物多样性、改善农业生产条件

调研组开展了土壤取样、植被恢复和水资源利用等调查活动，针对荔波和关岭两个示范区的自然生态特点与存在的问题，提出建设西部保质生态型土地整理示范区的建议如下：

建设生态工程，保护生物多样性。在荔波示范区的整理过程中引入景观生态设计的理念，注重增加耕地面积与保护生物多样性的统一。尤其在土地平整、农田水利、道路等工程设计中，都要融入景观设计和生态保护理念，通过设计生物廊道、建造植被缓冲带以及发展民族文化等一系列措施保护生物多样性，将增加耕地面积与保护生态环境统一起来，在生态安全的基础上追求农业生产的规模效益，以最少的生态环境代价达到增加耕地面积的目的，达到增加耕地面积与保护生态系统的双赢目标。

建设特色工程，改善农业生产条件。在关岭示范区重点研制适宜的土壤改良剂、建设防治水土流失工程。一是针对示范区土层薄、土壤肥力差的问题，结合当地农民的土壤培肥习惯和经验，研制适合于示范区的土壤改良剂，筛选适合示范区土壤改良的基本材料及最佳配比，为当地土壤改良提供技术指导和相关产品，提高农作物产量和质量。二是针对示范区生态环境恶劣、水土流失严重、年内降水不均匀等特点，结合当地工程的可行性，一方面修建拦山沟、引水沟等导流工程和水池、水窖等蓄水设施，降低水涝灾害风险，解决农民生活和灌溉用水问题；另一方面通过整理开展坡改梯、剔除卧牛石、修筑坡地石埂等工程，防治水土流失，提高田间耕作通达度。

作者单位：国土资源部土地整理中心

先进的技术手段可以为土地整理增添新的动力。新疆生产建设兵团的实践证明了这一点。他们采取了先进的土壤改良技术、节水节地技术和生物保护技术进行土地整理，改善了农业基础设施，提升了粮食产能，优化了生态环境。

为土地整理插上科技翅膀
——新疆生产建设兵团土地整理工作纪实

王 军 郭义强

新疆生产建设兵团土地整理项目是国土资源部土地整理中心牵头承担的国家"十一五"科技支撑计划重点项目——《土地整理关键技术集成与应用》的科技示范项目之一。近年来，新疆生产建设兵团采取了先进的土壤改良技术、节水节地技术和生物保护技术，使土地整理在改善兵团农业基础设施、提升粮食产能、优化生态环境等方面成效较为明显。

改善农业基础设施、提升粮食产能、优化生态环境

多年来，国家共批准兵团土地整理项目78个，建设总规模126178公顷，总预算约21亿元，涉及兵团13个农业师和兵直222团。目前，已竣工并验收项目36个，新增耕地15911公顷，已竣工未验收项目16个，新增耕地3282公顷，其他26个正在实施的项目进展顺利。

土地整理在改善兵团农业基础设施、提升粮食产能、优化生态环境等方面成效较为明显。

一是改善了农田基础设施。基本建成了田块平整、地块规模大、便于机械化作业的高标准农田。基本建立了节水节电的农田水利设施体系，形成了较为系统的农田道路交通网络和农田防护林体系，优化了耕作条件。

二是提高了粮食综合生产能力。整理后的土地利用率与耕地质量明显提高，农作物产量明显增加。如：小麦、玉米、籽棉亩均单产分别提高约 30 千克、70 千克、66 千克。

三是推动了节约型农业发展。通过布设滴灌系统，比传统地面灌溉节水 35%～40%、节肥 25%～30%、节约劳力费 30%～50%、节约机耕费 20%～40%，大大降低了农业生产成本。

四是优化了农田生态环境。兵团通过土地整理，加大了生态保护和生态环境工程建设力度，提高了农田防风固沙能力，增强了农作物防灾能力。

总结推广三种典型技术

通过多年的土地整理实践，兵团在科技成果应用方面积累了一些好的做法和经验，有三种典型技术值得总结推广。

土壤改良技术。兵团土地大多分布于冲积扇缘、河流低阶地和湖滨滩地，由于灌溉水源溶解了山地及盆地岩石风化物中的可溶盐，导致土地出现不同程度的盐碱化现象。在土地整理项目实施中，兵团注重利用盐碱地治理的新技术，降低盐碱化危害。根据土壤中盐碱"随水来、随水走"的特点，主要采取三种排碱方式：一是暗管排碱，利用专业埋管机将 PVC 管埋于地下 1.7～2.0 米处，把碱水引到暗管，集中排到明渠，从而降低土壤的碱性。二是利用作物灌溉时间控制盐碱，每年大水漫灌 1～2 次，将盐碱引入 1.8～2.0 米的排碱渠。三是采用生物措施改碱，通过种植绿肥、耐盐碱作物，增施有机肥，降低土壤盐碱度。

节水节地技术。兵团在项目规划设计阶段，结合当地农业产业发展需要，充分利用节水节地技术进行工程设计。按照灌溉制度、田块形状、轮灌方式需求，喷、滴灌系统一般包括骨干管网系统、田间管网系统、管道附件系统、过滤系统，设计灌溉保证率约 85%，设计灌水定额 25～30 立方米/亩，灌水周期 5～10 天，喷头射程 20～30 米，滴头流量小于 2 升/小时。一般单井控制灌溉面积 800 亩左右，比较经济的系统为 2000 亩左右。采用加压滴灌技术，减少了沟渠的建设、节约了土地，可提高土地利用率10%，节省劳动力50%，节约灌溉水量40%、增加20%~30%作物产量。灌溉系统规模较大，如已建成的皮墨垦区自压滴灌系统可控制灌溉面积20余万亩。

生态保护技术。受人为和自然因素影响，兵团大面积乔灌木林草植被退化严重，土地沙漠化、盐渍化以及风灾等严重制约了农业生产水平的提高。通过加强土地整理项目的景观生态设计，可以防止生态环境恶化，保证整理后的土地持续发挥效益。当地主要采取工程与生物措施保护生态环境：一是春季在荒漠边缘种植梭梭、红柳等沙漠植被，尤其是224团采用红柳接种大芸的种植方式，既起到防风固沙、保持水土的作用，又可产生可观的经济效益；二是布设农田防护林，根据主要风向，一般采用稀疏或疏透结构布设主、副林带，林带间距约300米、600~800米，林带宽度为6~8米，主要树种有榆树、新疆杨、沙枣等，有效改善了农田环境、降低了风灾对农业种植的危害。

加强土地整理技术研发与应用，加大科技投入

近年来，兵团通过土地整理，有效促进了耕地保护，对农业发展起到了积极推动作用，但在土地整理工程中也面临一些亟须解决的问题。

一是田间砂石含量高，影响土地整理质量。受成土条件和成土母质影响，一些团场的土壤结构差、耕层浅，表面0.1~0.6米为沙壤土或壤质土，其下是卵石粗砂，约占60%~70%，严重影响土地整理过程中的土地平整和深松深翻。

二是地膜残留量不断增加，制约耕地产能提升。地膜覆盖是种植棉花、番茄等农作物过程中普遍采用的栽培技术，兵团每年地膜用量约在2~3千克/亩，但每年作物收获后仍有15%~20%的地膜残留在土壤中，残膜量不断增加，破坏了土壤结构、影响了农作物生长，甚至引起土壤次生盐碱化等问题。

针对兵团土地整理工程中存在的问题，建议加强土地整理技术研发与应用，加大科技投入。一是开展土壤砂石剥离技术研究，研制土地整理拣石机,提高砂石剥离效率,降低工程施工难度。二是研发残膜清除技术。研究设计去除地表和土壤中残留地膜的机械化设备,保护耕地质量和农田生态环境。

作者单位:国土资源部土地整理中心

陕西省地产开发服务总公司和西安理工大学经过20年实践，探索出农村废弃宅基地综合整治集成技术及典型模式，为全省农村废弃宅基地复垦与整治提供了技术支撑和理论指导，填补了土地科学领域一大空白。

墟落残垣尽　桃花夹麦田
——陕西省农村废弃宅基地综合整治集成技术及应用纪实

李　倩

一份鉴定证书引发的故事——"废弃宅基地整治的一把新钥匙"

韩霁昌至今仍清晰记得，2010年6月13日的西安，晴空万里。

这一天，作为陕西省地产开发服务总公司总经理，韩霁昌从省科技厅领回了一份《科学技术成果鉴定证书》。在鉴定意见一栏中，赫然写着这样一行字："该成果技术集成系统全面，标准模式典型合理，推广应用成效显著。在综合整治集成研究方面达到了国际先进水平。"

这究竟是一个什么样的成果？

可以用四句话来概括：

——20年校企合作研究与实践推广，形成了农村宅基地整治集成技术体系，具体包括农村废弃宅基地综合整治中的调查技术、规划技术、施工技术、信息技术、综合集成、政策机制等。

——立足渭北旱塬，面向三秦大地，建立了废弃宅基地整治典型化标准模式。

——因地制宜，综合利用，分层次分功能提出宅基地综合整理后利用模式。

——基于现代信息技术建立综合集成应用平台，提供信息支持和决策服务。

在业内人士看来，这套并不高深，也并不"洋气"的技术，实实在在地解决了农村废弃宅基地整治中的难题。

"这是农村废弃宅基地综合整治的一把新钥匙!"曾任陕西省委副书记的牟玲生,如此评价这项成果。

20年前的一份调研报告——"旧村庄整治,受益于当代,造福后代"

牟玲生对陕西省农村废弃宅基地的关注,始于20年前的一份《关于陕西省农村村庄宅基地建设用地的调研报告》。

韩霁昌正是这份调研报告的作者。1990年,刚刚到省土地管理局工作的韩霁昌,领到的第一项任务就是对全省农村村庄用地进行调查。

不调查不要紧,一调查,触目惊心。全省人均占地超过200平方米,远远超过115平方米的政策标准,村庄用地面积达791.6万亩,占到了同期耕地总面积的14.9%。其中,全省废弃宅基地达到百万亩左右,约有半数的宅基地在0.5亩以上,渭北高原一带1亩以上的大宅基地随处可见。

从这些数字里,调研报告得出的结论是:废弃宅基地整治潜力巨大。韩霁昌算了一笔账:"如果对这些宅基地加以改造,使户均宅基地水平控制在0.4亩,那么全省现有村庄即可腾出宅基地90.5万亩!"这将产生可观的经济效益和社会效益——未来十年农民建房用地,即可少占100万亩耕地,每亩年产粮食按200千克计算,每年可增产粮食两亿千克!

调研报告得到了陕西省委副书记牟玲生的重要批示:"旧村庄整治,是一项受益于当代,造福后代的宏伟事业,应当努力把它办好!"

由此,陕西省农村废弃宅基地整治工作开始启动。1992年,为了推进土地整理产业化、规模化,原陕西省土地管理局专门成立直属国有企业——陕西省土地科技服务总公司(1997年更名为陕西省地产开发服务总公司)。1992—1997年,公司作为陕西省农村废弃宅基地综合整治技术的实践者和探索者,以关中渭北旱塬地区为主进行了旧村庄废弃宅基地的调查分类和零星复垦。

另一个角度看土地整治——"再也不能农民咋干咱咋干了"

只有政策的激励，显然不足以搞好废弃宅基地整治。

"难道宅基地整治就是'拆房'和'平地'，没啥技术含量，农民完全可以自己做？"这个问题，不仅困惑着土地行政管理部门，也困惑着韩霁昌这样具体从事土地整治工作的人。

这个疑问背后隐藏的更深层次的困惑是：土地整治是否只是一门软科学？

随着城镇化进程的加快，农村人口减少是不可逆转的潮流。土地整治已经成为新农村建设和统筹城乡发展的重要平台，对于废弃宅基地的整治理应有科学性、技术性的认识。作为直接从事这项业务的单位，从工程技术上应该有明确的指导思想、具体思路和做法，对工程进行科学规范。

"再也不能农民咋干咱咋干了！有了技术支撑，才能被农民认可，被社会认可。土地领域长期存在的'重管理、轻工程、轻技术'必须改变了！我们一定要拿出一些东西来指导实践，哪怕是不全面的，但是可以在实践中逐渐完善，逐渐形成自己的理论和科学体系。"

样板耀州——"好处是增地增产增收"

1999年，陕西省地产开发服务总公司参与了咸阳市长武县彭公废弃地上窑整治项目勘测、规划及相关工作。这个项目历时6个月，整治宅基地1778亩，工程净增耕地1443亩，全部是水浇地。2001—2009年，这些新增耕地实现总产值1111.42万元。

对陕西省地产开发服务总公司来说，比增加了1000多亩耕地更重要的是，这个项目为公司在农村废弃宅基地综合整治技术方面积累了经验，公司就此对旧宅基地整治的方式、模式以及从勘测、规划、设计到施工的整个过程有了全面掌握。

2004—2006年，陕西省地产开发服务总公司实施了铜川市耀州区小丘镇移村等20个村落废弃地坑窑的整治。

问起废弃窑洞整治的好处，村民们脱口而出："增地增产增收。"

集成技术初长成——"这里的名堂多多，门道多多"

正是从耀州小丘项目起，包括调查技术、规划技术、施工技术、信息技术、综合集成、政策机制等在内的"农村废弃宅基地综合整治集成技术体系"开始构建起来。

耀州小丘项目吸引了新的合作伙伴——西安理工大学的加入。据西安理工大学教授、博士生导师解建仓回忆，一开始，他们也没有意识到废弃宅基地整治工程的技术含量，只是当做传统的农田水利工程来做。但做起来后发现，并不像想象的那么简单。

第一步是测量项目面积、地形基貌，这是整治工程最基础的工作，也是当时遇到的最大困难。当时 GPS 应用还不广泛，一般空心村内都有很多树木，通视性很差，利用全站仪很难获取大范围内的测量数据。

接下来的设计阶段，也不能按传统单纯农田水利工程来设计，因为土地整理要充分考虑未来的土地利用方向，要与新农村建设相结合，考虑的因素不尽相同，对工程的要求也不尽相同。

到了施工阶段，受地形限制，不能使用大型机械。但完全按农民原有的施工方式，周期长，质量也保证不了。

"越做越感觉这里的名堂多多，门道多多！"解建仓说。

在小丘，村民们回忆起当年的地坑窑整治："项目部的人吃了苦，办了好事情！"

集成的核心是科学服务——"小东西集成在一起，产生的效益巨大"

多年的实践，让韩霁昌和解建仓越来越强烈地感受到：废弃宅基地有不同形式，无论是规划还是施工，都有自己的特色。那么，整治也应有各种不同形式。

这也是政策环境变化的启示。连续七年的中央一号文件核心都是"三农"问题。随着土地整治成为推进新农村建设和统筹城乡发展的平台，土地整治的内涵扩大了，不仅涉及水利问题、农业问题，而且涉及生态环境等问题,这对废弃宅基地的整治提出了新的要求。

2006年,在长武彭公地上窑和耀州小丘地坑窑整治实践基础上,结合1990—1997年全国农村废弃宅基地调查分类和潜力分析结果,陕西省地产开发服务总公司和西安理工大学进一步将废弃宅基地整治分为五种类型——地坑窑型、地上窑型、排窑型、土坯房、混居式,并建立了这五种类型废弃宅基地整治的典型化标准模式,包括基本概念、地貌特点、规划设计、工程施工和竣工利用典型标准和规范。

废弃宅基地整治看起来比较简单,似乎人人都能做,但是这项工作确有技术含量,无论从成本上,还是从质量上,不同的人利用不同的技术,体现出的水平并不一样。

"我们应用的调查、规划、设计、施工技术不是自己发明创造的,也不是对现有技术的重大创新,都是一些已经很成熟的技术。但将这些技术集成在一起应用,产生的效益是巨大的。"

在解建仓看来,这套集成技术的核心就是提供服务,其特点有三:一是技术简单,容易掌握;二是提供不同类型的标准设计,对应有设计图集,方便使用者在实践中参照应用;三是针对政府、企业、农民等不同层次,分别提供宏观决策、工程实施、后续利用等服务,便于推广。

2007年以来,应用这套技术和典型模式,陕西省地产开发服务总公司相继在渭南澄城县开展了地上窑、华阴市华西镇土坯房为主的废弃村庄复垦和综合整治。

2009年12月,他们对农村废弃宅基地集成技术和典型化标准模式进行完善,在综合集成平台中,根据废弃宅基地现状调查、整理规划和开发利用数据,应用"3S"技术分析农村聚落扩展及动态变化规律和农村宅基地时空演变过程;同时,根据废弃宅基地集中规模整理和零星整理的层次和功能,提出了"陕西农村废弃宅基地综合整理后的利用模式",并构建了整体评价指标体系,为废弃宅基地整治效果提供了分析评价和决策服务。近十年来,陕西全省直接利用集成技术和模式累计改造废弃宅基地 2.17 万亩，净增耕地 1.88 万亩。各市、县零星或者小规模通过应用农村废弃宅基地综合整治集成技术、典型化的标准模式，整治废弃宅基地 22 万亩，净增耕地 19.2 万亩，实现粮食年产值 2.44 亿元。

作者单位：中国国土资源报社

土地整治市场化探索

农民联户实施土地开发整理复垦,既是主人,又是产业工人,把细碎的小块土地连成了片,薄土变厚土,为小型机械化耕作创造了条件,也为增加土地产出率示范引路。

"小土"变大田
——重庆市垫江县农民联合开发整理土地试点探秘

谢必如　白文起

2009年夏末秋初,重庆市垫江县白家镇湖滨村四社的土地上,一派丰收景象。山坡上的玉米成熟待收,路边蜜本南瓜躺了一地。村民们看见运瓜车来了,连忙进园摘瓜,抱着蜜本南瓜就像抱着自己的娃娃一样,心里乐开了花。

县国土房管局法规宣传科科长杨达勇介绍说,这是垫江县农民联户开发整理复垦土地试点。细碎的小块土地连成了片,薄土变厚土,为小型机械化耕作创造了条件,也为增加土地产出率作示范引路。

专业合作社是土地开发整理项目的实施主体

垫江县重视土地开发整理,自2000年以来,共实施整理项目62个,其中竣工验收48个,整理土地15.25万亩,新增耕地2.13万亩,较之整理前,每年增加收入426万余元。但土地整理项目实施过程中也出现了一些问题。如:立项申请未能充分反映农民意愿,农民热情不高;施工企业过于追求利润,整理速度差;规划产业不配套,后期管理不到位,土地利用率低,甚至出现撂荒现象等。

2008年8月,经过调研,垫江县选择白家镇湖滨村四社进行农民联户实施土地开发整理复垦试点。

湖滨村地处长寿、涪陵区交界,属浅丘地貌。湖滨村四社土地面积为525亩,耕地细碎、分散,几乎都是"望天田",78户360人以种包谷、红苕为生,人均年收入不足500元。

通过社员大会征求意见，社员一致同意把土地（包括承包地、院林地、自留地）的经营权交出，重新进行权属调整，整合使用。湖滨村四社组建专业合作社，实行"专业合作社+农户"的规模化经营。在专业合作社经营期间，土地经营权归专业合作社；合作社到期或不再承包经营，土地承包经营权归还农业社，发包给村民。

据垫江县国土资源部门有关领导介绍，专业合作社是土地开发整理项目的实施主体，实行项目业主制，项目工程由专业合作社负责实施建设。项目由县财政投资，资金拨付采用边建边补方式。工程监理由合作社组织本地有一定专业技术特长、威望高和有正义感的村民担任。县国土资源部门负责项目踏勘选址、测量、规划设计、组织实施、竣工验收、技术指导、新增土地确认、基本农田补划、成果交接及利用监管等，县财政、农业、审计、镇政府等部门积极配合。湖滨村四社农民联户实施土地开发整理，只实行项目业主制、审计制、监理制，不实行招投标；项目工程建设，实行联户农民投劳，财政投资，边建边补。这一机制，较好地解决了土地开发"依靠谁、为了谁"的问题，从宏观上实现了人地合一的项目管理模式。

农民自主开发整理土地，极大地调动了农民的积极性，土地开发成本降低20%，土地整理质量得到有效保障。排水沟改建成水泥的，上面加盖水泥盖板，排水走路两不误；较薄土层必须增厚到四五十厘米，将山坪塘的淤泥掺和改土，增加了土壤肥力；结合浅丘实际，土地整理解决排水、灌溉、耕作和运输问题。"农民知道是为自己整理的，没人想糊弄自己。"专业合作社牵头人黄正文说："项目实施前没有路，汽车进不来，农产品运不出去。现在项目区的路修好了，仅此一项一年就可节省运费5万多元。"

目前，这个村已修建蓄水池3个，维修山坪塘1口，新建沉沙函22个、排水沟2000米、田间道路2600米、机耕（汽车）便道5000米。

土地开发整理与农业产业规划融为一体

过去，土地开发整理项目竣工后，经土地主管部门验收，交给当地农民耕种。由于农业产业规划滞后，农民依然各种各的地。而湖滨村四社农民联户土地开发整理，农民先自愿申请，把土地的经营权交出来，在镇政府、村、社指导下，按照自愿自主的原则制定权属调整方案，重新进行权属调整。然后，推选本村经济能人黄正文为牵头人，组建专业合作社——现代农业科技示范园，形成产业，实行规模化经营。农民联户实施土地开发整理就与农业产业规划融为了一体，提高了土地整理质量，促进产业发展。

湖滨村四社项目区属中亚热带湿润季风气候，年平均气温 16.5℃，年日照时数 1177 小时。这里紧临长寿湖库尾，水源充沛，土质松散，土壤 pH 值为 6.0~8.3，距县城和重庆市分别为 50 千米和 100 千米。根据这些条件，现代农业科技示范园选择以瓜类产业为主，蔬菜产业配套。

湖滨村四社的农民联户实施土地开发整理，按照产业规模发展需求，因地制宜进行规划设计。以农田水利工程和田间道路工程为重点，旨在通过改善农业生产条件和生态环境，提高耕地质量，发挥耕地潜力。在项目区的道路、沟渠、排灌、电网等方面，方案充分考虑产业发展，为将来大规模小型机械化作业和自动化排灌奠定基础。垫江县国土资源部门还根据全县补充耕地年度计划、农业产业结构调整计划，把该项目纳入土地整理项目库，并与专业合作社签订项目年度实施协议，为项目实施提供技术支撑和保障。

通过整理，实现了"小土"变"大田"，薄土变厚土，便于小型机械化耕作，减轻了农民劳动强度；土地利用率提高 3 倍，土地肥力增强；维修山坪塘，修建排灌沟渠，并在塘的周边和田间路旁植树造林，改善了生态环境和农业生产条件，排灌能力和防灾减灾能力大大增强。

以产业规划发展需求为前提的土地开发整理，为产业发展创造了条件，有力地促进了产业发展。项目区的现代农业科技示范园已规划为种植、养殖和农业观光三大板块，预计 5 年内园区面积将达 2000 亩，创年产值 2000 万元。专业合作社法人代表黄正文引进以蜜本南瓜为主的蔬菜生产和农产品深加工产业，目前，项目区产的蜜本南瓜已注册为"湖岛牌"商标，并以此为载体举办"农民品瓜节"，产品打入重庆农交会、农产品博览会。

产业化为农民带来显著经济效益

白家镇湖滨村地处偏远，土地贫瘠。20世纪80年代，这里曾流传一句顺口溜："红苕藤加包谷羹，姑娘都往外面奔。"农民联户实施土地开发整理，改变了这一现象，不仅有效提高了耕地质量，还为当地农民创造了投工投劳机会，增加了农民实际收入。

土地开发整理前，年近六旬的李洪清靠自家6亩土地过日子，年收入只有1200元。2008年，李洪清仅土地流转补偿收入就达3240元。此外，他还给合作社打工，年收入9000多元。如今，李洪清全年收入达12240多元，一年收益顶过去十年，李洪清高兴地说："还是土地开发整理好，不出门也能挣到钱。"

农民联户参与土地开发整理，建立"专业合作社+农户"的联合生产、合作社风险经营、农民分利的新型管理模式。这一模式促进了农业产业化，取得了很好的社会效益和经济效益。

黄正文为我们算了两笔账。

第一笔是土地流转补偿收益。农民把土地交给合作社经营，实行土地流转，合作社补偿农民每亩水田350千克水稻，每亩旱田200千克水稻，以当年市场价提前一年预支给农户。

第二笔是打工收入。专业合作社聘请本社农民在合作社打工，实行计时或计件工资，人均月收入一般在800元以上。

农民联户实施土地开发整理，农民既是主人，又是产业工人，收入有较大增加。据统计，2008年，该社农民人均收入比土地整理前增加了1500多元，家庭最多工资收入达10000多元，最少的也有5000多元。

作者单位：中国国土资源报社

4000多农户,每户耕地少则十多块,多则几十块;最大的面积一亩多,最小的不到一分。农村集体土地"小块并大块",赋予了土地新内涵,土地连片开发变成现实,推进了农业产业化、规模化发展。

化零为整 节地惠民
——广西壮族自治区龙州县上龙乡土地整理工作纪实
陶 琦 李欣松

"蚂拐一跳三块地,草帽一扔不见地。"这句山歌形象地描述了广西崇左市龙州县上龙乡田地块小且四处分散的情况。

界线多田埂多,土地浪费且耕作劳动强度大,又难以形成规模种植,早已成为上龙乡农民致富的拦路石。龙州县国土资源局引导和帮助农户将分散的责任田集中整合后流转,重新分配,开创了"小块并大块"的土地集约化调整新模式,规模生产促进农民增地增产增收,进行了探索和尝试。

参与决策,农民的积极性和参与度空前高涨

龙州县上龙乡土地整理项目是广西壮族自治区国土资源厅批准的2006年第五批自治区级投资项目,项目总投资1151万元,实施土地整理面积537.37公顷,涉及9个屯1000余农户。

上龙乡全乡4000多农户每户耕地少则十多块,多则几十块,且分散于各处,单块地最大的面积一亩多,最小的不到一分地。"小块并大块"是不改变每家农户原有土地承包总面积,只改变地块的地理位置将其整合到一块的做法,是土地流转的一种方式。

虽然有耕种连片土地的愿望,可有些群众对"小块并大块"流转土地仍然心有疑虑,主要是担心重新分配的土地肥力不够,怕"吃大亏"。为了打消群众的顾虑,国土资源部门工作人员除了通过技术设计完善土地整理效果外,还注重群众工作的跟进。以透明的操作过程,给农民自主决策权,村民的积极性和参与程度大大提高。

国土资源部门加强与规划设计技术承担单位的沟通,积极鼓励当地群众代表参与制定项目建设规划方案。在审议方案中,有关部门、群众代表按照"布局合理、排灌方便、交通便利、防护有效、景观优美、改良耕地"的目标,对设计报告和图纸进行审议,对规划设计中不合理的地方及时提出修改意见。在按规定程序开展好规划编制工作的同时,路网、渠道、边沟拉直涉及的耕地调整等问题,都得到了群众的理解和支持,排除了一个又一个障碍,保证了项目建设的顺利实施。

"大家事、大家议",土地流转确保农民权益

龙州县国土资源部门依靠各级党组织和政府的力量,以土地整理破解"小块并大块"的土地流转瓶颈。

经过乡干、村干和屯干的牵线和引导,全乡的500多亩田成功并块,将无数小块并成一大块后,进行土地整理,再按各户原有的面积重新分配。

崇左市和龙州县国土资源部门积极主动与当地党委、政府沟通,依靠基层党组织和政府,在农村公益事业建设"一事一议"中正式讨论"小块并大块"土地流转事宜。根据"大家事、大家议、群众办、群众管"的原则,首先由村民小组长或党员发起耕地调整建议并将土地调整方案提交村民大会或村民代表大会进行民主讨论,确定地块分配起点、抽签方式、各农户对地块进行签字认可等程序,使方案更趋合理,并获得2/3以上的村民同意通过后才实施。之后,将方案报送村委会和乡人民政府。在保证农民土地流转的合法性,保障农民合法利益的同时,又避免了权属纠纷。

"小块并大块",推动农业产业化、规模化经营

上龙乡土地整理,将屯与屯、村与村之间的插花地都进行调整,对屯级道路、引水渠道等基层建设用地进行了规划,目前已有3个村

的5000多亩土地实现了"和谐"并地，家家户户种植的香蕉、黑皮果蔗等农产品已成为优势品牌，产品远销全国十多个省市。

弄农屯完成耕地"小块并大块"调整后，连片种植黑皮果蔗520亩，并配套建设滴灌设施，进行机械化耕作，实现了农业现代化管理。过去，村民黄忠伟家地块太小，只能用牛耕，松土深度不够，种植的黑皮果蔗每亩产量只有5吨左右，"现在用大马力拖拉机深耕，松土达40多厘米，种植的果蔗根深叶茂，每亩平均产量达到8吨，以一吨平均1000元计，每亩地可增收3000元以上。"

生产条件好了，交通也便利了，上龙乡的村民们开始在地头立牌明码标价，并留下联系方式等相关销售信息，便于外地老板上门收购。如今农民通过连片经营，与一些外地老板签订了"订单农业"，保证了农产品销路，逐步实现了经营产业化。

"小块并大块"赋予土地整理新内涵

2009年12月，寒潮袭卷南国，但龙州县上龙乡的田间地头，涌动着股股暖流：地头，几辆大卡车停在田间道路上，农民们正笑容满面地过秤装载丰收的黑皮果蔗；田间，一些人在经过土地整理后的土地上播撒新一批蔗种。

"小块并大块"土地整理在提高农业生产管理效率的同时，也减少了土地和水利矛盾纠纷的发生。土地开发整理前，农户耕地"条块分割"的原状导致地块之间的地界难以分清。而土地开发整理后，地界减少、地类分清、生产道路通达、渠道边沟成网状，土地和水源纠纷骤减，促进了农业生产的发展和农村社会的稳定。

农村集体土地"小块并大块"的顺利开展，赋予了土地整理新内涵。土地连片开发变成现实，有效地推进了农业产业化、规模化发展，大大改善了群众的生产条件，并对项目区周边产生了辐射作用。

作者单位：广西壮族自治区龙州市国土资源局

以企业投资为主体、政府财政补助引导相结合的土地综合整治模式，实现了农民到产业工人、投资人到农庄主的转变，相比传统的分散经营模式，这无疑是一场变革。

农业升级　农民增收
——看长沙圣毅园现代农庄如何开展土地整治

陈红宇

湖南省长沙市各级政府在新农村建设和土地流转综合配套改革领域，创新土地资源节约集约利用体制机制，探索以企业投资为主体、政府财政补助引导相结合的土地综合整治模式。长沙县北山镇圣毅园现代农庄该项目正是这种模式的典型代表。该项目在实施过程中，形成有别于传统模式的做法，积累了宝贵经验。

发挥资源优势　拓展资金渠道

圣毅园现代农庄位于长沙县北山镇，坐落于黑糜峰国家森林公园东南。该项目总体规划流转土地面积3.7万亩。其中，耕地12087亩、林地22525.5亩、山塘1987.5亩，其他设施99亩，涵盖12个村3.5万多农村人口，建设周期5年，规划一、二、三产业共36个项目，总投资50亿元。

圣毅园现代农庄项目投资重点，一是通过对流转后的耕地进行土地综合整治，对农庄内民居、农田、道路、水域进行集中整治改造，全部实行机械化耕作，建立一个3万亩粮食油料种植基地，有机优质稻面积达1.2万亩，套种油菜1万亩。综合种植天然油菜、菊花、杭白菊、金银花和板蓝根以及用于城市高速公路护坡的草类作物1万亩，各种无公害蔬菜3500亩。二是按50年一遇的洪涝灾害防治标准，将丰梅岭水库、井湾里水库、白溪冲水库和天鹅塘等山体内水域工程进行改造，使圣毅园园区内水系浑然一体，形成一个依山傍水的带状梯级人工水域系统，使蓄水量保持在 1000 万立方米以上，构成自然的山水生态景观。三是建立一个 8 万平方米的以绿色植物为原料、以圣毅园板蓝根凉茶饮料为主导、以粮食油料为辅助的产品深加工中心以及植物叶蛋白和超氧化物歧化酶（SOD）系列产品开发项目。建立一个 19 万吨战略粮食储备基地，建立一个污水处理循环利用和禽畜粪便无害化处理的有机肥生产基地。四是建立一个新农民培训基地，规模达到年培训新农民 10 万人次，为现代农庄的可持续发展做好软件储备。

项目以公司自有资金投入为主。与此同时，引进国内百强战略投资伙伴，以及国际大型企业投资和社会多元化投资，努力争取国家和地方政府有关政策性资金扶持，通过各种融资手段满足项目的资金需求。所有项目全部建成后，年产值可达 120 亿元，实现年利税 20 亿元以上。

创立新机制　构建新模式

政府引导，科学规划。2008 年初，长沙县在全国创造性地实施区域发展分类指导战略，将该县北部 10 个乡镇，确定为重点发展农业的乡镇，建立长沙县现代农业创新示范区，形成主题突出、特色鲜明的"两大基地、四大精品园、六大产业优势区、百个现代农业项目"现代农业产业基本格局。依据长沙县山、水、田、土等独特的自然资源和地理环境，按照城郊生态区、绿色原生态区、红色旅游区、融城核心区四种功能分区，科学规划、精心规划了 100 个现代农业项目（其中现代农庄 99 个），县政府出台支持现代农庄发展的产业政策，吸纳城市资本和社会资本投入现代农庄建设。

创新机制，规模经营。长沙县借鉴国内外先进农业发展理念，创新性地选择现代农庄为载体，全力推进现代农业发展。这种全新的业态的核心是在土地流转形成适度规模后，根据市场需求和产业定位，由农庄投资人对连片土地实行企业化运作，提高农业生产的专业化、标准化与规模化水平，逐步实现农业的现代化。在这个复杂的过程中，实现了农民到产业工人、投资人到农庄主的转变，相比传统的分散经营模式,这无疑是一场变革。

自愿流转,维护权益。圣毅园成立了土地流转协调小组,由省、市、县、镇、村共同组织指导村民学习政策,并深入农家讲解政策。各级领导多次到现场召开会议,听取意见,解决问题,推动了土地流转、土地综合整治工作。在具体操作中,坚持原则,把握政策,讲究方法,力求规范,做到依法办事,按合法程序进行土地流转。凡是涉及流转土地的农户,公司和镇、村牵头组织召开村民代表大会,按一事一议的办法讨论协商,形成书面决议。规范合同,明确土地流转形式,分清双方的责、权、利,保护农民利益。对土地已经流转的村民,通过专业培训,聘用为农庄产业工人,提供种植、养殖、旅游农业等岗位3500个,为增加村民收入、维护社会稳定供了有效保障。

圣毅园采取"自愿为基础、连片为示范,双增为目标"的原则进行合法自愿流转,对已签订流转转协议的村、组,公司调集120多台机械施工,在短时间内改变流转范围内的基本环境,给农民带来了希望。

在土地流转过程中,圣毅园始终遵循依法、有偿、平等、自愿的原则,维护农民利益、尊重农民意见,并对流转的特困户在经济上给予特殊的照顾,得到北山镇农民的广泛好评。

资源整合,产业融合。社会主义新农村的经济发展,需要进行产业结构和产品结构的调整,形成高附加值的经济产业,本着这样的标准,旅游业成为新农村建设的支撑产业,现代农庄正是把农业产业与第三产业结合起来,以农业资源、乡村田园资源、乡村民俗文化资源、乡村历史文化资源等为依托,开发旅游休闲产业。

参股出租,安置保障。圣毅园每亩土地给农民租金,按每亩保底650斤稻谷的标准,按当年国家公布价折算成现金,支付给农民,农民每年获得保底纯收入,国家给予的直补全部归农民所有,解决了农民的吃饭问题。对土地租期制定永久性规划,17年后按国家政策对土地继续流转。农庄整体承包经营,降低了近七成的劳动成本;政府对农民进行补贴,农庄整体规划36个项目逐步启动,建设第二、三产业基地和农民培训基地,每年可容纳10万以上农民工。政府补贴农民培训资金,解决他们的就业问题。目前,圣毅园已吸收本村和周边1500多名返乡农民工就业。圣毅园还将改造农民住房,集中建设安置小区。农民参股现代农庄,每年可在第二、三产业基地分取红利,还要给农民建立医疗保险和养老保险机制,解决农民看病难和养老无保障的后顾之忧。

农业升级 农民增收

土地综合整治的顺利、快速推进,为圣毅园农村经济集约化发展,优化农村经济结构、积极发展高产、优质、高效、生态、完全的现代化农业奠定了基础,为北山镇带来了显著的变化:种植条件和结构明显改善。小丘变大丘,新增加耕地面积10%以上;完善了农田排灌体系,通过机械化规模经营,降低劳动成本80%以上,杜绝了村民滥用土地和有意抛荒现象;恢复了两季水稻一季油菜的种植模式,合理利用了耕地,农产品品质明显改善。2009年种植的1.1万亩二季水稻全部实行有机栽培,全部施用生物肥和有机肥,采用生物防治,为社会提供安全、健康的有机食品。

圣毅园现代农庄品牌逐渐形成。公司已成为全国农产品加工创业基地、改革开放三十年影响农村改革中国三农先锋、中国最具成长性的十大现代新型农业龙头企业、湖南省社会主新农村建设示范点、省级农业产业化龙头企业、湖南省新农村建设十佳明星单位、长沙市农用地流转综合配套改革示范点、长沙市文明单位。

圣毅园现代农庄土地综合整治项目给基层国土资源部门很多启示。一是目前土地综合整治项目总预算中,真正用于工程建设的费用仅占70%左右,其余30%用于前期工作,招投标,监理,协调等环节。引入社会资金,将土地综合整治实施主体下移,可以减少中间环节,降低管理成本,避免投资分散,流失,实现资金效益最大化。二是政府加大投入的同时,应当指导、帮助、支持民间自发的按照土地利用总体规划,以提高耕地质量,增加有效耕地面积,改善农业生产条件为目的的土地综合整治行为。三是探索土地综合整治的"长沙模式"——即国土资源部门负责选址立项、规划设计审查、工程监督指导、验收指标和资金拨付。项目实施管理交由当地集体经济组织或社会组织负责完成。在这种模式中，国土资源部门可以从微观事务中脱离出来，专心搞好监督、指导服务，同时降低管理成本，提高效率，缓解矛盾，增强实效。

作者单位：国土资源部土地整理中心

2009年，补充耕地53万多亩，其中利用社会资金补充耕地约占全省补充耕地总量的一半，补充耕地总量是往年补充耕地总量的5倍。这一成绩是如何取得的？广东省的做法是社会投资，农民受益。

社会投资　农民受益
——广东省利用社会资金补充耕地的探索

张中帆　田玉福　杨　剑

为创新补充耕地机制，缓解补充耕地压力，各地积极探索利用社会资金开发整理补充耕地，取得了一定的成效。2010年3月8日至14日，国土资源部土地整理中心组织人员对广东省利用社会资金补充耕地情况进行了调研。

采用政府出资、公司运作模式，引入社会资金，多种方式进行农用地和建设用地开发整理

2008年12月，国土资源部和广东省人民政府签订了共同建设节约集约用地试点示范省合作协议，共同推进广东建设节约集约用地试点示范省工作。根据工作方案，广东省要求开拓土地开发利用的新途径，减轻建设占用耕地压力；积极整理开发部分低效园地和山坡地，按项目管理规定新增加的耕地用于耕地占补平衡；研究探索采用政府出资、公司运作的模式和引入社会资金等多种方式进行农用地和建设用地开发整理。

为规范补充耕地项目管理工作，广东省制定了《广东省土地开发整理补充耕地项目管理办法》（粤府办〔2008〕74号），明确了利用社会资金开发整理补充耕地的两种模式和管理程序。

两种模式：一是通过市场竞争选择投资者。县级国土资源部门每年有计划地从耕地后备资源地块中分批选择项目，通过公开招投标方式确定投资者，由县级土地整理机构或具有相应职能的其他机构与投资者签订开发补充耕地合同，明确双方的权利和职责。二是土地所有单位或土地承包经营者自筹资金补充耕地。土地所有单位或土地承包经营者按规定向县级国土资源部门申请补充耕地，经审核同意后，由县级土地整理机构或具有相应职能的其他机构与申请者签订补充耕地合同，明确双方的权利和责任，投资收益补偿方式由国土资源部门与投资者具体协商确定。

社会资金补充耕地项目由县级土地整理机构组织申报材料（可行性研究）和规划设计，报县级国土资源部门会同林业、农业部门审批，送地级以上部门备案。项目施工建设由投资者自行组织。项目验收分三个阶段，县级部门负责初验，市级部门负责验收，省级部门负责抽查，省级抽查通过后，由市级部门（国土、林业、农业）核发验收确认函，认定项目验收合格。

经验收合格的新增耕地指标，由投资者与项目所在地的县级人民政府按不低于6:4的比例进行分配，具体分配比例在项目招标时明确。

据统计，2009年度，广东省有20个地级市，95个县、市组织开展了开发整理补充耕地工作，全省共审核批复了3800多个补充耕地项目，计划建设规模130多万亩，计划新增耕地105万亩，计划投资70多亿元，2009年实际完成补充耕地53万多亩，其中利用社会资金补充耕地约占全省补充耕地总量的一半，补充耕地总量是往年补充耕地总量的5倍，这一成绩得到了省委、省政府的充分肯定。

政府部门从"执行者和监督者"的双重角色中剥离出来，跳出了既当运动员又当裁判员、自己考核自己的尴尬境地

做好制度设计，明确管理程序。2008年以来，广东省先后制订了《关于做好利用园地山坡地补充耕地有关工作的通知》（粤国土资办公发〔2008〕106号）、《广东省土地开发整理补充耕地项目管理办法》（粤府办〔2008〕74号）、《广东省建设节约集约用地试点示范省工作方案》，明确了社会资金补充耕地项目的管理程序、职责要求、验收标准等，为全省及时开展利用社会资金补充耕地提供了保障。各市、县也制订了利用社会资金开发整理补充耕地实施细则，进一步明确了具体操作方式和工作要求，为做好社会资金补充耕地项目

管理打下了基础。

科学规划，合理布局。广东省国土资源厅、林业局、财政厅、农业厅联合发文（粤国土资办公发〔2008〕106号），要求各级林业部门积极配合国土资源部门做好开发补充耕地的规划工作，规划报同级政府批准，并报送上一级农业、林业和国土资源部门备案。调研人员现场察看的三个市县均按要求编制了补充耕地专项规划，作为选择补充耕地项目的依据。

加强管理，严格验收。补充耕地项目竣工后，各地级以上市国土资源部门要会同农业部门严格做好开发补充耕地项目的验收工作，验收合格的项目报省国土资源厅、农业厅等七个部门抽查，确保补充耕地的数量和质量。验收合格后及时做好面积统计和地类变更工作。

构建政府监管，企业为责任主体的补充耕地新机制。从广东省的实践来看，利用社会资金开发整理补充耕地，可以使政府部门从"执行者和监督者"的双重角色中剥离出来，跳出了既当运动员又当裁判员、自己考核自己的尴尬境地，更好地履行行政监督职能。

作者单位：国土资源部土地整理中心

历经十年，陕西地产开发服务总公司和西安理工大联合探索研究出"改排为蓄、水土共处、和谐生态"的盐碱地整理新模式。这种模式节约费用、造地效果良好、生态效益显著，为全国盐碱地治理提供了借鉴。

十年磨一剑

——陕西省卤泊滩盐碱地整理新模式科技成果诞生记

吴　晔　张亚莉

2008年10月7日上午，西安。陕西省卤泊滩盐碱地整理新模式科技成果鉴定会，经过10月6日一天的现场勘察，10月7日上午的工作汇报、技术汇报和提问答疑，此时已进入了最关键也是最神秘的环节——专家讨论。

卤泊滩盐碱地整理项目，是新《土地管理法》实施后，我国第一批耕地占补平衡异地补偿造地项目，也是陕西地产开发服务总公司和西安理工大学历经十年风霜雨雪，对传统盐碱地整理模式进行大胆挑战和革命性突破的项目。

12时15分，鉴定委员会主任索丽生教授郑重宣布："'改排为蓄、水地共处、和谐生态'的卤泊滩盐碱地整理模式有突破，理论研究有创新，工程实践有成效，成果总体达到了同类研究的国际先进水平。"

成果通过专家鉴定，意味着干旱缺水地区盐碱地整理有了一条可资借鉴的新模式，而这个新模式的突出特点是工程费用节约、造地效果良好、生态效益显著。十年实践证明，这是一条符合科学发展观的盐碱地整理新模式。

新模式缘起：传统模式费用高、污染重，不适用卤泊滩

"淡水压盐、灌溉洗盐、排走盐碱水"是当前国内外盐碱地综合治理普遍采用的模式，成功者不乏先例。黄淮海平原盐碱地改造经过井排井灌、水盐调控后，现在"冬小麦、夏玉米，处处是高产田"。但在卤泊滩这样水资源短缺、生态环境脆弱、社会经济发展相对滞后的地区，这一传统模式是否同样适用呢？

卤泊滩地处陕西省富平县与蒲城县交界处。土壤长期以来由中度盐土和重度盐化潮土组成，而槽型封闭式洼地地形、蒸发强烈的大陆性干旱气候，以及不够科学合理的开发利用，都导致了地面盐分的累积。

全国人大常委会委员、水利部原副部长索丽生教授对传统整理模式有自己的看法："传统模式的核心理念是排走区域内的盐碱水，治理目标比较单一，即将盐碱地改造成为耕地，虽然有助于改良土质，但没有考虑到生态环境的维护和水资源的利用。大量水资源流失了，而且这些盐碱水流到下游也会对当地生态带来不利影响。"

费用高，污染严重，传统以"排"为主的盐碱地整理模式在卤泊滩行不通。几百年来，卤泊滩的荒凉就这么持续着。

2007年金秋十月，本是丰收的季节。专家们站在卤泊滩一块尚未治理的盐碱地上，只见荒草丛生、惨淡萧索。

但是，回头望去，在陕西省地产开发服务总公司整理过的土地上，则是一派欣欣向荣的景象。

新模式的闪光点：改"排"为"蓄"

卤泊滩盐碱地整理项目在立项时，就把研究目标确定为：将退化的盐碱地改良为高质量的农田生态系统。

不仅仅是造出农田，还要建成高质量的生态系统。换句话说，就是要走一条既符合卤泊滩实情，又能取得经济、社会、生态效益"三赢"的土地整理新路子。这是科学发展观的高要求。十年寒来暑往，十载风霜雨雪，工程措施，生物手段，田间观测，室内实验，模型模拟和考察咨询，陕西地产开发服务总公司和西安理工大学产学研结合，终于完成了"改排为蓄、水土共处、和谐生态"的盐碱地整理新模式。

新模式的核心是"改排为蓄"。索丽生教授说，盐碱地治理的关键是解决盐分的重新分布问题,以往,都是以排水为主,也就是把盐碱水当"敌人",坚决消灭(排走)。新模式则是将盐碱水视作宝贵资源,以趋利避害为终极目标,重新布局水土,即在单元田块间合理布置蓄水沟,通过降水、退水溶解土壤中的盐分,把盐分带到较深部位,经过地面蒸发、作物蒸腾、生物吸收转化等在区域内自身降解,部分有害盐分转化为有机肥。天长日久,土壤、水系里的盐分逐步减少,水生、陆生动植物品种逐渐丰富起来,呈现出一片盎然生机,生物多样性和生态系统稳定性由于网状水体的支持而逐步实现。随着林带林网形成、生态环境改善,耕作层积盐越来越少,即使在返盐季节,如灌溉得当,积盐也不会影响作物生长。

索丽生教授评价道:"一种新模式能否稳定下来,发挥出长久效果,取决于模式机理是否科学,是否符合科学规律。卤泊滩盐碱地整理模式在继承传统模式的基础上,又有了许多新的突破。如考虑到盐碱水资源的利用、生物措施所发挥的降碱作用、合理布置蓄水沟等,因此,从原理上讲,新模式是科学的。"

新模式十年探索:工程费用节省,耕地增加,农民增收,生态和谐

来到卤泊滩一、二期工程治理现场,成片的玉米长势喜人,棉田里,农民正忙着采摘棉花,有的已在地里为冬小麦播种作准备……眼前的一幕,与记者在尚未治理区看到的景象形成巨大反差。

正在棉花地里忙碌的刘老汉说,以前这里是一片荒滩,不能耕种。治理后,他家承包120亩地种棉花,去年亩产达225千克,收入不菲。

卤泊滩盐碱地整理项目一、二期共治理盐碱荒地3982亩,一方面为当地增加了3095.3亩的优质水浇地,另一方面提供了3000多亩建设用地占用耕地补偿指标。伴随耕地面积的增加,土壤土质也得到了改良。经西北农林科技大学农科院校区测试中心和西安理工大学水资源研究所对试区3个观测坑的长期观测,开发前至开发9年后,土壤表层pH值由9.54降为8.35,耕作层pH值由9.69降为8.41,有机质含量由原来的0.7%增加到0.92%,含盐量由0.774%降至0.085%,土壤盐碱化基本得到扭转。

陕西省农业厅研究员史进元曾参与2001年项目验收。此时,站在玉米地里,他关心地询问玉米亩产量。得知平均亩产过500千克时,他高兴地说:"六七年过去了,这里粮食产量提高了,治理面积更大了。经过几年的实践,'改排为蓄'的确实现了动态平衡。"

卤泊滩一、二期项目建立起包括工程、生物、农业、化学等盐碱地治理的综合技术措施体系。2007年初和2007年11月动工的三、四期治理项目,完全继承了一、二期设计理念和工程措施,总设计规模7565亩,新增耕地面积7128亩,新增耕地率达94%。昔日的荒滩正被面积日益扩大的优质高标准的水浇地所取代。经测算,卤泊滩项目区共新增耕地10200余亩、水面600余亩,周边村约2000余亩耕地质量得到全面提高。

据陕西地产开发服务总公司总经理韩霁昌介绍,由于采用了新模式,卤泊滩治理实际新增耕地每亩投资约4200元,是同期国家土地开发整理定额标准的一半。截至2007年底,投资成本已全部收回。

索丽生教授说:成果新增了万亩耕地,省钱又省工,丰收的作物、和谐的生态环境,都证明新模式经受住了近十年的实践考验。

新成果的新课题:在原理、系统性上进一步研究总结

资料显示,类似卤泊滩这样的盐碱滩在陕西省有37万亩,我国盐碱地面积约有5.2亿亩,全世界约有143亿亩,如果新模式可以适用推广,不仅可以创造出相当可观的经济、社会和生态环境效益,还可以节约大量的工程费用,意义重大而深远。

对这个问题,专家们都赋予了极大的希望。中国工程院院士、西北农林科技大学教授山仑的观点很有代表性:"从近十年的实践成果来看,卤泊滩模式经受住了考验,它的前景我是看好的,希望有关部门继续给予支持,使这个项目进一步完善。新模式仍需要从原理、系统性上作进一步的研究和总结,丰富并完善气候、水温、土壤等资料,以实现有针对性地宣传,为推广应用打好基础。"

继续加强试验区监测，是专家普遍关注的问题。在检测内容上，史进元研究员建议，要注意监测水盐平衡的形成周期；索丽生教授建议加强2米以下土壤监测。在监测时间上，长安大学环境科学与工程学院周维博教授建议，在植物丰、枯季节和灌溉、非灌溉季节，都要开展跟踪监测。在监测手段上，索丽生教授和水利部水土保持监测中心主任郭索彦教授都认为，适当采取在整理区域内不同点埋设探头和开挖土壤剖面观测坑相结合的方式，更加科学。

陕西省国土资源厅和西安理工大学都表示出继续合作、继续实践探索、完善成果的强烈意愿，一个占地数十亩的实验基地已在富平县落成。

作者单位：中国国土资源报社

3222个行政村,农村居民点用地约97万亩。每个村省出几十亩,加起来就是一个了不起的数字,这是"喜账"。它背后还有"忧账":从集约用地考虑,开展村庄土地整治,400户人的村子就需要8000多万元。廊坊市在农村土地整治融资方面进行了积极探索,形成了别具一格的四种模式。

四招破解融资难题

——河北省廊坊市农村土地整治调查

贾文涛　黄新东　何兆展

河北省廊坊市是距北京市最近的地级市之一,紧靠祖国的心脏,有优势,也有劣势。

举个最简单的例子:廊坊城区和下辖的香河、大厂等县,开车到北京的时间比北京市民下班后开车回家的时间多不了多少。

但是,这个区位优势对廊坊市委、市政府和国土资源局来说,又形成了极大的压力。出京的很多交通干线经过廊坊,高速公路等线性工程用地量很大,挤占了市里的大量用地指标。

建设用地指标不够,怎么办?只有存量挖潜。

廊坊市有3222个行政村,农村居民点用地约97万亩,人均占地面积218平方米。如果每个村庄省出几十亩地,3000多个村庄加起来就是一个了不起的数字。

如果说这笔账是"喜账",它的背后还有一笔"忧账"。

开展村庄建设,就要拆旧建新。要建普通大瓦房,哪一家也少不了10万元。从集约用地考虑,让农民住进楼房,平均每户得20万元左右。一个有400户的中等规模的村子,就需要资金8000万元。如果推广到一个镇、一个县,乃至整个廊坊市,需要投入的资金对农民和各级政府来说,都是一个沉甸甸的数字。

一边是无比灿烂的挖潜前景,一边是巨大的投资需求。

廊坊市国土资源系统在市委、市政府的支持下，展开了一系列积极探索。

发挥优势　市场运作

从廊坊市区出发，沿廊霸路南行，快到永清工业园时，记者看到路边一个非常显眼的牌楼。这就是永清县韩村镇董家务村的南大门。

沿着绿树成荫的主路走几分钟，进入董家务村。样式统一的两层小楼整齐地排列在街道两边，楼房前面是铁栅栏围成的独立小院。街道干净、整洁。村子中心是一个宽敞的广场。

在村委会办公室，村党支部书记刘怀告诉记者："两年前，村里柴草乱堆，污水横流，村容村貌很差。"

短短两年，怎么发生如此大的变化？

董家务村有126户，要拆掉原有平房建二层小楼，平均每户要投资20万元左右，全村需要资金2520万元。再加上村内公共服务、文化设施、道路等，投资额不会少于3000万元。

再看看董家务村一年的收入：人均5063元，全村约252万元。盖二层小楼，得用尽全村10年的收入。

令人称奇的是，这个村家家住上了楼房，却没交一分钱。

原来，董家务村找到了"财神爷"。

韩村镇镇长刘广泽告诉记者，董家务村的区位优势非常明显。今年开工的京津南通道高速公路擦村西而过，在与村西南廊霸路交叉处有高速出口。建成后，从董家务到北京或天津，只需二三十分钟。董家务村所在的韩村镇森林覆盖率达73%，地下温泉资源丰富，也成了"引财"的两大砝码。

该村引进了投资3.6亿元的温泉度假村项目和投资2000万元的服装加工项目。

于是，村庄整治市场运作模式应运而生：政府招商，企业出资运作，通过公开招标的方式对外招商，利用社会资金进行整治。

2008年3月1日，项目正式实施。目前，工程拆迁126户，拆迁面积236亩，新建新型农民新居140栋，占地面积60亩。

一拆一建，176亩地腾出来了。

"在村庄整治中，耕地并没有被占用。"刘怀告诉记者。为了引导和规范村民的养殖活动，村里还在村外专门划定了养殖小区。

土地腾出来了，招商引资项目随即上马。总投资2000万元的服装加工项目已经投入生产，投资3亿元的温泉度假村项目已经开工建设。两个项目，可提供就业岗位300个。

市里搭台　县里唱戏

从董家务村出发，沿廊霸路走了不到两千米，道路北侧出现了一个热火朝天的大工地。近十个塔吊正在忙碌，很多楼房已经盖到第二层。

这是一处新民居的建设现场。不过，正在建设的不是一个村庄，而是八个。

一开始规划的是九个村庄联合建设，后来因为赵家场村离镇区更近，所以规划到韩村社区了。虽然参与联建的只有八个村，但廊坊市局和永清县、韩村镇的人仍习惯称之为"九村联建"。

这里采用的是廊坊市土地整治的第二种模式：政府投资模式。

市级政府融资投资，县级政府主体运作，是对这种整治模式的简要概括。

市政府成立了廊坊市国土土地开发建设投资有限公司，密切加强与银行等金融机构的合作，大力融资。2009年，地投公司受市政府委托，与永清县政府签订了战略合作协议，计划分期为韩村镇示范区项目提供资金扶持。

"韩村镇选定在这几个村搞联合建设，主要有两个原因：第一，这儿离董家务村比较近，有身边的典型带动作用；第二，这些村原来的宅基地面积大，村庄整治潜力大。"刘广泽说。

韩村镇的这几个村坐落在永定河故道上。过去，村庄多没有规划，每户宅基地平均占地面积超过2亩，大大超过河北省规定的标准。

目前，参与"九村联建"的村庄总面积为2300亩，规划在廊霸路西段偏北的区域建设面积为800亩的新农村集中示范区,有近2/3的土地可以节省出来。

记者走进离新农村集中示范区最近的沙于今村。

沙于今村是个小村,有66户230人,现有宅基地占地180亩,整治后宅基地和道路等其他建设用地,不超过50亩,一下子能省出130亩地,平均每户省出差不多2亩地。

韩村镇党委书记彭建辉对于"九村联建"有自己的想法:"董家务村是个典型。但每个村单独搞,节省土地的空间小于几个村联建。如果单独建设,每个村都要盖办公楼、文化中心,公益用地量加起来就多了。现在多个村在一起搞,都在一个办公楼里办公,几个村共用一个文化中心,可以共享公共资源,省出不少地。"

现在,336户新民居正在建设中,秋天,村民就可以搬入新居。他们也跟董家务村一样,不用掏一分钱。

韩村镇将推广"九村联建"的经验,将下辖的34个行政村合并成5个社区。

村民凑钱　自主开发

卢阜庄是一个神奇的村庄。

没有一点铁矿石,也没有上规模的钢铁厂,然而,这儿却形成了华北首屈一指的钢铁板材交易市场。

这个规模宏大的钢材交易市场,是捡破烂捡出来的。回顾起这个村子的"发迹史",村党支部书记解国胜感慨颇多。

20世纪八九十年代,卢阜庄村是文安县数得着的穷村。为了温饱、致富,村民开始创业了。他们的创业从捡破烂开始,捡的主要是废旧钢材。

慢慢地,村民搞起了对废旧钢材的初步加工和交易。到2002年,全村298户中,绝大多数都有小老板。

建设一个较大规模的交易大厅,对村庄发展、对村民的生意发展来说,势在必行。

但是,问题来了:钱从哪儿来?哪里有地建?

对几乎家家是工厂、人人当老板的卢阜庄来说，第一个问题好解决。村集体没钱，大家凑钱。第二个问题难解决。虽说本村有2300多亩耕地，但村民不打耕地的主意。

还是老办法，凑！没有钱，大家可以凑，没有地，大家也可以凑。

于是，卢阜庄的第一次拆迁开始了。2002年，他们拆掉了160户平房，腾出建设用地200亩，建起了钢材交易大厅。

有了宽敞的做生意的场所，老板们的业务如鱼得水。现在，卢阜庄的钢材交易辐射全国，年交易额突破40亿元。

村里又统一规划建设了新居民楼，村民们搬进了整齐漂亮的新居，水、电、气、暖一应俱全。

卢阜庄还利用腾出的建设用地建起了阅览室、卫生所和高标准的小学、幼儿园，各种健身、娱乐、休闲设施，丰富了村民的业余生活。

为了适应日益扩大的市场规模，卢阜庄的村庄整治二期工程开工了。

"还是老规矩，从原有宅基地中挖出建设交易大厅的用地，绝对不占用一分耕地！"村委会主任李玉增他们保护耕地的决心很大。

政企合作　共谋双赢

廊坊市国土资源局副调研员崔广钊告诉记者："我们鼓励多元化投资。除了市场运作、政府投资、村民自发等模式外，还探索了政企合作模式。"

这一模式就是由政府和企业共同出资整治，由政府主导规划，企业依照规划负责拆迁、补偿、安置、建设，腾出的土地用于企业建设和村民就业安置。

记者了解到，廊坊开新城市开发建设股份有限公司由廊坊开发区管委会所属廊坊开发区建设发展有限公司与新奥控股投资有限公司于2009年6月出资组建，注册资本6.9亿元人民币，由廊坊开发区建设发展有限公司控股经营。

成立这个公司，主要是为了有效发挥政府在决策与企业在资金、管理方面的各自优势，探索用企业化的方式对开发区的村庄进行整治，培育土地开发整治市场，为廊坊开发区进行企业化运作积累经验。

据介绍，该公司2010年初全面进入实质性运作阶段，按照开发区村改规划方案，2010年村庄改造安置工程约为24万平方米。目前，在建安置项目有4个，项目完成后，大官地、化辛、韩营3个村将置换出土地约1000亩。

在积极探索的基础上，2009年以来，结合新民居建设，廊坊市实施了96个农村土地整治项目，改造面积5万多亩，累计投入资金59.7亿元，建设农民新居110万平方米，可实现复垦7980亩。

作者单位：国土资源部土地整理中心

城镇扩展、项目带动、中心村集聚、移民拆建，结合村庄用地规模和布局特点，三亚市积极探索村庄整治建设模式，在农村产业培育和农民就业、多元融资等方面进行了创新。

整合撤并　统筹发展
——海南省三亚市土地整治模式初探

陈红宇

海南省三亚市农村居民点占地4689公顷，人均183平方米，超过国家人均150平方米的控制上限；城乡建设用地结构比为1:1.64，远高于海口市的1:0.94，也大于东方、儋州等区域性中心城市。该市农村人口为25.8万人，平均每个自然村542人，村庄规模较小，布局相对分散。随着三亚市城镇化水平的不断提高、非农产业的快速发展和农村人口的逐步转移，其农村建设用地粗放利用、城乡用地结构失调以及村庄布局分散的问题日益凸显。

作为海南省城乡经济一体化试点单位，三亚市在全省率先提出了统筹城乡全面建设小康社会的战略目标。处于城市化快速发展期，依托小城镇和新农村建设，促进村庄布局优化，逐步实施整合撤并，成为三亚市统筹城乡发展的重要举措。该市按照不同类型区村庄的驱动差异和整治导向，提出四种村庄整治建设模式。

因地制宜创建四种模式

城镇扩展模式。这类村庄所在区域具有明显的城镇化或半城镇化特征，区位优势明显、经济基础较好、农民收入较高、非农产业发达、就业渠道较多、农民思想观念开放，易于接受和适应城镇化的生活方式。城镇化的辐射带动作用是该类村庄整治建设的主导驱动力，区内村庄借助城镇化进程中的土地征用、非农就业、产业延伸和组织变革等，逐步推动农村用地向城市用地、农民向城市居民、村委会向居委会转变，最终实现城乡全面融合。城镇扩展区的村庄划定增长边界，严格控制旧村扩展，逐步引导村民集中居住，引导农地规模经营，引导乡镇企业向产业园区集中。

中心村集聚模式。以农业生产为主、远离城镇、村庄布局散乱的农区，可选用中心村集聚模式。这种模式是以中心村的辐射作用带动周边村庄整合建设。选择区位条件优越、经济基础较好、规模较大的自然村作为中心村，优先加强基础设施和公共服务设施建设，增强社区吸引力和经济辐射力，以良好的生产、生活条件引导腹地内散乱居住的农户到中心村集中建房居住。

三亚市在村庄整治建设规划中以生态文明村建设确定的88个村庄和其他需要重点发展的村镇作为中心村，以此引导全市分散的自然村逐步实施整合撤并。政府优先保障中心村基础设施配套，新建住房统一在中心村周边集中配置。同时，中心村规划范围内的小村庄铺设环村路划定扩展边界，边界外禁止建设新房，以此限制农村建设的无序扩展，推动村庄用地实现空间整合。

项目带动模式。具有特定产业项目的地区，可采用项目带动模式开展村庄整治建设。这些地区具有独特的资源、政策优势，具备一批成规模的产业项目，区内村庄可依托项目建设完成由农业向非农产业转型，部分农民也由农业生产转向非农就业。项目开发建设对区域农村产业和就业的带动作用是其主导驱动力。

三亚市凭借丰富的热带旅游资源，把建设国际性热带滨海旅游城市作为区域重要发展战略。该市将依托海棠湾、南田温泉、坎秧湾和南山文化旅游度假区的投资建设，带动村庄的整合迁并。当地农民将在旅游业的带动下寻求新的就业途径，通过土地入股参与项目开发、出租厂房、直接就业等方式渗透到产业项目当中，解决长远生计问题。

移民拆建模式。移民拆建模式适用于水源涵养区、生态敏感区、灾害多发区和偏远山区等需要异地移民重建的村庄。这类村庄区位条件较差、规模较小、经济基础薄弱、特色产业匮乏。由于村庄整治建设动力不足，单纯依靠村庄自身能力难以完成村庄拆建工程，一般需要政府设立专项资金，给予重点扶持。政府基于公共利益制订的村庄整治建设政策是其主导驱动力。移民拆建区的农村居民点原则上要逐步迁移到上述敏感地区以外的中心村或保留村，确需保留的个别村庄将严格控制发展规模，允许进行旧村内部改造，但不得建设新村。生态脆弱区要着力构建完善的生态补偿机制，通过建立生态补助基金，为村庄移民拆建提供资金援助，从根本上改善移出农民的生产与生活条件，并解决其长远生计。

着力破解新农村建设突出问题

三亚市以村庄整治建设为契机，着力解决新农村建设中需要突破的重点问题，构建村庄整治建设的长效机制，确保其顺利实施。

增强农村产业活力，多方位拓展就业渠道。一是政府协助再就业。失地农民通过政府组织的就业培训，掌握一定的生存技能，在政府扶持下寻求新的就业途径。二是企业吸纳型再就业。农民在征地之前与用地单位签订就业协议，企业承诺接收一定数量的农民到企业就业。三是农民自主创业。充分依靠群众智慧，依靠国家特殊政策，立足地方优势产业，寻求自主创业途径。四是鼓励农民自主创业。进一步提高农村产业的特色化、生产方式的现代化、农地经营的规模化和农民分工的专业化，通过改造传统农业，创造就业机会，增加农民收入。

创新多元融资模式，确保村庄整治顺利开展。根据投资主体的不同，三亚市村庄整治建设资金来源大致可以分为政府专项、企业投资和农民自筹等。

政府专项主要来源于国家支持社会主义新农村建设和农村土地综合整治的专项资金。同时，加大农村金融体系的支持力度，设立村庄整治建设基金，提供优惠贷款，鼓励农民在指定地区建房。特别是对于移民拆建区内基于公共利益而进行迁并的村庄，应该重点给予资金扶持。

在城镇扩展区和项目带动区等土地要素非农化趋势显著的地区，尝试吸纳企业投资。把村庄整治建设资金与村庄腾退新增土地非农化的增值收益相挂钩，划拨一定比例专项用于村庄整治建设，以此显化农村土地资产价值，破解资金难题。

创新土地利用机制，凸显土地资产价值。村庄整治后，腾退出的新增建设用地或复垦后的耕地在统筹城乡建设和统筹区域发展中发挥重要的纽带作用，这种作用应当在土地价格中予以体现，成为土地的"纽带价格"。

新增土地复垦为耕地后，划入基本农田保护区，统一纳入政府的耕地储备库，由土地管理部门按照最严格的耕地保护制度统一监管，确保其耕地用途长期不变，重点用于粮食和其他战略性农产品的生产。实际操作中，采用"村民打工耕作，村集体经济组织建立农业园区，规模化经营"的模式。

作者单位：国土资源部土地整理中心

按照"政府引导、企业行为、市场运作"的思路，沈阳市沈北新区引入民营资本参与城镇化过程中的土地整治，并成为推动沈阳经济快速发展的新引擎。

政府搭台　企业唱戏
——来自沈阳市沈北新区土地整治的报告

郧文聚

2006年10月，沈北新区经国务院批准正式成立。同年12月，经国家发改委同意，被省政府批准为辽宁省唯一的综合配套改革试验区，新区规划面积1098平方千米，其中耕地面积4.9万公顷。

三年来，沈北新区以土地整治为平台，统筹城乡发展用地，经济建设成倍增长、社会事业蓬勃发展，初步构建了"创新沈北、生态沈北、和谐沈北、富裕沈北"的发展格局，经济总量已经进入沈阳市县（区）前列，成为全国最大的农产品深加工基地、辽宁通信产业基地和沈阳最佳生活区，成为推动沈阳经济快速发展的新引擎之一。

统筹规划，合理布局，创建市场机制有效运作的基本前提

沈北新区以土地利用总体规划为依据，编制了新区发展总体规划和各类专项规划，将土地划分为优化开发、重点开发、限制开发和禁止开发四类区域，重点规划建设"一城"、"一区"。

"一城"即蒲河新城，规划面积270平方千米，占沈北新区规划面积的24%，为优化开发和重点开发区域，重点是城市化和工业化，建设"生态新城"核心区。城市空间布局为"三大组团"：道义组团、虎石台组团、辉山组团。产业空间布局为"四大产业园区"：农产品精深加工产业园、光电信息产业园、创意产业园、温泉旅游休闲产业园。商贸居住空间布局为：沿蒲河景观廊道规划的生态商贸居住区。

"一区"即新城子现代农业经济区,规划面积828平方千米,占沈北新区规划面积的66%,为限制开发和禁止开发区域,重点推进农村城镇化和农业产业化,发展生态旅游业。新村镇空间布局为"四镇四村":规划建设新城子、财落、兴隆、清水4个中心镇,孟家、黄家、依路、中寺4个中心村。现代农业产业空间布局为"一带"、"一园"、"四基地":规划建设生态旅游带、现代农业示范园,以及西部绿色有机水稻生产基地、中部花卉(五味子)生产基地、东部林果生产基地、现代化养殖基地。

依照规划,沈北新区撤销了所有乡镇工业园区,重点发展集中度高、关联度高的新兴产业,将产业项目集中布局到蒲河新城先导区,不仅节约了土地,而且整合了资源,提高了基础设施利用率,保护了环境。

统筹兼顾、协同推进,营造有利于市场机制发挥作用的良好环境

沈北新区共有144个行政村,村屯占地67平方千米,人均占地390平方米,是国家标准的2.6倍。潜在的土地存量,是新区发展的宝贵财富。

沈北新区按照"科学规划、合理布局,政策引导、群众自愿,拆旧建新、增减挂钩,试点先行、稳步推进"的原则,营造以市场机制推动土地整治工作的环境,做到了"四个到位"。

组织领导到位。成立新区土地整治领导小组,区长任组长,常务副区长、主管区长任副组长,发改、财政、国土等20多个部门为成员单位。领导小组下设农村土地整治办公室,抽调精干人员,全力以赴抓试点。成立农村土地整治专家咨询委员会,请国土、银行专家为土地整治工作提供全程指导和帮助。

政策制定到位。为科学有序地推进村屯整治,制定了沈北新区农村土地整治实施方案,配套制定《沈北新区土地整治专项资金管理办法》、《沈北新区中心村镇建设回迁安置办法》、《沈北新区中心村镇建设房屋拆迁补偿补助标准》等,保证土地整治有章可循、有法可依。

资金落实到位。沈北新区建立了四大渠道。一是按照"政府引导、企业行为、市场化运作"的思路，引入民营资本参与农村城镇化过程中的基础设施建设。二是统一安排区乡财政资金，使财政资金重点向基础设施和公共服务建设项目倾斜。三是组建国资公司、土地储备交易中心、建设开发公司等融资平台，并与金融机构建立稳固的合作关系，吸纳银团资金参与农村土地整治。四是采取政府补贴、企业运作方式，引进知名地产公司参与村屯改造，实行以旧房换楼房。

宣传讲解到位。包村到户，广泛宣传土地及宅基地整理的重大意义和有关政策，充分与农民沟通并听取意见和建议，调动了广大农民参与农村土地整治的积极性、主动性。

为民谋利、不争民利，切实保障市场主体的知情权、参与权和收益权

在村屯整治中，沈北新区坚持农民自愿、让利于民、致富百姓的原则，认真落实"五个结合"，做活做足土地整治文章，让农民成为最重要的参与者和最大的受益者。

一是实现"五个结合"：集约使用土地与民生问题相结合，解决农民的后顾之忧；与村屯改造相结合，提升土地价值；与中心村建设相结合，改善农民的居住条件；与建设现代农田作业方式相结合，提高农业生产效率；与复垦土地相结合，实现全区土地占补平衡。

二是探索"三种模式"。对紧邻中心城区、"人多地少"的村屯，探索多予不取、政府让利的"正良模式"，即以财政补贴方式，缴纳被征地农民的养老和医疗保险，并安置其就业。对处农村腹地的中心村，采取整合资源、综合利用的"大辛二模式"，即在农民自愿的前提下，将中心村周边的几个村屯整体动迁，以1:1的比例返还楼房面积。整合后的宅基地，引进房地产开发公司开发建设。一般耕地、非耕农用地、非农用地，以市场化运作、农民出地入股或出租的方式，建工厂式大棚和标准化厂房，对外出租，对处于中心镇区内的村屯，采取壮大集体、保民增利的"虎石台模式"。即鼓励壮大村集体经济实力，以集体运作的方式，拆旧房，建设办公楼宇、工业厂房及现代种植养殖小区出租，实行公司化经营，实现农民本地化就业。

3年来，沈北新区政府已经补贴15亿元，在蒲河新城整体动迁村屯24个，选择区位、环境较好的地带建设8个农民集中居住区，建设住宅150万平方米，整治和利用建设用地6.4平方千米。同时，作为辽宁省城乡建设用地增减挂钩试点单位，新区积极整治新城子现代农业经济区10个村屯，腾迁、复垦土地331公顷，为蒲河新城提供新增建设用地309公顷。

严格管理、规范秩序，构建节约集约用地新机制

沈北新区牢固树立集约节约思想，开源节流，盘活存量，走建设占地少、利用效率高的土地利用新路子。

严把项目入区关，向管理要土地。对不符合产业方向、达不到环保要求的项目坚决禁止入区；提高项目用地准入"门槛"，对投资5000万元以下项目不予供地，鼓励进入标准化厂房，确保工业用地容积率达到1.0以上、投资强度每亩200万元以上、投入产出比达到2.0以上，达不到标准的项目一律不予供地。

大力发展工业地产，向空间要土地。以政府和企业投入相结合的方式，大力发展工业地产，规划建设500万平方米的标准化厂房和研发楼宇。现已建成辉山中小企业创业园、国际科技合作产业园、闽南工业园、泵阀产业园、不锈钢工业园和道义光电企业创业园，总建筑面积120万平方米，容积率达1.3，节约土地50%。

清理不良项目，向存量要土地。对土地利用率低、违反协议、闲置厂房项目，分别采取无偿收回、协议收回等方式处置，发现一个清理一个。目前，新区已清理、压缩不良项目60个，关闭所有黏土砖场和采石场，盘活利用土地2.7平方千米。

流转土地、产业经营，为现代农业发展培育市场"发动机"

新区以推进农村土地流转为抓手，以引进和培育农事龙头企业为突破口，构建了生产、加工、销售有机结合的现代农业产业体系。

目前，全区土地流转总量达 10 万多亩，形成了 4000 亩的东部寒富苹果基地、1.5 万亩的中部五味子基地、5000 亩的花卉基地、0 万亩的西部绿色水稻标准化生产基地。新区通过扩大开放，已引进、汇聚农业产业化龙头企业近 400 家。其中，中粮集团、泰国正大集团、美国百事可乐等世界 500 强企业 9 家，国家、省、市三级农业产业化龙头企业达到 35 家，形成了粮油加工、乳品加工、畜禽加工、生物制药、果蔬饮料五大主导产业，建立了乳品、小麦、饮料（果蔬）、生猪、肉鸡、水稻、大豆、饲料、玉米 9 个农产品深加工产业中心，辐射带动农户 230 万户，直接带动就业 2 万余人，促进农民增收近 65.7 亿元。

作者单位：国土资源部土地整理中心